Diplomarbeit

Zur Diplomprüfung im Studiengang Psychologie Des Fachbereichs Psychologie der Universität Hamburg

LEBEN MIT TIEREN

Liebevolle und nachdenkliche Betrachtung

von Frauen und Männern über ihre Beziehung zu Tieren

Erster Prüfer: Prof. Dr. Inghard Langer
Zweiter Prüfer: Prof. Dr. Alexander Redlich

Fachbereich Psychologie
Klassifikationen:
180 Tierpsychologie 411 Gesundheit und Prävention
560 Kommunikation

Vorgelegt von

Ursula Sommer

Hamburg, im September 2011

Bibliografische Information der Deutschen Nationalbibliothek
Die Deutsche Nationalbibliothek verzeichnet diese Publikation in der
Deutschen Nationalbibliografie; detaillierte bibliografische Daten sind im
Internet über http://dnb.dnb.de abrufbar.

© 2016 Ursula Sommer
Satz, Umschlaggestaltung, Herstellung und Verlag: BoD – Books on Demand
ISBN 978-3-7412-1677-0

Inhalt

1 EINLEITUNG — 9
  1.1 Überblick
  1.2 Persönlicher Bezug zum Thema — 11
  1.3 Zielsetzung der Arbeit — 12

2 LITERATURTEIL — 14
  2.1 Freunde und Feinde – Tiere und Menschen in der Geschichte — 14
  2.2 Heilsame und wohltuende Prozesse in der Beziehung zwischen Menschen und Tieren — 22
  2.3 Eine mögliche Erklärung der Mensch-Tier-Beziehung und ihrer positiven Effekte — 29
  2.4 Gedanken von Konrad Lorenz — 35

3 METHODISCHES VORGEHEN — 40
  3.1 Die Methode des Persönlichen Gespräches
    3.1.1 Die Auswahl meiner Gesprächspartner/Innen — 42
    3.1.2 Vorbereitung der Gespräche — 42
    3.1.3 Durchführung der Gespräche — 42
  3.2 Die Auswertung der Gespräche — 43
    3.2.1 Die Abschrift der Gespräche und ihre Verdichtungsprotokolle — 43
    3.2.2 Die Zusammenfassung der Gespräche und die Verallgemeinernden Aussagen — 44
    3.2.3 Die Gesamtauswertung der Gesprächsdokumentationen — 44
  3.3 Die Validierung der bearbeiteten Gespräche — 45

4 EMPIRISCHER TEIL — 46
  4.1 Die Dokumentation der Gespräche
    4.1.1 Das Gespräch mit Jana — 46

4.1.1.1	Verdichtungsprotokoll von dem Gespräch mit Jana	46
4.1.1.2	Zusammenfassung des Gesprächs mit Jana	67
4.1.1.3	Verallgemeinernde Aussagen zu dem Gespräch mit Jana	71
4.1.2	Die Gespräche mit Hans	84
4.1.2.1	Verdichtungsprotokoll vom ersten Gespräch mit Hans	85
4.1.2.2	Verdichtungsprotokoll vom zweiten Gespräch mit Hans	102
4.1.2.3	Zusammenfassung der zwei Gespräche mit Hans	113
4.1.2.4	Verallgemeinernde Aussagen zum ersten Gespräch mit Hans	116
4.1.2.5	Verallgemeinernde Aussagen zum zweiten Gespräch mit Hans	132
4.1.3	Das Gespräch mit Sigrid	137
4.1.3.1	Verdichtungsprotokoll vom Gespräch mit Sigrid	138
4.1.3.2	Zusammenfassung des Gesprächs mit Sigrid	170
4.1.3.3	Verallgemeinernde Aussagen zu dem Gespräch mit Sigrid	172
4.1.4	Das Gespräch mit Fritz	196
4.1.4.1	Verdichtungsprotokoll von dem Gespräch mit Fritz	197
4.1.4.2	Die Zusammenfassung des Gesprächs mit Fritz	218
4.1.4.3	Verallgemeinernde Aussagen zu dem Gespräch mit Fritz	220
4.1.5	Das Gespräch mit Christian	234
4.1.5.1	Verdichtungsprotokoll vom Gespräch mit Christian	235
4.1.5.2	Zusammenfassung des Gesprächs mit Christian	273
4.1.5.3	Verallgemeinernde Aussagen zum Gespräch mit Christian	277
4.2	Gesamtauswertung der Gespräche	287
4.2.1	Ergebnispanorama	287
4.2.1.1	Erfahrungen zum Leben mit Tieren in der Kindheit	288
4.2.1.2	Erfahrungen zum Leben mit Tieren im Erwachsenenalter	292
4.2.1.3	Untersuchung der Gespräche unter sieben Aspekten	292

4.2.1.3.1	Seelische Bedeutsamkeit der Tiere	292
4.2.1.3.2	Besonders faszinierende Tiere oder Momente im Leben mit Tieren, die für meine Gesprächspartner faszinierend sind.	297
4.2.1.3.3	Wertschätzungen der Tiere, auch im Vergleich zu anderen Menschen	302
4.2.1.3.4	Seelische Bereicherung in der Natur mit den Tieren	309
4.2.1.3.5	Der Abschied von Tieren durch Tod oder Trennung	313
4.2.1.3.6	Überlegungen, ob ein Leben auch ohne Tiere möglich ist	317
4.2.1.3.7	Welche Rollenfunktionen können Tiere, speziell Heimtiere, für Menschen haben?	321
4.2.2	Übergeordnete Aussagen über das Leben mit Tieren in Kindheit, Jugend und Erwachsenenalter	324

5 DISKUSSION DER ERGEBNISSE 333
5.1 Zur Reliabilität (Zuverlässigkeit) der Aussagen 333
5.2 Zur Validität der Aussagen 335
5.3 Bezüge der Ergebnisse zur vorliegenden Literatur 336
5.4 Betrachtung der Forschungsergebnisse 339
5.5 Forschungsausblick 340

6 RÜCKBLICK 342

7 Literaturverzeichnis 343

8 ANHANG 346

DANKSAGUNG 480

1 EINLEITUNG

1.1 Überblick

Im **1. Teil** schreibe ich über meine persönliche Beziehung zum Thema meiner Diplomarbeit und über die Zielsetzung.

Meine Diplomarbeit befaßt sich mit der Mensch-Tier-Beziehung bzw. mit dem Leben mit Tieren. Ich habe acht Gespräche mit sechs Gesprächsteilnehmern geführt, die zwischen 44 und 78 Jahren alt sind. Zwei Gespräche habe ich in den Anhang meiner Diplomarbeit gelegt. Diese letzten zwei Gespräche führte ich mit einer Gesprächspartnerin, sie sind wörtlich transkribiert, etwas sprachbereinigt und nicht weiter bearbeitet worden.

Die übrigen sechs Gespräche habe ich nach der qualitativen Forschungsmethode „Das persönliche Gespräch als Weg in der psychologischen Forschung" nach Inghard Langer weiter bearbeitet und ausgewertet.

Zielsetzung meiner Arbeit ist es, einen Einblick in die individuellen Lebenswege von Frauen und Männern zu geben, die ihr Leben mit Tieren teilen.

Welche Erfahrungen mit Tieren machten sie in ihrer Kindheit und Jugend? Wie gestaltet sich ihr weiterer Lebensweg im Erwachsenenalter, welche Tiere hatten sie jetzt an ihrer Seite und wie sah die jeweilige Beziehung zu Hund, Katze, Fisch oder Vogel aus? Entstand die Zuneigung zum Tier schon in der Kindheit und Jugend, oder entwickelte sich die Liebe und Hinwendung zu Tieren erst langsam und findet ihren Höhepunkt im Erwachsenenalter? Die individuellen Lebenswege meiner Gesprächspartner zeigen, wie sich die Beziehung zu Tieren glücklich fortsetzen kann, zum Teil bis ins höhere Lebensalter.

Im **2. Teil** meiner Arbeit beschreibe ich anhand der vorgefundenen Literatur interessante, denkwürdige wegweisende Aspekte zur Geschichte der Tier-Mensch-Beziehung über die Jahrhunderte.

Dann folgt ein Überblick über heilsame und wohltuende Auswirkungen der Tierhaltung und eine mögliche Erklärung der Mensch-Tier-Beziehung und ihrer positiven Effekte.

Zum Schluß werde ich noch einige kluge und heiter-melancholische Worte von Konrad Lorenz bzw. „Worte seiner Tiere" darstellen.

Im **3. Teil** meiner Arbeit schreibe ich über die Art der Forschungsmethode und erkläre den theoretischen Ansatz der qualitativen Methode des „Persönlichen Gesprächs", grenze dann diese Methode ab von quantitativen Forschungsmethoden.

Danach beschreibe ich die Durchführung und Bearbeitung der persönlichen Gespräche.

Im **4. Teil** folgt dann der empirische Teil meiner Arbeit. Acht Gespräche habe ich geführt, davon sind zwei Gespräche in anonymisierter Form, aber bis auf kleine Sprachbereinigungen wortgetreu wiedergegeben und in den Anhang gelegt. Sechs Gespräche habe ich in verdichteter Form wiedergegeben, davon jeweils eine Zusammenfassung und schließlich verallgemeinernde Aussagen auf der Grundlage der Gespräche geschrieben.

Daraufhin folgt nun das Panorama, das bedeutet, dass ich die sechs Gespräche in Bezug auf bestimmte Aspekte näher untersucht habe und sie untereinander in ihren Ähnlichkeiten oder Abweichungen vergleiche. Dann folgen die übergeordneten Aussagen zum Ergebnispanorama

Im **5. Teil** der Arbeit spreche ich über die Reliabilität, die Gültigkeit und Verallgemeinbarkeit der gewonnenen Ergebnisse dieser empirischen Untersuchung.
Dann folgt ein Vergleich der Ergebnisse mit Ergebnissen aus der betrachteten Literatur zu meinem Thema.
Anschließend wage ich einen Blick in die Zukunft, was noch alles zu diesem Thema erforscht und untersucht werden könnte oder sollte.

Im **6. Teil** schreibe ich über meine persönlichen Erfahrungen im Zusammenhang mit dieser Arbeit.

Am Schluß folgen noch ein **Literaturverzeichnis** und zwei wörtliche Gespräche als **Anhang**

1.2 Persönlicher Bezug zum Thema

Als ich durch meinen Betreuer, Herrn Professor Dr. Inghard Langer, auf das Thema „Mensch-Tier-Beziehung" aufmerksam gemacht wurde, war ich sofort begeistert. Nachdem ich ein Manuskript, das er mir mitgab, gelesen hatte, wußte ich mit ziemlicher Sicherheit, daß dieses Thema der „Stoff" für meine Diplomarbeit sein wird.

Seit meiner Kindheit hatte ich engen Kontakt zu Heimtieren, besonders zu Katzen. Da ich in einer Kleinstadt mit bäuerlicher Umgebung aufgewachsen bin, waren für mich Kühe, Schweine, Hühner, Katzen, Hunde ganz natürliche und selbstverständliche Begleiter des bäuerlichen und privaten Lebens.

Meine Schwester und ich waren mit einer Bauerntochter eng befreundet und verbrachten viele herrliche Stunden beim Spielen auf dem großen Hof und in den Stallungen. Damals hatte ich noch besonderen Respekt vor den Pferden, war aber voller Bewunderung für diese wunderbaren Tiere.

Seit meinem zehnten Lebensjahr hatten wir zu Hause eine süße schwarzweiße Katze. Unsere „Pussy" war für mich eine wichtige Lebensbegleiterin fast bis zum Ende unserer Schulzeit. Diese Katze bedeutete mir unglaublich viel, ich habe sie sehr geliebt. Sie war ein niedlicher verspielter kleiner Kobold, voller Schabernack und Lebensfreude. Regelmäßig zeigte sie sich meiner Schwester und mir, wenn wir vom Bus kamen, der uns von der Schule heimbrachte. Als wolle sie uns erschrecken, schoß sie plötzlich durch die Hecke eines Nachbargrundstückes und begleitete uns fröhlich schnurrend nach Hause.

Hatte ich einmal Kummer, konnte ich meine Tränen, die ich sonst unterdrückt hätte, meiner Pussy offen zeigen. Sie war so zärtlich zu mir und gab mir sehr viel Trost. Ich glaube, sie spürte meine Traurigkeit und wie sehr ich sie und ihre geduldige Zuwendung brauchte.

Diese wunderbaren Augenblicke mit einem geliebten Tier habe ich nie vergessen, und ich konnte mir nach „Pussy" ein Leben zumindest ohne Katzen nicht mehr vorstellen.

Wir hatten nach unserer „Pussy" noch viele andere geliebte Katzen. Einige waren chronisch krank; meine Schwester und ich haben sie dennoch oder gerade deswegen besonders gemocht und sie bis zu ihrem Tod gepflegt und begleitet.

Jeder Abschied von einem Tier war schwer, aber die Erinnerungen bleiben in unseren Herzen und trösten uns.

Wunderschöne Erlebnisse hatte ich auch bei den stundenlangen Spaziergängen auf dem Deich. Dort die Natur zu beobachten, ist für mich bis heute faszinierend: das Elbwasser mit den Schiffen nah und fern, die vielen Schafe am Deichabhang (besonders bezaubernd sind im Frühling natürlich die Lämmer!), auf der anderen Seite Wiesen, Felder, Bauernhäuser, herrliche große alte Bäume, an denen ich mich nie sattsehen kann.

Alle diese Eindrücke haben mich sehr geprägt. Ein Leben ohne Natur, Pflanzen und Tiere ist für mich unvorstellbar.

Ich bin froh, das Thema über die Mensch-Tier-Beziehung bzw. über das Leben mit Tieren für meine Diplomarbeit gewählt zu haben, und ich hoffe, dem interessierten Leser vielfältige Aspekte aus diesen „Beziehungsgeschichten" darstellen zu können.

1.3 Zielsetzung der Arbeit

Mit meiner Arbeit möchte ich herausfinden, wie Menschen mit ihren Tieren leben, wie sie empfinden im engen Zusammensein mit Hund, Katze, Vogel, Fisch und anderen Tieren.

Was bedeutet einem Menschen sein Tier? Können Tiere auch bestimmte Funktionen im Leben übernehmen? Haben Tiere Potentiale, die im Zusammenleben mit Menschen nicht so zu finden sind?

All diese Fragen und noch mehr beschäftigen mich und ich hoffe, auf meine suchenden Anliegen eventuell Antworten zu bekommen im persönlichen Gespräch.

Der Lebensweg mit einem Heimtier ist nicht immer einfach und unkompliziert. Doch die Zuneigung übersteht viele Schwierigkeiten. Eine meiner Fragen wird dahin zielen, wie meine Gesprächspartner den Tod ihrer Tiere empfunden haben. Wir Menschen werden ja viel älter als unsere meisten

Heimtiere. Die Trennung von einem Haustier, das eventuell zehn Jahre oder länger ein geliebter Kamerad war, wird nie ohne Spuren vorüber gehen. Vielleicht kann das nächste Tier neue Freude bringen.

Tiere können Glück, Treue, Freude, Entspannung, Ablenkung, Hoffnung, Liebe bedeuten. Ich würde mich freuen, wenn ich ähnliche Gesichtspunkte bei meinen Gesprächspartnern entdecken könnte.

2 LITERATURTEIL

Im Literaturteil gehe ich zunächst auf die jahrtausende alte Beziehung Mensch-Tier ein nach dem Buch „Mensch und Tier--Geschichte einer heiklen Beziehung." Dann folgt ein Kapitel nach Carola Otterstedt über heilsame und wohltuende Prozesse in der Beziehung zwischen Menschen und Tieren. Anschließend schreibe ich aus dem Kapitel von Andrea Beetz über eine mögliche Erklärung der Mensch-Tier-Beziehung und ihrer positiven Effekte. Am Schluß zitiere ich Sprüche und Gedanken von Konrad Lorenz.

An den Anfang meines Literaturteils stelle ich einen Spruch des Schriftstellers und Nobelpreisträgers Elias Canetti (1905-1994). Anschließend folgt eine kleine Reise in die Steinzeit und zum damaligen Mensch-Tier-Verhältnis. Dann verfolge ich überwiegend tierfreundliche Spuren von der Antike bis zur Neuzeit.

„Das Gedeihen der Welt hängt davon ab, dass man mehr Tiere am Leben erhält. Aber die, die man nicht zu praktischen Zwecken braucht, sind die wichtigsten. Jede Tierart, die stirbt, macht es weniger wahrscheinlich, dass wir leben. Nur angesichts ihrer Gestalten und Stimmen können wir Menschen bleiben. Unsere Verwandlungen nützen sich ab, wenn ihr Ursprung erlischt."

Elias Canetti, Die Fliegenpein (zitiert nach Münch 2001, S. 19)

2.1 Freunde und Feinde –Tiere und Menschen in der Geschichte

Zu Beginn meines Literaturteils möchte ich eine kleine Reise in die Geschichte der Mensch-Tier-Beziehung bis in die Steinzeit unternehmen. Als Vorlage diente mir das Buch „Mensch und Tier, eine heikle Beziehung" aus der Nachtstudio-Reihe des Zweiten Deutschen Fernsehens (2001).

Wir wissen heute, dass wir Menschen nicht vom Affen abstammen, aber dennoch sehr eng mit ihm verwandt sind und, wie es im Vorwort des Buches heißt, gewissermaßen Blutsverwandte, Brüder und Schwestern im Stammbaum der Primaten sind.

Der Mensch, der sich immer als Krönung der Schöpfung bzw. der Evolution versteht, kann sich wohl kaum vorstellen, dass es jemals eine Art geben könnte, die ihn so behandelt, wie Menschen die Affen und andere Tiere behandeln.

Die sogenannte „neolithische Revolution", d.h. die Jungsteinzeit fand vor gut 10 000 Jahren statt, als die Menschen seßhaft wurden, Ackerbau betrieben und der Wolf als erstes „Haustier" zu ihnen kam. – Zur Erklärung habe ich den folgenden Text nach dem Bertelsmann-Lexikon zusammengestellt:

„Die Jungsteinzeit brachte neben einer Reihe technischer und kultureller Neuerungen vor allem den Übergang von der aneignenden zur produzierenden Wirtschaftsweise." (Bertelsmann Lexikon S. 590). Dies wird als „neolithische Revolution" bezeichnet. Eine der wichtigsten Erfindungen ist der Pflanzenanbau und hier speziell der Getreideanbau mit Gerste, Hirse, später auch Weizen. In diese Zeit fällt auch die Domestikation vieler Tiere, z.B. von Schafen, Ziegen, Schweinen, später auch des Rindes. Diese Domestikation hängt eng mit dem Pflanzenanbau zusammen, da die Tiere ja Futter benötigten.

Neben diesen Ackerbau- und Viehzüchterkulturen blieben in großen Teilen Europas und Asiens die Jagd, der Fischfang und das Pflanzensammeln der einzige Nahrungserwerb in der neueren Jungsteinzeit (nach Bertelsmann Lexikon).

In uns Menschen ist das Tier immer gegenwärtig. Mit Körperbau, Sinnesorganen und Instinkten sind wir für diese Welt sehr gut angepasst und besonders mit den Leistungen unseres Gehirns sind wir wohl zur erfolgreichsten Art der Familie der Säugetiere in der Evolution geworden, aber ohne Tiere wären wir keine Menschen. (nach Münch 2001).

Tiere kommen in allen Religionen und Mythen vor, sie tummeln sich im Himmel der Götter und Fabeln, genauso tauchen Tiere in unserer Sprache auf. Allein die Bezeichnungen für die Menschen reichen von „dummer Gans", „schlauem Fuchs" bis hin zum „bunten Vogel" und „blöden Affen".

Volker Panzer schreibt im Vorwort des oben genannten Buches:
„Der Mensch ist Mensch erst da, wo er sich vom Tier abgrenzt und sich dennoch der Tiere vergewissert.

Die Höhle von Lascaux macht es augenfällig: Die Auto-Evolution des Menschen ist ohne Tiere nicht möglich. Als Jagdobjekte der Nomaden, als domestizierte Nutztiere der ersten Siedler, als Liebesobjekte in fortgeschrittenen Kulturen begleiten Tiere die Zivilisationsgeschichte der Menschen von Anfang an.

Gezähmt und gezüchtet, gehütet und verzehrt, verehrt und gefürchtet – was wäre der Mensch ohne das Tier? Allein und hilflos. Wir brauchen Tiere: als Nahrungsmittel, als Sportgerät, zur Unterhaltung und zum Schutz – und seit neustem als Ersatzteillager.

Zwischen den Extremen der modernen Massentierhaltung mit allen apokalyptischen Vorzeichen und der Forderung nach Menschenrechten für Primaten bewegt sich also unser ambivalentes, heikles Verhältnis zum Tier." (Panzer S. 11)

Am Schluß des Vorwortes schreibt er:
„... Und zum anderen freue ich mich über das Nachwort unseres ZDF-Kulturchefs Hans-Helmut Hillrichs, der uns zeigt, dass das Verhältnis Mensch-Tier vor allem auch ein Verhältnis zwischen Individuen ist." (Panzer S. 14)

Im Nachwort schreibt Hans-H. Hillrichs, der sich auch kritisch zu grausamen Massentierhaltungen äußert, über seinen Dackel, den er als Kind von seinem Onkel geschenkt bekam. Er fand damals im Blick des Hundes etwas, das er später auch in den Augen vieler anderer Tiere, denen er begegnete, wiedergefunden hat: „Ein grenzloses Urvertrauen, das einem keine andere Wahl lässt, als es sich zu verdienen" (Hillrichs S.313).

Heute dankt er seinem Dackel für sein anregendes „Tierleben". Denn der Blick seines Dackels hat seine Wirkung nicht verfehlt: Seit damals schlägt das Herz des Autors für die Tiere in seiner Umgebung, und er fühlt sich mitverantwortlich für sie. So zeichnet er auch Patenschaften für Sibirische Tiger, die letzten ihrer Art und wie er meint, vielleicht die schönsten Geschöpfe auf dieser Erde.

Zurück zu Paul Münch, Autor des 1. Abschnitts des Kapitels I „Koevolution – Das Leben mit Tieren", „Freunde und Feinde, Tiere und Menschen in der Geschichte"

Er schreibt, dass Menschen und Tiere sehr eng miteinander verwandt sind, betrachtet man evolutionsbiologische Hypothesen, ethologische Beobachtungen und natürlich die genetischen Befunde. So ist es eine Tatsache, dass es ohne Tiere keine Menschen gäbe, aber zwischen den Arten liegen große Distanzen.

Auch wer heute Fähigkeiten der Tiere (wieder-) entdeckt, die ursprünglich nur dem Menschen zugedacht waren, z.B. Werkzeuggebrauch, ausgeprägte psychische Anlagen oder vernünftig erscheinende Denkweisen bis hin zu moralischen Entscheidungen, kann kaum die Unterschiede übersehen. Tiere können vielleicht nicht über sich selbst reflektieren und vernünftig vorausplanen. Und weil die enge biologische Verwandtschaft nicht über die kulturellen Unterschiede hinwegtäuschen kann, die der Mensch in seiner Entwicklung zwischen sich und die anderen Tiere gelegt hat, zeigt die Geschichte des Mensch-Tier-Verhältnisses in unserem westlichen Kulturkreis von Anfang an tiefe Ambivalenzen. Sie zeigen uns viel Gemeinsames und Trennendes, und die Verhältnisse gehen von empathischer Vertrautheit bis zur Feindschaft.

Tiere haben seit der Antike einerseits eine Aufwertung erfahren, die sie näher zum Menschen bringt, teilweise über ihn stellt, andererseits aber auch eine verächtliche Herabstufung zu „Sachen" und „seelenlosen Maschinen".

So glaubte der erst nach seinem Tod zu Ruhm gelangte Pfarrer Jean Meslier (18. Jh.), dass die Bauern und die Kinder seines Dorfes in Gelächter ausbrächen, wenn jemand Tiere als Automaten bezeichnete.

So waren aber auch für Immanuel Kant vernunftlose Tiere nichts anderes als Sachen, so dass sie von jeglicher Moral ausgeschlossen sein mussten.

Johann Gottfried Herder jedoch sah in den Tieren „ältere Brüder» des Menschen. Ihm erschien jede Geschichte mangelhaft, die das Verhältnis des Menschen zu seinen „älteren Brüdern" mißachtete (nach Münch 2001).

Ich möchte jetzt tierfreundliche Spuren in der Geschichte verfolgen:

Seit der „neolithischen Revolution" sind die Menschen sesshaft und begannen, Landwirtschaft zu treiben.

Als jetzt Wolfsjunge und andere Wildtiere domestiziert wurden, erlangten die Menschen eine gewisse Dauerherrschaft über manche Tierarten. So hielten sie sich Hunde, Schafe, Ziegen, Schweine und Rinder, viel später auch Pferde, noch später Hühner und Gänse und andere Tiere als Haus- und Nutztiere.

Das Verhältnis zwischen Mensch und Tier blieb lange eng. Dies wird durch viele Zeugnisse seit der frühen Antike belegt. So galten Tiere mit unterschiedlichen Begründungen als nächste Verwandte des Menschen, als Mitgeschöpfe, als Freunde und Helfer, und diese Beziehungen ziehen sich als tierfreundliche Spuren durch die Geschichte.

- In vielen mythologischen Erzählungen erscheint die irdische Natur als eine eng verbundene Einheit. Die Existenzformen können leicht ausgetauscht werden. Pflanzen, Tiere, Menschen und Götter ändern ihre Identitäten.
- So sah die Wissenschaft bis weit ins 18. Jahrhundert hinein alle Existenzformen durch das Konzept einer einzigen großen Lebenskette verbunden.
- Diese angenommene Verwandtschaft alles Lebendigen begründete tierfreundliche Traditionen. Sie hatten schon in der antiken Philosophie und Literatur prägende Ausformungen, wenn auch unterschiedlich hergeleitet.

Die Antike

So schrieben einige „Vorsokratiker" wie Pythagoras und Demokrit nicht nur Menschen, sondern auch Tieren Vernunft zu.

Im Vergleich zwischen Menschen und Tieren, die beide als beseelt angesehen wurden, schnitten Menschen nicht so gut ab bei manchen Fertigkeiten wie Tiere.

Zu Beginn waren die Tiere sogar Vorbilder des Menschen, da sie besondere Fähigkeiten hatten, z.B. beim Nest- und Netzbau und bei ihren schönen Gesängen.

- Bei Pythagoras, Empedokles und Platon tauchte der Gedanke der See-

lenwanderung auf, der die enge Verwandtschaft von Menschen und Tieren und den möglichen Wechsel zwischen den beiden Daseinsformen als gegeben annahm.
- Sehr tierfreundlich erscheint auch Theophrast von Erosos (372 v. Chr. – 287 v. Chr.), der die körperlichen Ähnlichkeiten, aber auch die psychische Gleichheit zwischen Menschen und Tieren hervorhebt.
- So haben antike tierfreundliche Theorien eine große Spannweite. Die Kyniker, deren Name sich vom Hund (kyon) ableitet, waren Kritiker der kulturellen Evolution. Sie sahen die menschliche Vernunft sogar als Hindernis für ein natürliches Leben an. Nur die Tiere mit ihrer bedürfnislosen und freien Existenz waren für die Kyniker ein Vorbild.
- Während der römischen Kaiserzeit meinten einige Autoren, z.B. Plutarch, dass auch Tiere vernünftige Fähigkeiten haben müssten, um ihre Wahrnehmungen in Handlungen umsetzen zu können. Einige glaubten, dass Tiere zu logischen Schlussfolgerungen fähig sind. Wichtig war diesen Tierfreunden, dass zwischen Tieren und Menschen keine Wesensunterschiede bestehen, sondern dass es nur feine Abstufungen sind.
- Die höchste Form der Tierfreundschaft in der antiken Literatur sind die Plädoyers für eine vegetarische Lebensweise. Auch Pythagoras war für Tierschonung aufgrund des Gedankens der Seelenwanderungslehre und letztlich auch gegen Blutopfer und jeden Fleischgenuss. Einige lehnten Fleischverzehr aus Gesundheitsgründen ab, hingegen Plutarch und später Porphyrios traten energisch für eine vegetarische Lebensweise ein. Plutarch war grundsätzlich für eine freundliche Behandlung der Tiere und schrieb, dass man beseelte Wesen auf keinen Fall wegen des Genusses töten dürfe. Porphyrius argumentierte noch stärker in seinen vier Büchern „Über die Enthaltsamkeit von Beseeltem" für eine konsequente fleischlose Ernährung. Er zählt die Tiere zu den vernünftigen Geschöpfen und lehnt es grundsätzlich ab, solche Wesen zu töten.

Das Mittelalter
Im Mittelalter war eine mitleidlose Haltung des Christentums vorherrschend, doch auch in dieser Zeit liegen Zeugnisse freundlicher Tierbehandlungen vor.

Es gab viele Schongebote, die zeigen, dass die Bedeutung der Tiere für den Arbeitsalltag allgemein anerkannt wurde.
Einige theologische Querdenker wie z. B. Adelard von Bath schrieben den Tieren sogar unsterbliche Seelen zu, ganz im Gegensatz zur vorherrschenden Meinung.
Albertus Magnus (ca. 1193-1280), der auch Naturforscher war (Zoologie, Botanik) beobachtete Tiere, und daraus entwickelte sich eine persönliche Beziehung zu einzelnen Tieren.
Franziskus von Assisi (1182-1226) hatte eine „überschwängliche" Beziehung zu seinen tierischen «Geschwistern».
Kaiser Friedrich II von Hohenstaufen versuchte aus den Verhaltensweisen von Falken Grundsätze für menschliches Verhalten abzuleiten.

Die Neuzeit
Zu Beginn der Neuzeit kamen unter humanistischen Vorzeichen viele antike Anschauungen wieder hervor. So tauchten Gedanken von der Gleichwertigkeit, sogar der Überlegenheit der Tiere auf.
- Hyronimus Rotarius stellte 1544 in Anlehnung an Plutarch und gegen die theologische Überschätzung des Menschen fest, dass die Tiere oft vernünftiger seien als der Mensch.
- Michel de Montaigne (1580) wandte sich noch heftiger gegen den menschlichen Hochmut, der Tieren jede Art von Vernunft absprach. Er bemühte sich, entsprechend den antiken tierfreundlichen Gedanken, den Menschen wieder „an den großen Haufen der übrigen lebenden Geschöpfe" anzuschließen. Es gebe wohl Unterschiede, Stufen, doch nur „unter der Gestalt einer und derselben Natur".
- Im Jahr 1769 entwickelte der Genfer Naturphilosoph Charles Bonnet die Utopie, dass Gott die Tiere in einer Revolution auf eine höhere Entwicklungsstufe stellen würde als Entschädigung für ihre Leiden. Er glaubte, dass Tiere Erinnerungsfähigkeit und eine unvergängliche Seele haben.
- Schließlich setzten sich gegen Ende des 18. Jahrhunderts weit verbreitet tierfreundliche Einstellungen durch. Besonders der Pietismus zeigte ein starkes Mitgefühl mit leidenden Tieren.
- Daneben existierten aufklärerische Anliegen wie die pflegliche Behandlung der Tiere aus „alltagspraktischen Nützlichkeitserwägungen" und der

mitfühlende Umgang mit den Haus- und Nutztieren, auf deren Hilfe man existentiell angewiesen war.
- Die praktische Ethik des englischen Philosophen Jeremy Bentham orientierte sich an der Leidensfähigkeit der Lebewesen. So gelang es ihm, die Tiere in die Moral einzubeziehen. Aus diesem veränderten Klima heraus entwickelte sich der Gedanke des organisierten Tierschutzes, der sich seit dem Anfang des 19. Jahrhunderts in Europa verbreitete.
- Tierfreundliche Sichtweisen vertreten auch der Hinduismus und der Buddhismus. Über Arthur Schopenhauer gelangten diese Ansichten bis nach Europa. Nach seiner Meinung steht ein Buddhist anders als ein Christ in einem grundsätzlich freundschaftlichen Verhältnis zu allen Lebewesen:

„Er fühlt sich allen Wesen im Innern verwandt, nimmt unmittelbar Theil an ihrem Wohl und Wehe und setzt mit Zuversicht die selbe Theilnahme bei ihnen voraus." (A. Schopenhauer zitiert nach Münch 1999 S.339).

Paul Münch (2001) schreibt weiter, dass die enge biologische Verwandtschaft zwischen Tieren und Menschen, die sich aus den Ergebnissen der Evolutionsforschung, der vergleichenden Verhaltensforschung und der Genetik ergibt, die Annahmen der Antike, die nie ganz verschwunden waren, vom großen Zusammenhang alles Lebendigen auf neue Weise bestätigt.

Im modernen westlichen Mensch-Tier-Verhältnis leben die alten Widersprüche fort
In der vormodernen Agrargesellschaft waren die Menschen noch grundlegend auf die Muskelkraft der Tiere angewiesen. Doch die moderne Technik nahm vielen Tieren ihre früheren Funktionen. Gleichzeitig führten die industrielle Tierhaltung und die Prinzipien der Nutzenmaximierung in kurzer Zeit zu einer grenzenlosen Ausbeutung der Tiere.

Unzählige Tiere verlieren ihr Leben in Schlachthöfen, in wissenschaftlichen Labors, bei Seuchenbekämpfungen, bei Schädlingsbekämpfungen. Jetzt zählt nicht die Individualität, sondern die erzielte Produktivität in Form von Eiern, Fleisch und Milch.

Paul Münch meint dazu, dass die Extreme dieser Beziehung einerseits bei millionenfacher Verwertung und andererseits bei sentimentaler Vermenschlichung liegen. Beide Positionen missachten die Rolle, die Tieren als Lebewesen eigener Art in der Natur zusteht.

Aber vielleicht besitzen Tiere wirklich noch etwas von der altmodischen Kraft, die man früher „Seele" (anima) genannt hat. Sie ist ihnen von Natur aus eingeprägt, wie schon die alten Griechen erkannten. Sie lenkt ihr Leben in den von der Natur vorgegebenen Bahnen (nach Münch 2001).

2.2 Heilsame und wohltuende Prozesse in der Beziehung zwischen Menschen und Tieren

Zu Beginn des zweiten Teils meiner Literaturrecherche möchte ich auf die heilsamen und wohltuenden Prozesse in der Beziehung zwischen Mensch und Tier eingehen.
   Als Grundlage hierfür verwende ich das Buch „Menschen brauchen Tiere – Grundlagen und Praxis der tiergestützten Pädagogik und Therapie" (Olbrich & Otterstedt 2003).

Carola Otterstedt geht zunächst in dem Kapitel „Der heilende Prozess in der Interaktion zwischen Mensch und Tier" auf den Heilungsbegriff und seine semantische Wandlung ein.
   So schreibt sie, dass Heilung nicht notwendigerweise mit Zufriedenheit identisch ist, sondern dass Heilung eher ein langer Weg über Enttäuschung, Unzufriedenheit und Leiden sein kann. Realistisch sei eine Heilung im Sinne der „Wiederherstellung" nicht möglich, da viele physische und psychische Erfahrungen, die der Patient in der Zeit der Erkrankung, Verletzung, der Diagnostik und der Therapie machte, auf sein Leben starken Einfluss haben.
   Der lebenserfahrene Arzt verspricht nicht etwas Unmögliches, sondern er kann Perspektiven aufzeigen und auf die Weise für den Patienten zum Heiler werden.
   Es besteht immer mehr das Bedürfnis nach ganzheitlicher Heilung im körperlichen, psychischen, geistigen und sozialen Sinn. Patienten wollen

nicht nur symptomatisch behandelt werden. Mit dem Kunden „Patient" solle man sich im Dialog auch auf eine sozio-emotionale Ebene einlassen.

Archetypen der Heilung
In Anlehnung an den Mutterarchetypus „Halten und Geborgensein", entwickelt sich die Urform des Heilens und Heilwerdens.

So kann das Leiden, wenn es in einer heilenden Beziehung angenommen wird, sogar zu einem bedeutenden psychischen Symbol werden, das Entwicklung ermöglicht. Wenn seelisches Vollständigsein ein Therapieziel ist, dann besteht es in der Annahme von Verwundung und Heilung als den beiden Seiten der einen psychischen Wirklichkeit, des Selbst und Körperbildes. Der Heilungsarchetypus stellt seelische Strukturen bereit, um in der Krankheit Bedeutung zu stiften, um die Erkrankung an das überpersönliche Geschehen von Erkrankung und Gesunden anzubinden.

Der heilende Prozeß
So schreibt Otterstedt, dass der Mensch im archetypischen Heilungsprozess auf eine Kooperation mit seinem „Inneren Heiler" angewiesen ist. Bettlägerige Patienten müssen bei ihrer Mobilisation zur Mitarbeit eingeladen werden. Die dafür notwendige Motivation muss attraktiv sein, z.B. kann das nicht nur der Gang auf den Stationsflur sein, sondern ein „erwartungsfreudiger Hund", der die Gehübung begleitet.

So sprechen Therapeuten und Ärzte mit Hilfe der lebendigen Dialogbereitschaft des Tieres unmittelbar „den Inneren Heiler" des Patienten an. Und dieser „innere Heiler" muss mit dem „äußeren Heiler», also Ärzten, Therapeuten, Seelsorgern und Pflegern in Kontakt kommen, damit Heilung einsetzt.

Natürliche Voraussetzung für einen tiergestützten Einsatz ist, dass ein Patient einverstanden ist mit der Tierbegegnung. Aber nicht allein die Begegnung zwischen Mensch und Tier kann heilende Auswirkungen haben, sondern ein „heilender Prozess" ist hier im Rahmen einer ganzheitlichen Entwicklung gemeint.

„Die durch die Begegnung mit dem Tier herbeigeführten Impulse beeinflussen unsere körperlichen, seelischen, geistigen und sozialen Kräfte" (Otterstedt S. 61).

Die freie Begegnung zwischen Mensch und Tier
Otterstedt schreibt weiter, dass die Begegnung mit einem Tier eine Beziehungsqualität hat, die auf unsere Lebensqualität positiv wirkt.
Aber nicht nur das Tier an sich, sondern die „freie" Begegnung mit dem Tier und der Dialog mit ihm ist hilfreich, spricht u. a. Emotionen und Hormone an und kann so Impulse geben für einen möglichen „heilenden Prozess".

Damit eine freie Begegnung zwischen Mensch und Tier sich im Rahmen eines therapeutischen, pädagogischen Konzepts oder eines Tierbesuchsdienstes entwickeln kann, bedarf es immer einer Sensibilisierung für die Situation des Betroffenen, also des Klienten oder des Patienten im aktiven Geschehen.

Die verschiedenen Entwicklungsschritte in der freien Begegnung zwischen dem Tier, z.B. dem Hund, und dem Betroffenen werden im Buch in einer Zeichnung mit Hilfe des „Aktionskreises" dargestellt. Voraussetzung ist auch hier, dass der Betroffene keine Ängste gegenüber dem Hund hat . So kann die zunehmende Einbeziehung des Patienten in den Aktionskreis des Hundes Impulse für einen möglichen heilenden Prozess und damit eine positive Entwicklung der Beziehungs- und Lebensqualität fördern.

Das therapeutische Mittel ist die freie Begegnung zwischen Mensch und Tier. Das Zusammenwirken von Therapeut und Klient ist mit Hilfe dieses therapeutischen Mittels auf ein Drittes, auf das Therapieziel, ausgerichtet. Nicht nur das Tier, viel mehr die „freie Begegnung mit dem Tier" kann beim Menschen den heilenden Prozess in Gang setzen.

Es gibt auch spezielle Formen des Tiereinsatzes, wenn das Tier zielorientiert eingesetzt werden soll. Dann sind Therapeut und Tier professionell für ihre Aufgaben ausgebildet, z.B. wenn ein Tier Therapiebegleithund wird oder wenn beim therapeutischen Reiten auch das Pferd ausgebildet ist.

Otterstedt schreibt weiter, dass in der Kranken- und Altenbegleitung gern Stofftiere als Kuscheltiere angeboten werden. Sie meint, dass sie eine wichtige Funktion in der Therapie, Pflege und Betreuung von Menschen haben, da sie emotionale Bedürfnisse u.a. durch den taktilen Reiz befriedigen. Aber der Dialog mit lebendigen Tieren kann durch Stofftiere nicht ersetzt werden.

Otterstedt meint, es gibt keinen Ersatz für ein lebendiges Tier in der therapeutischen Begleitung. Sie spricht von Kompromisslösungen, die bestimmte Sinne anregen können und somit auch die Seele direkt ansprechen. So können Fell-Handpuppen vielleicht sogar in Tiergestalten nicht das lebendige Tier ersetzen, aber der taktile Reiz durch das warme weiche Fell kann Assoziationen freisetzen und Erinnerungen an ein lebendiges Tier hervorrufen. Dann können dadurch stimulierte eigene Heilungskräfte gefördert werden, hier kommt es z.B. zur körperlichen und seelischen Entspannung.

Worin besteht nun die besondere therapeutische Wirkung eines Dialogs mit einem Tier? Die Begegnung mit einem lebenden Tier statt mit einem Stofftier ist durch sein Wesenhaftes geprägt.

„Wenn aber eins hervorsteigt aus den Dingen, ein Lebendes und mir Wesen wird und sich in Nähe und Sprache zu mir begibt, wie unabwendbar kurz ist es mir nichts als DU!" (aus Martin Buber, Ich und Du, zit. nach Otterstedt, S. 92ff). Die Begegnung mit dem Es entwickelt sich durch sein Wesenhaftes zu einer Beziehung zum DU. Und diese Beziehung zum DU lebt von ständigen Wiederholungen in der Begegnung. „Nicht die Beziehung ist es", sagt Buber, „die notwendig nachlässt, aber die Aktualität ihrer Unmittelbarkeit. Die Liebe selber kann nicht in der unmittelbaren Beziehung verharren; sie dauert, aber im Wechsel von Aktualität und Latenz."

So muss es die Aufgabe einer wirksamen tiergestützen Therapie sein, neben der Latenz auch immer die Aktualität der Beziehung erlebbar zu machen. Vor allem dann kann die Begegnung mit Tieren die Lebensqualität verbessern und bewahren.

Die Beziehung zum DU, hier das Tier, erfahren wir im Dialog mit unserem Gegenüber. Weil das Du, also das Tier, uns annimmt, trauen wir uns mehr zu. Wir lösen uns von ichbezogenen Zweifeln und Ängsten. Unser Selbstwertgefühl steigt, unsere körperlichen, seelischen und geistigen Kräfte und unsere sozialen Fähigkeiten werden gestärkt. So kann der Kontakt zum Tier auf vielfältige Weise dem Menschen helfen und ihn fördern. Vor allem die freie Begegnung mit dem Tier kann diese Kräfte und Talente stärken (nach Otterstedt).

Ich möchte jetzt einen Überblick über die positiven Wirkungsweisen der Mensch-Tier-Begegnung darstellen.

Otterstedt spricht vom „bio-psycho-sozialen Wirkungsgefüge hilfreicher

Tiereffekte", modifiziert nach Frank Nestmann (In: Kuratorium Deutsche Altershilfe 1992, S. 35).

Die hilfreichen Tiereffekte umfassen physische und physiologische Wirkungen, mentale und psychologische Wirkungen und letztlich auch soziale Wirkungen.

Bio-psycho-soziales Wirkungsgefüge hilfreicher Tiereffekte

Physische und physiologische Wirkungen:
1. Es kommt zu einer **Senkung des Blutdrucks** allein durch das Streicheln eines Tieres oder seine Gegenwart. Die Herzfrequenz normalisiert sich, Puls und Kreislauf stabilisieren sich.
2. Infolge des Körperkontaktes zum Tier und einer entspannten Interaktion findet eine **Muskelentspannung** statt.
3. Es treten **biochemische Veränderungen und neuro-endokrine Wirkungen** ein. So kommt es zur Schmerzverringerung, Beruhigung, aber auch zu euphorisierenden Effekten und Freisetzung von Beta-Endorphinen (Stabilisierung des Immunsystems) über das Spielen und Lachen.
4. Tiere können Menschen zu einer **Verbesserung des Gesundheitsverhaltens** bringen. Tiere fordern meist eine bestimmte Regelmäßigkeit und Tagesstruktur ein, so dass der Mensch auch davon profitieren kann. Es kommt zu einer allgemeinen motorischen Aktivierung allein durch das tägliche Laufen mit einem Hund z. B., es gibt viel Bewegung an frischer Luft und beim Spielen, die Verdauung wird angeregt, Übergewicht kann reduziert werden, in gewissen Maßen auch Alkohol- und Nikotingenuss.
5. Servicetiere, also Hunde für Blinde und Gehörlose bieten **praktische und technische Unterstützung**, sie geben Schutz und ein Sicherheitsgefühl, sie verschaffen dem Betroffenen Erleichterungen bei täglichen Aufgaben, die der Mensch ohne Tier nicht alleine bewältigen könnte.

Mentale und psychologische Wirkungen von Tieren:
1. Über Tiere kommt es zur **kognitiven Anregung und Aktivierung**. Es wird über Tiere und Tierhaltung gelesen, gelernt, diskutiert im Austausch mit anderen Menschen und führt zur Anregung des Gedächtnisses.
2. **Das emotionale Wohlbefinden wird gefördert**. Wichtig hierfür sind

das Akzeptiertwerden durch das Tier, das Geliebtwerden, die Zuwendung. Ein Tier kann Trost und Ermunterung, Zärtlichkeit, spontane Zuneigung geben und Begeisterung auslösen.
3. **Ein positives Selbstbild, das Selbstwertgefühl und das Selbstbewusstsein werden gefördert.** Das Tier bietet eine konstante Wertschätzung, der Mensch kann Autorität und Macht erfahren im Umgang mit einem Hund z. B.. Der Mensch oder ein Kind/Jugendlicher kann Bewunderung erfahren und vor allem das Gefühl, gebraucht zu werden. Er kann Verantwortung übernehmen und Bewältigungskompetenz erleben.
4. Es tritt eine **Förderung von Kontrolle über sich selbst und die Umwelt** ein. Es kommt zu Kontrollerfahrungen in Pflege, Versorgung, Führung und Gehorsam. Es gibt die Erfordernis der Selbstkontrolle, es kommt zur Sensibilisierung für eigene Ressourcen. Bewältigungskompetenz wird vermittelt und so auch Kompetenzerfahrung. Alltagsstrukturen und Zutrauen müssen beim Umgang mit einem Tier aufgebaut werden.
5. **Sicherheit und Selbstsicherheit werden gefördert, Angst wird reduziert.** Der Mensch wird unbedingt akzeptiert, es gibt eine konstante Zuneigung und eine unkritische Bewunderung. Es liegen unbedrohliche und belastungsfreie Interaktionssituationen vor. Wichtig ist der „Aschenputtel-Effekt", egal, wie unattraktiv, ungepflegt, hilflos ein Mensch wirkt, das Tier akzeptiert ihn. Zwischen Mensch und Tier kann eine einfache Welt existieren, die sich aus Füttern, Nähe und Vertrautheit ergibt.
6. Es findet eine **psychologische Stressreduktion, Beruhigung und Entspannung** statt und damit eine Wahrnehmungs- und Interpretationsveränderung von Belastung. Tiere bieten Trost, Beruhigung und Ablenkung. Es kommt zu einer Relativierung von Konsequenzen, zur Umbewertung von Ereignissen, zur Aufwertung kleiner Freuden usw.
7. **Psychologische Wirkung sozialer Integration**: Die Bedürfnisse nach Zusammensein, Geborgenheit, Erfahrung von Nähe und Gemeinsamkeit werden durch ein Tier erfüllt.
8. **Regressions-, Projektions- und Entlastungsmöglichkeiten** (Katharsis): Affektive Entladung und offener emotionaler Ausdruck werden ermöglicht, es finden Erinnerungen statt, Identifikationsmöglichkeiten und Projektionsflächen werden geboten.

9. **Antidepressive Wirkung, antisuizidale Wirkung**: Es gibt eine Gemeinsamkeit, Vertrauen, sicheren Halt und emotionale Zuwendung, Umbewertung von Belastung, Trost und Ermutigung. Gefördert werden Aktivität, Verantwortung, Verbundenheit, Freude, Lebendigkeit, Spontaneität und Spaß.

Soziale Wirkungen der Tiere auf den Menschen
1. **Einsamkeit und Isolation werden aufgehoben** durch ein Tier, Kontakte werden gefördert, da Tiere eine soziale Katalysatorwirkung haben, so werden Kontakte erstellt. Tiere wirken auch als „Eisbrecher" bzw. „Seelenöffner".
2. **Nähe, Intimität, Körperkontakt** werden durch Tiere ermöglicht, da sie ja ungehemmt die Nähe und Zärtlichkeit mit Menschen suchen. So können Beziehungen und Verbundenheit erlebt werden.
3. Tiere können durch ihre Anwesenheit auch als **Streitschlichter** fungieren. Über Tiere wird ständig Gesprächsstoff vermittelt, und das Zusammengehörigkeitsgefühl in der Familie kann gestärkt werden. So tragen Tiere auch zum Familienzusammenhalt bei.
4. **Vermittlung von positiver sozialer Attribution**. Da Tiere auf Menschen häufig anregend und attraktiv wirken, kann die Begleitung durch einen Hund z.B. als angenehm auch von anderen Menschen empfunden werden. Auf Seiten des Tieres liegt eine Offenheit und Unverkrampftheit bei Begegnungen mit Menschen vor. Um so sympathischer werden auch weitere Begegnungen mit dem Tier und seinen Menschen empfunden und die Attraktivität des Tieres färbt natürlich auf die soziale Attraktivität des Besitzers ab. Besonders Kinder können die natürliche Unmittelbarkeit eines Tieres schätzen und wissen um die positiven Aspekte des Tieres. (nach Otterstedt)

Hier möchte ich einen Beitrag von **Erhard Olbrich** einfügen:

„Die deutlichsten Effekte der Anwesenheit von Tieren sind sozial. Tiere sind soziale Katalysatoren, d. h. sie erleichtern oder ermöglichen den sozialen Austausch mit Menschen und anderen Lebewesen. Und in der Tat macht die Anwesenheit eines Tieres den Kontakt mit sehr alten, mit behinderten oder kranken Menschen für ehrenamtliche BesucherInnen ebenso wie für die professionellen MitarbeiterInnen einer Institution einfacher. Wir können annehmen, dass eine Gemeinschaft, in der Tiere mit Menschen zusammenleben, eine größere Varianz von Personen aufweisen kann – ausdrücklich auch von sozial auffälligen Personen wie Obdachlosen oder straffällig gewordenen Menschen oder von Menschen mit körperlichen, geistigen, psychischen oder sozialen Behinderungen. In Anwesenheit von Tieren werden Beziehungen zwischen SchülerInnen sowie zwischen SchülerInnen und LehrerInnen kooperativer, freundlicher. Aggressives und gewalttätiges Verhalten lassen nach, wenn Tiere anwesend sind. Tiere erhöhen sogar die soziale Attraktivität von Menschen.

Die Anwesenheit von Tieren strahlt auf die ganze Situation und auf Institutionen aus und läßt alle Beteiligten sozial attraktiv erscheinen." (Olbrich S.76)

2.3 Eine mögliche Erklärung der Mensch-Tier-Beziehung und ihrer positiven Effekte

Jetzt möchte ich einen Einblick in eine mögliche Erklärung der Mensch-Tier-Beziehung und ihrer positiven Effekte geben.

Andrea Beetz ist Autorin des Kapitels „Bindung als Basis sozialer und emotionaler Kompetenzen". Sie geht zunächst auf Erkenntnisse der Humanpsychologie zu Bindung und emotionalen und sozialen Fähigkeiten ein und überträgt sie dann in einem zweiten Teil auf die Mensch-Tier-Beziehung.

Sie schreibt, dass erkannt wurde, dass neben Kognition und Leistung Bindungen an andere Personen eine entscheidende Rolle in der menschlichen Psyche und für die psychische Gesundheit spielen.

So bilden wahrscheinlich frühe Bindungserfahrungen die Grundlage für die Regulation von Emotionen, für emotionale Intelligenz, Empathie und soziale Kompetenz im gesamten Lebenslauf.

Menschen bauen aber nicht nur zu anderen Menschen, sondern auch zu Tieren tiefgehende Beziehungen auf. Diese haben dann hinsichtlich emotionaler und sozialer Bedürfnisse positive Auswirkungen.

Noch gibt es keine theoretische Basis zur Erklärung dieser besonderen

Beziehung zwischen Mensch und Tier. Es scheint aber, als ob Konzepte aus der Bindungsforschung einen vielversprechenden, möglichen Ansatz bieten könnten.

Die Bindungstheorie geht auf die Erforschung der Mutter-Kind-Beziehungen im Hinblick auf die Überlebensfunktion in der Evolution zurück. Festgestellt wurde, dass unabhängig vom Lebensalter die Fähigkeit, Bindungen zu anderen Menschen aufzubauen, ein grundlegendes Merkmal einer funktionierenden Persönlichkeit und seelischer Gesundheit ist. Im Laufe des ersten Lebensjahres entwickelt sich eine Bindung zu einer Bezugsperson, zumeist der Mutter, die auf kindliche Bindungssignale wie Weinen oder die aktive Suche nach Nähe mit einem Pflegeverhalten reagiert. Auch das Kind versucht aktiv, die Nähe zur Bezugsperson herzustellen, da sie als sichere Basis und zur Regulation von negativen Emotionen durch Nähe und Zuwendung dient.

Im Laufe der Bindungserfahrungen entwickelt das Kind eine innere Repräsentation, ein internales Arbeitsmodell von sich und seinen Bindungspersonen, in das unterschiedliche Erfahrungen dann integriert werden müssen.

Im Idealfall eines sicher gebundenen Kindes mit einer feinfühligen Beziehungsperson entsteht ein anpassungsfähiges Bild der Wirklichkeit.

Das internale Arbeitsmodell ermöglicht dann den Zugang zu den eigenen Gefühlen, Bewertungen und bindungsrelevanten Erinnerungen. Die emotionale Kommunikation innerhalb der Person und die Kommunikation mit anderen Personen wird so reguliert (Bretherton 1990, nach Beetz).

Später können bedeutsame Erfahrungen oder kognitive Bearbeitung in Jugend- oder Er wachsenenalter internale Arbeitsmodelle verändern.

Zusammenhänge zwischen internalen Arbeitsmodellen und der Interpretation von Emotionen (Steele u. a. 1999, nach Beetz) und soziale Wahrnehmung (Suess u. a. 1992, nach Beetz) sind bei Kindern bereits empirisch nachgewiesen worden.

Sicher gebundene Kinder können bei Anforderungen eher emotionale und kognitive Bewertungen integrieren. Unsicher-vermeidend gebundene Kinder nehmen dagegen emotionale Information nur eingeschränkt oder verfälscht wahr (Spangler 1999, nach Beetz) und können diese so nicht zur Bewertung der Situation und zur Verhaltensregulation benutzen. In einer sicheren Bindung fördert erst die Kommunikation mit der Bindungsfigur eine gesunde psychische Entwicklung.

Aufgrund der Forschungsergebnisse, dass sicher gebundene Personen mehr Zugang zu Gefühlen und eine bessere Emotionsregulation haben, scheint es einsichtig, dass gute frühe Bindungserfahrungen positive Einflüsse auf die emotionale und soziale Intelligenz und emotionale Kompetenz haben.

So setzt sich die Basis emotional kompetenten Handelns zusammen aus dem Bewusstsein über den eigenen emotionalen Zustand, der Fähigkeit, die Emotionen anderer differenziert wahrzunehmen, der Empathie und der Fähigkeit zur Selbstregulation.

Bindung als Erklärung der Mensch-Tier-Beziehung und ihrer positiven Effekte
Beetz schreibt weiter, dass sich bis heute nur wenige theoretische Ansätze finden lassen, die eine Erklärungsbasis für die Mensch-Tier-Beziehung bilden könnten.

Eine auf der Evolutionslehre basierende Theorie ist die Biophilie-Hypothese von Wilson (1996) und Kellert (1997). Biophilie beschreibt die Affinität des Menschen zum Leben und zu lebensähnlichen Prozessen, so auch zu Tieren. Diese Affinität kann möglicherweise bei allen Menschen und Tieren biologisch begründet und angeboren sein. Diese Verbundenheit mit der Natur kann sich in Neugier, einem Gefühl der Verwandtschaft, Empathie oder einer Wertschätzung natürlicher Schönheit, aber auch als Nutzung, gegenseitige Hilfe oder Angst darstellen. Beziehungen zu Tieren und zur Natur ist vielleicht eine Notwendigkeit für eine geistig und emotional gesunde Entwicklung. Besonders die Technisierung in unserer Lebensumwelt hat sich sehr verstärkt und der Mensch konnte sich in der kurzen Zeit der zivilisatorischen Entwicklungen noch nicht optimal an diese Umwelt anpassen. So wurden hauptsächlich emotionale und soziale Interaktionen erschwert.

Wohl aus diesem Grunde wurden die Beziehungen zu Tieren, insbesondere Haustieren, immer bedeutsamer für Menschen. Tiere können emotionale und soziale Unterstützung bieten. Menschen in jedem Alter, aber besonders Kinder, Kranke, Ältere und einsame Menschen sehen Tiere als emotional bedeutsame Partner an. Menschen haben mit Tieren vieles gemeinsam gerade in Bezug auf Instinkte und Sozialverhalten.

Aber gerade eine Integration von Denken und Fühlen ist notwendig für eine gut funktionierende Persönlichkeit. Dann kann der Umgang mit Tieren dazu führen, ein Gleichgewicht zwischen überbetontem Denken und den wichtigen Bindungen und Emotionen herzustellen. Die Interaktion mit einem Tier geschieht fast nur mit nonverbaler, analoger Kommunikation, also mit Mimik, Gesten, Körperhaltungen; und diese Art der Kommunikation ist primär wichtig für die Entwicklung von Beziehungen. Verbal-rationale Kommunikation spielt eine untergeordnete Rolle, gerade wenn es sich um Beziehungen oder Bindungen zu Kindern oder Tieren handelt. Durch den Umgang mit einem Tier und dem Aufbau einer Beziehung zu ihm werden diese Prozesse der analogen Kommunikation automatisch trainiert. Da sie wichtige Grundlagen der emotionalen Intelligenz darstellen, kann dadurch auch diese Fähigkeit gestärkt werden. Die gewonnenen Erfahrungen könnten auf Beziehungen zu Menschen übertragen werden. Auf solchen Prozessen beruhen zum Teil Befunde, dass Kinder, die mit Tieren aufwuchsen, mehr Empathie zeigen (Poresky & Hendrix 1998, nach Beetz). Kinder lernen aufgrund einer guten Beziehung zu einem Tier schon sehr früh die Gefühle und Bedürfnisse dieser nonverbal kommunizierenden Lebewesen besser zu verstehen und damit wahrscheinlich auch die Gefühle und Bedürfnisse anderer Menschen (Paul 1992, nach Beetz). So steht Empathie Tieren gegenüber eindeutig im Zusammenhang mit Empathie gegenüber Menschen (Ascione & Weber 1996, nach Beetz).

Poresky (1996) stellte fest, dass die Beziehung zu einem Haustier die soziale Entwicklung von Kindern sehr beeinflussen kann.

Tiere zeigen Zuneigung, unabhängig von gesellschaftlichen Wertvorstellungen und vermitteln den Menschen uneingeschränkte Akzeptanz, die sehr wichtig für eine gesunde emotionale Entwicklung ist.

Tiere reagieren unmittelbar auf nonverbales Verhalten, das im Gegensatz zu verbaler Kommunikation kaum verfälscht werden kann. So reagieren sie sensitiver auf den tatsächlichen Zustand des Menschen. Dies spiegelt dann den wahren emotionalen Zustand des Menschen wider, der ja weiß, dass er sich beim Tier nicht verstellen muss oder kann.

Durch die ehrliche Rückmeldung wird dem Menschen eine Integration seines Verhaltens und seiner Emotionen in diesem Moment ermöglicht.

So wird auch seine Authentizität gefördert. Das Tier kann wohl nicht wie sichere Bindungsfiguren ständig adäquat auf das Kind oder den Menschen eingehen, indem es z.b. negative Emotionen wie Angst oder Ärger bei der Person zu besänftigen versucht. Doch das Tier ist ein sicherer und zuverlässiger Interaktionspartner, der auch einfach eingeschätzt werden kann.

Tiere als Gefährten geben Empathie ohne Rücksicht auf kognitive Wertungen. So können sie bedeutende Beziehungspartner z.b. für misshandelte Kinder sein, die wohl eine unsichere Bindung zu ihren Bezugspersonen haben, sie trösten das Kind und geben Sicherheit und Zuwendung (nach Beetz).

Das Konzept der Biophilie als Versuch, eine theoretische Basis der Mensch-Tier-Beziehung zu finden, ist eine deutliche Bereicherung, es erklärt aber nicht vollständig die besondere Beziehung zwischen einem Menschen und seinem Tier. Es gibt weitere Ansätze aus der Lerntheorie, aus Objektbeziehungen, aus Konzepten der Ähnlichkeit und Komplementarität. So wurde auch die Bindungstheorie bezüglich ihres Erklärungswertes diskutiert.

Endenburg (1995 nach Beetz) fand in einer Studie, dass das Tier seinem Besitzer ein Gefühl von Sicherheit vermittelt. Außerdem entdeckte er, dass Erwachsene häufig die Art und Rasse eines Tieres bevorzugen, die sie schon in ihrer Kindheit hatten. Deshalb vermutet er, dass eine Beziehung zu einem Tier in der Kindheit zur Formung eines sicheren internalen Arbeitsmodells über Beziehungen zu Tieren führt.

Solch ein Ansatz über das internale Arbeitsmodell scheint erfolgversprechender zu sein als der Versuch, Beziehungen zu Tieren dem Mutter-Kind-Beziehungsmodell gleichzusetzen. Die dort ablaufenden Interaktionen lassen sich nicht einfach auf die Mensch-Tier-Beziehung übertragen (Collis & Mc Nicholas 1998, nach Beetz).

Am Schluss ihres Kapitels schreibt Beetz weiter über die Bedeutsamkeit internaler Arbeitsmodelle von Beziehungen zu Tieren und die mögliche Übertragung auf den Menschen mit neuen internalen Arbeitsmodellen, die auf der Grundlage eines sicheren Arbeitsmodells von Beziehungen zu Tieren stammt, vor allem im therapeutischen Kontext. Sie schreibt, dass das Eingehen einer emotional bedeutsamen Beziehung zu einem Tier und die

Ausformung eines internalen Arbeitsmodells von Beziehungen zu diesem Tier und anderen Tieren ein Ansatz ist, der noch weitere Untersuchungen benötigt.

Es scheint plausibel, und sichere internale Arbeitsmodelle über sich und die Beziehung zu Tieren mit ihren kognitiven und emotionalen Komponenten sollte sich in einem Gefühl der Sicherheit, der gefühlten emotionalen Unterstützung und der Zuverlässigkeit in Beziehung zum Tier zeigen. So wären Zusammenhänge mit Effekten bezüglich sozialer und emotionaler Kompetenz erklärbar.

Eine Bindung zu einem Tier im Rahmen einer Therapie und die Ausbildung eines sicheren Arbeitsmodells von Beziehungen zu Tieren mag an sich emotionale und soziale Kompetenz fördern. Andererseits mag es auch als Grundlage zur Bildung neuer internaler Arbeitsmodelle über Beziehungen zu anderen Menschen dienen, vor allem falls die zwischenmenschlichen Bindungen unsicher oder gestört sind und Ursache des Problems sein könnten.

Es ist möglich, dass der Aufbau eines sicheren Arbeitsmodells zu einem zuverlässigen Therapietier zunächst leichter fällt als eine direkte Veränderung des internalen Arbeitsmodells von Beziehungen zu Menschen. Beetz meint abschließend, dass im Verlauf der Therapie auf eine Übertragung dieses möglichen sicheren Arbeitsmodells in Beziehung zu Tieren auf zwischenmenschliche Beziehungen hingearbeitet werden sollte (nach Beetz).

Die Beiträge in dem vorliegenden Buch von Prof. Dr. Erhard Olbrich und Dr. Carola Otterstedt als Herausgeber und Co-Autoren: „Menschen brauchen Tiere. Grundlagen und Praxis der tiergestützten Pädagogik und Therapie" zeigen das große Spektrum der Einsatzmöglichkeiten von Tieren. So gibt es

- Tiergestützte Arbeit in Schule, Altenheim und Krankenhaus
- Assistenzhunde für Behinderte
- Heilpädagogische Förderung verhaltensauffälliger Kinder
- Resozialisierung von Strafgefangenen
- Begleitung von Koma-Patienten und Schwerkranken.

Doch die Besprechung auch nur einiger dieser interessanten Beiträge würde den Rahmen meines Literaturteils sprengen und so möchte ich jetzt abschließend Aussprüche und Gedanken von Konrad Lorenz zitieren, die auf mich einen besonderen Eindruck gemacht haben.

2.4 Gedanken von Konrad Lorenz

Grundlage hierfür ist das Buch „Konrad Lorenz: Worte meiner Tiere", herausgegeben und eingeleitet von Ewald Müller. Die Zitate stammen aus Lorenz' zahlreichen Büchern.

Zunächst zitiere ich aus der Einleitung des Buches:

„Es führen manche Wege zu Konrad Lorenz, zum Großmeister der Vergleichenden Verhaltenskunde, der Ethologie. Wie ist unsereiner auf ihn gekommen? Mein Dackel Ulf, den ich sehr mag, hat damit zu tun. Er hat mir unmittelbar über töchterliche Hinweise beigebracht, dass man Konrad Lorenz zuhören muss, wenn man etwas mehr über das Verhältnis Tier zu Mensch und umgekehrt, schließlich über sich selbst erfahren will. – So ist diese Sammlung entstanden – selbstverständlich kein Brevier für Ethologen, denn dazu ist das Lorenz'sche Werk viel zu gewaltig, sondern eins auf vorderer Stufe für Tierfreunde und Menschenfreunde gleichermaßen.

Konrad Lorenz hat durch geduldige Beobachtung, zu der ihn nicht zuletzt seine Tierliebe ein Leben lang drängte, seine Graugänse, Dohlen, Korallenfische, Raben und all seine Hunde so verstanden, wie wenn die Tiere mit ihm gesprochen hätten. Was er, ein moderner König Salomo ohne Zauberring, dabei hörte, hat er der Welt übersetzt – vor allem der Wissenschaft…" (Müller S. 7)

Ohne den Zauberring Salomos *Die Sprache der Tiere*

„Der König Salomo, so steht geschrieben, redete mit dem Vieh, den Vögeln, den Fischen und dem Gewürm. Das kann ich auch. Zwar nicht mit allem Getier, wie der alte König es gekonnt haben soll, zugegeben, dass ich ihm darin unterlegen bin. Aber ich rede mit einigen Arten, die ich gut kenne; ich brauche dazu jedoch keinen Zauberring. In dieser Hinsicht bin ich wiederum dem alten König überlegen…

Ohne jede Zauberei erzählen einem die lebendigen Wesen die schönsten Geschichten, nämlich solche, die wahr sind. Und die Wahrheit ist in der Natur immer noch viel schöner als alles, was unsere Dichter, die einzigen wirklichen Zauberer, die es gibt, sich je ausdenken können." (Müller S. 17)

„Wir leugnen nicht – und dürfen als objektivierende Verhaltensforscher gar nicht leugnen – dass wir uns von Herzen freuen, wenn etwa eine bekannte alte Graugans uns beim Zurückkommen nach längerer Abwesenheit „freudig" begrüßt. Was wir dabei aber nicht vergessen dürfen, ist die Tatsache, dass es uns völlig und wahrscheinlich für immer verborgen bleibt, was die Gans dabei empfindet. Dass irgend etwas Verwandtes in Mensch und Tier vor sich geht, dürfen wir mit Sicherheit annehmen...
Ich glaube, dass die Graugans mit den vielen und verschiedenartigen Ähnlichkeiten ihres Verhaltens zu dem des Menschen ein besonders günstiges Objekt für die wissenschaftliche Forschung darstellt. Ich schmeichle mir auch, die Neigung, tierische Motivation zu vermenschlichen, in engen Grenzen zu halten. Dagegen bilde ich mir keineswegs ein, dass eine geniale Erkenntnis meine Aufmerksamkeit auf diesen wichtigen Forschungsgegenstand gelenkt hat. Dies ist vielmehr der dichterischen Einsicht einer schwedischen Schullehrerin zu danken, die den Sinn des Lockrufs von Wildgänsen rein emotional, aber wissenschaftlich durchaus richtig mit den Worten übersetzt hat: „Hier bin ich – wo bist du?" (Müller S. 17, 18)

„Das „Anterl" hat „pie- pie- pie" geweint. Ich kannte damals schon den Führungston der Hausente – lobenswert mit fünf Jahren – und sagte „oarrk puu puu puu oarrk, oarrk puu puu puu", den Führungslaut. Und ich erinnere mich, wie dieses „Anterl" auf einmal zu weinen aufhörte und statt „pie-pie-pie" „pipipp pipipp pipipp", den Unterhaltungslaut sagte und wie ich dann bemerkte, dass es mir nachlief. Damit habe ich eigentlich die Prägung entdeckt.
... Ich habe geglaubt, das Entlein weint, und ich habe es zu trösten versucht. Und diese urbescheidene Einstellung dem Menschen, der Kreatur gegenüber ist vielleicht das Wichtigste, was ich meiner Kindheitserziehung verdanke." (Müller S. 20)

„Die „Fließbandhaltung" von Tieren ist zweifelsohne eines der dunkelsten, schandhaftesten Kapitel der menschlichen Kultur. Wenn sie jemals vor einer Tiermastanstalt gestanden und gehört haben, wie Hunderte von Kälbern „Ma-maaah" schreien, wenn sie den Notruf des Kalbes verstehen, dann haben Sie genug von dem Menschen, der daraus Gewinn zieht." (Müller S. 20)

..."Manche Tiere haben eben die Fähigkeit, erstaunlich kleine Bewegungen wahrzunehmen, die sich dem menschlichen Auge entziehen. Und ein Hund, der mit konzentriertester Aufmerksamkeit darauf bedacht ist, seinem Herrn zu Diensten zu sein, der buchstäblich dauernd „an seinen Lippen hängt", bringt es darin besonders weit." (Müller S. 24)

„Kein starrer Instinkt veranlasst einen Hund, seine Liebe dadurch auszudrücken, dass er seinen Kopf auf das Knie des Herrn legt. Eben deshalb ist dieser Ausdruck tatsächlich unserer menschlichen Sprache näher verwandt als alles, was die wilden Tiere einander zu sagen haben." (Müller S. 31)

„Man mag mir glauben: Ich projiziere menschliche Eigenschaften ganz sicher nicht in das Tier. Eher tue ich das Gegenteil: Ich zeige, wie viel tierisches Erbe auch heute noch im Menschen steckt." (Müller S.38)

Viele Frösche könnten nachwachsen *Harmonie mit der Natur*
„Die Erziehung zum Sehen von Gleichgewichten, das die Voraussetzung zum richtigen Funktionieren unserer Gestaltwahrnehmung ist, die Erziehung zum gefühlsmäßigen Empfinden von Harmonien, das ist wahrscheinlich die Vorbedingung für die Erziehung zum Naturschutz.
Denn dadurch wird dem Menschen von selber bewusst, dass er der Natur nicht polar gegenüber steht, sondern Teilhaber, Nutznießer und Mitglied des Lebensgefüges ist..." (Müller S. 41)

..."Dass man mit der Trockenlegung einer Feuchtwiese 1000 Frösche oder mehr umbringt, und diese Zahl gilt nur für den Augenblick, denn in Wirklichkeit, für die Zukunft sind es viel mehr ungeborene, weil man ja einen Lebensraum zerstört hat, in dem jedes Jahr viele Frösche „nachwachsen" könnten. Das alles wird nicht so gemerkt und gesehen!" (Müller S. 41)

„Dem Denker, dessen Erkenntnistheorie auf der Einsicht in die Tatsache der Evolution beruht, ist die Du-Evidenz des Mitmenschen wie des höheren Tiers unabweisbar.
Schließlich hat sich diese Überzeugung auch in den Tierschutzgesetzen aller Welt ausgedrückt. Wir sind gezwungen, das Du im höheren Tier anzuerkennen und die moralischen Konsequenzen daraus zu ziehen." (Müller S. 44)

„Der Wert, den der Hund heutzutage für den Menschen entwickelt, ist ein rein seelischer, wenn man von einigen wenigen Berufen, etwa Jägern und Polizeileuten, absieht. Was Dein Hund dir zu geben vermag, ist dem sehr ähnlich, was nur das wilde Tier, das mich durch den Wald begleitet, gibt: die Wiederherstellung der unmittelbaren Verbundenheit mit der wissenden Wirklichkeit der Natur, die der Zivilisierte verloren hat…" (Müller S. 49)

Mit der Liebe, die auch zu sehen vermag *Wege des Entdeckers*
„Ich nehme es sehr ernst mit der Aufgabe, in möglichst vielen Menschen ein tieferes Verständnis für die anbetungswürdigen Wunder der Natur zu erwecken." (Müller S. 60)

„Wenn ich auf einem Spaziergang in den Donauauen den sonoren Ruf des Raben höre und auf meinen antwortenden Ruf der große Vogel hoch droben am Himmel die Flügel anzieht, in sausendem Fall herniederstürzt, mit kurzem Aufbrausen abbremst und in schwereloser Zartheit auf meiner Schulter landet, so wiegt dies sämtliche zerrissenen Bücher und sämtliche leergefressenen Enteneier auf, die der Rabe auf dem Gewissen hat." (Müller S. 62, 63)

Der Mensch, den mir das Tier gezeigt hat *Prozesse der Entwicklung*
„Geistig hochmütigen Menschen sollte (folgendes) eine ernste Mahnung sein: Bei einem Tier (wie der Graugans), das noch nicht einmal zur bevorzugten Klasse der Säugetiere gehört, findet die Forschung einen Mechanismus des Verhaltens, der bestimmte Individuen lebenslänglich zusammenhält, der zum stärksten, alles Handeln beherrschenden Motiv geworden ist, der alle „tierischen" Triebe wie Hunger, Sexualität, Aggression und Furcht

zu überwinden vermag und die Gesellschaftsordnung in ihrer artbezeichnenden Form bestimmt. In all den Punkten ist dieses Band jenen Leistungen analog, die bei uns Menschen mit den Gefühlen der Liebe und Freundschaft in ihrer reinsten und edelsten Form einhergehen." (Müller S. 77)

„Das Aussterben einer Tierart ist ein Vorgang, der nie wieder gut zu machen ist. Wenn das letzte Paar einer Art gestorben ist, kommt diese Art von alleine nicht wieder. Nur ein neuer Schöpfungsakt könnte sie erneut entstehen lassen. Wer sich dieser Tatsache bewußt geworden ist, müßte eigentlich zutiefst erschüttert sein, denn der pure Menschenverstand sollte zu dem Schluß gelangen, dass homo sapiens auch nur ein Kraut unter vielen ist, das ebenso Wasser, Luft, Licht und Nahrung braucht, eine kulturelle Basis nicht zu vergessen, um nicht einzugehen.

Tiere vor dem Aussterben zu bewahren, müßte uns demnach eine vordringliche Pflicht sein, im ureigensten Interesse, denn die Stabilität jedes Biosystems ist um so widerstandsfähiger, je mehr Arten daran teilhaben. Das gilt für den Tümpel ebenso wie für ein komplexes Korallenriff oder für den Regenwald. Das ist das Ziel des eigentlichen Bewusstwerdungsprozesses, der hoffentlich nicht zu lange dauert…" (Müller S. 78, 79)

3 METHODISCHES VORGEHEN

3.1 Die Methode des Persönlichen Gespräches

Als ich mich für mein Forschungsthema für die Diplomarbeit entschieden hatte, wußte ich, dass ich eine qualitative Forschungsmethode wählen würde. Ich wollte nach der Methode des Persönlichen Gesprächs von Inghard Langer in meiner Arbeit vorgehen. Ein persönliches Gespräch ermöglicht dem Gesprächsleiter eine vertiefte Aufnahme von den Erzählungen des Befragten. Wir nehmen als Gesprächsleiter teil an seinen Lebenserfahrungen und innerseelischen Vorgängen und können diese für andere Personen aufbereiten in der späteren Bearbeitung des protokollierten Gesprächs.

Die Haltungen eines Gesprächsleiters sollen denen entsprechen, die Carl Rogers, der Begründer der klientenzentrierten Psychotherapie, für psychotherapeutische Gespräche ausgearbeitet hat.

Der Gesprächsleiter soll kongruent sein, das bedeutet, dass sein inneres Erleben und von ihm geäußerte Signale wie Gesichtsausdruck, Mimik, Körperhaltung und Sprache übereinstimmen. Wesentlich ist weiter Wertschätzung und Achtung der Person, mit der wir ein Gespräch führen, und ebenso Wertschätzung der Inhalte, die sie uns berichtet. Das Erzählen und die Art und Weise, wie die Person sich verhält und ausdrückt, wird mit einfühlendem Verstehen begleitet.

Der Gesprächsleiter sollte eine lernbereite, offene und auf Entwicklung ausgerichtete Grundhaltung haben und die erzählende Person in ihrem Suchen und in ihren Erfahrungen respektieren.

Wir sind als Gesprächsführende keine Autorität für die Richtigkeit oder Fehlerhaftigkeit der Berichte, die uns im Gespräch zu einem Lebensthema mitgeteilt werden.

So wäre es nicht angebracht, vorgefertigte Annahmen, die sogenannten „Hypothesen" zu formulieren in Erwartung dessen, was uns der Gesprächspartner erzählen wird. Hypothesen sind vorformulierte Vermutungen vor einer Untersuchung und sollen mit Hilfe der Untersuchung erhärtet oder als falsch erkannt werden. Solche Untersuchungen und Überprüfungen mittels

Hypothesen werden nur in Laborexperimenten oder besonderen Fragestellungen nützlich sein.

Wir sind in der qualitativen Forschung „Wissen-Schaffende", suchende Menschen, die von anderen Personen Erfahrungen aufnehmen.

Und diese vielfältigen Erlebnisse der Gesprächspartner können wir nicht in einfache Schemata pressen bzw. in vorgefertigte Fragebögen. (Nach Langer)

Daher grenzte ich für mich von Anfang an quantitative Untersuchungsmethoden aus.

All die vielschichtigen Berichte und Erfahrungen, die wir im persönlichen Gespräch vom Gesprächspartner erhalten, sind Anregungen und können sowohl für uns als auch für die Empfänger und Empfängerinnen unserer Forschungsarbeit Hinweise für die Lebensgestaltung geben.

„Die Empfänger und Empfängerinnen von Wissenschaft können die mitgeteilten Erfahrungen auf sich wirken lassen, sie für ihre eigene Situation abwägen, sie ausprobierend übernehmen oder sie für den eigenen Gebrauch zurechtformen.

Die Bewertung der mitgeteilten Erfahrungen obliegt somit den Leserinnen und Lesern eines Forschungsberichtes." (Langer 2000, S. 20)

Die Haltungen, die Carl Rogers im Rahmen seiner klientenzentrierten Psychotherapie entwickelt und in Bezug auf ihre heilsamen Wirkungen untersucht hat, sind auch in deutschsprachigen Ländern von Reinhard und Anne-Marie Tausch weit verbreitet worden. Inghard Langers Forschungsweg mit dem Persönlichen Gespräch ist somit von Carl. Rogers, Reinhard und Anne-Marie Tausch, aber auch von Ruth Cohns Interaktionspsychologie wesentlich beeinflusst worden.

So gehe ich nach der qualitativen Forschungsmethode von Inghard Langer vor. Grundlage hierfür ist sein Buch „Das persönliche Gespräch als Weg in der psychologischen Forschung (2000)".

Ein Vorteil der qualitativen gegenüber der quantitativen Forschung, die mit Fragebögen und statistischen Auswertungen vorgeht, liegt auch in der „kommunikativen Validierung".

Das bedeutet, dass nach jedem Schritt in der Bearbeitung der Gespräche den Gesprächsteilnehmern eine Dokumentation vorgelegt wird, die sie nach ihrem Empfinden ergänzen, korrigieren oder auch ablehnen können. Möglich ist bis zuletzt eine gänzliche Verweigerung der Veröffentlichung eines Gesprächs, wenn es die Person wünscht.

3.1.1 Die Auswahl meiner Gesprächspartner/Innen

Gesprächspartner fand ich in meinem Bekannten- und Freundeskreis; wichtig war mir, dass sie eine intensive Beziehung zu ihren Haustieren hatten und sie sich auf ein Gespräch über ihr Leben mit Tieren einlassen mochten. Teilweise fand ich Gesprächspartner in meiner Heimatstadt in Schleswig-Holstein, drei Gesprächspartner lernte ich an der Universität kennen und drei weitere Personen über meinen engsten Bekanntenkreis.

Letzendlich habe ich mit 9 Personen 11 Gespräche geführt, davon allerdings aus Zeitgründen und anderen Überlegungen nur 6 ausgewertet. 2 Gespräche habe ich in den Anhang meiner Arbeit gelegt.

3.1.2 Vorbereitung der Gespräche

Vor meinem ersten Gespräch überlegte ich mir gründlich eine Reihe von Fragen, die mir sehr wichtig waren in Bezug auf mein Forschungsthema. Benutzt habe ich diesen Leitfaden aber nur gelegentlich.

Auch eine Vorgespräch habe ich mit einem Freund durchgeführt. Ich war in der Situation der erzählenden Person, die mit einem Thema konfrontiert wird, und der Freund war der „Gesprächsführende". So konnte ich mich hineinversetzen in die zukünftige Rolle meiner Gesprächspartner und mein Forschungsthema aus meiner Sicht beleuchten. Das war hilfreich und anregend für mich.

3.1.3 Durchführung der Gespräche

Mein erstes Gespräch fand in der Wohnung einer Freundin statt. Wir hatten uns schon häufig über unsere Tiere unterhalten, und sie war einverstanden, dass ich das Gespräch aufnehmen würde.

2 Gespräche fanden bei mir in der Wohnung statt, die übrigen bei den Gesprächspartnern zu Hause. Da ich alle Teilnehmer gut kannte, z. T. schon über viele Jahre, fiel mir dann auch die Gesprächsaufnahme nicht sehr schwer. Sicher mußte ich mich jedesmal auf meinen Gesprächspartner innerlich einstellen und war dann immer angenehm überrascht, wie nett und gemütlich die Atmosphäre auch unter diesen Umständen bei ihnen war. Zumeist war eines der Tiere in der Wohnung, und ich freute mich darüber besonders.

Bis auf eine Teilnehmerin fühlte sich keiner der übrigen Personen durch das Aufnahmegerät gestört. Alle Gesprächspartner habe ich auf ihren Anspruch auf anonyme Behandlung hingewiesen. Bis auf 2 Personen, die nicht unbedingt anders genannt werden wollten, habe ich allen anderen neue Namen gegeben. Natürlich wurden auch besondere Umstände in ihrem Leben und Ortsnamen „verfremdet" dargestellt.

Ich hatte allen Gesprächspartnern erzählt, dass das Gespräch in einer offenen Atmosphäre, eventuell mit „open end" durchgeführt werden sollte. Den meisten war diese freie Zeitgestaltung recht. Eine Person hatte maximal 2 Stunden Zeit für mich. Doch auch das war kein Problem. Bei zwei Personen ergab sich solch eine Fülle an Erzählstoff, so dass ich mich mit ihnen für ein weiteres Gespräch verabreden durfte.

3.2 Die Auswertung der Gespräche

3.2.1 Die Abschrift der Gespräche und ihre Verdichtungsprotokolle

Die wörtliche Transkription der Gespräche war eine zeitaufwändige Arbeit, die sich aber lohnte. Durch das genaue Abhören der Aufnahmen vergegenwärtigte ich mir das Gespräch noch einmal, und Sprachnuancen in Bezug auf Leiserwerden, Schmunzeln oder temperamentvolleres Reden wurden deutlich.

Anschließend folgte die weitere Bearbeitung der einzelnen Gepräche, zunächst begann ich mit dem „Verdichtungsprotokoll".

„Die verdichtete Darstellung eines Gesprächs soll eine konzentrierte, geordnete, verständnisfördernd gestaltete Bearbeitung eines Gesprächs sein. Das Verdichtungsprotokoll stellt eine reine Dokumentation des Gesprächs dar... Sinn und Zweck ist eine lesbar geraffte Wiedergabe der Substanz des Gespräches." (Langer,2000,S.58)

Ich begann mit dem vorletzten Gespräch, das im Ursprung sehr umfangreich war. Nach dem Abschluß des Protokolls war ich glücklich, endlich eine Verdichtung geschafft zu haben. Die folgenden Verdichtungsbearbeitungen fielen mir relativ leicht. Ich denke, dass ich mit meinem Thema ein für mich schönes Gebiet bearbeite, das mich immer wieder fröhlich macht. So war dieser „Urgrund" des Themas, d. h. die Liebe zum Tier, ein sinnerfüllendes Moment für mich und half mir sehr bei der Bearbeitung.

3.2.2 Die Zusammenfassung der Gespräche und die Verallgemeinernden Aussagen

Nach den Verdichtungen schrieb ich pro Gespräch eine geordnete Zusammenfassung der Inhalte. Wie bei den Verdichtungsprotokollen ging ich auch hier überwiegend biographisch bzw. chronologisch vor.

Der nächste wichtige Bearbeitungsschritt waren die „Verallgemeinernden Aussagen". Nun kamen die sogenannten „Kann"-Formulierungen zum Tragen. Nach einer ersten Gewöhnungsphase an diese besondere Art des Schreibens ging es mir immer leichter von der Hand, und ich merkte, dass ich mich oft hätte kürzer fassen können. Ich hoffe aber, dass sie gut lesbar sind, teilweise kommen auch hier Zitate vor.

3.2.3 Die Gesamtauswertung der Gesprächsdokumentationen

Der letzte Arbeitsschritt, die Zusammenstellung, wurde vorbereitet durch die Aussagen nach den Gesprächsdokumentationen. So begann ich mit dem Panorama mit einer Fülle von Aussagen. Ich überlegte mir sieben sinnvolle Aspekte zu meinem Thema, denen ich dann die verschiedenen Erlebnisse und Aussagen meiner Gesprächspartner zuordnen konnte.

Schließlich habe ich danach die übergeordneten Aussagen formuliert. Sie schließen die Gesamtauswertung der Gespräche ab.

3.3 Die Validierung der bearbeiteten Gespräche

Nachdem ich die Verdichtungsprotokolle und die verallgemeinernden Aussagen fertiggestellt hatte, gab ich sie meinen Gesprächspartnern zurück. Beim Lesen sollten sie prüfen, ob sie sich in ihren Äußerungen zum Thema, zu ihren Gedanken, Gefühlen und Anschauungen treffend wiedergegeben fanden.

„Es gibt kein angemesseneres Kriterium für die Güte bzw. Gültigkeit unserer Gesprächsdokumentation und die darauf aufbauenden Aussagen als die zustimmende Stellungnahme der Person, deren Mitteilungen wir im Gespräch bearbeitet haben. Wir bitten die Person auch, Passagen, die sie für unzutreffend hält, zu korrigieren, zu streichen oder Klärendes hinzuzufügen." (Langer, 2000, S. 71)

Diese „kommunikative Validierung" ist also ein wichtiger Schritt in der Auswertung der Gespräche.

Zwei meiner Gesprächspartner hatten geringfügige Änderungswünsche, ein weiterer Gesprächspartner gab mir zusätzliche Informationen, die ich in die Verdichtung eingearbeitet habe.

Schon vor den Gesprächen sprach ich mit den beteiligten Personen den Punkt der Anonymisierung durch. Im Rahmen der kommunikativen Validierung bat ich sie, darauf zu achten, ob sie sich in den Beschreibungen genügend geschützt fühlen, damit sie von Leserinnen oder Lesern nicht identifiziert werden können.

So änderte ich die Namen der Beteiligten, ihre Wohnorte und bestimmte Hinweise in ihrem Leben, die „verräterisch" hätten sein können. Dies alles habe ich mit den Gesprächspartnern genau abgesprochen. Zwei Personen wollten gern ihre eigenen Namen in den Ausführungen behalten.

Abschließend erfuhr ich von meinen Gesprächspartnern, dass sie alle ihre Gesprächsprotokolle für die Untersuchung freigeben wollten.

Von einigen Personen erhielt ich Fotos ihrer Tiere, darüber freute ich mich sehr. Als analoge Kommunikationsmittel waren sie eine schöne Ergänzung.

4 EMPIRISCHER TEIL

4.1 Die Dokumentation der Gespräche

4.1.1 Das Gespräch mit Jana

<u>Zur und zur Gesprächssituation</u>

Jana ist zur Zeit unseres Gesprächs 56 Jahre alt. Sie ist gebürtige Tschechin, kam aber jung verheiratet schon nach Deutschland. Ich lernte Jana vor einigen Jahren bei unserer gemeinsamen Arbeit kennen. Sie war mir von Anfang an sympathisch, und wir kamen uns bald näher. Mit der Zeit ist sie eine richtige Freundin geworden. Als ich sie fragte, ob ich mit ihr ein Gespräch im Rahmen meiner Diplomarbeit führen dürfte, war sie gleich einverstanden. Jana hatte zu der Zeit unseres Gespräches einen Hund in Pflege. Ihr vorheriger Hund, ein süßer Cockerspaniel-Mischling, war vor kurzem auf der Autobahn überfahren worden. Darunter litten Jana und ihr Mann besonders.

Unser Gespräch fand dann eines Tages im Spätsommer bei ihr zu Hause statt. Wir einigten uns, das Gespräch bei ihr zu Hause im Wohnzimmer zu führen. Ihr Pflegehund, der Shelty „Benny" war dabei, was ich als ganz angenehm empfand. Ich war schon häufiger bei Jana zu Gast gewesen, so war mir die häusliche Umgebung nicht fremd, und ich fühlte mich sehr wohl bei ihr. Wir hatten beide Tee und Kaffee zum Gespräch, während sie mich nach dem Gespräch noch zum Abendbrot einlud. Insgesamt hatten wir einen schönen Nachmittag, der besonders für mich auch sehr interessant war, denn von Janas lebhaften und nachdenklichen Erzählungen war ich sehr beeindruckt.

4.1.1.1 Verdichtungsprotokoll von dem Gespräch mit Jana

<u>Die Kindheit</u>

Nur eine Tiergeschichte in ihrer Kindheit

Jana erzählt, dass sie in ihrer Kindheit nur ein Erlebnis hatte, das sie besonders erinnern kann in Bezug auf Tiere: Ihr Vater brachte ihr einen Schäferhundwelpen mit, um ihr eine Freude zu machen, doch leider blieb der Welpe nur einen Tag bei ihnen.

„Na, von meiner Kindheit kann ich dir nicht viel erzählen, weil, da hab' ich nur ein Erlebnis. Mein Papa hat mir einmal einen Wunsch erfüllt, und da hat er mir einen kleinen Welpen von Schäferhund mitgebracht. Der war leider nur 24 Stunden bei uns, weil meine Mutter hat gesagt: ‚Also, ich oder der Hund!' und am nächsten Tag war der Hund weg."

Tierwünsche für die Zukunft
Nach diesem enttäuschenden Erlebnis nahm Jana sich damals vor, dass sie sich den Wunsch nach einem Haustier erfüllen wollte, wenn sie später mal alleine leben sollte oder aber auch, falls sie heiraten würde.

<u>Das Erwachsenenalter</u>

Janas sehnlicher Wunsch nach einem Kind und ihre ersten Haustiere
Viele Jahre lang versuchte Jana vergeblich, ein Kind zu bekommen, sie erlitt sechs Fehlgeburten, bevor sie mit 38 Jahren doch noch ihr ersehntes Kind bekam.

„… Ich habe mich erst darauf konzentriert, Kinder zu kriegen und nachher, nach sehr vielen Jahren erst, wenn ich 36 Jahre alt war, war ich mit meinem Mann in Wien. Und da war eine Frau, die hatte volle Wohnung mit Katzen. Und dann wollte ich plötzlich eine Katze haben, und die hab' ich mitgebracht über Grenze unter meinem Pullover. Die nannte ich ‚Susi', und die haben wir sehr liebgehabt."

Jana hatte aber zunächst erstmal, als sie nach Deutschland gekommen war, einen Wellensittich gekauft. Damals mussten ihr Mann und sie sehr viel arbeiten und konnten es sich zeitlich nicht erlauben, einen Hund oder eine Katze zu halten. Dieses allererste Tier, ein blauer Wellensittich, ist leider bald entflogen. Darüber gab es viel Aufregung, weil sie ihn sehr lieb hatten. Danach kaufte Jana einen gelben Wellensittich, den sie ‚Peppi' nannte.

Peppi, ein ganz besonderer Vogel!
Diesen Peppi hatten sie dann 12 Jahre lang, bevor er auf etwas tragische Art ums Leben kam. Dieses Vöglein konnte sogar kleine Kunststücke, die Jana immer aufheiterten, auch wenn sie zuvor traurig gewesen war.

„Mit Peppi haben wir uns sehr viel beschäftigt. Es war sehr lustig, wenn Peppi mit diesem männlichen Namen plötzlich zwei Eier gelegt hat. Dann haben wir festgestellt, dass es ein Weibchen war. Und die sollte nach tschechischem Gesetz und Rechtschreibung heißen nicht ‚Peppi', aber ‚Pepitschka'. Aber der Name ‚Peppi' blieb. Und die war richtig trainiert, dressiert! Wenn ich traurig war, dann hab' ich gesagt: ‚Peppi, mach ‚mal Salto!'
Und die hat sich hingestellt in eine Ecke im Käfig und hat sie sich paar Mal gedreht.
Und wenn ich gelacht habe, dann wusste sie also, die ist glücklich.
Und das haben wir gemacht: Wenn sie festgestellt hat, dass ich traurig war, dann hat sie das alleine gemacht, diesen Salto. Und ich hab' gelacht, und damit war die Sache schon erledigt.
Das vergess ich niemals!"

Jana wird diese Erlebnisse nicht vergessen
Jana erzählt, dass sie ‚Peppi' einmal verlassen musste, weil sie und ihr Mann eine Reise nach Amerika machten. Bei ihrer Rückkehr hat das Tierchen sich so sehr gefreut, dass sie meint, dass das ihr kein Mensch glauben wird.

„Als ich zurückkam, dann war sie richtig außer sich vor Freude. Also, sowas wird mir kein Mensch glauben, dass dieses kleine Vöglein solches Herzchen hat, und das hab' ich gespürt, wie sie glücklich ist, dass wir zurück sind! Die hat immer, als ich rief ‚Peppi', dann ist sie geflogen vom Badezimmer bis ganz zum Wohnzimmer. Also die hat gespurt richtig wie ein Hund! Ich hab gedacht, die werd' ich ewig haben, aber sie ist umgekommen auf eine ganz tragische Art. Mein Sohn, der war damals 5 Jahre, wollte ihn hübsch für mich machen. Und ich ging einkaufen, und als ich zurückkam, dann hat mein Sohn aufgemacht und hat er sehr geweint und geschluchzt und alles.Und hat er gesagt: ' Mami, Mami, Peppi lebt nicht mehr. Ich wollte ihn hübsch für Dich machen, ich hab' ihn gebadet und mit Haarspray die Federn eingesprüht, und plötzlich war er auf Rücken, und ich hab' Mund- zu- Mund- Atmung mit ihm gemacht. Aber er will nicht mehr. Ich glaube, er ist tot.' Das ist Geschichte zu unserer ‚Peppi'. Ich glaube, so einen Vogel werd' ich nicht mehr haben. Weil, die war was Besonderes!"

Fips, der süsse Rauhaardackel
Jana bekommt zufällig 14 Tage später, nachdem sie ihre Katze Susi aus Wien mitgebracht hatte, von ihrer Nachbarin einen Rauhaardackel geschenkt. In der Erinnerung war es damals für sie sehr lustig.

Die „schwierige" Welpenzeit ihres ersten Hundes

„Weil ich nie Hund hatte, konnte ich mir das nicht vorstellen. Dann hab' ich ‚ja' gesagt. Aber plötzlich war da Haufen, dort Haufen, und ich habe gleich den Tag, weil ich mit der Hygiene nicht, also ich kannte so was nicht von Tieren. Dann hab' ich den Hund mitgenommen zu Tennisplatz, wo mein Mann spielte. Hab' ich gesagt: ‚Ich will den Hund nicht, weil er nicht sauber ist!' Und mein Mann hat gesagt: ‚Beruhig' dich und back' für mich einen Kuchen, und das ergibt sich alles von alleine!' Naja, gut. Dieser Hund hieß Jambo von Tantzenhof, aber weil er sehr klein war, dann haben wir ihn Fips genannt. Ja, der war erstmal auf Gäste-WC, dann war er in der Küche. Dann durfte er in das Wohnzimmer, wo er immer mit der Katze gespielt hat, und anschließend landete er hinter meinem Nacken."

Ihre ersten wunderbaren Erlebnisse mit ihren Tieren

Jana beschreibt, wie glücklich sie damals mit Katze, Hund und Vogel war.

„Und das waren unsere ersten Erlebnisse mit Tieren. Katze also hat geschlafen bei unseren Füßen und Fips hinter meinem Nacken. Ja, und dann kam dazu noch, ich hab damals ja noch einen Wellensittich gehabt, den Peppi, und der hat mit diesen zwei, mit der Katze und Hund ganz schön gespielt. Also, dem passierte gar nichts. Ja! Also, die drei haben sich untereinander sehr, sehr gut verstanden, der Hund, die Katze und der Vogel."

Es lohnt sich, den Tieren viel positive Zuwendung und Zeit zu geben

Ich frage Jana, welchen Stellenwert die Tiere damals für sie hatten.

Jana meint:

„Ja, jedes auf eigene Art. Ich hatte sehr viel Zeit, und wenn man sehr viel Zeit mit Tieren verbringt, dann bekommt man das tausendmal zurück, nicht. Weil, die sind sehr lieb und geben sehr viel Liebe zurück. Das lohnt sich!"

Jana erzählt, sie habe festgestellt, wenn man sich sehr um Tiere kümmert und mit ihnen befasst, dass die Tiere alles verstehen.

„Also ich hab festgestellt, wenn man sich mit Tieren beschäftigt, dann verstehen die alles. Ob das ein Vogel ist oder ob das ein Hund ist oder ob das eine Katze ist."

Anfangs nur negative Erfahrungen mit Katzen

Doch Jana bekennt, dass sie nicht sehr viel Erfahrung mit Katzen hatte und zu Beginn ihrer „Tierzeit" sogar einen gewissen Abstand zu Katzen hatte. So ekelte sie sich damals sehr vor Katzen, weil diese nach draußen kommen und mit Mäusen spielen. Hinzu kommen negative Erfahrungen, als sie Weihnachten bei ihrer Schwägerin zu Besuch war:

„Meine Schwägerin, die hatte immer Katzen. Mussten wir immer Weihnachten hinfahren.
Eine ihrer Katzen hieß ‚Schidor' und eine ‚Schuschuli'. Und ich hab' mich damals sehr vor Katzen geekelt, weil die spielen mit Mäusen und kommen die nach draußen.
So hab' ich immer gedacht. Damals hab' ich noch nicht gewusst, dass sie auch nur zu Hause leben könnten. Ja, und dieser Schidor und diese Schuschuli, die haben das gespürt, dass ich Angst (habe) oder dass ich sie nicht mag. Dann hatten die mir Kacke in meinen Koffer gemacht. Und meine Schwägerin hat die auch laufen lassen in der Küche. Ich hab' gesehen, dass sie knappeln an Knödel auf unserem Weihnachtsessen.
Da hab' ich meinem Schwager gesagt: ‚Was soll das denn, was soll das bedeuten?'
Und er hat gesagt: ‚Ach was, das schneiden wir nur bisschen ab, und das kannst du essen!' Also, das war für mich damals entsetzliches Erlebnis!"

Jana lacht dabei.

Jana glaubte damals, dass sie sich niemals eine Katze anschaffen würde. Jana liebte immer sehr die Hygiene, und als sie häufig sah, dass Katzen auch gerne an den Eßtisch kommen, verstärkte das zunächst ihre Abneigung gegen Katzen.
  Doch dann brachte sie sich einige Zeit später ihre Susi aus Wien mit nach Hause.

Die erste „Liebesgeschichte" mit einer Katze

„In dieser Wohnung in Wien waren alles Tigerkatzen, und die eine, die Susi, war besonders dunkelbraun. Und die wollte ich gerne haben!

Und die hab' ich auch geschenkt gekriegt. Und das war so eine ganz feine Katze. Die hat nie die Krallen rausgestreckt. Und mein Hund hat sie immer so angegriffen. Die hat ihn aber bemuttert. Die Rauhaardackel haben solche Haare auch im Auge, das hat sie ihm immer abgeleckt."

Unheimlich schöne Erlebnisse mit Hund, Katze und Vogel

„Und haben die zusammen geschlafen und gespielt. Also, das waren unheimliche Erlebnisse! Schade, dass wir das nicht auf Video haben, weil – so was erleben wir nie wieder! Weil jedes Tier ist anders."

Trauriger Abschied von Fips

Jana schildert, wie ihr Fips, ihr erster Hund, ums Leben kam. Sie meint, dass er wohl von Nachbarn vergiftet wurde, was natürlich besonders schrecklich wäre.

„Also ich hatte … unseren Fips, der hat auch nicht lange gelebt. Der war vergiftet worden. Den hatte ich nur drei Jahre. – Ja, was kann ich dir noch dazu sagen? Also er hat meinen Nachbarn geärgert, und die haben das einfach gelöst auf eigene Weise, weil ich ihn nicht einschläfern wollte."

Ich fragte Jana daraufhin:"Hat dich das jetzt anfangs etwas davon abgehalten, wieder ein Tier zu dir zu nehmen? Wie siehst du das jetzt aus der Gegenwartsperspektive?"

Jana erzählt mir daraufhin von ihren langjährigen Versuchen, ein Kind zu bekommen. Sie hatte sechs Schwangerschaften, die leider zu Fehlgeburten führten. Dann klappte es endlich mit der Schwangerschaft, und sie bekam ihren Sohn. Damals meinte ihre Ärztin, dass Tiere gefährlich für kleine Kinder sind und sie sich lieber keine weiteren Tiere anschaffen sollte.

Jana behält ihren Hund trotz Schwangerschaft

Sie behält dennoch ihren kleinen ‚Fips'.

„Ich hab' aber trotzdem meinen Fips behalten. Aber dann war das Schicksal weise, als mein Sohn anfing zu krabbeln, dann war der Hund nicht mehr da. Wie ich schon sagte, er war vergiftet worden. Dann hab' ich mir vorgenommen, wenn mein Sohn größer wird, dass ich wieder die gleiche Rasse kaufe und dass ich ihm zeige, wie das schön ist, wenn man so mit Tieren leben kann. Und das hab' ich ihm auch erfüllt. Er war aber der Sache noch nicht gewachsen."

Janas zweiter Hund Enno, der „falsche", kranke Hund

Jana holt sich bald, als ihr Sohn noch klein war, einen weiteren Rauhaardackel. Er hieß „Enno von Snabelsnute". Jana meint, dass die Züchterin sie betrogen hat und ihr einen anderen Hund übergab. Diesen hatte sie sich aber zuvor nicht ausgesucht.

„Der Enno war sehr krank. Da musste ich jeden Tag zum Arzt und hab' ich ihn gesund gepflegt. Und der Arzt hat gesagt, er braucht sehr viel Ruhe und Schlaf. Ja – und ich hab' vorher meinem Sohn erzählt: ‚Du kannst mit ihm toben und spielen und alles!' Und er hat den Hund nie in Ruhe gelassen, wollte immer mit ihm toben. Dann hab' ich Enno an ein älteres Ehepaar im ‚Alten Land' verschenkt. Und weiß ich aber nicht, was mit diesem Hund passiert ist. Und das hab' ich in meiner Erinnerung als – also ich schäme mich für diese Sache, dass ich den Hund nicht behalten habe. Ich leide deswegen, dass ich ihn abgeschoben habe wegen meines Sohnes, aber das könnte ich nicht ändern. Ich konnte das nicht ertragen, wenn mein Sohn ihn nicht in Ruhe gelassen hat, und weil ich das schon von früher weiß, wenn ein Tier krank ist, dass es viel Ruhe braucht. Und kleine Kinder können das noch nicht begreifen."

Kessi, die schöne Pudeldame

Nachdem Jana ihre beiden Hunde auf so unglückliche Art und Weise verloren hat, kommt sie eines Tages doch wieder zu einem Tier, einer Pudelhündin.
Jana hatte damals eine Bekannte, die leider sehr krank war. Diese Dame bat Jana, ob sie nicht ihre Hündin vielleicht übernehmen könnte. Jana willigte ein, ihr Mann war einverstanden, und so kam ‚Kessi', eine sehr schöne und artige Pudelhündin, in ihre erwartungsfreudige Familie.

„Das war Pudelhündin, die war sechs Jahre alt schon damals. Das war eine wunderschöne, liebe Hündin, sehr gut erzogen. Ich kann leider Hunde nicht erziehen, weil ich zu viel Liebe gebe und die machen nachher- die erziehen uns – Hunde oder Katzen! Und die ‚Kessi' war sehr gut erzogen, und die hatten wir bis zum 12. Lebensjahr. Später bekam sie Epilepsie, und mein Mann musste sie einschläfern lassen."

Jana schildert dann, dass es für sie nicht so einfach war mit Kessi. Die Pudelhündin bekam ebenso viel Liebe von Jana und ihrem Mann wie auch die anderen Tiere zuvor. Jana meinte, dass ‚Kessi' aber sehr auf ihre vorherige Besitzerin fixiert war und dieses alte Frauchen nicht vergessen konnte.
Etwas Tolles gab es dennoch bei Kessi, sie spielte sehr gerne mit einem Ball.

„Das konnte sie wunderbar, also Ballfangen, da war sie richtiger Torwart, das konnte sie! Also, man konnte sie mit einem Torwart vergleichen, weil sie jeden Ball fing. Mein Mann ist Sportler, deshalb hat er das so gern gehabt."

„Kessi war zwar sehr gehorsam, aber sie war mehr ein Stofftier."

Aber Jana empfängt von Kessi nicht so viel Liebe und Zärtlichkeit, wie sie erhofft hatte. Jana gab sehr viel, aber von Kessi kam nach Janas Empfinden nicht so viel Zuneigung zurück.

„Kessi hat sich so verhalten, als ob sie mir sagen wollte: ‚Na, was bleibt mir übrig, dann bleib' ich eben bei euch.' und hat sie keine Liebe zurückgegeben. War zwar sehr gehorsam, aber sie war mehr ein Stofftier. … Ich war der Meinung, sie wartet immer, dass ihr altes Frauchen klingelte, und dann geht sie gern wieder weg. Ja."

Jana berichtet dann, dass sie diese Hündin nach ihrem Tod nicht so vermisst hat wie alle anderen Tiere. Sie nimmt sich jetzt vor, obwohl im Tierheim sehr viele arme Tiere sind und auf ein neues Zuhause warten, dass sie wieder einen Welpen von Anfang an erziehen möchte. Sie meint, wenn ein Hund wie Kessi schon sechs Jahre bei einem anderen Besitzer war, dass dieser Hund dann irgendwie anders erzogen und beeinflusst ist und dann sehr irritiert ist, wenn er ein neues Zuhause bekommt.

„Manchmal wollte sie etwas, und ich hab' sie gefragt. Sie hatte etwas zu trinken, sie konnte nach draußen, es war alles da, und ich hab' sie nicht verstanden. Bei meinen anderen Tieren war es so, dass ich bei jeder Bewegung, jedem kleinsten ‚Miau' oder ‚Wau' wusste, was das Tier will! Bei Kessi hab' ich das nicht gewusst. Obwohl sie war das liebste, gehorsamste und schönste Tier, das ich je hatte. Aber Schönheit ist auch nicht alles, nicht?"

<u>Die glückliche Zeit mit dem wilden Nicky</u>

Die lange tierlose Zeit

Nach Kessi kommt eine lange „tierlose" Pause von vier Jahren, es war die längste Pause ohne Tier, die Jana bis dahin im Erwachsenenalter hatte. Sie hatte sogar geplant, erst wieder ein Tier zu sich zu nehmen, wenn sie Rentnerin wird. Aber es kommt anders. Eines Tages fuhr Jana in ein Tierheim und fand dort ihren Cockerspaniel-Mischlingshund, den ‚Nicky'. Mit Nicky haben Jana und ihr Mann viele Jahre voller Freude und Glück erlebt. Er war ein kleiner Wildling, aber man musste ihm alles nachsehen, weil er auch sehr viel Spaß machte und ein lustiger Geselle war.

„Statt nach Hause bin ich eines Tages zum Tierheim gefahren, obwohl ich gesagt hatte, ich werde niemals ein Tier aus dem Tierheim nehmen, weil ich diese Erfahrung mit ‚Kessi' hatte. Ja, dann fuhr ich dahin, und da war ein Welpenmischling, Cockerspaniel, und der war der beste! (Jana schmunzelt) Obwohl gleich schon unterwegs im Auto hab' ich gesagt: ‚Warum hab' ich diesen Hund geholt?' Also ich hab gedacht, ich komm' nicht nach Hause! Der war unheimlich wild. Ja, und das ging auch zu Hause weiter und diese ganzen Jahre mit ihm. Der ist wild geblieben, der ist Welpe geblieben, praktisch bis zu seinem Tod. Der hat mir so Sachen gemacht; also Schuhe kaputtgebissen und unsere ganzen Stühle sind abgeknabbelt. Wenn ich ihn nicht beachtet habe, dann hat er meine ganze Wäsche aus Korb genommen oder auch Geschirrtücher und hat sie hinter dem Sofa versteckt."

„Ein unvergesslicher Hund"

„Also der brauchte immer Kontakt, und der hat auch sehr viel zurückgegeben! Das ist unvergesslicher Hund! Bei ihm war auch sehr lustig, dass er immer wie ein Mensch geschlafen hat. Der hat Kopfkissen gehabt, so 30x40 cm, das war größer als er, und hat er sich immer mit seinem Kopf hingelegt wie ein Mensch! Ja naja, der war zu wild, aber er war sehr lustig, und man musste immer lachen, also man musste ihm alles verzeihen, was er da angestellt hat. Jetzt fehlt uns das sehr."

Als ich Jana auf den Tod von Nicky anspreche, wie die Geschichte damals war, die Trennung von Nicky, erzählt mir Jana, dass dieser Abschied von Nicky schlimmer war als bei Fips, ihrem ersten Hund.

Der kleine Fips fand ein trauriges Ende

Jana kann sich nach dem Tod vom kleinen Fips nicht vom Tierchen trennen.

„Damals bei Fips war es so, dass er nach der Narkose noch Tropf gekriegt hat. Die Ärztin hat mir immer große Hoffnung gemacht, dass er leben wird, dass er soviel Lebenswillen hat. Aber nachher war es nicht so. ... Als er gestorben war, brachten wir ihn in die Waschküche. Mein Mann wollte ihn immer wegbringen, und ich wollte immer nicht ..."

Schon bei Fips litt Jana so unter dem Abschied von ihrem Liebling, dass sie sich nicht von ihm trennen mochte, selbst als er schon ein paar Tage tot in der Waschküche gelegen hatte. Als dann Jahre später ihr geliebter Cockerspaniel-Mischling Nicky auf der Autobahn überfahren wurde, litten alle, Jana, ihr Mann und ihr Sohn sehr unter diesem schrecklichen Ereignis.

Der tragische Unfalltod ihres Nicky

Es war so unerträglich für Jana und ihren Mann, allein zu Hause zu sein, dass sie sich für die nächsten Wochen sehr eng zusammenschlossen, immer zusammen Einkäufe erledigten und auch sonst keinen Weg alleine machen wollten.

„Wir haben, also mein Mann und ich, zusammen eingekauft. Als Nicky tot war, dann waren wir jede Minute mit meinem Mann zusammen und keinen Schritt ohne den anderen gemacht. Immer waren wir zusammen, was wir sonst nicht tun würden. Also, das kann ich nicht beschreiben, dieser Schmerz hat so ... Bei Nicky, das war so grausam, dass wir einfach überhaupt keine Minute zu Hause sein konnten. ...Wir konnten überhaupt nicht zu Hause sein, und wörtlich haben wir zwei Monate geweint und konnten nicht schlafen. Er hat uns sehr gefehlt und fehlt uns, so dass ich noch nicht soweit bin, einen anderen Hund zu nehmen. Und überleg' ich mir, ob ich die gleiche Rasse nehme. Aber weiß ich jetzt schon vorher, diese Erfahrungen habe ich schon, dass jedes Tier anders ist, und so einen Nicky gibt es nicht zweites Mal."

Zu dem Schmerz um Nicky kommen auch noch Schuldgedanken

Jana leidet aber auch noch darunter, dass sie sich und ihren Familienangehörigen einen Schuldanteil am Tode Nickys zuweist. Jana plagt ein schlechtes

Gewissen insofern, dass sie in ihre Heimat fahren musste, weil sie sich um eine Baustelle kümmern musste und ihrem Nicky diese lange Fahrt nicht zumuten mochte.

Ihr Mann musste etwas später nachreisen und kam mit dem Flugzeug. Das Fliegen aber vertrug Nicky schlecht, und sein Herrchen wollte ihm den Flug nicht zumuten.

Daraufhin nahm Janas Sohn den Hund zu sich, weil er ihn nicht allein lassen wollte. Der Sohn war damals häufig beim Reiten und schloss den Hund in eine Stallung ein. Irgendjemand ließ den Hund dann hinaus. Jetzt suchte Nicky seine Familie, und schließlich lief er auf die Autobahn.

„Und da hat ihn jemand rausgelassen. Bis heute weiß ich nicht, wer. Mein Sohn hat das lieber auf sich genommen, um jemand zu schützen. Ja, und es war damals eine schreckliche ... – es war ein besonderer Tag.

Ich hab mir einen Wunsch erfüllt am 17. Mai dieses Jahres. Ich hab mir so ein kleines Haus in meiner Heimat gekauft. Und gerade an diesem Tag, als mir dieses Haus gehörte, hab' ich am 17. Mai den Nicky verloren. Das hab ich nachher erfahren, wir sind einen Tag später gekommen."

Jana erfährt schmerzlich, dass nichts auf der Welt einem die Liebe eines Tieres wiedergeben oder ersetzen kann.

Jana erfährt einen Tag später auf schmerzliche Weise, dass nichts auf der Welt, vor allem materielle Dinge, ihr die Liebe eines Tieres ersetzen können.

„Und wenn ich das rückwendig (ungeschehen) machen könnte, dann würd' ich dieses Haus verkaufen, wenn mir jemand dafür dieses Tier zurückbringt. Und danach hab' ich auch erfahren, dass keine materiellen Sachen ein Tier ersetzen können! ... Und das ist mir eine Lehre, und das gab mir anderes Denken. Nur kann ich Nicky leider nicht zurückholen."

Benny, der Teilzeithund

Bald darauf erfährt eine Bekannte ihres Mannes, dass sie so sehr unter dem Verlust ihres Nickys leiden. Diese Dame hatte einen Shelty namens ‚Benny'. Da sie häufig verreiste, brachte sie ihren Hund dann in ein Hundehotel. Doch beim letzten Mal war sie nicht zufrieden gewesen mit Bennys Unterkunft.

Als sie nun zufällig von Nickys Tod erfuhr, fragte sie Jana und ihren Mann, ob sie Benny nicht nehmen wollten, während sie ihre Reisen unternahm. Sie willigten beide ein. „Oh, wär das schön, dass mein Benny nicht ins Hundehotel muss." freute sich die Dame.

Ein ungewollter, auch ungeliebter Hund?

Jana war zunächst skeptisch, ob Benny der richtige Hund für sie ist, aber aus Abwehr entsteht tiefe Zuneigung.

„Erstmal mit Shelty hatte ich nie Erfahrung, oder hatte ich mit dem großen „Lassiehund" die Erfahrung gemacht, dass er immer unseren Nicky angegriffen hat. Dann hab' ich gedacht und war ich der Meinung, das sind böse Hunde, was überhaupt nicht wahr ist. Und ich dachte, er würde das spüren, diese Abneigung, und dass ich vielleicht mit dem Hund nicht klarkomme. Aber das ist jetzt gerade umgekehrt! Die Rasse ist sehr scheu, das hab' ich auch schon in Literatur gelesen. Er hat erstmal ein paar Stunden Angst vor mir gehabt und hat sich versteckt. Aber dann meine Erfahrung mit Tieren sind schon so groß, dass ich ihn liebgewonnen habe, und wird das wieder schwierig, in 14 Tagen ihn abzugeben."

Janas Tierliebe hat gesiegt, und sie mag sich kaum von Benny trennen, wenn sein erstes Frauchen wieder zurückkommt. Sie überlegt sogar, ob sie sich nicht auch einen Shelty holen sollte.

„Und sogar spür' ich und denk' ich, dass ich mir vielleicht auch einen Shelty hole, weil, wenn ich wieder Cockerspaniel hole und er so schwarz wie unser Nicky wäre, dann wird er sowieso eine andere Natur und anderes Wesen haben. Dann wäre das vielleicht nicht falsch, dass ich mir eine andere Rasse hole. Ja, so denke ich schon, dass das leichter wird. Aber so schnell wäre es nicht. Ich will mir noch Zeit lassen, weil die Dame, der Benny gehört, die verreist oft. Und sie hat gesagt, ich muss mir überhaupt gar keinen Hund kaufen, wir können uns Benny teilen!"

Jana bedauert Benny aber insofern, dass er hin- und hergeschoben wird, obwohl sie meint, spüren und sehen zu können, dass der Hund überhaupt nicht leidet.

Viel Liebe, kein Halsband mehr und freier Auslauf

„Ja, das weiß ich, dass er hier zufrieden ist und dass er sein Frauchen nicht vermisst. Weil wir geben ihm das, was er bei seinem Frauchen nicht hat, und zwar sehr viel Natur. Er darf frei laufen, was er bei ihr nicht konnte. Ohne Halsband und einfach wieder ist zurückgekommen zu seiner tierischen Welt. Das haben wir sowieso gemacht mit allen unseren Tieren, dass sie viel mehr von Natur haben anstatt sie einzusperren oder Halsband oder so was."

„Tiere können viel mehr zurückgeben als Menschen"

Ich frage Jana: Wieviel Wert räumst du diesen Tieren ein? Was haben sie dir bedeutet im Verhältnis zur übrigen Umwelt, zu deiner Familie, im Vergleich zu anderen Menschen?

Jana glaubt, dass sie von Tieren mehr Zuneigung und Liebe bekommt als von Menschen.

Jana wollte eigentlich immer eine große Familie mit vier Kindern haben.

„Leider hat sich das nicht erfüllt, und dann hab' ich solches Gefühl, dass sowieso Tiere viel mehr zurückgeben können als Menschen. Leider."

Sie bekräftigt diese Aussage deutlich.

Psychisches Heilen mit Tieren

Dann kommt sie auf die psychische Heilwirkung von Tieren zu sprechen, insbesondere für einsame Menschen und Kinder.

„Und ich bin auch der Meinung, Leute, die einsam sind, oder auch Kinder sollten sehr viel mit Tieren zusammen sein, dass das sehr gut für die Psyche ist. Also man kann damit auch kranke Leute heilen."

Jana beschreibt, dass sie eine Fernsehsendung über ein Altersheim sah, in dem Tierhaltung erlaubt war.

„… Ich hab' neulich gerade im Fernsehen gesehen eine Sendung aus einem Altersheim … Normalerweise im Altersheim sprechen Leute nur von Tod und Krankheiten. Und das war sehr interessant, das war ein besonderes Altersheim, wo jeder ein Tier haben konnte oder mehrere sogar. Und da waren die Leute also wie in jungen Jahren. Die haben sich beschäftigt und über ihre Erfahrungen gesprochen. Und das war ganz andere Atmosphäre als normalerweise in anderen Altersheimen… Also, die haben überhaupt Krankheiten vergessen, und ich meine, das sollte jetzt ein Beispiel sein, und es sollte mehrere solcher Heime geben".

Janas Missfallen an dieser Gesellschaft: Kinder, Tiere unerwünscht!

Jana bedauert es sehr an unserer Gesellschaft, dass oft grosse Schwierigkeiten bei Wohnungssuchenden auftreten, sobald sie Kinder oder Haustiere mitbringen.

„Und normalerweise sind Tiere immer nicht erwünscht, nicht? Das erlebt man schon, wenn man eine Wohnung sucht, dann heißt es: Tiere, Kinder sind nicht erwünscht. Das ist nicht schön an dieser Gesellschaft. Das gefällt mir hier nicht."

Heimtiere zur psychischen Entspannung und Schwangerschaftsförderung

Jana kommt auf ihre ganz persönlichen Erfahrungen in ihrem Leben im Zusammenhang mit Haustieren zu sprechen. Vogel, Hund und Katze gaben Jana die Lebensfreude und Entspannung zurück, so dass sie doch noch ein Kind bekommt. Sie hatte sechs Fehlgeburten erlitten, bevor sie Vogel, Hund und Katze hatte. Danach gab sie die Hoffnung auf ein Kind in gewisser Weise auf und schaffte sich Tiere an, einen Wellensittich, einen Hund und eine Katze. Jetzt konzentrierte sich Jana wesentlich mehr auf diese Tiere, so dass der Wunsch nach einem Kind nicht mehr so unmittelbar im Vordergrund stand. Auf einer Amerikareise geschah dann das kleine Wunder; Jana wurde schwanger und bekam endlich ihren Sohn.

„Und mein Arzt hat gesagt, hätte ich mir früher Tiere angeschafft, dann hätte ich diese Fehlgeburten nicht gehabt, weil bei einigen Frauen ist das psychisch, was ich überhaupt nicht geglaubt hab! Und damals, als ich den Hund und die Katze hatte, war dieser Wunsch nicht mehr so stark, und dann hab' ich doch mein erwünschtes Kind gekriegt."

Als Jana ihre Haustiere um sich hatte, war sie wesentlich entspannter und entkrampfter, und dann klappte es auch endlich mit der Schwangerschaft. Sie erkennt heute sehr deutlich diese psychischen Zusammenhänge.

„Da sind viele Frauen, also bei denen liegt kein organischer Fehler vor. Wenn die sich Tiere anschaffen würden, dann würde das helfen. Einige Frauen adoptieren auch Kinder, und dann haben die auch eigene. Das ist aber nur bei den Frauen, wo es keinen organischen Fehler gibt, sondern wo das psychisch ist; und das kann ich nur empfehlen, diese Erfahrung habe ich."

Die Sehnsucht nach der Heimat – „Ich fühle mich hier einfach nicht wohl."

Janas größte psychische Belastung ist zur Zeit ihre große Sehnsucht nach ihrer Ursprungsheimat in Tschechien. Sie gesteht, dass sie nie hier geblieben wäre, wenn es ihr Mann gewollt hätte, zurückzugehen. Zur Zeit fühlt sie sich in ihrer gegenwärtigen zweiten Heimat nicht richtig wohl.

„Da haben mir die Tiere ein bisschen geholfen, aber mir fehlt einfach meine Heimat. Mir fehlt einfach die Mentalität von meinen Landsleuten. Die finde ich leider hier selten. Und ich kann sagen, wenn mir mein Mann hier goldenes Schloss kauft, dann wäre ich trotzdem nicht zufrieden, weil es zieht mich immer, immer mehr, je älter ich bin, nach meiner Heimat. Und – die Tiere haben mir schon bisschen geholfen, … aber es ist schade, dass das Tiere sein müssen. Man könnte es mit der Familie besprechen, wenn einer aus der Familie nicht zufrieden ist. Mein Mann z.B. ist nicht an den Ort gebunden, dann wird ihm das überhaupt nichts ausmachen, wenn wir vielleicht zurückfahren würden."

Janas Sohn als Hinderungsgrund

Jana meint, je älter auch ihr Sohn wird, desto mehr ist er in seiner Ursprungsheimat, also Deutschland, verwurzelt, und es wird ein immer größeres Problem, ihn zu einer Rückkehr in die Heimat seiner Eltern zu bewegen.

„Aber unser Problem ist unser Sohn; Kinder fühlen sich dort zu Hause, wo sie geboren sind.
Also für dieses Problem muss ich eine Lösung finden, sonst werd' ich krank sein, da wird mir nicht mal ein Tier helfen. Ich weiß es nicht warum, aber ich fühl mich einfach hier nicht wohl. Ich möchte zurück in meine Heimat, ja!"

Ihr vollkommenes Glück: die alte Heimat und Tiere

Jana beschreibt, dass sie schon häufig über diese Sehnsucht und was ihr die Tiere bei diesem Problem bedeuten könnten, nachgedacht hat.

„Wenn ich alles, was ich hier habe, in Koffer packen kann, und wenn ich mir da ein Tier kaufen kann oder mehrere, dann wird mein Glück einfach vollkommen."

Trotz allem Verbundenheit zur Zweitheimat

„Und werd ich mich gerne erinnern an Deutschland und an die Freunde, die ich hier habe. Die werden mich sicher auch besuchen."

Janas Wunsch wäre es, falls sie eines Tages nach Prag zurückkehren würde, dass sie weiterhin Kontakt zur deutschen Sprache haben kann, dass sie z.B. deutsche Nachrichten und deutsches Fernsehen verfolgen könnte.

„Trotzdem, dass ich nicht rein Deutsch spreche, versteh' ich alles, und das wird mir sehr, sehr fehlen, weil ich schon die längere Zeit meines Lebens in Deutschland lebe, kürzere Zeit hab' ich in Tschechien gelebt, nicht."

Ein Haus ohne Tiere ist wie eine Wohnung ohne Seele

Das vollkommene Glück für Jana wäre es, in ihrer alten Heimat zu leben und dort natürlich auch mit Tieren zu leben. Auch in Tschechien würde sie Hund und Katze haben wollen. Jana betont, dass sie sich ein Leben ohne Tiere nicht vorstellen kann. Ein Haus ohne Tiere wäre für sie leer und seelenlos.

„Also ich werde bald Rentnerin, und ich kann mir einen Haushalt ohne Tiere überhaupt nicht vorstellen. Also das … Ein Haus oder eine Wohnung ohne Tier ist so wie eine leere Wohnung oder Raum ohne Seele. Das hab' ich schon immer so empfunden."

Das Zugeständnis an das Älterwerden

Jana bedauert es sehr, dass sie in ihrer „tierlosen" Zeit nicht doch mehr Katzen und Hunde gehalten hat und noch so viel mehr über die Tiere hätte erfahren und erforschen können. Jetzt sieht sie ein, dass man als älterer Mensch daran denken muss, dass ein Tier 14 oder 20 Jahre alt werden könnte.

„ Ein Hund möchte immer viel bewegt werden, und einem älteren Menschen fällt es vielleicht schwerer, immer viel zu laufen mit dem Hund."

Janas Tiere nehmen voll am Familienleben teil, und dadurch besteht ein enger Kontakt zur Natur

Sie bestätigt, dass ihre Tiere immer voll integriert waren in ihr Familienleben und eine sehr wichtige Rolle gespielt haben.

„Ja, deshalb haben wir auch immer sehr viel zurückbekommen von denen. Und wenn man Tiere hat, dann macht man auch etwas für die Gesundheit. Die Gesundheit wird gefördert. Man macht viele große Spaziergänge, oder man ist mehr verbunden zur Natur."

Jana lehnt es ab, wenn Tiere angeschafft werden und sie dann aber viel zu Hause alleingelassen oder eingesperrt werden. Ebenso meint sie, dass es Menschen gibt, die zum Teil etwas für die Tiere tun und sie dann aber wieder abschieben.

„Also das ist bei uns nicht der Fall!"

Entfernung des modernen Menschen von der heilsamen Natur

Jana meint, heutzutage entfernt sich der Mensch zunehmend von der Natur und ihren heilenden Wirkungen.

„Von der Natur haben die Leute zu wenig. Jetzt sitzt man überwiegend vorm Fernsehen, und überhaupt, jetzt sind die Leute zu Maschinen geworden, also immer nur Computer und Technik. Und das, was schön war damals, das entfernt sich immer mehr und immer mehr. Und dadurch sind auch viele Leute sehr krank, weil die isoliert sind und haben die keine Kraft mehr, von alleine zur Natur zu finden."

„Die Natur macht nur Wunder"

Jana schildert, dass sie nach Ausflügen mit ihrem Hund entspannter und ruhiger zurückkommt und dass das auch die Natur bewirkt.

„Also bei mir zum Beispiel, wenn ich meine psychischen Tiefs habe, nehme ich das Fahrrad und den Hund und fahre ich in die Natur raus und komme ich wieder ruhiger und ausgeglichener zurück, weil Natur macht nur Wunder!
Mir hat das auch immer geholfen, dass ich an Papas Worte gedacht habe, denn man muss immer mit Natur verbunden sein, sonst verliert man sich.
Viele Leute, die einfach nicht mehr die Kraft haben oder sie können nicht, wie man auf Deutsch sagt, den inneren Schweinehund überwinden und gehen sie nicht raus und machen sie nicht einen Schritt zur Natur und meinen sie, dass sie das mit Tabletten oder so also auch schaffen können, dann – das ist gerade falsch."

Tiere als wohltuende Begleiter für kranke oder einsame Menschen

Gegen Ende unseres Gesprächs frage ich Jana dann, ob sie noch etwas zu unserem Thema sagen möchte, was ihr besonders wichtig erscheint.

„Nee, ich glaube, ich hab' dir schon alles gesagt …
Die Leute, die psychisch krank sind oder einsam, und wenn diese Menschen die Möglichkeit haben, sich vielleicht einen kleinen Vogel oder egal was für ein Tier anzuschaffen, dann würde ich das einfach machen. Leider einige Leute wollen das und haben aber eine Allergie gegen Katzen-, Hundehaare oder Vögel, Pferde und so. Diese Menschen könnten sich mindestens schöne Bücher oder einen Film holen, in dem mehr Natur vorkommt.
Und das, was sie nicht haben können, könnten sie sich im Film anschauen. Da werden sie sich wieder besser fühlen. Auf jeden Fall!
Jedenfalls könnten die auch alle rausgehen und spazieren gehen und bisschen ins Grüne schauen. Und wenn sie den Blumen und Schmetterlingen und überhaupt der Natur mehr Aufmerksamkeit schenken, dann werden sie sich besser fühlen."

Die Wunder der Natur werden häufig zu wenig beachtet

Am Ende unseres Gesprächs gibt Jana noch einen kleinen hoffnungsvollen Ausblick auf die Gesunderhaltung der Natur bzw. die Erhaltung der Tierarten.

„Ja, ich glaube, die Leute haben vergessen, einfach zu leben, sie sind sehr gestresst und vergessen rundum zu sehen, dass man so viele Wunder sieht, die uns die Natur bietet, und ich hoffe, dass sich das auch mittlerweile bessert. Also jetzt höre ich auch in den Nachrichten, dass es inzwischen wieder mehr Insekten und Schmetterlinge und Frösche gibt, und dass der Mensch die Warnungen ernst genommen hat und dass er nun die Natur nicht noch mehr kaputt macht.
Das wäre mein inniger Wunsch.
Aber vielleicht bleibt uns erhalten, was wir haben."

4.1.1.2 Zusammenfassung des Gesprächs mit Jana

Jana verbrachte ihre Kindheit und Jugend in der Tschechoslowakei, überwiegend in Prag. In ihrer Kindheit wurde ihr der Wunsch nach einem Hund nur sehr kurzfristig von ihrem Vater erfüllt, da sich ihre Mutter strikt dagegenstellte. Andere Tiere gab es damals nicht in Janas Leben. Sie wusste aber, dass sie sich als Erwachsene ganz sicher Haustiere anschaffen wollte.

Nach ihrer Heirat mit einem Ingenieur und Leistungssportler folgte sie ihrem Mann nach Deutschland, weil er hier als Trainer gute Arbeitsaussichten hatte.

Zunächst war es Janas sehnlichster Wunsch Kinder zu bekommen. Sie hatte sich immer eine große Familie mit vier Kindern gewünscht. Aber die Hoffnung erfüllte sich nicht, sie erlitt sogar sechs Fehlgeburten.

Am Anfang ihrer Zeit in Deutschland mussten Jana und ihr Mann viel arbeiten und hätten sich nicht um einen Hund oder eine Katze kümmern können. So hielten sie zunächst Wellensittiche. Der erste entflog leider, der zweite war ein gelbes Wellensittichweibchen, die „Peppi". Mit diesem Vögelchen hatte Jana wunderschöne Erlebnisse. Peppi spürte, wenn ihr Frauchen traurig war und heiterte sie durch Saltoschlagen und kleine Kunststücke auf. Einmal kamen Jana und ihr Mann von einer Amerikareise zurück. Die kleine Peppi zeigte lebhafte Wiedersehensfreude, so dass Jana es kaum fassen konnte, dass dieses Tierchen so viel Freude und Anhänglichkeit zeigte.

In dieser Zeit mit dem Wellensittich bekam Jana ihren ersten Hund, ihren Rauhhaardackel „Fips". Jana wusste anfangs nicht, wie sich ein Welpe verhielt. Sie war sehr verstört über die Häufchen in ihrer Wohnung. Aber bald waren auch diese Schwierigkeiten überwunden. Zwei Wochen, nachdem sie Fips bekommen hatten, gesellte sich noch eine Katze, die braune „Susi" hinzu. Es war eine sehr liebe Katze, die nie ihre Krallen benutzte. Alle drei Tiere spielten häufig miteinander, der kleinen Peppi geschah nichts dabei. Die Katze und der Hund schliefen oft auch zusammen und spielten viel. Jana bedauert, dass sie diese Szenen nicht auf Video aufgezeichnet haben. Es waren unglaubliche Erlebnisse für sie und ihre Familie. Die Katze schlief nachts am Fußende ihres Bettes, der Rauhhaardackel kuschelte sich hinter Janas Kopf auf das Kissen.

Leider kamen der Hund und der Wellensittich durch tragische Umstände ums Leben.

Ihr kleiner Fips wurde nach Janas Meinung vergiftet und starb nach längerem Leiden. Sie war so traurig, dass sie sich tagelang nicht von dem geliebten Tierchen, das jetzt in der Waschküche lag, trennen mochte.

‚Peppi', der Wellensittich, wurde von Janas kleinem Sohn „hübsch" gemacht, als Jana einmal unterwegs war. Er kämmte das Vögelchen und benutzte dann leider noch einen Haarspray. Das hat Peppi nicht überlebt und lag tot auf dem Rücken, als Jana nach Hause kam. Ihr Sohn weinte herzzerreißend um Peppi und seinen missglückten Verschönerungsversuch.

Obwohl Janas Ärztin von einer Tierhaltung abriet, weil sie ein Zusammensein von Tieren und kleinen Kindern für gefährlich hielt, holte Jana sich bald wieder einen Rauhhaardackel von einer Züchterin, weil sie ihrem Kind gern zeigen wollte, wie schön das Zusammenleben mit einem Hund sein kann. Dieser Hund „ Enno" war aber sehr krank und konnte keine Unruhe und wildes Toben vertragen. Als Jana merkte, dass ihr Sohn immer wieder mit dem Tier wild und laut spielen wollte, zog sie die Konsequenzen und gab den kleinen Hund an ein älteres Ehepaar ab. Heute leidet Jana darunter, dass sie den Enno fortgegeben hat, doch sie weiß auch, dass es damals keine weitere Möglichkeit für sie gab.

Bald danach ergab es sich zufällig, dass Jana wieder einen Hund bekam. Eine Bekannte von Jana erkrankte schwer und bat Jana und ihren Mann, ob sie sich nicht um ihre Pudelhündin „Kessi"' weiter kümmern könnten. Die Dame verstarb, und so blieb Kessi bei Jana und ihrer Familie.
Leider bekam Jana nie einen richtigen seelischen Zugang zu Kessi. Diese Pudelhündin war schön, artig und sehr zurückhaltend. Nur beim Ballspielen tobte sie glücklich herum und gab einen tollen Tortwart ab, sehr zur Freude von Janas sportbegeistertem Ehemann. Als Kessi dann im Alter von 12 Jahren eingeschläfert werden musste, weil sie Epilepsie bekam, war Jana nicht so traurig wie bei ihren bisherigen Haustieren. Jana meint, dass es einen Unterschied macht, ob man ein Tier von klein auf hat oder ob man das Tier mit ein paar Jahren bekommt. Kessi war schon sechs Jahre alt und Jana denkt, dass sie all die Jahre noch sehr an ihrem Frauchen hing und sie sich nur notgedrungen auf Janas Familie einließ.
Nach dem Tod von Kessi folgte eine vierjährige tierlose Zeit. Jana wollte eigentlich nie ein Tier aus dem Tierheim holen, da sie der Meinung war, etwas ältere Tiere könnten sich nicht mehr so gut einleben. Aber plötzlich kam es ihr eines Tages in den Sinn, doch zum Tierheim zu fahren. Dort fand sie dann ihren „ Nicky," einen schwarzen Cockerspaniel-Mischling. Er wurde zu Janas großer Hundeliebe, obwohl er ein sehr wilder Welpe war und eigentlich bis zu seinem Tod so lebhaft war. Jana meint, man müsste ihm alles verzeihen, weil er andererseits ein lieber, verspielter und süßer Hund war. Z.B. hatte er ein persönliches Kopfkissen, das er ständig mit sich herumschleppte und dann auch beim Schlafen seinen Kopf darauf lagerte.
Leider wurden die glücklichen Jahre mit Nicky, der ihnen so viel zurückgab, plötzlich jäh abgebrochen, als er durch einen Unfall ums Leben kam. Lange Zeit konnten Jana und ihr Mann diesen Schmerz um ihren Nicky nicht verarbeiten, die erste Zeit konnten sie keine Minute zu Hause alleine sein und verbrachten die nächsten Wochen ständig zusammen. Sie klammerten sich quasi aneinander, um der drohenden Leere zu entkommen.
Jana quälten auch noch Schuldgefühle, weil sie Nicky an seinem Todestag eigentlich bei sich haben wollte in der alten Heimat. Doch er war in der Obhut ihres Sohnes geblieben und durch tragische Umstände entlief er auf die Autobahn.
Bald nach Nickys Tod hatte Jana einen Shelty in Pflege. Die Dame, der

Benny gehört, verreiste häufig und war sehr glücklich, als sie wusste, dass sie Benny nicht mehr ins Hundehotel bringen musste. Diese Frau hatte von Janas Mann gehört, wie sehr Jana und er unter dem Verlust von Nicky litten. Nach anfänglichen großen Zweifeln, ob sie mit Benny warm werden könnte, hatte Jana ihn nach kurzer Zeit liebgewonnen, und jetzt fürchtet sie sogar die Abgabetermine, wenn Bennys erstes Frauchen wieder von einer Reise zurückkommt. Er kann bei ihnen ohne Halsband frei herumlaufen, und sie meint, dass er nichts vermisst, wenn er bei ihnen ist.

Sie ist der Meinung, dass der Kontakt zur Natur sehr wichtig für alle ihre eigenen Tiere und natürlich auch für Benny ist.

In letzter Zeit fühlt Jana sich nicht wohl in ihrer jetzigen Heimat. Sie hat große Sehnsucht nach ihrer alten Heimat.

Aber auch in Tschechien könnte sie sich ein Leben ohne Tiere nicht vorstellen. Ein Haus ohne Tier ist für Jana leer und ohne Seele.

Da sie sich immer sehr viel mit ihren Tieren beschäftigt hat, bekommt sie sehr viel an Liebe und Zuneigung von ihren Lieblingen zurück. Ihre Tiere haben ihr viel Kontakt mit der Natur ermöglicht. Durch die langen Spaziergänge mit ihren Hunden hat Jana viel für ihre Gesundheit getan. Überhaupt plädiert Jana dafür, dass besonders kranke Menschen sowie Kinder besonders von Tieren profitieren können, aber auch alte Menschen in Altersheimen vergessen ihre aktuellen Sorgen, wenn sie Kontakte mit Tieren haben und dann in alten glücklichen Erinnerungen schwelgen können und sich mit anderen Heimbewohnern austauschen können. Dadurch könnten viel Kummer und Einsamkeit verhindert werden.

Jana meint, dass der moderne Mensch sich zu weit von der Natur entfernt hat. Er soll hinaus ins Grüne gehen und sich aufmerksam an der reichhaltigen Natur und ihren Wundern erfreuen. Wenn Jana ein psychisches Tief hat, nimmt sie ihren Hund und ihr Rad und fährt eine Stunde mit dem Tier ins Grüne. Danach ist sie ausgeglichen und ruhiger.

In einem Schlusswort betont Jana, wie wichtig die Natur für uns Menschen ist und dass sie die Hoffnung hat, dass der Mensch doch nicht alles zerstört. Mittlerweile gibt es schon wieder mehr Schmetterlinge und Frösche und andere Tierarten. Vielleicht, meint Jana, bleibt uns das alles erhalten.

4.1.1.3 Verallgemeinernde Aussagen zu dem Gespräch mit Jana

Was habe ich von Jana über ihr Leben mit Tieren erfahren?

Tiere in der Kindheit

Ein Kind, das sich Tiere wünscht, kann erleben, dass sein Wunsch zunächst erfüllt wird.

Es kann dann sein, dass …

> … der Vater der Tochter den Wunsch nach einem Tier erfüllen möchte und einen Schäferhundwelpen mit nach Hause bringt.
>
> … die Mutter sich dagegen stellt und verlangt, dass das Tier wieder abgeschafft wird.
>
> … der Schäferhundwelpe am nächsten Tag schon nicht mehr da ist.
>
> … das Kind sich nach diesem enttäuschenden Erlebnis vornimmt, spätestens als erwachsene Frau ein Tier zu sich zu holen.

Erfahrungen mit Tieren im Erwachsenenalter

Der wunderbare Wellensittich

Eine Frau aus Prag, die mit ihrem Mann nach Deutschland kommt, kann sich sehnlichst am Anfang der Ehe Kinder wünschen.

Dann kann es geschehen, dass …

> … eine Frau sich jahrelang vergeblich ein Kind wünscht.

... sie sechs Fehlgeburten erleidet, bevor sie mit 38 Jahren doch noch ihr ersehntes Kind bekommt.

... sie sich vorher aber noch Tiere angeschafft hat und später erst schwanger wird.

Eine Frau, die wenig Zeit hat, weil sie viel arbeiten muss, kann sich am Anfang ihres Deutschlandaufenthaltes zuerst einmal einen Vogel anschaffen.

Es kann dann geschehen, dass ...

... das allererste Tier, ein blauer Wellensittich, leider bald entfliegt.

... eine Frau und ihr Mann sich sehr darüber aufregen, weil sie den Wellensittich sehr lieb haben.

... eine Frau sich bald danach einen gelben Wellensittich kauft und sich viel mit diesem Tierchen beschäftigt.

... sie dem Tier kleine Kunststücke beibringt, wie z.B. Saltoschlagen.

... sie feststellen muss, dass, als zwei Eier da waren, das Tier ein Weibchen ist und kein Männchen.

...der Wellensittich die Frau aufheitert mit seinen Kunststücken, wenn er spürt, dass sein Frauchen traurig ist.

...eine Frau dann so lachen muss, dass der Kummer verschwindet.

... der Wellensittich sich unbändig freut, als die Frau einmal nach längerer Zeit von einer Amerikareise zurückkommt.

... der Sohn der Frau eines Tages den Wellensittich schön machen möchte, den Vogel wäscht und einsprayt, und dass das Tier diese Prozedur nicht überlebt.

Und nun eine Katze!

Wenn eine Frau nach Wien reist mit ihrem Mann, kann sie sich ganz plötzlich für eine Katze entscheiden, die sie mitnehmen möchte.

So kann es sein, dass …

… eine Frau eine dunkelbraune Katze in einer Wohnung kennen lernt, in der viele andere getigerte Katzen sind.

… sie diese Katze gerne haben möchte und das Tier unter einem Pullover über die Grenze mitbringt.

… sie und ihr Mann die Katze sehr lieb haben.

… sie diese Katze sehr schätzt, weil sie niemals im Kontakt mit Menschen ihre Krallen benutzt und sehr lieb ist.

Der erste Hund ihres Lebens

Eine Frau, die zwei Wochen, nachdem sie ihre Katze aus Wien mitgebracht hat, einen Rauhaardackel von einer Nachbarin geschenkt bekommt, kann diese Geschichte heute sehr lustig finden.

Dann kann es vorkommen, dass …

… eine Frau, die noch nie vorher einen Hund hatte, sehr überrascht sein kann, dass er noch nicht stubenrein ist.

… sie aus Hygienegründen den kleinen Hund erst auf die Gästetoilette lässt, dann in die Küche und schließlich ins Wohnzimmer.

… die Katze im Wohnzimmer mit dem Rauhaardackel spielt.

Die schönsten Erinnerungen an ihre Tiere

In der Erinnerung kann eine Frau wunderbare Erlebnisse mit ihren Tieren haben.

Es kann sein, dass …

… sich die Katze, der Hund und der Wellensittich sehr gut untereinander verstehen.

… ihr Wellensittich mit der Katze und dem Hund schön spielt.

… die Katze am Fußende des Bettes der Frau schläft und der Dackel oben am Kopfende hinter ihrem Nacken.

… eine Frau sehr viel Zeit mit ihren Tieren verbringt und sehr viel Liebe auch von ihnen zurückbekommt.

… sie meint, dass die Tiere alles verstehen, wenn man sich häufig mit ihnen befasst.

… sie denkt, es lohnt sich, den Tieren viel positive Zuwendung und Zeit zu geben.

… der Vogel, die Katze und der Hund zusammen schlafen und zusammen spielen.

… eine Frau es bedauert, dass sie diese wunderbaren Szenen ihrer Tiere nicht auf Video aufgenommen haben.

… sie denkt, dass sie solche Szenen nicht wieder erleben wird, weil jedes Tier anders ist.

Endlich kommt das ersehnte Kind

Eine Frau kann es erleben, dass sie nach sechs Fehlgeburten doch noch ein Kind bekommt.

So kann es geschehen, dass ..

… sie überglücklich über die Geburt eines gesunden Sohnes ist.

… ihre Ärztin dann meint, dass Tiere gefährlich sind für kleine Kinder und sie sich keine weiteren Tiere anschaffen sollte.

… sie dennoch ihnen kleinen Rauhaardackel behält.

… sie erlebt, dass ihr Dackel vergiftet wird und qualvoll stirbt.

… ihr Sohn erst nach dem Tod des Hundes anfängt zu krabbeln.

… sie denkt, das Schicksal war in diesem Fall weise.

… sie sich vornimmt, dass sie sich wieder einen Rauhaardackel kaufen möchte, um ihrem Sohn zu zeigen, wie schön es ist, so mit Tieren zu leben.

Der zweite Hund ist leider krank

Wenn eine Frau sich bald nach dem Tod des ersten Dackels einen weiteren Rauhaardackel holt, kann sie sehr enttäuscht sein, weil sie meint, die Züchterin habe ihr einen anderen Hund übergeben als den zuvor ausgesuchten.

So kann es sein, dass …

… eine Frau bald merkt, dass dieser kleine Hund leider sehr krank ist.

… sie jeden Tag mit ihm zum Tierarzt muss, der ihr dann sagt, dass der Hund viel Schlaf und Ruhe braucht.

… ihr kleiner Sohn aber mit dem Hund toben und spielen möchte und ihn nie in Ruhe lässt.

… sie den Hund dann an ein älteres Ehepaar verschenkt.

… sie sich schämt, dass sie diesen Hund wegen ihres Sohnes fortgegeben hat.

… sie aber weiß, dass es keine andere Möglichkeit für sie gab.

Kessi, die schöne, artige Pudelhündin

Eine Frau, die von einer schwerkranken Bekannten deren Pudelhündin übernimmt, kann erleben, dass sie zu diesem artigen, gut erzogenen Tier keine tiefe Beziehung entwickelt bzw. dass die Hündin ihr nicht so viel Zuneigung gibt, wie sie erwartet.

Es kann dann passieren, dass …

… eine Frau sich sehr um eine 6-jährige Hündin bemüht, sie aber keine Zuneigung zurückbekommt.

… sie das Gefühl hat, die Hündin bekommt ebensoviel Liebe von ihr und ihrem Mann wie alle anderen Tiere zuvor

… sie denkt, dass diese Hündin noch immer sehr fixiert auf ihr altes Frauchen ist und sie nicht vergessen kann.

… sie spürt, dass ihr Mann die Hündin sehr gerne hat, weil er als Sportler einen Vorteil der Hündin darin erkennt, dass sie sehr schön mit dem Ball spielen kann und als eine Art „Torwart" alle Bälle fängt.

… sie das Gefühl hat, die Hündin bleibt nur aus „Resignation" einfach bei ihnen, weil ihr altes Frauchen nicht mehr da ist.

… sie die Pudelhündin nach deren Tod nicht so vermisst wie all ihre anderen Tiere.

Die glückliche Zeit mit dem wilden Nicky und sein plötzlicher Tod

Eine Frau, die sich vornimmt, erst wieder im Rentenalter ein Tier zu sich zu nehmen, kann erleben, dass sie nach einer langen tierlosen Pause von vier Jahren ins Tierheim fährt und sich dort einen Mischlingswelpen aussucht.

Es kann dann geschehen, dass …

… ein kleiner Cockerspanielmischlingshund eine Frau verzweifeln lässt, weil er schon auf der Fahrt vom Tierheim nach Hause sehr wild ist.

… die Wildheit des Hundes bis an sein Lebensende bestehen bleibt.

… ein Hund Schuhe und Stühle kaputt knabbern kann.

… ein Hund, der sich nicht beobachtet fühlt, Wäsche aus einem Korb holt und hinter dem Sofa versteckt.

… ein Hund sehr viel Kontakt braucht und auch sehr viel zurückgibt.

… ein Hund sogar ein eigenes Kopfkissen hat, dass er immer mit sich rumschleppt und sich auch zum Schlafen mit dem Kopf darauf legt.

… ein Hund so liebenswert und lustig sein kann, dass seine Besitzer ihm alles verzeihen, was er anstellt.

.. nach dem Unfalltod eines Hundes seine Besitzer tieftraurig sein können und es nicht im Haus aushalten.

… sie deswegen alles zusammen erledigen, um nur nicht allein sein zu müssen.

… ein Mann und seine Frau zwei Monate lang um diesen geliebten Hund trauern und kaum schlafen können.

Schuldgefühle

Wenn eine Frau und ihr Mann eine Reise machen, wollen sie ihrem Hund die lange Fahrt nicht zumuten.

Dann kann es geschehen, dass …

… der Sohn den Hund zu sich nimmt, aber nicht die ganze Zeit auf ihn aufpassen kann.

… irgendjemand den Hund aus einem Stall lässt, so dass er auf die Autobahn läuft, weil er seine Familie sucht, und dabei überfahren wird.

… eine Frau sich genau am Unfalltag ihres Hundes ein Haus kauft.

.. eine Frau erst am nächsten Tag vom Tode des Hundes erfährt und sich bewußt wird, dass keine materiellen Dinge ihr die Liebe dieses Hundes zurückgeben können.

… eine Frau sich und ihrem Mann Schuld zuweist, da sie den Hund zurückgelassen haben.

… sie gerne das Haus verkaufen würde, wenn sie dafür ihren Hund wiederbekäme

Benny, der geliebte Teilzeithund

Eine Frau kann das Angebot bekommen, ob sie einen Shelty in Pflege nehmen möchte, weil sein Frauchen öfter auf Reisen geht.

Es kann dann sein, dass …

… eine Frau skeptisch ist, ob sie mit diesem Hund warm werden könnte.

… eine Frau zuvor schlechte Erfahrungen mit einem großen Collie gemacht hat, da er ihren vorherigen Mischlingshund angegriffen hat.

… sie denkt, dass der Shelty die Abneigung spüren könnte und sie nicht klarkommen wird mit ihm.

… sie dann aber merkt, als der Hund das erste Mal bei ihr in Pflege ist, dass dieser sehr scheu ist und sich die nächsten Stunden vor ihr versteckt.

… sie aber rasch eine liebevolle Beziehung zu ihm aufbaut.

… sie denkt, dass ihr der Abschied von diesem Hund in 14 Tagen schwer fallen wird, wenn sein Frauchen ihn wieder abholt.

… sie überlegt, ob sie sich vielleicht auch einen Shelty anschaffen soll.

… sie denkt, ein Cockerspaniel würde sie zwar an ihren alten Hund erinnern, aber vielleicht doch ein ganz anderes Wesen haben.

… sie von der Dame hört, dass sie sich den Shelty teilen könnten, da die Dame sehr häufig verreist.

… sie den Shelty bedauert, weil er in ihren Augen hin- und hergeschoben wird

… sie andererseits dem Shelty alles bietet, dass er sein erstes Frauchen nicht so vermisst: Er kann frei herumlaufen, außerdem ohne Halsband, und er darf viel in der freien Natur sein so wie alle ihre Tiere bisher.

… sie das Gefühl hat, dass sie von Tieren mehr Zuneigung und Liebe zurück bekommt als von Menschen.

Die Heilwirkung von Tieren und der Natur

Eine Frau kann sich für psychische Heilwirkung von Tieren interessieren und dafür plädieren.

Dann kommt es vor, dass …

… sie auf die psychische Heilwirkung von Tieren besonders für Kinder und einsame Menschen zu sprechen kommt.

… sie dafür ist, dass diese Menschen besonders viel mit Tieren zusammen sein sollten.

… sie ebenso dabei an kranke Menschen denkt, die auch von Tieren profitieren können.

… sie von einer Fernsehsendung berichtet, in der in einem speziellen Altersheim jeder Tiere halten darf.

… sie spürt, dass die Atmosphäre in diesem Altersheim eine ganz besondere ist, unabhängig von Krankheiten der alten Leute.

… die alten Menschen sich über ihre Erfahrungen mit ihrem Tier austauschen und im positiven Sinn beschäftigt sind.

… eine Frau heute weiß, dass sie ohne ihre Heimtiere wahrscheinlich nach sechs Fehlgeburten kein Kind mehr bekommen hätte

… sie spürt, dass sie erst, nachdem sie ihre Tiere, Vogel, Katze und Hund, angeschafft hat, so entkrampft und entspannt war, dass ihre nächste Schwangerschaft ohne Schwierigkeiten verlief.

… sie schon nicht mehr an eine erfolgreiche Schwangerschaft geglaubt hat und deshalb der Wunsch nach einem Kind nicht so im Vordergrund stand, da sie sich hauptsächlich mit ihren Tieren beschäftigte.

… sie ihrem Arzt glaubt, der meint, hätte sie sich früher Tiere angeschafft, dann hätte sie diese Fehlgeburten nicht gehabt, weil bei einigen Frauen psychische Gründe eine Rolle spielen.

… eine Frau anderen Frauen empfehlen möchte, dass sie sich ein Tier anschaffen können, wenn sie Probleme mit der Fruchtbarkeit bzw. mit der Schwangerschaft haben.

Sehnsucht nach der Heimat

Eine Frau, deren Ursprungsheimat nicht in Deutschland liegt, kann große Sehnsucht nach der alten Heimat bekommen.

Dann kann es sein, dass ..

… sie diese Sehnsucht als Problem empfindet, weil ihr Mann gerne in Deutschland bleiben möchte.

… sie sich zur Zeit in ihrer zweiten Heimat nicht richtig wohl fühlt, weil ihr die Mentalität ihrer Landsleute fehlt.

… ihr die Tiere schon ein bisschen geholfen haben, aber ihr einfach die Heimat fehlt.

… sie das Problem in der Familie besprechen möchte, wenn einer aus der Familie nicht zufrieden ist.

… sie aber sicher weiß, wenn sie alles mitnehmen könnte in die alte Heimat und sie sich dort ein Tier oder mehrere kaufen könnte, dann wäre ihr Glück einfach vollkommen.

… sie den Wunsch hat, falls sie eines Tages nach Prag zurückkehren würde, dass sie weiter Kontakt mit der deutschen Sprache haben kann, z.B. durch das deutsche Fernsehen.

… sie die deutsche Sprache sehr vermissen würde, weil sie schon die längste Zeit ihres Lebens in Deutschland lebt.

Eine Frau kann sich ein Leben ohne Tiere nicht vorstellen

Eine Frau kann ohne Tiere nur schwer leben.

Dann kann es sein, dass …

… sie betont, dass sie sich ein Leben ohne Tiere überhaupt nicht vorstellen kann, da sie eine Wohnung ohne Tier wie eine leere, seelenlose Wohnung empfindet.

… sie es bedauert, in ihrer „tierlosen" Zeit nicht doch mehr Katzen und Hunde gehalten zu haben und so noch mehr über die Tiere hätte erfahren und erforschen können.

Ohne Natur und Tiere geht es nicht

Eine Frau kann sich sehr mit der Natur verbunden fühlen, besonders bei den Spaziergängen mit ihrem Hund.

Es kommt dann vor, dass …

… sie von den Tieren immer sehr viel zurückbekommt, weil sie sich viel mit ihnen beschäftigt.

… sie über die Tiere viel für ihre Gesundheit tat, da sie viele große Spaziergänge mit ihnen machte.

… sie dadurch eine größere Verbundenheit zur Natur spürt.

… sie denkt, dass der Mensch sich zunehmend von der Natur und ihrer heilenden Wirkung entfernt.

… sie eine Gefahr in der Technisierung der Welt sieht.

… sie denkt, dass viele Menschen sehr isoliert leben und keine Kraft von alleine haben, zur Natur zu finden.

„Die Natur macht nur Wunder"

Eine Frau kann spüren, wie gut ihr Tiere und Natur bekommen.

Dann ist es möglich, dass…

… sie bei psychischen Problemen mit ihrem Fahrrad und ihrem Hund in die Natur rausfährt und ruhiger und ausgeglichener zurückkommt.

… sie weiß, die Natur macht nur Wunder.

… sie am Schluss des Gespräches dafür plädiert, dass psychisch kranke oder einsame Menschen sich ein Tier anschaffen sollten, zumindest aber in Büchern oder Filmen Natur erleben sollten.

… sie dafür ist, dass Menschen der Natur, den Blumen und Tieren mehr Aufmerksamkeit schenken sollten.

… sie denkt, dass die Wunder der Natur leider zu wenig beachtet werden und die Menschen vergessen haben, einfach zu leben.

… sie die Hoffnung hat, dass der Mensch die Warnungen über Umweltzerstörung ernst nimmt und die Natur nicht noch mehr zerstört, sondern dass uns erhalten bleibt, was wir haben.

4.1.2 Die Gespräche mit Hans

<u>Zur Person und zur Gesprächssituation</u>

Hans ist zur Zeit unseres Gesprächs 55 Jahre alt. Er macht zur Zeit eine Fortbildung nach seinem Zweitstudium. Hans war früher einmal einige Jahre verheiratet. Heute lebt er mit seiner Freundin in einer Altbauwohnung in einer größeren Stadt in Norddeutschland. Ich kenne die beiden seit langer Zeit und finde ihre Wohnung besonders romantisch und gemütlich.

Hans besitzt in seinem geräumigen Zimmer ein Aquarium, außerdem hat er zur Zeit noch zwei Sittichvögel. Seine Freundin hat einen Vogelbauer mit einem Sperlingspapageienpärchen. Hans' Vögel haben jederzeit Freiflugmöglichkeiten.

Da es vielleicht durch die Vögel etwas unruhig hätte werden können, bat ich Hans, ob wir unser Gespräch für meine Diplomarbeit doch lieber bei mir zu Hause führen könnten. Wir trafen uns zum ersten Gespräch im Herbst, das zweite Gespräch folgte dann im Februar des nächsten Jahres. Ich habe die Gespräche in angenehmer Erinnerung, beim ersten Gespräch saßen wir uns schräg gegenüber mit dem Tonbandgerät in unserer Mitte. Hans und ich hatten Tee gekocht und es uns gemütlich gemacht. Das erste Gespräch musste ich nach etwa anderthalb Stunden etwas plötzlich abbrechen, weil Hans schon sehr müde war. Später entschieden wir uns, dass wir uns zu einem zweiten Gespräch wieder treffen wollten. Auch das zweite Gespräch führten wir dann in meiner Wohnung.

Auch dieses Gespräch verlief für mich ganz locker und angenehm. Es lag wohl auch daran, dass ich Hans seit vielen Jahren schon kannte und ein wenig von seinen Tieren und Einstellungen wusste. Dennoch kamen vielfältige Aspekte über das Thema Mensch-Tier-Beziehung zustande im Gespräch. Hans beleuchtete viele Themen von zwei Seiten. Er reflektierte häufig über Vor- und Nachteile der Tierhaltung, speziell der Vogelhaltung, wenngleich ihn die Vögel immer wieder faszinieren und er sich doch ständig neue Vögel anschaffte in seinem bisherigen Leben.

4.1.2.1 Verdichtungsprotokoll vom ersten Gespräch mit Hans

Bei Hans leitete ich unser Gespräch mit folgenden Worten ein:

„Wir haben uns heute getroffen, um ein Gespräch über die Mensch-Tier-Beziehung zu machen. Ich denke, wir gehen biographisch vor, soweit du es erinnern kannst, wenn es dir recht ist. Da wollte ich dich gleich fragen: Welche Erinnerung hast du an deine Kindheit? Hattest du damals schon Tiere?"

Die Kindheit

Hans erzählt zunächst aus seiner Kindheit. Er war damals sehr beeindruckt durch seinen Großvater, der immer sehr viele Tiere, vor allem Vögel hatte. In der Wohnung seines Großvaters herrschte für Hans eine wunderschöne Atmosphäre, da die vielen Vögel, Kanarienvögel und Sittiche, sangen und zwitscherten. Auch die Vielfalt zog Hans sehr an. Es gefiel ihm damals besonders gut bei seinem Großvater, weil er dort die Natur in der Wohnung beobachten konnte und es gemütlich und anregend für ihn war.

Sein erstes Tier war ein Wellensittich

„Ich hatte schon Tiere als kleiner Junge, und zwar Wellensittiche, und ich war beeindruckt durch meinen Großvater, der auch immer sehr viele Tiere, vor allem Vögel, hatte.
Ja, mein erstes Tier hatte ich, als ich etwa acht Jahre alt war. Als ich ganz klein war, da hatte ich noch keine Tiere.
Das war ein Wellensittich. Das war mein erster Vogel, mein erstes Tier. Ich habe auch selbst für dieses Tier gesorgt.

Ja, das hab' ich mir auch nicht nehmen lassen, nicht. Das ist ja was Schönes für ein Tier, ein Tier zu füttern und zu sehen, dass es dem Tier gut geht."

„Das war so 'ne tolle Atmosphäre von Singen und Vogelgezwitscher."

Hans wurde besonders davon angezogen, das Leben im direkten Kontakt zu Tieren in der Wohnstube seines Großvaters zu beobachten. Außerdem war er sehr beeindruckt von der Zahmheit der Vögel.

„Ja, er hatte vor allen Dingen Kanarienvögel und Sittiche. Er hatte auch einen Großsittich, und in jeder Ecke des Zimmers hing irgendwie ein Vogel und sang dann. Das war so 'ne tolle Atmosphäre von Singen und Vogelgezwitscher.
Und die bunten Farben, das war immer sehr anregend und sehr gemütlich. Und ja, das war die Natur in der Wohnung. Ja, das hat mich eigentlich angezogen, das Leben direkt zu beobachten in der Wohnstube. Im direkten Kontakt zum Tier zu sein, nicht, auch die Zahmheit der Tiere, – die Vögel waren auch zum Teil zahm. Ja, die Wellensittiche werden eben leicht zahm und die Großsittiche auch, nicht. Die flogen dann auf meine Schulter, und manchmal knabberten sie an meiner Nase. Die sprachen auch mit mir, die Wellensittiche. Die konnten ja auch zum Teil sprechen.
Bei meinem Großvater flogen sie ihm auf seine Schulter und spielten mit seinem Ohr usw."

Hans' Tierliebe hat ihren Ursprung in der Vogelwelt des Großvaters

Hans war damals als Kind sehr beeindruckt von der zwitschernden und farbenprächtigen Vogelschar und deren Zahmheit. In der Wohnstube seines Großvaters bildete sich Hans' Tierliebe aus, besonders natürlich die Liebe zu den Vögeln. So ist er eigentlich bis heute diesen Tieren besonders verbunden. Auch einen Hund hatte seine Großmutter später einmal.

„Ja, ja, das war so. Mein Großvater war überhaupt ein sehr naturver-

bundener Mensch, der war ein großer Pflanzenfreund und eben auch ein Tierfreund. Und früher hatten die wohl auch mal 'nen Hund. Aber als ich sie kennen lernte, hatten sie eben nur diese Vögel. Später hatte meine Großmutter auch einen Hund dann, als mein Großvater schon gestorben war.
Naja, und ich hatte eben diese Tierliebe dann übernommen zu den Vögeln.
Und es ist auch so, die Wellensittiche werden eben leicht zahm. Man kann sehr viel mit ihnen machen, obwohl es ein bisschen mühsam ist, sie zu zähmen, nicht. Es verlangt ein intensives Training mit den Vögeln; man muss eben viel Zeit haben. Und das hatte ich eben als Schuljunge damals.
… Ich hatte später nicht nur einen, sondern mehrere Vögel, und später hatte ich dann auch „Zuchtperga". Aber das war viel später, nicht. Erstmal in der Kindheit waren das nur einfach so Haustiere, mit denen man sich beschäftigt."

Was Hans besonders gefällt an seinen Vögeln

Hans hatte in seiner Kindheit und Schulzeit vor allen Dingen Kontakt zu Wellensittichen, die ihm aufgrund ihrer Zahmheit und Lernfähigkeit besonders viel Freude machten. Besonders aber auch die Munterkeit der fröhlichen Wellensittiche beeindruckte den jungen Hans damals sehr und ihr großes Vertrauen zu ihm. Auf meine Frage hin, was ihm denn besonders gut gefallen hat im Umgang mit seinen Vögeln, berichtet Hans:

„Dass sie ansprechbar waren, dass sie zahm wurden, auf einen zuflogen, dass sie praktisch wie ein Hund oder eine Katze reagierten. Dass sie zutraulich waren und die Anmut des Fliegens, die Anmut der Federn, der Farben auch! Und die Fröhlichkeit der Wellensittiche. Wellensittiche sind ausgesprochen muntere Vögel, die vergnügt herumzwitschern, ja, die einfach Leben in die Bude bringen und sehr anhänglich auch sind.
… Also sie saßen dann halt auf der Schulter. Und das ist ein unheimlich schönes Gefühl, wenn ein Wesen, also ein Tier, so ein Vertrauen hat und das auch zeigt. Das Vertrauen erobert sozusagen, nicht.

Wenn es zutraulich wird, wenn es einem aus der Hand frisst und sich freut offenbar, wenn man wieder nach Hause kommt. Das fand ich sehr schön eigentlich."

„Eine Kameradschaft von Mensch zu Tier"
Eine Art von Kameradschaft zu seinen Tieren ist für Hans damals etwas sehr Faszinierendes. Er schränkt zwar ein, dass die Wellensittiche wohl mehr eine Futterzahmheit zeigten, dennoch meint er, dass sie sich sehr über menschliche Gesellschaft freuten. Er selbst würde die Beziehung zu seinen Vögeln damals als eine Kameradschaft sehen.

„Ja, das kannst du eher als eine Kameradschaft bezeichnen. Die Tiere freuten sich, wenn ich kam. Ich freute mich auch, wenn ich sie sah. – Sicher, das ist natürlich mehr eine Futterzahmheit, nicht. Aber ich denke, sie freuten sich auch, wieder bisschen Gesellschaft zu haben und menschliche Gesellschaft.
Es ist schon so eine Art Kameradschaft dann auch so von Mensch zu Tier, und das ist irgendwie ganz was Faszinierendes, fand ich damals.
… Ja, sie geben selbst wieder Freude und Zuneigung, und deswegen lieg' ich auch so ein bisschen überquer mit einem meiner Vögel jetzt, weil der überhaupt keine Zuneigung gibt, der hat bloß Angst und ist nur scheu.
Aber die Wellensittiche damals, die waren eben anders. Die sind liebenswürdiger, menschenzugewandter und auch leichter zu zähmen. Sie können sich auch so kindlich freuen über irgendwas, so über ein Stück Apfel z.B., oder über einen Leckerbissen, den man ihnen gibt oder ein grünes Blatt, so dass sie sich wie die kleinen Kinder freuen. Überhaupt, das Kleinkindhafte dieser Vögel, das gefiel mir damals.
… Ja, und das sind sie eben, robuste Gesellen, mit denen man viel anstellen kann. Die nehmen nicht viel übel, sie mögen auch selbst gern bisschen Scherze machen, nicht. Sie sind gut aufgelegt, knabbern am Ohr oder zwicken einem mal ins Ohr oder in die Nase.
… Man hält ja meistens Männchen, weil die leichter sprechen lernen als die Weibchen. Die balzen dann auch, das machen sie mit Kopfbewegungen und Kopfnicken, und dabei sprechen oder zwitschern sie

dann auch. Und dann wird einmal das Ohr angebalzt oder auch ein Finger. (Hans lacht) Besonders mit den Fingern hatten sie es damals."

Die Wellensittiche – kleine Scherzbolde und sprachbegabt.

Da Hans das Kindhafte der Wellensittiche besonders niedlich fand, ergaben sich damals viele Möglichkeiten, mit ihnen zu spielen oder ihnen etwas beizubringen. So erzählt Hans von kleinen Begebenheiten aus damaliger Zeit, die witzig und lustig und gleichzeitig erstaunlich waren.

„Ja, einer von unserer Familie, wohl Vater oder mein Großvater, der hat ihn denn mal gelehrt, einen Fingerhut durch die Gegend zu tragen. Und dann hatte der Wellensittich es an sich, den Fingerhut an den Rand des Tisches zu tragen und ihn runterplumpsen zu lassen. Und das machte ihm unheimlich viel Spaß. Immer wieder von neuem und solche kleinen Scherze.
… Naja, dann lernten sie ja auch sprechen, dann sprechen sie ja auch, und das war natürlich auch immer ganz witzig, wenn sie denn irgendwas sagten. Einige sagten „Bubi", dann hieß es „Bubi lieb", dann sollte das der Wellensittich sagen, also lernen. Und das lernte er denn auch. Oder sie sagten: „Ich heiße Kurt.", und so. Ja, das war ganz niedlich auch.
Und meine Eltern trafen sich dann manchmal zum Skatspielen mit Freunden, und dann machten die Vögel irgendwas mit den Karten, wirbelten die auch richtig durcheinander."

„Es ist so eine Einheit zwischen Mensch und Tier."

Hans mag es besonders, wenn er zahme Tiere um sich hat.

In seiner Kindheit und Schulzeit konnte er das sehr gut verwirklichen mit den Wellensittichen und einigen anderen Vögeln, z.B. Kanarienvögeln, Glanzsittichen; auch ein Dompfaff und ein Rotkehlchen spielten einmal wichtige Rollen in Hans' Leben.

„Es ist schön, so zahme Tiere zu haben, weil sie sehr zutraulich sind und weil man das Gefühl hat, es ist so eine Einheit zwischen Mensch und Tier, so ‚n bisschen. Die Distanz ist nicht mehr so da.
Man hat auch die trügerische Illusion, dass die Tiere einem wohlgesonnen sind.
Ja, das ist ja offenbar wahrscheinlich nur eine Futterzahmheit bei den Wellensittichen. Aber vielleicht auch mehr. Sie schließen sich ja auch an. Sie sind ja von Haus aus Geselligkeitsvögel, und sie nehmen den Menschen auch als Partner an. Das ist schon etwas mehr."

Die Wellensittiche konnten Hans in seiner Kindheit trösten und aufmuntern, so wie jetzt sein Singsittich

Wenn Hans in der Kindheit einmal krank war oder wenn es ihm nicht so gut ging, haben die Tiere ihn mit ihrer Anwesenheit und ihren Scherzen trösten und aufmuntern können.

„Ja, sicher, Wellensittiche sind eigentlich fast immer vergnügt, und das ist natürlich ein gewisser Trost dann, und sie können einen aufmuntern.
Heute hab' ich einen Singsittich, der mich auch immer sehr aufmuntert. Er hat so ein fröhliches Pfeifen, jeden Morgen macht er das. Er freut sich immer, wenn er aufsteht, beginnt dann zu pfeifen. Es ist irgendwie toll, wenn jemand den Tag damit beginnt."

Hans würde dieses Pfeifen richtig vermissen, falls das Tierchen einmal nicht mehr da sein sollte. Bei seinem gegenwärtigen zweiten Vogel, einem Schönsittich, vermisst Hans im Gegenteil sogar das Gezwitscher.

„Ja, ich hab' davon zwei. Dieser andere, dieser Schönsittich, der ist ganz still. Morgens, wenn er aufsteht, steht er still auf. Der ist nun wieder anders. Der ist mir fast zu ruhig dann auch. Also ein bisschen Gesang wäre schon ganz gut und ein bisschen Gezwitschere."

Es gab sehr laute und unruhige Vögel in Hans' Leben

Hans hatte wiederum früher Papageien, die sehr laut waren und sehr geschrieen haben. Besonders morgens, wenn er sich rasieren wollte, schrieen sie so sehr, dass Hans es nicht mehr aushielt.

„Ich war so Ende 20 damals. Ich hatte auch Vögel, die schrieen fürchterlich. Das war natürlich auch nicht das Wahre. (Hans lacht) Es waren ein paar von den witzigen Papageien. Jeden Morgen, besonders wenn ich anfing mich zu rasieren, dann machten sie dermaßen ein Geschrei, dass es nicht auszuhalten war. Damals hatte ich 'ne ganze Menge verschiedener Vögel auch. Und zum Teil waren es Tiere, mit denen man einfach nicht zusammen leben konnte, weil die einfach zu laut waren."

Hans hat seine Vögel immer selbst besorgt. Er hält sowieso nichts vom Verschenken von Tieren. Wenn diese meist exotischen Vögel aber nicht mehr zu halten waren, weil nicht die richtigen Lebensbedingungen da waren, gab er sie dann doch ab in verschiedene Zoos. Damals war das noch möglich.

„Na, ich habe sie mir alle selbst besorgt. Geschenkt wurde mir nie etwas. Tiere schenken ist sowieso etwas riskant, denk' ich. Ich habe sie mir selbst gekauft, aber zum Teil dann auch wieder weggegeben, z.T. in Zoos wieder, weil ich sie nicht halten konnte. Sie waren entweder zu laut oder hatten nicht genügend die richtigen Bedingungen. Manche Vögel brauchen eben auch viel Platz. Die richtige Umgebung, die konnte ich ihnen nicht immer bieten. Oder ich empfand, dass sie eingesperrt waren."

Ein Vogel ist für Hans das „Sinnbild der Freiheit"

Hans' Vögel hatten bei ihm in den verschiedenen Wohnungen immer Freiflugmöglichkeiten. So war es auch damals in seiner Jugend bzw. zu seiner Schulzeit. Damals gab es einen Dompfaff in seiner Familie. Zu der Zeit konnte man Waldvögel, also einheimische Vögel, noch kaufen. Doch bei diesem Dompfaff meinte Hans, er höre Klagelaute von diesem Vogel. So entschieden sie, dass der Dompfaff wieder freigelassen werden soll.

„Das Eingesperrtsein, das hab' ich z.B. bei einem Dompfaff sehr stark empfunden, obwohl ich mich durch seine Klagelaute habe etwas irritieren lassen. Die sind immer so klagend, hab' ich später festgestellt.

Dem haben wir, ich glaube meine Mutter und ich, dann einfach die Freiheit gegeben. Das kann man bei Waldvögeln ja auch eher machen, bei einheimischen Vögeln.
Da haben wir das Fenster aufgemacht, und dann ist er weggeflogen. … Es tat mir überhaupt nicht leid. Ich hatte das Gefühl, ich tue eine gute Tat, indem ich ihm die Freiheit wiedergebe.
Denn ich finde es sowieso, viele Tiere sind eingesperrt, und das ist nicht das Wahre, nicht.
Bei mir haben die Tiere eigentlich immer Freiflug gehabt, und das finde ich auch besser. Gerade einen Vogel, den darf man nicht einsperren, nicht, weil er für mich das Sinnbild der Freiheit ist.
Und die Flugfähigkeit darf auch nicht verkümmern. Ich habe einen Sittich gehabt, der war ein Jahr lang bei einem Tierhändler gewesen, der konnte überhaupt nicht mehr fliegen! Und mit der Zeit lernte er bei mir wieder das Fliegen. Und das muss ein Vogel können, denke ich."

Einmal machte Hans einen Freilassungsversuch mit einem Kanarienvogel, doch der kehrte tatsächlich zurück.

„Also einmal hab' ich sogar ein Experiment gemacht: Ich hab' einen Kanarienvogel frei nach draußen fliegen lassen. Aber der ist dann wiedergekommen. Das lag daran, dass er ein Weibchen hatte.
Und der flog wirklich ganz weit weg. Ich hab' ihn fast gar nicht mehr gesehen, aber der kam dann wieder."

Hans' Lebensweg im Erwachsenenalter

Hans verbrachte seine Kindheit und Schulzeit in einer norddeutschen Stadt. Sie zogen einige Male in dieser Stadt um, doch seine jeweiligen Vögel und Fische, die er auch daneben hielt, kamen immer mit in die neue Wohnung.

Nach dem Abitur studierte Hans zunächst in einer norddeutschen Universitätsstadt Physik, dann Biologie, auch Biochemie in einer süddeutschen Stadt. Das Biologiestudium nahm er dort wieder auf, brach es aber bald ab. Es folgte im Norden eine Ausbildung, und er arbeitete einige Jahre lang in seiner Heimatstadt. Hier hatte er am Anfang eine kleine Wohnung, die er sich mit zwei Nymphensittichen teilte. Dann hatte Hans einen schweren Unfall und lag lange im Krankenhaus. Während dieser Zeit versorgte seine Mutter die Vögel.

Später heiratete Hans, doch nach einigen Jahren zog es ihn wieder zum Studium in eine andere größere Stadt. Dort schloss er auch sein Biologiestudium ab. Parallel hatte er Sozialwissenschaften studiert und schloss auch dieses Studium etwas später ab. Eine besonders schöne Zeit erlebte Hans während des Biologiestudiums in einem Bauernhaus in einem kleinen Ort.

Die schöne Zeit im Bauernhaus

Dort hatte er relativ viel Platz für seine Vögel. Besonders faszinierend findet Hans die Aufzucht von Jungvögeln bei seinen Kanarienvögeln und den Wellensittichen.

„Ja, dann kamen auch wieder Vögel. Also erstmal in dem Bauernhaus hatte ich welche. Das kann ich ja kurz noch mal erzählen. Das war eigentlich mit die schönste Zeit mit den Vögeln, weil ich da Platz hatte. Das war großräumig, ja. Da war 'ne riesige Diele, aber die war stockdunkel. Aber das Schöne war natürlich der Platz und der Garten auch. Man hat ja viel Freiheiten in einem Bauernhaus. Die Vögel konnten also aus dem Zimmer rausfliegen in den Garten und wieder zurück ins Zimmer. Ich hatte a draußen eine Voliere. Die waren natürlich im Käfig am Ende der Voliere. Aber die Voliere war

angebaut an einem Zimmer praktisch an einem offenen Fenster. Sie konnten also immer rein- und rausfliegen.
… Dann flogen sie immer, wenn sie froren oder schlafen wollten, eben rein ins Zimmer. (Hans lacht)
Und das fand ich recht ideal.
Bloß, die Wellensittiche haben natürlich die Wand angefressen. Das hat mir ‚n bisschen Ärger mit der Hauswirtin nachher eingebracht. (Hans lacht)
Die sagte: ‚Ich kann das Zimmer ja gar nicht mehr vermieten, weil die Tiere alles kaputt gemacht haben.'
Die Wellensittiche sind ja Nager, die haben ein paar Löcher reingefressen. (schmunzelt)
Naja, die haben aber auch gebrütet.
Die Kanarienvögel haben Junge aufgezogen, die Wellensittiche hatten auch Junge. Das war 'ne schöne Zeit eigentlich."

Hans ist begeistert und fasziniert von der Aufzucht der Jungvögel

Hans hatte immer schon Interesse daran gehabt, einen Vogel vom Ei an aufwachsen zu sehen. In diesem Bauernhaus hatte er viel Platz für die Tiere. Später hat er ähnliche Erfolgserlebnisse mit den hübschen Glanzsittichen gehabt, das spielte sich aber in einer anderen Wohnung ab. Leider starb dann die Mutter der Jungsittiche.

„Ich wollte mal die Jungen kennen lernen, überhaupt einen Vogel aufwachsen zu sehen vom Ei an, das ist schon was Faszinierendes. Zunächst mal ist er furchtbar hässlich als kleiner Embryo, als kleiner Jungvogel. Dann kriegt er allmählich Federn, man kann ihn mal in die Hand nehmen, ihn angucken. Und dann kriegt er allmählich richtige Federn, nicht. Dann wird er ‚n richtiger Vogel dann. Das fand ich sehr faszinierend.
Später hab' ich das in einer kleinen Wohnung auch noch mal mit besonders hübschen Tieren erlebt. Mit den Glanzsittichen ist mir das noch mal gelungen dann, die haben mitten in der Küche gebrütet. Das war in einer kleinen Dachwohnung, die ich da hatte. Da hatte ich

auch mal Wellensittiche und diese Glanzsittiche. Die Wellensittiche hatten auch Junge gehabt. Die hab' ich immer regelmäßig verkauft. Besonders leid tat es mir um die Glanzsittiche, das waren wunderhübsche Tiere. Das sind australische Sittiche, sehr bunt. Vor allem ihr Schicksal tat mir leid. Ich hab' dann erfahren, dass sie eingegangen sind. Ich hab' sie einem Mann mit einer Voliere geschenkt, und die sind dann aus irgendwelchen Gründen, vielleicht waren sie nicht abgehärtet genug, leider eingegangen."

Tragisches und leises Sterben einiger Vögel

Hans meint, dass natürlich die Haltungsbedingungen auch eine wesentliche Rolle spielen, gerade bei exotischen Vögeln. Dann berichtet er von einigen traurigen Vorfällen bei diesen Vögeln, ein Wellensittich starb sogar an Legenot und ein Sittichweibchen ertrank damals in einer Blumenvase.

„Da sind auch manchmal Tiere eingegangen, denk' ich gerade. Die Mutter dieser Glanzsittiche ist dann auch gestorben, nachdem sie die Brut aufgezogen hat, ist einfach gestorben. Sie hat eine Infektion bekommen.
Auch ein Wellensittich früher, der ist an Legenot gestorben, das Ei kam nicht heraus. Da hat uns der Zoohändler Vorwürfe gemacht, wir hätten das wissen müssen. Klar, aber zu Beginn weiß man halt vieles nicht. Da waren wir alle sehr traurig, dass so ein junger Wellensittich an dieser Legenot gestorben ist.
… Ja, das ging auch so schnell, wir haben das Tier zu spät zum Tierarzt gebracht, glaube ich. – Man hätte helfen können, aber wir wussten es nicht, wir waren hilflos.
Obwohl die Tierärzte manchmal auch nicht helfen können, das haben wir später auch oft erfahren, dass sie dann auch hilflos sind. Einfach 'ne Spritze geben, und das Tier stirbt dann sowieso. Stirbt dann sogar eher durch die Behandlung, als wenn man sie nicht behandeln lässt. Ja, weil die Tiere offenbar sehr anfällig sind, und die Vögel also ein sehr zartes Leben haben und bei der geringsten Belastung auch umkippen. Das Gleichgewicht ist sehr schnell gestört. Und dann hatte

ich auch mal ein Sittichweibchen, das ist mir leider eingegangen auch, woran ich selbst schuld war. Das ist in eine Blumenvase gestürzt und ist darin ertrunken. Und dieses Weibchen fraß leider alles an, das konnte man nicht im Zimmer herumfliegen lassen."

„Das Leben ist offenbar sehr sensibel und zart."

„Ja, am schlimmsten war dieser Unfall mit dem Wellensittichweibchen in meiner Kindheit.
Auch ein Bourgesittich starb. Ja, das ist so, wenn sie sterben, dann ist das ein relativ friedliches Sterben. Sie sterben auch relativ schnell, so dass du fast gar nichts mitkriegst. Sie gehen fort von einem, ohne dass sie anscheinend unheimlich kämpfen müssen. Der Todeskampf ist recht kurz, still und leise, ja.
Wir haben auch erlebt, dass sie plötzlich von einer Stunde zur anderen tot waren, sowie sie was gefressen hatten, was sie vielleicht nicht vertragen konnten. Das Leben ist offenbar sehr sensibel und zart. Von einer Minute zur anderen kann es ausgelöscht werden bei Vögeln. Ich hab' ja meistens exotische Vögel gehalten, und die sind natürlich doch anfälliger, weil sie das Klima nicht gewöhnt sind bei uns. Und es ist auch so, wenn ein Vogel Freiflug hat, dann kann er natürlich alles Mögliche fressen, was er vielleicht nicht vertragen kann. Das ist natürlich das Risiko."

Hans' Tierliebe wird zur Zeit auf die Probe gestellt

Hans hat zur Zeit in seiner Wohnung zwei Sittiche, eine größeren Pennantsittich und einen etwas kleineren Singsittich. Eigentlich bewundert er diese schönen Tiere, doch im Moment ist er gar nicht so glücklich mit diesen beiden Tieren. Der größere Sittich, eigentlich der Liebling von Hans, piesackt den kleineren Sittich und erprobt seine Kraft an ihm. Er jagt den kleinen Vogel, beißt ihn sogar oder tritt auf ihn. Hans würde diesen kleineren Sittich gern abgeben, aber möchte auch einen geeigneten Partner von der gleichen Art für ihn finden. Doch das ist schwierig.

„Ja, das ist eine Hassliebe. Auf der einen Seite machen sie sehr viel Dreck. Und ab und zu bin ich drauf und dran, sie zu verschenken. Aber dann sind sie immer noch da. Vor allem ist es ein ungleiches Paar, was meine Tierliebe zu den Tieren manchmal auch auf eine harte Probe stellt. Das ist ein größerer Sittich und ein kleinerer Sittich, und der größere Sittich lässt seine Kraft oft an dem kleineren aus. Und das stört mich oft.
Er jagt ihn einfach herum und tritt auf ihn drauf oder beißt ihn. Ich finde aber auch keinen Abnehmer für den kleineren Sittich im Moment, weil ich möchte auch gern, dass er Gesellschaft hat, wenn ich ihn weggebe, von seinesgleichen.
… Aber die Art ist relativ selten, so dass man kaum Leute findet, die so eine Art halten. Da hat man große Schwierigkeiten. Die sind nicht so weit verbreitet wie Wellensittiche, die sind seltener.
… Und diesen anderen, diesen ‚Unterdrücker', den mag ich an sich sonst ganz gerne, weil er hübscher aussieht und weil der auch munter ist. Der pfeift und ist ein fröhlicher Geselle, aber sehr raubeinig. Ich bin eigentlich eher für den Schutz und finde, jedes Tier sollte das andere Tier auch gewähren lassen. Aber die Tiere sind halt eben brutal manchmal. Das gefällt mir nicht so gut an ihnen."

Farbenprächtige Fische spielen auch eine wesentliche Rolle in Hans' Leben

Seit Hans' Kindheit hielt er neben den Vögeln als zweite Tierart Fische. Die Schönheit dieser Tiere, die Farbenpracht zogen Hans stets an. Aber auch bizarre oder witzige Formen können ihn erfreuen.

„Ja, das war auch meine zweite Tierart, die ich gehalten habe. Und Fische sind ja ebenso wie Vögel oft sehr farbenprächtig. Das hat mich auch angezogen.
… Die Schönheit spielt eine sehr große Rolle, ja, ja. Und gerade die bunten Aquarium-Fische zum Teil, die Korallenfische, auch bunte Süßwasserfische, die haben mich sehr angezogen. Und diese geheimnisvolle, ruhige Welt unter Wasser, das fand ich auch sehr schön immer. Das Zusammenspiel von den Farben der Fische und

den Formen der Pflanzen, das kann man auch sehr schön gestalten. Das hat mir sehr viel Freude gemacht. Ja, meinen Eltern damals auch, nicht."

Es treten Probleme auf bei den Fischen

Ein Fisch stirbt nach kurzer Zeit und zwei Segelflosser sind Kontrahenten.

„Und später hab' ich doch auch zum Teil Fische gehalten, obwohl es ja immer mit mehr technischem Aufwand verbunden ist als einen Vogel zu halten. Man muss ein Aquarium haben, das muss alles stimmen.
Ich hatte auch zum Teil mal eine Sorte Wasser, die muss man sehr rein halten. Da ist mir mal ein Fisch geschenkt worden, das war ein sehr empfindlicher Fisch. Der ist auch ein paar Tage später gleich eingegangen, gestorben, weil die Bedingungen im Becken nicht so gut waren, wie sie hätten sein sollen für den Fisch.
Und ich denk' auch gerade daran, dass man da auch manchmal die Brutalität der Tiere miterlebt. Ich erinnere mich an Segelflosser, Skalare, die ich mal gehalten habe. Der eine hat den anderen immer tyrannisiert. Der durfte nur einen Teil des Beckens bewohnen, einen ganz kleinen Teil. Und der Überlegene bewohnte dann den anderen großen Teil. Sie haben sich die Reviere aufgeteilt."

Besonders schöne Erlebnisse in der freien Natur

Hans kommt auf Reisen viel in Kontakt mit Fischen, er schnorchelt sehr gerne im Meer.

„Besonders schön ist es halt beim Schnorcheln, wenn man draußen in der freien Natur die Fische beobachten kann. Das ist natürlich noch viel schöner. Ja, ich lieb' die Vielfalt sehr und die Schönheit halt. Und die Exotik, das Bizarre der Formen auch."

Ein witziger Buntbarsch

Hans erinnert sich an einen besonderen Fisch, der seinen roten Kehlsack weit aufblähen konnte, wenn sie gegen die Scheibe des Aquariums klopften. Es ist ein Imponiergehabe des Fisches, aber fast schien sich daraus ein Spiel zu entwickeln.

„Wir hatten auch witzige Erlebnisse. Wir hatten z.b. einen Buntbarsch, der immer seinen Kehlsack aufblähen konnte, wenn man gegen die Scheibe klopfte z.b. Da haben wir ihn natürlich auch oft geärgert, nicht. Das ist bei denen so, dass er sich größer macht, und dadurch eben ein Imponiergehabe zeigt. Er will Eindruck erwecken, er will auch die Menschen beeindrucken.
Vielleicht war es für ihn auch eine Art Spiel mit der Zeit, wenn wir an die Scheibe klopften und er sich aufblähte."

Der Streichelkontakt fehlt und manche Fische machen Hans nervös

Hans bedauert, dass man Fische nicht streicheln kann. Einige Fische können Hans außerdem sehr nervös machen, einerseits durch Bettelverhalten, andererseits durch unruhige Bewegungen.

„Aber bei Fischen fehlt einem halt, dass man sie nicht streicheln kann. Und der Kontakt ist nicht so doll, sie sind stumm mit einigen wenigen Ausnahmen.
Es kann einen auch sehr nervös machen, wenn sie betteln. Meine Fische z.B., die hatten ein extremes Bettelverhalten, das machte mich auf die Dauer ganz nervös. Immer, wenn ich ankam, dann bettelten sie an der Glasscheibe. Oder sie bewegten sich dermaßen unruhig, dass mich das auch nervös machte. Fische, die andauernd an der Scheibe auf- und abschwimmen, die können einen schon nervös machen.
Aber – natürlich – ein Fischschwarm, der so gleichmäßig durch's Wasser schwimmt, das ist natürlich was sehr Beruhigendes."

Hans empfindet das Verhalten der Fische, aber auch der Vögel, die er hatte, sehr zwiespältig.

„Es gibt Fische, die können einen rasend machen, weil sie immer die gleiche stereotype Bewegung ausführen. Oder Fische, die sind sehr beruhigend, weil sie immer im selben Rhythmus schwimmen, immer im Kreis oder im Schwarm. Das kann sehr schön sein.
Das ist auch bei Vögeln so. Ich hatte mal einen Kanarienvogel, der zupfte immer an einer Stange seines Käfigs, und das machte einen auch ganz nervös.
Das war so ein Hobby, das ‚zupf, zupf, zupf' immer. Das war ein bestimmter Ton, den konnte ich auf Dauer nicht aushalten.
Überhaupt viele Tiere, die sich sehr aktiv bewegen, das ist dann doch nichts für mich, hab› ich gemerkt.»

Erinnerungen an einen süßen Hund

Hans erinnert sich an eine Hundegeschichte aus seiner Jugend. Seine Großmutter besaß damals einen Mischlingshund, der manchmal, wenn die Großmutter verreist war oder wenn Schulferien waren, bei seiner Familie in Pflege kam. Hans empfand diese Zeit als sehr schön.

„Na, da hatten wir einmal einen Hund auch zur Pflege. Der gehörte meiner Großmutter. Das war auch ein sehr schönes Erlebnis. Das war eigentlich ein Mischling. Aber er sah aus wie ein Fuchs irgendwie mit ganz niedlichen braunen Augen. Der war so menschenfreundlich, das war so ein niedliches aufgeschlossenes Tier, menschenfreundlich und anhänglich.
Die Vögel wollen meistens Distanz haben, wollen eigentlich nicht in die Hand genommen werden, die meisten jedenfalls nicht. Sie sind meistens nur schön anzuschauen. Aber es sind keine Streicheltiere, mit Ausnahme von zahmen Wellensittichen oder Nymphensittichen. Ich seh' das jetzt auch bei mir. Also, der eine, der Singsittich, ist immer in der Bereitschaft zu fliehen, der andere, der Schönsittich auch mehr oder weniger. Ich komm' nicht richtig an sie heran. Und

das stört mich manchmal auch. Denn ich denke, ich bemüh' mich immer um sie, und das hab' ich eigentlich nicht verdient, dass sie so viel Angst vor mir haben. Ich hab' natürlich auch ganz gern lieber zahme Tiere, Tiere, die anhänglich sind.
Ja, und diesen Hund damals, den haben wir natürlich ab und zu mal zu uns genommen, auch mal, wenn wir Ferien hatten. Und das war herrlich eigentlich mit dem auch!
Das war schön, vor allem diese Zuneigung des Hundes zu spüren und das weiche Fell streicheln zu können. Das war toll!"

Hans braucht seine Unabhängigkeit

Hans war damals begeistert von diesem liebenswerten Hund; er hat auch überlegt, vielleicht mal ein anderes Tier außer Vögeln und Fischen zu halten. Aber letztlich wollte er unabhängig bleiben.

„Vögel sind praktischer zu halten als ein Tier, z.B. ein Hund. Sie brauchen nicht so viel Pflege, man kann sie länger alleine lassen. Deswegen hab' ich auch immer mehrere Vögel gehalten, weil man dann auch unabhängiger ist. Man kann eher mal weggehen, man muss sich nicht so viel kümmern. Man kann sie auch eher mal pflegen lassen von jemand anderem.
Und das stört mich auch bei diesen anderen Tieren, Hunden und Katzen, dass sie Fleischesser sind, weil ich Vegetarier bin. Die Vögel haben eben das Gute, dass sie Körnerfresser sind und sich vegetarisch auch ernähren sozusagen. Wir hatten auch mal früher bei meinen Eltern noch ein Rotkehlchen, das fraß natürlich auch Insekten und Mehlwürmer. Und gut, das ist nicht ganz so schlimm, als wenn eine Katze oder ein Hund richtiges Fleisch frisst. Einen Wurm zu verfüttern ist für mich jedenfalls nicht ganz so schlimm. Obwohl es natürlich auch schon Überwindung kostet."

Hier endet unser erstes Gespräch. Hans war plötzlich sehr müde geworden. Wir entschieden uns, ein zweites Gespräch bald folgen zu lassen.

4.1.2.2 Verdichtungsprotokoll vom zweiten Gespräch mit Hans

Ein Fehlgriff beim Kauf eines Pennantsittichs

Bei unserem zweiten Treffen zu einem Gespräch erfuhr ich von Hans, dass sie wohl einen Fehlgriff gemacht hatten. Ein Züchter hatte sie zum Kauf eines Pennantsittich-weibchens überredet, weil er selbst sehr verliebt in diese Tiere war. Doch dieses Weibchen, das eigentlich zur Gesellschaft für seinen Singsittich gedacht war, weckte ihn und seine Freundin jeden Morgen durch lautes Schreien.

„Ja, wir haben jetzt wieder einen neuen Vogel gekauft, ein fürchterliches Ungetüm von lautem Geschrei. Jeden Morgen werden wir geweckt, und der Vogel lässt uns keine Ruhe. Wir planen, ihn wieder zurückzugeben.
'ne andere Möglichkeit wäre natürlich nach, dass er sich eingewöhnt, aber er scheint sich nicht so richtig einzugewöhnen.
Außerdem ist er ein fürchterlicher Holzzerstörer. Er nagt alles an, und er braucht auch sehr viel Freiflug, weil er nicht in einem Käfig gehalten wird. Es ist ein Tier, das sehr viel Platz braucht und sehr viel Bewegung braucht.
Das ist ein Pennantsittich. An sich ein sehr schöner australischer Sittich, der aber relativ groß ist und wie gesagt eigentlich eine große Voliere braucht.
Nun hat er Freiflug bei uns, und er nagt aber alles an. Er hat einen ganzen Baum in Schutt und Trümmer gelegt, und er beginnt auch die Wände anzunagen. Ich hab' ihm eine kleine Birke ins Wohnzimmer, d.h. in mein Zimmer geschleppt. Aber er hat sie jetzt schon richtig entastet und nagt die kleinen Zweige ab, und er frisst die Knospen. Und jetzt ist er mittlerweile dabei, auch an die Wände zu gehen.
… Das war eine übereilte Reaktion, und ich hatte den Pennantsittich eigentlich für den Singsittich gekauft als Partner. Der Züchter hat uns erzählt, dass man ein Weibchen nehmen müsse von einer verwandten Art. Und da er gerade Weibchen da hatte von dieser Art, haben wir eins genommen, aber das war eigentlich zu eilig. Ja, ich hab' mich

da von einer Minute zur anderen entschieden, und das war viel zu schnell.
Jetzt erleb' ich, dass das Tier nicht zu uns passt, oder wir nicht zu dem Tier, und ja, wir sind auch ein bisschen auf den Händler reingefallen. Der Züchter ist nämlich sehr verliebt in diese Art Tiere. Er hat sehr vorgeschwärmt von diesem Pennantsittich, und das sei so ein toller, der würde ganz zahm werden und in seiner Heimat Australien flögen die auf den Finger usw. Dabei ist es ein extrem scheues Tier, und ob das so völlig zahm wird, das wage ich auch noch zu bezweifeln! Aber ehe es soweit ist, sind wir wahrscheinlich mit den Nerven am Ende."

„Er rührt das Herz nicht so an"

Hans findet den Vogel elegant, aber wenig ansprechend, er hat einfach keine optischen Reize für ihn. So konnte er bis jetzt auch keine engere Beziehung zu diesem Vogel aufbauen.

„Ja, ich merke, es ist auch keine intensive Beziehung zu dem Tier bei mir, weil er von der Optik her wenig Reize bietet. Es gibt ja viele Tiere, die haben so einen Appell, die haben so einen Reiz, sind klein, niedlich, gedrungen oder lösen das Kindchen-Schema aus: niedlicher Hund oder niedliche Katze, oder viele Vögel tun das ja auch, so ein Wellensittich mit seinem Bart z.B.
Aber dieser Vogel löst das gar nicht aus, der wirkt eher wie eine Echse, langgezogen, meistens trägt er sein Gefieder sehr eng anliegend. Und der hat einen langen Hals auch, so dass die Körperproportionen eigentlich fast eher unsympathisch anmuten oder zumindest nicht so anheimelnd.
Er ist nicht so gedrungen von der Statur, er ist sehr langgestreckt, und er sieht sehr elegant aus, aber er rührt das Herz nicht so an.
Und von daher, da er uns sehr unangenehm am Morgen ist und sehr viel ruft, ist gar keine engere Beziehung bisher entstanden."

„Der Pennantsittich sehnt sich nach seinesgleichen"

Hans schildert, dass der Pennantsittich offensichtlich hofft, einen artgleichen Vogel zu finden. Das Rufen am Morgen und die Unruhe des Vogels zeigen seine Unzufriedenheit an.

„Ja, er sehnt sich nach seinesgleichen. Er hofft jedenfalls, ähnliche Vögel zu finden, vielleicht einen Pennantsittich, denn er schielt auch immer nach den Tauben draußen. Zwischen dem Singsittich und dem Pennantsittich bahnt sich schon eine Beziehung an. Aber das sind zwei verschiedene Arten. Es kommt aber schon zu Zärtlichkeiten sogar zwischen den beiden! Also, der große Pennantsittich krault den kleinen Singsittich und der Singsittich füttert ihn sogar.
Aber es reicht offenbar noch nicht aus, um ihm das Gefühl der Zufriedenheit zu geben. Diese Unruhe und dieses Rufen morgens, das sind deutlich eher Zeichen von Unzufriedenheit.
Nun gut, gewiss, man muss auch bei vielen Tieren eben eine Zeit der Gewöhnung einrechnen. Und es kann natürlich sein, dass es nach einem halben Jahr ganz anders aussieht.
Naja, mal gucken, wir müssen es uns noch mal überlegen. Aber wahrscheinlich werden wir ihn doch zurückgeben."

Es gab auch „tierlose Zeiten" bei Hans: keine Belastungen, keine Verantwortung

Auf meine Frage, ob Hans schon tierlose Zeiten durchgemacht hat über längere Strecken und welche Empfindungen er damals hatte, berichtet er, dass er auch tierlose Zeiten hatte und es eine Zeitlang ganz angenehm für ihn war. So mussten sie sich keine Gedanken darüber machen, ob irgendein Fenster noch offen steht, weil ja seine freifliegenden Vögel dann leicht hätten verschwinden können. Die belastenden Seiten der Tierhaltung, wie Lärmbelästigung durch laute Rufe und die Sauberhaltung der Käfige, Volieren oder der Wohnung entfallen, und so hat Hans diese Zeiten auch genießen können. Doch immer wieder zog es ihn zu den Vögeln und Fischen hin.

„Ja, ich habe auch mal ‚tierlose' Zeiten durchgemacht. Eine Zeitlang war das auch mal ganz angenehm, weil so ein Tier hat immer zwei Seiten auch. Es ist auf der einen Seite 'ne Anregung, auf der anderen Seite auch leicht mal eine Belastung.
Gut, ein Vogel ist oft sehr lebhaft und stört dann manchmal auch. Ja, man muss sich immer drum kümmern, und er macht auch viel Dreck. Da ist der Kot, der beseitigt werden muss. Und sie zerstören ja auch etliches.
Na, 'ne Zeitlang hab' ich das auch mal genossen, kein Tier zu haben. Keine Verantwortung zu tragen, nicht.
Man hat ja auch immer ein bisschen Sorge, geht es dem Tier auch gut und wird es nicht krank. Und wenn es krank wird, ja Gott, was hat man falsch gemacht?
Und all diese Sorgen hat man dann nicht, wenn man kein Tier hat. Man kann auch mal ein Fenster aufmachen, man ist ohne Vögel ganz unbekümmert, kann es sperrangelweit aufmachen, gründlich durchlüften. Das geht ja alles gar nicht, wenn man einen Vogel hat, wenn er frei rumfliegt. – Dann muss man drauf achten, dass er nicht rausfliegt. Das haben wir auch schon erlebt, dass niedliche Kanarienvögel einfach rausgeflogen sind, weil wir nicht dran gedacht haben, das Fenster zu schließen. Die sind leider nicht wiedergekommen.
Aber bei mir geht das dann immer so: nach einer gewissen Zeit der Tierlosigkeit schaff' ich mir doch wieder ein Tier an, weil ich das Bedürfnis habe.
Aber wenn ich dann ein Tier habe, geht's mir manchmal auch so, dass ich sagen möchte: Ja, okay, ich möchte auch vielleicht lieber mal kein Tier haben.
Man sehnt sich immer so nach dem Gegenteil."

Tiere, an die Hans besonders schöne Erinnerungen hat und die ihm viel bedeuteten

Hans kommt zu dem Resümee, dass er eigentlich in seinem Leben meistens irgendein Tier hatte.
Gelegentlich gab es Tiere, die ihm besonders nahe standen und denen er

sich auch sehr verbunden fühlte. So gab es Wellensittiche, sogar einen Fisch und ein Rotkehlchen in seiner Jugend, zu denen er eine engere Beziehung aufbauen konnte.

„Da war auch mal ein Fisch, der mir besonders nahe stand, erinnere ich mich noch. Oder auch Wellensittiche …
Ja, das war ein Feuermaulbuntbarsch, der sehr attraktiv aussah und auch sehr witzig war. Zu dem konnte man auch richtig ein persönliches Verhältnis gewinnen. Der reagierte, er kam an die Scheibe ran, wenn man daran kam. Und das war direkt eine Persönlichkeit, die dieser Fisch hatte. Wie gesagt, eine persönliche Beziehung schien er zu uns zu haben auch.
Ja, er wurde zu groß leider, wir mussten ihn weggeben. Und da hat uns doch was gefehlt dann. Er kam zuerst in das Aquarium an der Uni. Wohin er dann kam, weiß ich leider nicht."

Eine ideale Tier-Mensch-Beziehung für Hans

„Ja, besonders viel hat mir auch ein Rotkehlchen mal bedeutet, das wir eigentlich nur ein halbes Jahr gehalten haben über den Winter. Das war ein sehr angenehmer Vogel, und wir haben es nachher freigelassen, und das blieb auch in der Nähe. Das fand ich so faszinierend, es blieb einfach in der Nähe von unserer Wohnung, und wir konnten das praktisch in der freien Natur dann füttern. Es kam immer an, und leider wurde es in einer Mausefalle getötet, die einem Nachbarn gehörte. Da waren wir alle sehr traurig, als das passierte.
Denn das ist eigentlich eine glückliche Verbindung sonst, weil das Tier war nicht eingesperrt, es kam aus freien Stücken zu uns. Ja, das war eigentlich eine sehr schöne Beziehung, ohne dass wir das Tier eben einsperren mussten.
Ja, und das Rotkehlchen lief immer singend durch unsere Wohnung, das war so niedlich anzuschauen. Und dann saß es meistens auf einer Sessellehne und ganz ruhig in einer Ecke irgendwo und verbrachte da den Winter. Und dann im Frühjahr – wie gesagt -, ließen wir es frei. Und da blieb es dann, zankte sich immer mit einem anderen Vogel

um die Ameisen im Garten und blieb in der Nähe. So stell' ich mir eine ideale Beziehung Tier-Mensch vor eigentlich!"

„Tiere geben einem manchmal sogar mehr Wärme als Menschen"

Ich fragte Hans, welchen Wert die Tiere, die ihn in seinem Leben begleitet haben, für ihn darstellen. Gerade wenn er an sonstige Beziehungen denkt, auch eventuell zu Menschen.
Hans antwortete:

„Ja, das ist natürlich die Frage. Sind sie so vollwertig wie menschliche Beziehungen? Also, sie stehen so für mich in der Mitte eigentlich irgendwie. Also – ich denke, Tiere geben einem manchmal sogar mehr Wärme als Menschen. Die Beziehung ist unmittelbar, sie ist weniger durch Überlegungen und durch Erwartungshaltungen gestört, denke ich. Sie ist zum Teil spontaner oder gar nicht vorhanden, aber jedenfalls ist sie viel einfacher. Einfacher strukturiert und unkomplizierter, denke ich. Das ist das Schöne.
Sie ist recht unkompliziert, die Beziehung. Meinetwegen von Hund zu Mensch oder von Mensch zu Hund.
Man kann einen Hund streicheln, ohne dass man groß darüber nachdenkt. Wenn man einen Menschen streichelt, hat das immer gleich Komplikationen eventuell oder Implikationen zur Folge. (Hans schmunzelt)
Ja, die Beziehung steht auf einem anderen Niveau."

Eine glückliche Mensch-Tier-Beziehung ist etwas Herrliches, ein Bindeglied zwischen den Arten

„Ja und dann sind sie für mich auch ganz andere Geschöpfe als der Mensch. Es hat so eine eigenständige Bedeutung. Die Tiere sind eben unsere Mitgeschöpfe auf diesem Planeten, und die Beziehung hat für mich etwas ganz Besonderes eigentlich. Weil, wenn sie glückt, also wenn man Verbindung hat, ist es etwas ganz Herrliches, so dass von einer Art zur anderen irgendwie ein Bindeglied geschlagen wird, was

ich als beglückend empfinde, meinetwegen von Mensch zum Pferd vielleicht oder auch zum Vogel.
Früher als Kind hatte ich natürlich noch mehr zahme Tiere, und das Vertrauen der Tiere zu erleben, wenn sie einfach auf die Schulter fliegen und die irgendwas essen, was man ihnen gibt, das ist etwas sehr Beglückendes!
Für mich ist das ein Vertrauensbeweis von einer Art zur anderen. Das ist so ein Stück irgendwie vom Paradies, finde ich. Das ist schon diese Vision, dass Menschen und Tiere zusammenleben in einer friedlichen Welt.
Und die Beziehung Mensch zu Tier ist für mich ein Zeichen dafür, dass die Trennung zwischen den Arten – ja –, dass die aufgehoben sein kann und dass eben die Feindseligkeit aus der Welt genommen wird durch Freundschaft, durch Zusammenleben."
„Obwohl man auch vielleicht zu stark idealisiert manchmal, nicht. Ich denke, manchmal ärgere ich mich auch über die Tiere, weil sie auch aggressiv sind und Schwache ganz heftig ausgrenzen.
... Also das ist eine Seite bei den Tieren, die ich nicht so schätze eigentlich.
... Aber – ja sicher, man muss auch die Tiere auswählen, man darf nicht die falschen Tiere zusammenhalten, die sich dann gegenseitig doch zu heftig bekämpfen vielleicht."

„**Sie verstellen sich nicht, zeigen sich so, wie sie sind.**"

Hans ist hauptsächlich, wie er erzählt, fasziniert von der Schönheit der Tiere. Außerdem schätzt er an Tieren, dass sie oft unbekümmert leben und sich so zeigen, wie sie sind.

„Also, ich bin vor allen Dingen, wie gesagt, fasziniert von der Schönheit der Tiere, die für mich etwas ganz Einzigartiges darstellt. Ja und dann beobachte ich auch gern Tiere, weil sie oft so unbekümmert leben. Sie verstellen sich nicht, sie zeigen sich so, wie sie sind, nicht. Und das find' ich auch sehr angenehm. Und sie haben oft sehr bizarre und witzige Verhaltensweisen, die mich dann auch amüsieren und unterhalten, und die ich auch ganz rührend finde."

Seelische Bedeutsamkeit der Tiere für Hans

Ich frage Hans, ob er sagen kann, dass seine Tiere in seinem Leben seelisch bedeutsam für ihn gewesen sind oder auch heute noch sind. Er meint daraufhin:

„Ja, sie sind auch heute noch bedeutsam. Also, sie geben mir viel dadurch, da ich für sie da sein kann, aber auch dass sie mich faszinieren, dadurch füllen sie mich auch aus und geben dem Leben irgendwie mehr Wärme und ja – mehr Sinn eigentlich. Sinn vielleicht nicht, aber mehr Wärme und Faszination.
Andererseits ist manchmal auch so ein Effekt da, dass sie mich gelegentlich überfordern, weil sie sehr vital sind zum Teil und mich auch nerven dann wieder. Also, dann rauben sie mir auch so die Kraft, die sie mir auf der anderen Seite geben. Die nehmen sie mir dann auch wieder. … Energie schwingt hin und her. Gut, das ist der Nachteil bei den Vögeln vielfach, dass sie sehr lebhaft sind und eigentlich nicht so sehr oft zur Entspannung beitragen."

Hans empfindet eine große Zwiespältigkeit in der Beziehung zu seinen Vögeln, aber auch zu einigen Fischen.

„Ja, ich fühl' mich hingezogen. Manchmal finde ich sie nicht mehr so zuträglich, dass ich denke, manchmal tät es mir ganz gut, ohne Tiere zu sein."

Vielleicht ist ein Leben ohne Heimtiere auch möglich?

Hans kommt zu der Überlegung, dass es auch einen Sinn macht, die Tiere einfach nur draußen zu beobachten und sich dann vielleicht dort mit ihnen anzufreunden. Besonders unangebracht findet Hans, dass Vögel, die den Himmel eigentlich ganz für sich haben, in Käfige gesperrt werden.

„Ja, oder auch einfach nur die Tiere draußen zu beobachten und es damit zu belassen. Denn warum müssen es immer Tiere in der

Wohnung sein? Die Welt ist voller Tiere, man kann sich auch mit den Tieren draußen anfreunden.
… Wozu halten wir uns überhaupt Tiere? Es ist ja zum Teil eine Vergewaltigung der Tiere. Man zwingt sie in Käfige. Sie sind die Freiheit gewöhnt. Vögel sind eigentlich für mich sowieso das Symbol von Freiheit. Und dann ist das eigentlich ein Widersinn, sie in enge Käfige oder Zimmer zu zwängen, wo sie eigentlich den ganzen Himmel für sich zur Verfügung haben sollten.
Sie haben dann keine Freiheit der Wahl, Partnerwahl z.B. Man gibt ihnen einen Partner, aber das ist dann vielleicht einer, den sie gar nicht mögen oder den sie nicht so unbedingt faszinierend finden. Das wäre das gleiche, als wenn man einen Menschen in einen Käfig stecken würde und ihm eine Partnerin geben würde und nun sagen würde: ‚Sei glücklich damit!'„

Hans' Zweifel an privater Heimtierhaltung und Tierhaltung in Zoos

Immer wieder locken die Vögel Hans an, obwohl er zeitweise starke Zweifel hat, ob eine Tierhaltung sinnvoll ist. So findet er auch die Haltung von Tieren in Zoos fragwürdig. Letzten Endes glaubt er, es gibt keine befriedigenden Lösungen, außer wenn ein gutes Verhältnis zu einem Tier vorliegt und das Tier auch zufrieden ist, das wäre dann auch eine glückliche Beziehungslösung.

„Ja, die Tiere locken mich natürlich an, nicht. Aber es sind so gegenläufige Bewegungen auch, die mich da bestimmen. Auf der einen Seite denk' ich, man sollte eigentlich gar keine Tiere halten. Auf der anderen Seite find' ich's faszinierend, ein Tier zu halten.
Ich denk', das ist auch die Problematik bei Zoos. Es gibt ja viele Leute, die gegen Zoos sind. Ich bin zum Teil auch gegen Zoos, weil vor allem, wenn es sich auch um Lebewesen wie Affen handelt z.B., dann sollte man die nicht so käfigen, finde ich. Aber auch andere Tiere, die einfach nicht zu ihren Bewegungsabläufen kommen und überhaupt auch Raubtiere z.B. Die liegen da faul und apathisch herum meistens. Es ist absurd, so ein Tier einzusperren!

... Aber das muss jeder für sich auch entscheiden letzten Endes. Und irgendwie – es gibt, glaub' ich, keine befriedigende Lösung. Ich meine, klar, wenn man ein gutes Verhältnis zu einem Tier hat, dann ist es auch beglückend. Das Tier ist auch zufrieden. Das sollte vielleicht das Ziel sein."

Ein Leben im Käfig – ein eingeschränktes Leben

Hans führt noch am Ende unseres Gespräches das Beispiel von den beiden Sperlingspapageien seiner Freundin an. Er empfindet deren Leben im Käfig eigentlich nur als ein sehr eingeschränktes Dasein voller Gleichförmigkeit.

„Ich seh' es ja z.B. bei den Vögeln meiner Freundin, diese Sperlingspapageien. Die hocken den ganzen Tag auf der Stange, dann gehen sie ab und zu mal zum Futternapf, und das ist ihr Leben dann. Aber ist das ein Leben? Im Grunde genommen ist das eigentlich kein Leben oder ein sehr eingeschränktes Leben.
... Obwohl das Leben in der Natur natürlich viel gefährlicher ist. Es ist viel aufreibender. Die leben ja auch nicht so lange in der Natur. Ja, aber ich denk', das ist alles sehr zweischneidig."

Unser Nachgespräch direkt im Anschluss an das Gespräch

U: Ja Hans, dann können wir noch mal kurz ein Resümee ziehen.

Wie hast du denn dieses Gespräch empfunden, das wir jetzt in zwei Etappen geführt haben?

H: Ja, ich hab' das eigentlich als sehr positiv empfunden. Das war für mich auch ein Anlass, mehr über die Beziehung Mensch-Tier und überhaupt die Stellung des Haustieres mal zu reflektieren und dieses Für und Wider auch mal an mir abzuwägen und für mich meinen Standpunkt auch zu klären, der vielleicht kein endgültiger ist. Aber ich dachte auch gerade darüber nach, dass manche Haustierrassen auch ohne diese Haustierhaltung ja nie entstanden wären, also meinetwegen besondere Hunderassen, die ich auch sehr schätze.

Aber ich denk', das ist ein problematisches Gebiet insgesamt oder vielfältiges Gebiet. Und das Gespräch war eben Anlass, auch dazu mal wieder mehr drüber nachzudenken und die verschiedenen Aspekte dieses Themas zu sehen. Ja, fand' ich auch für mich ganz positiv.

U: Das freut mich sehr, Hans!

Ja, das ist dann für uns beide ein ganz schönes Ergebnis jetzt. Ich danke dir nochmals!

H: Ja, bitte!

U: Ja, wenn dir noch irgendwelche Punkte einfallen ..

H: Nee, es wird mir auch immer wieder deutlich, man kann nicht sagen, es ist nur positiv oder es ist nur negativ. Es gibt immer positive Aspekte und auch problematische Aspekte.

U: Ja, sowohl als auch bei einigen Tieren …

H: Ja, wie überhaupt bei fast allem im menschlichen Leben.

U: Ja, das kann man wohl sagen.

H: Ja – Ja, finde ich ganz anregend dann, gut.

U: Ja, ich danke dir noch mal, vielen Dank, Hans!

4.1.2.3 Zusammenfassung der zwei Gespräche mit Hans

Hans ist zur Zeit unserer Gespräche 55 Jahre alt. Er lebt mit seiner Freundin in einer größeren Stadt in Norddeutschland. Hans absolviert eine Fortbildung nach seinem Zweitstudium. Zunächst hatte Hans in einer norddeutschen Stadt Physik kurze Zeit studiert, dann Biologie. Kurze Zeit faszinierte ihn auch das Studium der Biochemie in einer süddeutschen Stadt. Doch dann nahm er wieder sein Biologiestudium auf, um es bald aber wieder abzubrechen. Er ging zurück in den Norden, heiratete und absolvierte eine Ausbildung. Fünf Jahre arbeitete er in diesem Beruf. Schließlich zog es ihn wieder zum Biologiestudium in die nächstgrößere Stadt. Er trennte sich von seiner Frau und beendete zunächst dann das Biologiestudium. Parallel hatte er Sozialwissenschaften studiert, auch dieses Studium schloss er einige Jahre später ab.

Zur Zeit unserer Gespräche beherbergte Hans zwei Sittichvögel in seiner Wohnung.

Vögel bestimmten von frühester Jugend an sein Leben. Hans war sehr geprägt durch seinen Großvater, einen großen Pflanzen- und Tierfreund. In dessen Wohnung herrschte ein buntes zwitscherndes Treiben von großen und kleinen Vögeln. Der kleine Hans fühlte sich sehr wohl und war begeistert, die Natur so nahe in einer Wohnstube beobachten zu können. Mit acht Jahren bekam er seinen ersten Wellensittich, den er auch selbst versorgen wollte. Zwei besondere Erlebnisse mit Waldvögeln erinnert Hans: Eines Tages ließen er und seine Mutter einen Dompfaff wieder zurück in die Freiheit. Hans war damals irritiert von den Klagelauten dieses Tieres. Aber er war froh, dem Dompfaff die Freiheit gegeben zu haben.

Ein wunderschönes Erlebnis hatten Hans und seine Familie, als sie über den Winter ein Rotkehlchen beherbergten. Zum Frühjahr setzten sie es in den Garten. Das Tier flog nicht fort, sondern blieb in der Nähe ihrer Wohnung und lebte dort fröhlich weiter. Dort konnten sie es auch füttern. Leider kam es durch eine Mausefalle ums Leben. Hans und seine Familie waren sehr traurig über das Ende des geliebten Rotkehlchens.

Ein weiteres wichtiges Tier für Hans war der liebenswerte Mischlingshund seiner Großmutter, den sie damals ab und zu in Pflege hatten. Hans schätzte an ihm seine Niedlichkeit, die Anhänglichkeit und große Menschenfreundlichkeit, besonders schön war es für Hans, sein weiches Fell streicheln u können. Das vermisst er heute sehr, dass er seine Fische, aber auch viele seiner Vögel nicht anfassen bzw. streicheln kann. Nur zahme Wellensittiche und Nymphensittiche lassen sich von ihm streicheln.

Später schaffte Hans sich weitere Vögel an, zeitweise hielt er sich auch Fische. Er liebte die ruhige Unterwasserwelt, das Zusammenspiel der farbenprächtigen Fische mit den Pflanzen im Aquarium.

Eine besonders schöne Erinnerung hat Hans an einen Feuermaulbuntbarsch, der sehr attraktiv und witzig war. Dieser Fisch reagierte und kam an die Scheibe des Aquariums. Hans meint heute, dass dieser Buntbarsch eine persönliche Beziehung zu ihnen zu haben schien. Leider wurde er zu groß und musste abgegeben werden.

Hans ist besonders fasziniert von der Schönheit der Tiere, die für ihn etwas Einzigartiges darstellt. So liebt er hauptsächlich farbenprächtige Fische und Vögel.

Im Erwachsenenalter hielt Hans zumeist exotische Vögel. Zur Zeit hat er einen Singsittich und einen Pennantsittich, den er als Partner für den Singsittich gekauft hatte. Doch jetzt ist er enttäuscht von seinem übereilten Einkauf des Pennantsittichweibchens. Sie ruft jeden Morgen sehr laut und zeigt durch große Unruhe, dass sie nicht zufrieden ist. Sie sucht nach einem Partner der gleichen Art. Zwar krault sie den Singsittich manchmal und dieser füttert sie sogar, aber die Unruhe und das laute Rufen am Morgen halten an. Hans denkt, dass er dieses Sittichweibchen wohl doch zurückgeben wird, obwohl noch die Möglichkeit besteht, dass das Tier sich nach einer Eingewöhnungszeit wohler bei ihnen fühlen wird.

Hans erkennt, dass es oft die unpassenden Umweltbedingungen für seine exotischen Vögel sind oder die Zusammenführung zweier ungleicher Tiere, die zu großen Problemen in der Vogelhaltung führen. Immer, wenn Hans nicht weiter wusste, gab er seine freifliegenden Exoten an Zoos in der Umgebung ab.

Hans denkt, dass Tiere einem manchmal mehr Wärme geben als Menschen. Er mag es, dass die Beziehung zu Tieren unmittelbarer als vielleicht zu Menschen sein kann. Diese Beziehung, meint Hans, ist weniger durch Erwartungshaltungen und Überlegungen gestört. Er findet die Mensch-Tier-Beziehung einfacher strukturiert und unkomplizierter als Beziehungen zu Menschen, so z.b. die Beziehung Mensch-Hund. Hans betrachtet eine geglückte Mensch-Tier-Beziehung als etwas Herrliches und etwas ganz Besonderes. Er spricht von einem Bindeglied, das von einer Art zur anderen geschlagen wird, und das er als beglückend empfindet, z.b. von Mensch zum Pferd oder zu einem Vogel.

Er empfindet die Vertrauensbeweise der Tiere als ein Stück vom Paradies, z.b. wenn ihm seine Vögel auf seine Schulter fliegen und dann von ihm etwas zu fressen bekommen. Für Hans ist das schon eine Vision von einem Zusammenleben der Menschen und Tiere in einer friedlichen Welt. So ist für ihn die Trennung der Arten aufgehoben, und er glaubt, Freundschaft verdrängt die Feindseligkeit in dieser Welt.

Aber Hans ärgert sich auch manchmal über die Tiere, weil sie aggressiv sein können und Schwache ausgrenzen. Er sieht ein, dass man die passenden Tiere zusammen halten sollte. Tiere, die falsch ausgewählt wurden, können es schwer haben in einer Partnerschaft, eventuell bekämpfen sie sich auch.

Hans schätzt an Tieren, dass sie oft unbekümmert leben und sich so zeigen, wie sie sind, dass sie sich nicht verstellen. Er mag auch sehr witzige Verhaltensweisen der Tiere, die ihn unterhalten und die er auch rührend findet.

Hans hat oft ein zwiespältiges Verhältnis zu seinen Tieren. Gelegentlich können ihn sehr aktive lebhafte Vögel überfordern, dann fühlt er sich genervt. Sehr unruhige Vögel tragen nicht gerade zu seiner Entspannung bei.

Am Schluss unserer Gespräche meint Hans, dass man Tiere nicht unbedingt in der Wohnung halten muss. Man könnte sich auch draußen in der Natur die Tiere ansehen und sich dann eventuell auch mit ihnen anfreunden.

Besonders negativ sieht Hans die Käfighaltung von Tieren an. Bei vielen Tieren, z.B. natürlich gerade bei Vögeln, ist es für ihn absurd, da er Vögel als Symbol der Freiheit ansieht und sie sowieso den ganzen Himmel zur Verfügung haben sollten.

Hans weiß, dass man auch ein beglückendes Verhältnis zum Tier haben kann, und das Tier auch zufrieden ist. Das sollte nach Hans' Meinung auch das Ziel sein.

4.1.2.4 Verallgemeinernde Aussagen zum ersten Gespräch mit Hans

<u>Was habe ich von Hans über sein Leben mit Tieren erfahren?</u>

Hans ist 55 Jahre alt und hält zur Zeit zwei Großsittiche in seiner Wohnung. Seine Freundin hat ein Sperlingspapageipärchen im Käfig. In seinen Erzählungen während unseres Gesprächs wechselten häufig die geschichtlichen Daten seiner vielfältigen Erlebnisse, ich versuche, anhand des Verdichtungsprotokolls mich auf seine Erlebnisse während der Kindheit und Jugend und seine Erfahrungen aus dem Erwachsenenalter zu beziehen. Es mag sein, dass Erfahrungen aus Kindheit und Erwachsenenalter dicht abwechseln, ich hoffe, dass ich die Ereignisse etwas trennen kann.

<u>Erfahrungen mit Tieren in der Kindheit</u>

Sein erstes Tier ist ein Wellensittich

Ein Mann kann sich an seine Kindheit erinnern und spüren, dass seine Tierliebe, vor allem die zu Vögeln, von seinem Großvater auf ihn „übergegangen" ist.

Es kann sein, dass ...

... ein Junge sehr beeindruckt ist von der Wohnung des Großvaters, der immer sehr viele Tiere, vor allem Vögel, in der Stube hatte.

... ein Junge die Atmosphäre in der Wohnung seines Großvaters als sehr schön und anregend empfinden kann, weil dort viele bunte Vögel, wie Kanarienvögel und Sittiche singen und zwitschern.

... er es besonders beeindruckend finden kann, dass er die Tiere so nah und unmittelbar in der Stube beobachten kann.

…er seinen ersten Vogel, einen Wellensittich, bekommt und ganz allein für sein erstes Tier sorgen möchte.

… er sich besonders angezogen fühlt vom direkten Kontakt zu den Tieren, insbesondere wenn es zahme Tiere sind.

… die Wellensittiche leicht zahm werden und dann auch auf seine Schulter fliegen oder an seiner Nase knabbern und auch mit ihm sprechen können.

… ein Junge sehr beeindruckt ist von der zwitschernden und farbenprächtigen Vogelschar und deren Zahmheit.

… er den Großvater bewundert, der ein großer Pflanzen- und Tierfreund ist.

… die Tierliebe eines Jungen in der Vogelwelt des Großvaters begründet ist.

… ein Mann seit seiner Kindheit bis heute besonders den Vögeln verbunden ist.

… früher auch ein Hund in der Familie wohnte, jetzt aber nur Vögel dort sind.

… die Großmutter des Jungen sich nach dem Tod des Großvaters einen niedlichen Mischlingshund anschafft.

… ein Junge intensiv trainiert mit den Wellensittichen, so dass sie zahm und zutraulich werden.

Was Hans besonders gut gefällt an seinen Vögeln

Wenn ein Schuljunge sich die Zeit nimmt und sich sehr mit den Vögeln beschäftigt, kann er gute Erfolge erzielen im Hinblick auf Zahmheit und Vertrauen.

Dann kann es vorkommen, dass …

… die Vögel ansprechbar sind, dass sie auf den Jungen zufliegen, „dass sie praktisch wie ein Hund oder eine Katze reagieren".

… er besonders auch die Anmut des Fliegens, die Anmut der Federn und ihre Farbenprächtigkeit schätzt.

… er die Fröhlichkeit der Wellensittiche liebt, die „Leben in die Bude bringen" und auch sehr anhänglich sind.

… er das Vertrauen der Wellensittiche schätzt, wenn sie ihm zutraulich aus der Hand fressen.

„Das kannst du eher als eine Kameradschaft bezeichnen."

Ein Junge kann meinen, dass die Wellensittiche wohl mehr eine Futterzahmheit zeigen, aber dass sie sich sehr über menschliche Gesellschaft freuen.

Es mag sein, dass …

… er dieses Zugewandtsein von ihm zu den Vögeln und von den Vögeln zu ihm als eine Kameradschaft bezeichnet.

… die Tiere sich freuen, wenn er kommt und er sich ebenso freut, wenn er sie sieht.

… er denkt, dass die Vögel sich über die Futterzahmheit hinaus sehr über menschliche Gesellschaft freuen.

… er die Kameradschaft vom Mensch zum Tier als etwas ganz Faszinierendes empfindet.

… die Wellensittiche selbst auch wieder Freude und Zuneigung geben.

… die Wellensittiche seiner Jugend „liebenswürdig, menschenzugewandt und leicht zu zähmen" sind.

… die Wellensittiche sich kindlich freuen über Leckerbissen wie z.B. ein Stück Apfel oder ein grünes Blatt.

… ein Junge sich freut an dem Kleinkindhaften dieser Vögel.

„Die Wellensittiche machen gerne Scherze und nehmen nicht viel übel"

Ein Junge kann viel Spaß haben mit den verspielten Wellensittichen.

Es kann passieren, dass …

… die Vögel gern ein bisschen Scherze machen, z.B. zwicken sie einen Menschen mal ins Ohr oder in die Nase.

… die Wellensittiche meistens gut aufgelegt sind und sehr lernbereit sind.

… ein Wellensittich lernt, einen Fingerhut durch die Gegend zu tragen und besonders gern den Fingerhut an den Rand des Tisches zu tragen und ihn dann runterfallen zu lassen.

… ein Wellensittich sehr viel Spaß dabei zu haben scheint, weil er den Versuch immer wieder macht.

… die Vögel häufig auch sprechen lernen, z.B. „Bubi lieb.", und dann kann ein kleiner Junge glücklich sein.

… männliche Wellensittiche leichter sprechen lernen als die Weibchen, und es vorkommt, dass sie auch den Finger oder ein Ohr anbalzen, dabei mit dem Kopf nicken, sprechen oder zwitschern.

… beim Skatspielen der Eltern des Jungen die Wellensittiche sich ins Spiel einmischen und die Karten durcheinander bringen.

„Eine Einheit zwischen Mensch und Tier"

Ein Junge kann es besonders mögen, wenn er zahme Tiere um sich hat.

So kann es vorkommen, dass …

… ein Junge in der Schulzeit zahme Vögel hatte, wie z.B. Wellensittiche, aber auch Kanarienvögel, Glanzsittiche, auch einen Dompfaff und ein Rotkehlchen spielen wichtige Rollen.

… er es besonders schön findet, wenn die Tiere sehr zutraulich sind und keine Distanz mehr zwischen Mensch und Tier ist.

… er das Gefühl hat, „ es ist so eine Einheit zwischen Mensch und Tier".

… er aber auch denkt: „ Man hat die trügerische Illusion, dass die Tiere einem wohlgesonnen sind, … das ist ja offenbar wahrscheinlich nur eine Futterzahmheit bei den Wellensittichen. Aber vielleicht auch mehr. Sie schließen sich ja auch an. Sie sind ja von Haus aus Geselligkeitsvögel, und sie nehmen den Menschen auch als Partner an. Das ist schon etwas mehr."

… ein Junge, wenn er einmal krank ist oder es ihm nicht gut geht, durch die Wellensittiche aufgemuntert und getröstet wird, da diese Tiere fast immer fröhlich sind.

Ein Singsittich, der munter ist und ein ruhiger Schönsittich

Ein Mann, der in der Gegenwart zwei Sittichvögel hält, kann die Anwesenheit der beiden Vögel unterschiedlich empfinden.

Es kann dann geschehen, dass ...

... er heute einen Singsittich hat, der ihn immer sehr aufmuntert.

... dieser Vogel, sobald er morgens wach ist, anfängt fröhlich zu pfeifen.

... ein Mann es toll findet, wenn jemand den Tag mit so einem Pfeifen beginnt.

... der andere Vogel, ein Schönsittich, im Gegensatz zum Singsittich sehr still ist, auch morgens, wenn er wach wird.

... für einen Mann dieser Schönsittich fast zu ruhig ist und er sich ein bisschen Gesang wünscht.

Das Problem mit sehr lauten und unruhigen Vögeln

Ein Mann von Ende 20 kann sich extrem von schreienden Papageien gestört fühlen.

So kann es sein, dass ...

... die Vögel immer dann anfangen zu schreien, sobald ein Mann sich morgens rasieren will.

... diese witzigen Papageien dem Mann das Leben durch ihr Geschrei schwer machen und er den Lärm nicht aushalten kann.

... ein Mann zu dieser Zeit viele verschiedene Vögel hält und einige zu laut sind, so dass er einfach nicht mit ihnen zusammen leben kann auf lange Sicht.

Ein Vogel ist ein Sinnbild der Freiheit

In der Jugendzeit eines Mannes kann es geschehen, dass er auch Waldvögel in seiner Familie hat, z.b. einen Dompfaff. An diesen Vogel kann sich ein Mann besonders gut erinnern.

So kann es sein, dass ...

... der Junge irritiert ist von den Klagelauten des Dompfaffs.

... seine Familie beschließt, den Waldvogel wieder in die Freiheit zu entlassen.

... der Junge gerade bei diesem Vogel das Eingesperrtsein sehr stark empfindet.

... er zusammen mit seiner Mutter eines Tages dem Vogel einfach die Freiheit wiedergibt.

... sie das Fenster öffnen und den Waldvogel wegfliegen lassen.

... der Junge sehr froh über seine Tat ist ein weiteres und es ihm nicht leid tut.

... bei ihm Vögel immer Freiflug haben und er das einfach besser findet.

... man nach seiner Meinung keinen Vogel einsperren darf, weil sie für ihn das Sinnbild der Freiheit sind.

...der Junge auch einen Sittich hat, der zuvor ein Jahr lang bei einem Tierhändler war und gar nicht mehr fliegen kann.

... dieser Sittich bei ihnen wieder das Fliegen lernt.

Ein Junge kann einen Freilassungsversuch mit einem Kanarienvogel starten.

Es kann vorkommen, dass ...

... dieser Vogel zunächst sehr weit weg fliegt, so dass der Junge ihn nicht mehr wahrnehmen kann.

... dieser Kanarienvogel wiederkommt nach seiner Freilassung, weil er ein Weibchen hat.

<u>Hans' Lebenslauf im Erwachsenenalter</u>

Ein Junge kann seine Kindheit und Jugend in einer norddeutschen Stadt verbringen und einige Male in dieser Stadt umziehen.

Es ist möglich, dass ...

... der Junge seine Vögel und Fische, die er auch hält, immer mitnimmt in die neue Wohnung.

... der Junge bis zum Abitur in dieser Stadt bleibt, danach in einer anderen Stadt kurze Zeit Physik studiert.

... der junge Mann anschließend Biologie und auch Biochemie studiert, er aber dieses Studium erst mal aufgibt.

... er im Norden eine weitere Ausbildung macht und einige Jahre in seiner Heimatstadt arbeitet.

... er in dieser Stadt eine kleine Wohnung hat, die er mit zwei Nymphensittichen teilt.

… er einen schweren Unfall erleidet und lange im Krankenhaus liegen muss.

… seine Mutter in dieser Zeit die Vögel versorgt.

Ein junger Mann kann heiraten und sich auf ein weiteres Studium in einer anderen großen Stadt freuen.

Dann kann es sein, dass …

… er sich bald von seiner Frau trennt.

… er in die größere Stadt geht, um Biologie zu Ende zu studieren.

… er parallel dazu noch ein Studium der Sozialwissenschaften aufnimmt und dieses bald nach dem Abschluss in Biologie auch zu Ende studiert.

Eine schöne Zeit in einem Bauernhaus

Ein junger Mann kann während des Studiums in ein Bauernhaus mit viel Platz für seine Vögel ziehen.

Es kann passieren, dass …

…der junge Mann diese Zeit im Bauernhaus als die schönste Zeit mit seinen Vögeln empfindet.

… er eine Volière an einem Zimmer mit offenem Fenster anbaut, so dass seine Vögel aus dem Zimmer in den Garten und wieder zurück ins Zimmer fliegen. können.

…er diese Situation als recht ideal ansieht, da seine Vögel immer dann, wenn sie frieren oder müde werden, ins Zimmer zurückfliegen können.

… seine Wellensittiche leider auch einige Löcher in die Zimmerwände fressen.

… die Wellensittiche und auch die Kanarienvögel aber auch Junge aufziehen.

Ein junger Mann ist fasziniert von der Aufzucht der Jungvögel

Wenn ein junger Mann als Student in einem Bauernhaus mit seinen Vögeln lebt, kann es sein, dass er großes Interesse an der Aufzucht von Jungvögeln hat.

So kann es geschehen, dass …

… der junge Mann schon immer Interesse daran hatte, einen Vogel vom Ei an aufwachsen zu sehen.

… er soviel Platz in diesem Bauernhaus hat, dass er mit seinen Vögeln gut züchten kann.

… er es faszinierend findet, einen kleinen Vogel beim Aufwachsen zu beobachten.

… er den Jungvogel zunächst als hässlich empfindet, ihn aber gern in die Hand nimmt, sobald er Federn bekommt.

… er schließlich fasziniert ist, wenn der Jungvogel zu einem richtig schönen Vogel mit herrlichen Federn ausgewachsen ist.

Ähnliche Erfolgserlebnisse können geschehen, wenn ein junger Mann in einer späteren Wohnung hübsche Glanzsittiche züchtet.

Dann kann es vorkommen, dass …

… die Glanzsittiche des Studenten mitten in der Küche brüten.

… diese australischen Sittiche dem jungen Mann sehr gefallen, weil sie exotisch und sehr bunt sind.

… nebenbei auch seine Wellensittiche dort Junge aufziehen, die der Student regelmäßig verkauft.

… er später die Glanzsittiche einem Mann mit einer Volière schenkt.

… diese Glanzsittiche leider dann bald sterben, vielleicht, weil sie nicht genügend abgehärtet waren.

… dem jungen Mann das Schicksal dieser hübschen Tiere sehr leid tut.

… die Mutter der Glanzsittiche auch an einer Infektion verstirbt, nachdem sie die Brut aufgezogen hat.

Traurige Erlebnisse und stilles Sterben einiger Vögel

Ein junger Mann kann erleben, dass Vögel manchmal rasch sterben können, still und leise häufig, ohne dass er viel vom Todeskampf mitbekommt.

Es kann sein, dass …

… er eines Tages ein junges Wellensittichweibchen verliert, das an Legenot stirbt.

… der Zoohändler ihm und seiner Freundin dann Vorwürfe macht, sie hätten das wissen müssen.

… er sagt, dass sie zu Beginn noch nicht alles wissen können, sie sich auch hilflos fühlten bzw. zu spät zum Tierarzt gegangen sind.

… sie alle sehr traurig über den Tod des jungen Wellensittichweibchens sind.

… ein junger Mann meint, dass die Vögel offenbar ein sehr zartes Leben haben und sehr anfällig sind.

… er sieht, dass das Gleichgewicht sehr schnell gestört ist.

… er in seiner Jugend einmal ein Wellensittichweibchen verliert, weil es in eine Blumenvase fällt und ertrinkt.

… der Todeskampf der Vögel recht kurz ist, still und leise.

… ein junger Mann auch erlebt, dass Vögel von einer Stunde zur anderen tot sein können, sowie sie etwas fressen, was sie vielleicht nicht vertragen.

… ein junger Mann weiß, dass seine exotischen Vögel, die er zumeist hält, das Klima bei uns nicht gewöhnt sind und sie deshalb wohl auch anfälliger sind.

Die Tierliebe eines Mannes wird zur Zeit auf eine harte Probe gestellt

Ein Mann kann in der Gegenwart zwei Sittiche in der Wohnung halten, einen größeren Singsittich und einen etwas kleineren Schönsittich.

Da kann es vorkommen, dass …

… ein Mann gar nicht glücklich ist zur Zeit mit den beiden Vögeln.

… der größere den kleineren Sittich unterdrückt und ärgert.

… der größere Vogel den kleineren Vogel jagt, ihn sogar beißt oder auf ihn tritt.

… ein Mann den kleineren Sittich gerne abgeben würde, aber da er einen geeigneten Partner von der gleichen Art für diesen Vogel sucht, ist die Situation schwierig.

… die Tierliebe des Mannes auf eine harte Probe gestellt wird, weil die beiden Vögel von unterschiedlicher Art sind und nicht zusammenpassen.

… er eigentlich den größeren Sittich gerne mag, weil er hübsch aussieht und ein munterer und fröhlicher Geselle ist, aber eben raubeinig.

… er findet, dass Tiere manchmal ein bisschen brutal sind und dass ihm das nicht gefällt an ihnen.

Farbenprächtige Fische können einen Mann auch faszinieren

Ein Mann kann seit seiner Jugend neben Vögeln als zweite Tierart Fische halten. Die Farbenpracht und Schönheit der Fische können anziehend auf einen Mann wirken.

So mag es sein, dass …

… die Farbenpracht und Schönheit eine große Rolle spielen bei der Fischhaltung im Aquarium.

… ein Mann sich auch an bizarren oder witzigen Formen der Fische erfreuen kann.

… besonders Korallenfische und bunte Süßwasserfische einen Mann sehr anziehen.

… er die geheimnisvolle ruhige Welt unter Wasser mag.

… das Zusammenspiel der Farben der Fische und der Pflanzenformen sehr schön zu gestalten ist, das sowohl einem Jungen wie auch seinen Eltern viel Freude macht.

… ein Mann in der freien Natur beim Schnorcheln das Beobachten der Fische besonders schön findet.

Wenn ein Mann unschöne Szenen im Aquarium erlebt, kann er unangenehm berührt sein von der Grobheit mancher Tiere.

Es kann sein, dass …

… ein Mann sich an zwei Skalare, also Segelflosser, erinnert.

… einer der Skalare den anderen Fisch „bevormundet", indem er ihn nur in einem ganz kleinen Teil des Aquariums leben lässt.

… der überlegene Fisch dann den größeren Teil des Beckens bewohnt und den anderen Segelflosser immer zurückdrängt.

Wenn ein Mann sich an lustige Geschichten erinnern kann , spielt auch ein witziger Buntbarsch eine Rolle.

So kann es vorkommen, dass …

… ein Buntbarsch seinen roten Kehlsack weit aufbläht, wenn ein Mann gegen die Scheibe des Aquariums klopft.

… ein Mann und seine Freundin den Buntbarsch dann auch ärgern wollen und öfter gegen die Scheibe klopfen.

… das Aufblähen des Fisches ein Imponierverhalten ist, er damit andere Wesen, vermutlich auch Menschen, beeindrucken will.

… es scheint, als ob es über die Zeit eine Art „Spiel" für den Buntbarsch wird, sich aufzublähen.

Spezielle Fische können einen Mann nervös machen

Wenn ein Mann sich Fische hält, kann es sein, dass er auch Nachteile für sich entdeckt.

Da kann es passieren, dass ...

... es bedeutet, dass er Fische nicht streicheln kann.

... er es gar nicht mag, wenn Fische starkes Bettelverhalten zeigen.

... seine Fische an der Glasscheibe des Aquariums schon betteln, sobald er nach Hause kommt.

... er von Fischen, die ständig auf- und abschwimmen, nervös gemacht wird..

... er dagegen Fischschwärme mag, weil sie für ihn etwas Beruhigendes haben.

... er meint, dass Tiere, die sich sehr viel bewegen, wohl nicht so geeignet für ihn sind.

In seiner Jugend gab es einen liebenswerten Hund

Ein Mann kann sich an eine Hundegeschichte aus seiner Jugend erinnern.

So kann es sein, dass ...

... seine Großmutter damals einen Mischlingshund hat.

... die Großmutter ab und zu verreist und sie ihren Hund dann ihren Kindern und Enkeln zur Pflege abgibt.

... ein Mann in der Erinnerung diese Zeit mit dem Hund als sehr schön empfindet.

... er den Hund mit seinen niedlichen braunen Augen sehr mag.

… er das Tier als menschenfreundlich, niedlich, anhänglich und aufgeschlossen beschreibt.

… er die Ferienzeiten mit dem Hund als herrlich empfindet.

… er es besonders toll findet, die Zuneigung des Hundes zu spüren und sein weiches Fell zu streicheln.

… er es bei seinen Vögeln vermisst, dass er sie nicht so streicheln kann mit Ausnahme von zahmen Wellensittichen oder Nymphensittichen.

Ein Mann braucht seine Unabhängigkeit

Ein Mann kann sich überlegen, ob er nicht auch mal ein anderes Tier außer Vögeln und Fischen halten sollte, aber letztlich möchte er unabhängig bleiben.

Es mag sein, dass …

… er begeistert über diesen netten Hund in seiner Jugend ist.

… er heute sieht, dass Vögel einfacher zu halten sind als Hunde z.B.

… er empfindet, dass Vögel nicht so viel Pflege brauchen und länger allein gelassen werden können.

… er den Vorteil sieht, dass er eher mal weggehen kann und sich nicht soviel kümmern muss.

… er weiß, dass Vögel auch leichter gepflegt werden können von jemand anderem, falls er verreisen möchte.

… er sich an den Eßgewohnheiten anderer Tiere, wie z.B. Hunde und Katzen, stört, weil er selbst Vegetarier ist.

… er bei den Vögeln den Vorteil sieht, dass sie sich zum großen Teil auch „vegetarisch" ernähren, obwohl er früher mal ein Rotkehlchen in der Familie hatte, das auch Insekten und Mehlwürmer fraß.

4.1.2.5 Verallgemeinernde Aussagen zum zweiten Gespräch mit Hans

<u>Was habe ich von Hans noch über sein Leben mit Tieren erfahren?</u>

Ein übereilter Kauf eines exotischen Vogels

Ein Mann kann sich entscheiden, für seinen Singsittich einen passenden Partnervogel zu besorgen.

Dann kann geschehen, dass …

… der Mann übereilt einen Kauf tätigt, weil der Vogelhändler diesen Vogel anpreist.

… der Mann erst zu Hause merkt, dass dieser Vogel, ein Pennantsittich, morgens sehr laut schreit.

… er dies als Unzufriedenheit und Partnersuche deutet.

… dieser Vogel sehr viel Holz in der Wohnung annagt und ganze Baumstämme entzweigt.

… der Mann diesen Sittich wohl wieder weggeben wird.

… er es als eine Möglichkeit in Betracht zieht, dass dieser Pennantsittich sich mit der Zeit doch eingewöhnt.

… der Mann optisch auch keine Reize an dem Vogel entdeckt, wie z.B. dem Kindchenschema entsprechend, denn dieses Tier ist langgestreckt mit langem Hals.

… der Mann in der Kürze der Zeit noch keine engere Bindung zu dem Tier entwickeln konnte.

… es doch kleine Zärtlichkeiten zwischen dem Singsittich und dem Pennantsittich gibt, dieser krault den kleineren Sittich, während der den anderen sogar füttert.

… der Mann noch etwa 6 Monate abwarten will, wie der neue Vogel sich dann verhält, bevor er sich entscheidet.

Tierlose Zeiten

Ein Mann kann in seinem Leben, in dem er meistens Kontakt zu eigenen Tieren hatte, auch tierlose Zeiten haben.

Dann kann es vorkommen, dass …

… ein Mann es auch mal als angenehm empfindet, ohne Tier zu leben, weil das Tier einerseits eine Anregung für ihn bedeutet, andererseits auch eine Belastung darstellt.

… er es auch genießt, keinen lebhaften, rufenden Vogel um sich zu haben, der ja auch viel Dreck produziert und einiges zerstört.

… er es als Befreiung empfindet, sich keine Sorgen machen zu müssen, ob es dem Tier auch gut geht.

… er endlich die Fenster weit öffnen kann und alles gut durchlüften kann, ohne auf seine frei fliegenden Vögel achten zu müssen.

… es ihn nach einer gewissen Zeit doch wieder zu den Vögeln und Fischen zieht, weil er das Bedürfnis hat, ein Tier um sich zu haben.

… er, wenn er dann ein Tier wieder hat, eigentlich auch mal ohne Tier leben möchte.

… er meint, er sehne sich immer nach dem Gegenteil von dem, was gerade ist.

Tiere, die ihm viel bedeuten

Wenn ein Mann viele Tiere erlebt hat, kann es sein, dass einige Tiere ihm besonders nahestehen.

Dann ist es möglich, dass …

… ein Mann einen Feuermaulbarsch hat, der in seiner Farbenpracht sehr hübsch und sehr witzig ist.

… ein Mann zu diesem Fisch ein persönliches Verhältnis gewinnen kann.

… der Fisch reagiert und an die Scheibe des Aquariums kommt, wenn die Scheibe berührt wird.

… der Fisch zu groß wird und leider abgegeben werden muss.

…ein Mann den Fisch vermissen kann.

… einem jungen Mann ein Rotkehlchen viel bedeutet hat.

… ein Rotkehlchen den Winter in der Stube der Familie verlebt, dort singend durch die Wohnung läuft, dann aber zum Frühjahr in den Garten gesetzt wird.

… ein Junge es schön findet, dass er das Rotkehlchen dort weiter füttern kann, weil es treu im Garten bleibt.

… er diese Verbindung als eine ideale Mensch-Tier-Beziehung empfindet, weil das Tier nicht eingesperrt ist.

… das Rotkehlchen leider in einer Mausefalle sein Leben lässt und die gesamte Familie des Jungen sehr traurig ist.

„Tiere geben manchmal mehr Wärme als Menschen"

Ein Mann kann den Wert der Tiere, die ihn bis heute begleiten, im Verhältnis zu anderen Menschen etwa so einschätzen:

Es kann geschehen, dass…

… er sogar denkt, dass Tiere einem manchmal mehr Wärme geben als Menschen.

… er meint, dass die Beziehung unmittelbarer und weniger durch Erwartungshaltungen gestört ist.

… er die Beziehung zu Tieren für einfacher und unkomplizierter hält.

… er denkt, dass eine geglückte Mensch-Tier-Verbindung wunderbar ist, weil dann von einer Art zur anderen ein Bindeglied geschaffen wird, z.B. von Mensch zu Pferd oder Vogel.

… er eine gute Mensch-Tier-Beziehung als Aufhebung der Trennung zwischen den Arten empfindet und dass dadurch wirklich Freundschaft entsteht.

… er auch denkt, dass man nicht die falschen Tiere zusammen halten darf, weil dann vielleicht Kämpfe und Unruhe provoziert werden.

Das Unverfälschte und die Schönheit der Tiere ziehen ihn an

Ein Mann kann nicht nur von der Schönheit der Tiere fasziniert sein, sondern auch ihre Unbekümmertheit mögen.

So kann es vorkommen, dass …

… die Schönheit der Tiere für ihn etwas Einzigartiges darstellt.

… er Tiere deswegen gerne beobachtet, weil sie sich nicht verstellen und sich so geben, wie sie sind.

… er Tiere auch heute noch bedeutsam für sich findet, weil sie seinem Leben mehr Wärme und Faszination geben.

Vielleicht ist ein Leben ohne Tiere in der Wohnung auch möglich?

Ein Mann kann überlegen, dass es auch in der freien Natur schön ist, Tiere zu beobachten.

Es ist dann möglich, dass …

… er sich auch draußen mit Tieren anfreunden möchte.

… er die Tierhaltung zum Teil als eine Vergewaltigung der Tiere betrachtet, besonders die Käfighaltung von Vögeln.

… er Vögel für das Symbol von Freiheit hält, und er meint, dass sie den gesamten Himmel doch für sich haben.

… er denkt, man sollte gar keine Tiere halten, aber auf der anderen Seite findet er es faszinierend, z.B. Vögel zu haben.

… er auch gegen die Käfighaltung von Tieren im Zoo ist, z.B. bei Affen.

... er denkt, es gibt keine befriedigenden Lösungen, außer wenn man ein gutes Verhältnis zu einem Tier hat, das dann zufrieden ist. Und wenn Mensch und Tier glücklich sind, sollte das vielleicht das Ziel sein.

4.1.3 Das Gespräch mit Sigrid

<u>Zur Person und zur Gesprächssituation</u>

Sigrid ist zur Zeit des Gesprächs 72 Jahre alt und Pensionärin. Sie lebt in einer norddeutschen Kleinstadt. Sigrid ist verheiratet, hat drei erwachsene Kinder, sechs Enkelkinder und zwei Langhaardackelweibchen.

Ich kenne Sigrid schon seit meiner Kindheit; wir waren uns schnell einig, dass wir unser Gespräch über die Mensch-Tier-Beziehung bei ihr zu Hause führen wollten.

So trafen wir uns an einem schönen Sommernachmittag im Juni. Ich kam praktisch in mein altes Elternhaus, in dem ich die ersten vier Jahre meines Lebens verbracht hatte und das ich mit sehr vielen glücklichen Erinnerungen verbinde.

Da wir alle in unserer Familie mit Sigrid und deren Familie seit langem ein sehr nettes Verhältnis haben, bin ich immer mal wieder in dieses Haus auf Besuch „zurückgekommen".

So freute ich mich auch an diesem schönen Nachmittag sehr auf ein Wiedersehen mit Sigrid und den Hunden in altvertrauter Umgebung.

Unser Gespräch fand im angebauten Teil des Obergeschosses statt. Ich fand es sehr gemütlich und schön dort oben. Mein Blick wanderte durch die Fenster zum sanftblauen Himmel, auf grüne Wipfel der Tannen und Obstbäume im Garten. Sigrid hatte Tee, Wasser und Gebäck bereitgestellt. Nachdem ich mein Aufnahmegerät richtig positioniert hatte, begann unser Gespräch.

Die folgenden 2 Stunden vergingen für uns beide in angenehmer Atmosphäre. Ich empfand Sigrid als locker, offen und aufgeschlossen gegenüber den vielen Tier-Begebenheiten in ihrem Leben.

Wir begannen ganz bewusst mit Sigrids Kindheitserinnerungen. Ich gehe sehr gern biographisch in meinen Gesprächen vor. So lässt sich oft eine Entwicklung im Mensch-Tier-Verhältnis entdecken, das immer freier und beglückender werden kann, je mehr Erfahrungen mit den tierischen Gefährten gemacht werden können. Auch im Gespräch mit Sigrid stellt sich für mich eigentlich erst nach längerer Entwicklung eine echte beglückende Mensch-Tier-Beziehung dar.

4.1.3.1 Verdichtungsprotokoll vom Gespräch mit Sigrid

Ich beginne das Gespräch mit dieser Einleitung:

„Wir wollen heute ein Gespräch führen über die Mensch-Tier-Beziehung, speziell über deine persönlichen Erfahrungen. Ja, wie ist es dir so ergangen in deinem bisherigen Leben? Du hast ja, wie ich weiß, eigentlich immer viel Kontakt zu Tieren gehabt, auch schon in deiner Kindheit. Und magst du mir darüber etwas erzählen, welche Erinnerung du an deine Kindheit hast in Bezug auf Tiere?"

<u>Sigrids Erinnerungen an Tiere ihrer Kindheit und Jugend</u>

Sigrid verbrachte ihre Kindheit und früheste Jugend in einer ostdeutschen Stadt, die heute zu Polen gehört. Sie erinnert sich, dass sie damals Kaninchen und eine Zeitlang Zwerghühner hatten. Die Kaninchen wurden auch häufiger auf den Rasen gesetzt. Dann kam es vor, dass ein Kaninchen weglief und sie und ihre Geschwister es wieder einfangen mussten.

Die Zwerghühner waren nur kurze Zeit bei ihnen, leider kann Sigrid sich kaum noch an sie erinnern.

Kindlich-verspieltes Verhältnis zu den Tieren ihrer Kindheit

Sigrid erzählt, dass sie zu diesen Kaninchen und Zwerghühnern noch keine besonders enge Beziehung hatte; sie war damals noch sehr klein, und sie beschreibt das Verhältnis zu den Tieren als kindlich-spielerisch.

„Also in der Kindheit – ich hatte wohl Kontakt zu Tieren, aber noch nicht so übermäßig viel. Wir hatten zu Hause Kaninchen, die hatten wir im Garten. Die waren normalerweise im Stall zu mehreren, aber wir haben sie dann auch zwischendurch auf den Rasen gesetzt unter ein Drahtgeflecht. Und wenn eines ausbüchste, mussten wir alle hinterher und es wieder einfangen. (Sigrid schmunzelt) Das ist eigentlich so meine Erinnerung an Tiere von früher, nicht.

… Kurze Zeit hatten wir Hühner, Zwerghühner. Die kriegte ich geschenkt, das waren mal meine. Aber da war ich noch viel zu klein, da hab' ich also gar nicht viel Erinnerung. Und die sind auch nicht lange bei uns gewesen, das ging dann auch nicht."

Cora – der erste Hund in ihrem jungen Leben

Sigrid berichtet, dass sie für einige Jahre einen großen Hund, die Hündin ‚Cora', in ihrer Familie hatten. Als Sigrid etwa 12 Jahre alt war, brachte ihre ältere Schwester Karin einen großen Hund, einen Hovawart, mit nach Hause. Diese ‚Cora' hatte ihre Schwester von Freunden ihrer Mutter aus T. in Norddeutschland geschenkt bekommen. Diese Hündin brachte der ganzen Familie viel Freude und Spaß, leider blieb sie nur drei Jahre bei ihnen, weil die Wirren des 2. Weltkrieges es nicht länger zuließen.

„Wir hatten für kurze Zeit auch einen Hund, wie alt war ich da? Da war ich etwa 12 Jahre alt. Den hatte meine Schwester mitgebracht, ein großer Hovawart. ‚Cora' hieß er. Der hat uns eigentlich viel Spaß gemacht, aber ich hab' persönlich keine enge Beziehung zu ihm gehabt. … Meine Schwester hat ihn geschenkt bekommen, sie war bei Freunden zu Besuch und rief dann zu Hause an: ‚Darf ich 'nen Hund mitbringen?' ‚Ja, gerne!' Und dann kam sie aber mit einem Halb-Kalb, nicht, mit einem großen Hund. Da war die Überraschung groß. Aber das war ein nettes Tier."

Cora, die Brötchendiebin

Sigrid erzählt dann eine etwas peinlich-lustige Geschichte über Cora. Die Hündin holte frühmorgens den Leuten ihre Brötchentüten von den Türen weg.

„Da war ja noch nicht viel Autoverkehr, sie durfte also auch so frei rumlaufen. Und dann stand ich mal morgens im Brötchenladen an einer Kreuzung, und dann sah man draußen einen Hund vorbeilaufen, unsere ‚Cora'. Da sagte eine Kundin: ‚Können Sie mir mal bloß sagen, wem gehört dieser Hund? Die Leute müsste man ja anzeigen! Der holt immer morgens die Brötchentüten von den Türen weg!' Aber dann hab' ich mich nicht gemeldet und zu Hause Bescheid gesagt. Und dann ließen wir Cora so lange drinnen, bis alle Leute ihre Brötchentüten reingeholt hatten." (Wir müssen beide lachen.)
„Und ich hab' die Erinnerung denn auch, dass sie immer so quer im Flur lag, und wir hatten 'nen weiten Weg von der Küche zum Esszimmer den Flur lang. Und dann musste man immer über diese Cora rübersteigen. Und wenn unsere Mutter, die war die kleinste der Familie, nach Hause vom Einkaufen zurückkam mit zwei schweren Taschen in der Hand, dann kam Cora, freute sich und legte ihr die Tatzen auf die Schulter, so dass unsere Mutter fast umfiel. Das ist eigentlich die Haupterinnerung, die ich an sie habe!
… Es war Krieg, wir konnten sie nachher einfach nicht mehr halten, nicht."

Cora im Kriegsdienst

Sigrid erzählt von einem Nachbarsjungen, der Cora als Kompaniehund haben wollte, und sie dafür aber immer zu verschlafen war. Später sollte Cora als Wachhund „dienen", doch dann verliert sich ihre Spur.

„Wir hatten einen Nachbarsjungen, der war auch Soldat, und der wollte Cora gern als Kompaniehund mitnehmen. Er kriegte sie auch

dafür, aber bald brachte er sie wieder und sagte: ‚Der Hund schläft den ganzen Tag!' (Sigrid lacht.)
Die wollten ja mit ihr spielen, mit ihr toben und so. Aber dafür war sie zu verschlafen. Das hatten wir eigentlich bei uns zu Hause gar nicht gemerkt.
Und dann sollte sie irgendwo Wachhund sein. Dann hatte sie Angst vorm Knallen. – Ich weiß nicht, wo sie dann geblieben ist, die ‚Cora'."

Eine kleine Pferdegeschichte

Nach kurzem Besinnen fällt Sigrid ein, dass sie damals sogar ab und zu auf einem Pferd des Gemüsehändlers ein kleines Stück reiten durfte.

„Ja, ich hab' beim Gemüsemann auf ‚m Pferd gesessen, wenn der vorbeikam. (Sigrid lacht) Und ich durfte mit auf dem Pferd reiten bis an die Ecke unten.

Aber das hab' ich gerne gemacht. Ich hatte keine Angst, nein, nein. Nee, das sind halt so Erfahrungen dann ..."

<u>Sigrids Erinnerungen an Tiere im Erwachsenenalter</u>

Nach der Flucht kommt Sigrid auf ihrem Weg in ein neues Leben bald nach Schleswig-Holstein, hier lernt sie später ihren zukünftigen Mann kennen und heiratet bald danach.
　Da ihr Mann ein großer Hundeliebhaber ist, kommt sie bald in Kontakt mit einem Hund.

„Lümmel 1", der dritte Lümmel in Sigrids Familie

„Mit Tieren hab' ich dann eigentlich erst wieder Kontakt gehabt, als ich hier verheiratet war. Und hier im Haus sind früher auch mal Hunde gewesen. Und Fritz war ja auch ein sehr großer Hundenarr. Ein Onkel von mir ist Förster in der Nähe von Celle gewesen. Der hatte eine Langhaardackelzucht. Doch – ja, da komm' ich gleich noch

drauf. – Ja, ich hab' doch Beziehungen noch zu Tieren gehabt, durch die Langhaardackelzucht komm' ich drauf. Meine älteste Schwester wohnte in Pommern auf einem Dorf. Ihr Mann war Lehrer auf'm Dorf.
Und die hatten einen Langhaardackel und der hieß Lümmel! Und das ist der erste Langhaardackel in der Familie gewesen! Immer, wenn ich sie besuchte, dann war natürlich der Lümmel immer sehr mit dabei, nicht. Das war eigentlich eine Lümmeline, die kriegte Junge und einen davon kriegte unser Vater.
Der war hier in B. stationiert als Soldat auch, und der hatte ihn hier mit und nannte ihn auch Lümmel. Das war der zweite Lümmel in der Familie! Und dann komm' ich wieder auf meinen Onkel, den Förster, zurück.
Also von diesem Onkel kriegten wir das Angebot, dass wir einen von seinen kleinen Welpen haben könnten. Und das haben wir natürlich mit Wonne angenommen.
Den hab' ich dann – der wurde erst von meinem Onkel nach Preetz gebracht zu einer Tante von mir – und ich fuhr dann mit der Bahn hin und holte diesen kleinen Langhaardackel ab in einer Einholtasche, und den nannten wir auch ‚Lümmel'! Das war dann ‚Lümmel 3' in der Familie, bei uns dann hier ‚Lümmel 1'."

„Ein kleiner Welpenschaden"

Sigrid berichtet, dass ihr Onkel, der Förster, auch noch einiges von seinen Erlebnissen mit jungen Dackeln erzählte; er hatte durch die Zucht ja öfter Welpen zu Hause.

„Und dieser Onkel M., der erzählte auch noch viel von seinen Abenteuern mit seinen Welpen.
Eines Tages saß er an seinem Schreibtisch und hatte seine Joppe über die Stuhllehne gehängt und arbeitete da, die kleinen Hunde liefen dort auch frei herum. Und als er sich die Sache bei Nahem besah, da hatten sie ihm die Ärmel alle abgeknabbert von seiner Joppe. (Sigrid lacht.)

Da war er nicht so begeistert, nee."

Lümmel 1 kommt in die Familie und jetzt kommen auch die Kinder

Sigrid holte diesen kleinen Lümmel 1 in einer Einkaufstasche ab und brachte ihn mit in sein neues Zuhause. Während der nächsten Jahre kamen dann auch Sigrids drei Kinder zur Welt und vergrößerten die kleine Familie. Sigrid empfindet es als sehr schön, wenn Kinder in Kontakt mit einem Tier aufwachsen, das Liebe und Fürsorge braucht und dem man kein Leid zufügen darf.

„Und dieser ‚Lümmel 1', den hatten wir zehn Jahre. Während der da war, kamen unsere Kinder dann auch. Die wuchsen also gleich mit dem Hund auf. Der war der Erstgeborene hier.
… Die haben also gleich von Anfang an Tiererlebnisse, Hundeerlebnisse gehabt.
… Ich würde das als gut empfinden, dass wir ihn hatten. Und die Kinder damit auch vertraut wurden. Hm!
… Ich denke doch, es ist gut, wenn Kinder in Kontakt mit Tieren aufwachsen und auch wissen, dass Tiere auch Lebewesen sind, nicht, denen man keinen Schmerz und kein Leid zufügen darf, auf die man Rücksicht nehmen muss, für die man sorgen muss."

Große Tierliebe auch bei den erwachsenen Kindern und den Enkeln

Auf meine Nachfrage, ob bei ihren inzwischen erwachsenen Kindern und deren Familien auch Heimtiere leben, berichtet Sigrid, dass zwei ihrer Kinder und alle Enkelkinder sehr viel Freude im Umgang mit Tieren haben.

„Also bei unserer ältesten Tochter lebt eine kleine Rauhhaardackelin, sehr geliebt von der ganzen Familie, von den Eltern und den Kindern. Und die beiden Kinder von unserer jüngeren Tochter haben auch viel Freude an Tieren: Der Älteste mit Pferden und der Kleine mit Hunden auch bei seinen anderen Großeltern. Mit dem großen Hund – das ist seiner, heißt es dann immer, mit dem spielt er und läuft er.

Und unser Sohn hat auch sehr viel Freude an Tieren. Und wenn er und seine Frau könnten, würden sie sich einen Hund holen. Sie hatten das auch schon mal überlegt, aber zur Zeit passt es da nicht so mit den Wohnmöglichkeiten.
Die Tiere müssen dann ja auch ihr Recht kriegen, und das muss man auch überlegen dabei, und das ist auch wichtig."

"Es gab auch Pferde für die Kinder zum Reiten."

Während Sigrids Kinder im Reitverein waren und dort lernten, mit Pferden und Ponys vernünftig umzugehen, versuchte auch Sigrid für kurze Zeit das Reiten zu erlernen.

„Wir hatten auch mal Pferde, Ponys für die Kinder zum Reiten, nicht. Die waren im Reitverein. Aber ich persönlich hab' zu Pferden nie so 'ne Beziehung gekriegt.

Ich hab' mal kurze Zeit dann Reitunterricht genommen. Aber ich war immer froh, wenn ich heil da wieder runter kam. Ich hab' dann nachher auch wieder aufgehört. – Ich mag Pferde gern! Ich mag sie sehr! Aber es ist keine vertraute Beziehung entstanden."

Der Abschied von Lümmel 1 und ein Stück Freiheit wieder

Nach dem relativ frühen Herztod von Lümmel 1 empfindet Sigrid weniger große Trauer als Fritz, ihr Mann. Sie empfindet das folgende Jahr ohne Hund auch als eine Phase der Freiheit und des Ungebundenseins.

„Also Fritz trauert immer mehr noch als ich, glaub' ich. Aber es war schon traurig.
Aber auf der anderen Seite, es war auch ein Stück Freiheit dann wieder ein Jahr lang. Man ist ja auch gebunden, nicht.
Lümmel 1, der wurde zehn Jahre alt. Der hatte, nehm' ich an, so eine Art Angina pectoris. Also er hatte sich völlig den Menschen angepasst und ist mit zehn Jahren dann gestorben."

Im Gegensatz zu ihrem Mann empfindet Sigrid das Gebundensein manchmal als belastend.

„Manchmal schon! Weil man immer dafür sorgen musste, dass jemand für den Hund da war, wenn wir wegfuhren oder verreisten. Wir haben es immer gut gehabt; wir haben immer jemanden gehabt, der hier im Hause dann wohnte. Das heißt, nee, der Lümmel 1 ist ja auch noch viel bei euch in der Familie gewesen, wenn wir weg waren. ... Der durfte ja noch frei laufen hier, es war ja noch nicht viel Verkehr. Der lief zu euch, sagte ‚Guten Morgen.' und kam wieder, nicht." (Sigrid lacht)

Lümmel 2 kommt, ein schwieriger Beginn

Nach einem Jahr „Hundepause" werden Sigrid und Fritz von Sigrids Nichte auf eine Anzeige in einer Zeitung über eine Hundezucht aufmerksam gemacht.

„Wir hatten ja eigentlich immer ein Jahr Pause zwischen den Hunden und sind nie direkt auf die Suche gegangen. Aber nach einem Jahr sagte eine Nichte zu mir: ‚Du, in W. ist eine Hundezucht, und der Hundevater sieht genauso aus wie euer Lümmel! Da müsst ihr mal hin!' Ja, da sind wir sofort hin und haben einen kleinen Lümmel wieder gekauft, nicht. Der hieß auch wieder Lümmel. Das waren immer Rüden, die wir hatten. Das waren also echte Lümmel. (Sigrid lacht) Das war ‚Lümmel 2' bei uns."

Sigrid betont noch mal, dass sie nie mit Absicht ein Jahr Pause zwischen den Hunden hatten.

„Wir haben nie bewusst ein Jahr Pause gehabt. Aber es ergab sich, weil wir nie direkt auf die Suche gegangen sind, sondern erst dann, wenn uns so ein Tierchen über den Weg lief, das wir mochten."

Sigrid und Fritz fuhren also nach W. und kauften dort ihren ‚Lümmel 2', als er etwa acht Wochen alt war. Dann aber bot sich eine schöne Urlaubsreise für Sigrid und ihren Mann an, und sie überlegten, ob sie den jungen Hund nicht noch mal zurück in seinen Zwinger nach W. bringen sollten. Sie glaubten, dass er dort am besten aufgehoben wäre, weil er von dort kam und ihm wohl alles vertraut war. Doch während Fritz und Sigrid im Urlaub waren, spielte sich eine kleine Tragödie im Zwinger ab. Lümmel 2, den sie dorthin zurückgebracht hatten, wurde sehr angegriffen von den anderen Hunden, die ihn nicht mehr akzeptierten. So entwickelte sich wohl bei Lümmel 2 eine Urangst vor jedem anderen Hund. Doch das bemerkten Sigrid und ihr Mann erst, als sie Lümmel 2 nach dem Urlaub dort abholten.

„Dieser kleine Lümmel 2, den hatten wir gekauft und wollten ihn holen, als er so normal acht Wochen alt war.
Und dann wollten wir aber noch mal in Urlaub fahren und haben gedacht, dann geben wir ihn noch mal in den Zwinger. Wir hatten ihn schon hier, geben wir ihn noch mal in den Zwinger, aus dem wir ihn geholt haben. Das kennt er, da ist er vertraut. Und da haben die anderen Hunde ihn aber nicht wieder angenommen und haben ihm bös zugesetzt, so dass die Frau ihn zu sich ins Haus nehmen musste. Und von daher muss er eine Urangst vor jedem anderen Hund gehabt haben. Der hatte immer Angst, und wenn's noch so ‚n kleiner Hund war. Und er ist auch ein paarmal sehr gebissen worden, vielleicht, weil die anderen Hunde die Angst spürten.
… Ja, also – das würden wir nie wieder machen!
Wir haben gedacht, er fühlt sich da wohl. Aber die anderen haben ihn nicht mehr anerkannt.
… Ja, wir dachten, ihm etwas Gutes zu tun. Sonst hätten wir das ja anders geregelt, ihn wieder zu Freunden gebracht oder was weiß ich, nicht."

Eine schlimme Beißattacke

Sigrid erzählt weiter, dass ihr Hund damals wohl diese Angst vor anderen Hunden entwickelt hat und deshalb auch zweimal auf der Straße gebissen wurde, weil er die Angst wohl auch ausströmte. Das eine Mal war es nicht sehr schlimm, aber die zweite Beißattacke von einem Jagdhund wäre beinahe tödlich ausgegangen.

„Einmal, das war ganz schlimm! Lümmel durfte zwar hier nicht mehr ganz frei rumlaufen, aber er ging doch hier hinten durch die Gärten und vorn auf dem Bürgersteig kam er dann zurück.
Und eines Tages lief er beim Nachbarn vorbei, der Jäger ist und mit seinem Jagdhund gerade aus der Tür kam und zur Jagd wollte. Dieser Hund war natürlich voller Eifer, sah da was Braunes vor sich vorbeiflitzen und hat Lümmel am Rücken gepackt und geschüttelt und ihm da die ganze Felldecke abgerissen, nicht. Der war wirklich halbtot, ja!
… Der Nachbar hat uns sofort nach M. zum Tierarzt gefahren. Der hat sich unheimliche Mühe gegeben.
Und mit ganz viel Pflege ist er dann wieder was geworden. Ja, das war nicht einfach! …
Ja, vor allen Dingen, wenn du so ein Tierchen dann da so leiden siehst, das ist auch nicht schön."

Der Kampf um das Überleben von Lümmel 2

Sigrid und ihr Mann erleben schwere Wochen mit großer Sorge um ihr Tierchen. Als die Wunde immer noch nicht verheilen wollte, besorgt Sigrid sich ein homöopathisches Mittel aus der Apotheke. Damit rieb sie Lümmel jede Stunde, auch nachts, vorsichtig ein, und dann ging es dem Dackel endlich besser.

„Den Lümmel haben wir dann auf ein Brett mit 'ner Wolldecke gelegt und denn immer abends hier mit raufgenommen in unser Schlafzimmer. Und als es dann immer noch so eiterte, hab' ich mir so ‚n Zeugs aus der Apotheke geholt, so eine homöopathische Salbe, die man so anmischen muss, die furchtbar stinkt, aber sehr gut hilft. Und das musste so alle halbe Stunde, Stunde erneuert werden. Und das hab' ich denn so die Nacht durchgemacht bei dem Hund.
… Und dann wurde es besser!"

Lümmel bekam eine Halstüte umgelegt, damit er nicht an der Wunde lecken und beißen konnte.

„Durch den Narbenzug und vielleicht auch durch diese Halstüte nachher kriegte er ein bisschen so einen schiefen Hals. Dann guckte er einen immer so schief an. Sah ganz neckisch aus. (Sigrid lacht) Aber das hat ihn sicher nachher auch nicht besonders gestört, denke ich."

Lümmel 2 hört nicht mehr gut, wird ihm das zum Verhängnis?

Lümmel, der nun schon 14 Jahre alt ist, hört nur noch auf einem Ohr gut. Er dreht sich immer zur gleichen Seite, egal, von welcher Seite er gerufen wird. Bei einem Besuch von Sigrid und ihrem Mann bei ihren Geschwistern passierte dann das Unglück. Lümmel verliert die Orientierung in dem fremden Ort und gerät unter ein Auto.

„Und dann waren wir im Winter in M. bei meinen Geschwistern, und Lümmel war wohl vom Auto ein bisschen weggelaufen. Wir haben gerufen, und er muss immer in die falsche Richtung gelaufen sein, weil er es immer falsch gehört hat! Und da ist er überfahren worden. (Sigrids Stimme ist ganz leise.) Er war eigentlich bis auf dieses Hören nach ganz mobil. Ja, das war ein Schock!
… Meine Überlegung ist, dass er immer zur falschen Seite gelaufen sein muss. Denn er hörte sonst gut auf's Rufen. Er hatte nicht die Neigung wegzulaufen, nicht. Er kannte die Gegend da ja auch nicht so. Sonst, wenn es hier zu Hause gewesen wäre, hätte er von alleine zurück gefunden."

Das letzte Meerschweinchen stirbt am gleichen Tag

Sigrids Sohn hatte zu der Zeit mehrere Meerschweinchen, die bis auf ein Tierchen schon verstorben waren.

Am selben Abend, als Lümmel 2 sein Leben ließ, fällt dieses Meerschweinchen aus seiner Behausung und stirbt.

„Ja, da hatten wir übrigens auch noch Meerschweinchen hier. Die hatte Hauke zu der Zeit. Der hatte eigentlich mehrere, und die anderen waren schon verstorben. Und nun war noch eins übrig geblieben, und das war am gleichen Abend aus seinem Körbchen oder aus seiner Kiste gefallen. Und da war auch nichts mehr zu machen.
Da haben wir die beiden dann zusammen hier beerdigt, das Meerschweinchen und unseren Lümmel. Unsere Hunde sind alle im Garten beerdigt, nicht."

Lümmel 3, ein Alpha-Hund

Nach einem weiteren hundelosen Jahr entdeckt dieses Mal die jüngste Tochter eine Anzeige über eine Dackelzucht, dass wieder Langhaardackelwelpen abzugeben sind.

Sigrid will noch gar nicht so gerne schon wieder einen neuen Hund, weil sie weiß, dass sie dann wesentlich gebundener ist.

„Ich wollte ein Stück Freiheit nicht aufgeben."

So fahren Sigrid und ihr Mann zwar im Auto zu den Züchtern, Sigrid meint aber, sie könnten ja auch im nächsten Jahr einen Hund nehmen. Fritz ist einverstanden. Aber als ihnen dort der Welpe in den Arm gelegt wird, schmelzen ihre Herzen dahin, und gerade auch Sigrid kann jetzt nicht mehr widerstehen.

„Ja, wir waren unterwegs – zum Hinfahren, nicht, nur mal zum Gucken!
Und denn haben sie mir so ‚n kleines Bündel in den Arm gelegt, und da konnte ich nicht mehr ‚nein' sagen! (Sigrid lacht)
Das hat natürlich Fritz gefreut, nicht.
Und denn haben wir den Welpen genommen.
Da war es besiegelt und beschlossen. Ja, da konnte ich nicht mehr widerstehen! Nee!"

Der anfänglichen Freude folgt bei Sigrid bald die Ernüchterung über den ‚Familienzuwachs'.
Es stellt sich heraus, dass Lümmel 3 ein Alpha-Hund ist, eine Art Rudelführer, wie Sigrid sagt. Er war sehr aggressiv, so dass er auch Menschen erschreckte und verwunderte, die sich eigentlich gut mit Hunden auskennen.

„Aber dieser Kleine, der war sehr aggressiv!
Das haben wir eigentlich erst gemerkt, als wir zu Hause waren. Uns wurde gesagt, das wäre so ein Alpha-Hund, so ein Rudelführer. Man konnte ihn als kleinen Hund schon gar nicht in Ruhe auf dem Arm haben."

Keine Sicherheit für den Kanarienvogel

Sigrid und ihr Mann hatten zur damaligen Zeit noch einen Kanarienvogel, und Lümmel 3 hat schon als Welpe so nach diesem Vogel geschnappt, so dass Sigrid sich nicht traute, die beiden näher zueinander zu bringen. Nach 14 Tagen mochte Sigrid diesen Hund eigentlich nicht länger behalten.

„Wir hatten zu der Zeit noch einen kleinen Kanarienvogel, den hatten wir auch geerbt aus der Nachbarschaft von einer Oma, die ins Altenheim musste. Und der Vogelbauer stand in der Küche, aber immer hatten wir's Türchen offen. Der konnte also rausfliegen. Und mit Lümmel 2 ist das ja gut gegangen. Und da hab' ich gedacht, wenn du den Welpen schon daran gewöhnst, dann muss das ja auch mit diesem Lümmel klappen.
Aber als kleiner Welpe hat der schon so geschnappt nach dem Vogel, dass ich mich also gar nicht trauen konnte, ihn näher ranzubringen, nicht. Der war also mitnichten irgendwie friedlich oder ... (Sigrid lacht)
Ich habe nach 14 Tagen gesagt: ‚Du, diesen Hund möchte ich nicht behalten. Lass ihn uns wieder hinbringen!' Und da sagte Fritz: 'nee, kommt gar nicht in Frage! Den haben wir nun, und nun behalten wir ihn auch!' Und dann haben wir ihn auch behalten.

Ich hab' lange gebraucht, um mit ihm warm zu werden. Ja, ja. Er war recht aggressiv, doch, doch.
Sogar Leute, die sonst also wirklich mit Hunden gut umgehen können, auf die ging er los, dass die ganz erstaunt waren.
… Naja, dann wollte ich ihn dann nachher auch nicht wieder zurückbringen, nicht.
Und gegangen ist Fritz ja eigentlich immer mehr mit den Hunden als ich. Das war eigentlich dann seine Aufgabe. Gerade bei Lümmel 3 nachher, da hatte er ja auch schon wieder mehr Zeit. Da ist Fritz mit ihm mehr gelaufen. Ich hatte Lümmel gar nicht so viel dann."

Sigrids Mann hatte eine engere Bindung zu den drei Rüden

Sigrid konnte mit dem letzten Langhaardackelrüden Lümmel 3 nie eine tiefe, warmherzige Beziehung aufbauen. Er war ihr einfach zu aggressiv. Sigrids Beziehung zu ihm wurde erst intensiver und inniger, als er schon älter und krank war.

„… Zu den Tieren bis dahin, zu diesen drei Lümmeln, war es eigentlich immer Fritz, der die größere Bindung zu den Tieren hatte als ich. Mit dem letzten, so ganz bin ich nie richtig warm geworden mit ihm. Wohl zuletzt, als es ihm nicht gut ging.
Lümmel 3 ist jetzt mit 11 Jahren gestorben.
Wir waren noch bei der Tierärztin hier, und die hatte ihm noch eine Spritze gegeben. Da war er wieder mobiler. Und dann ist er an dem gleichen Abend aber doch eingeschlafen."

Sigrid empfindet es als Glück, dass ihre Hunde nicht eingeschläfert werden mussten.

„Also, wir hatten immer das Glück gehabt, wir brauchten nie eine Spritze geben zu lassen."

Das neue Glück für Sigrid mit einer zärtlichen Hündin

Nach dem Tod von Lümmel 3 blättert Fritz tagelang in der Zeitung, bis er eine Anzeige findet, dass eine Dackelhündin umständehalber abzugeben sei.

„Und da hat er angerufen, die waren auch da, und dann hat er noch ein paar Mal mit denen telefoniert. Schließlich sind wir hingefahren. Nach 14 Tagen hatten wir wieder einen Hund. (Sigrid lacht) Nach 14 Tagen! Und zwar eine zweijährige Dackelhündin. Die hieß schon ‚Heide' und hörte phantastisch auf diesen Namen. Da haben wir gesagt, dann soll sie diesen Namen auch behalten."

Es war kein Zufall, dass sie diesmal eine Hündin hatten. Sigrid wollte nach dem letzten Hund doch lieber eine Hündin haben. Lümmel 3 war ihr zu aggressiv gewesen, und sie war nicht so recht warm mit ihm geworden.

„Ja, ich hatte nach diesem aggressiven letzten Hund gesagt, wenn überhaupt wieder einen Hund, dann möchte ich eine Hündin haben. Die sind doch anschmiegsamer.
… Und dann haben wir diese ‚Heide' geholt, und die war so schmusig und anhänglich. Also da, zu der hab' ich eigentlich sehr schnell ein sehr viel besseres Verhältnis gekriegt!"

Der Wunsch nach Hundebabys

Sigrid hat dann große Lust, mit ihrer Langhaardackelhündin auch einmal Welpen zu bekommen. Ihr Mann muss im Herbst leider ins Krankenhaus. Gerade zu dieser Zeit wird ‚Heide' läufig und soll dann auch gedeckt werden.
 Von Heide's Vorbesitzern bekommt Sigrid wertvolle Hinweise und Tipps, da diese viel Erfolg mit der Dackelzucht hatten.
 So bekommt Sigrid einen guten Rüden vermittelt. Während ihr Mann noch im Krankenhaus liegt, wird bei Sigrid zu Hause eine Hunde-Ehe vollzogen.

„Und denn wurde das was. Und während Fritz im Krankenhaus lag, wurde hier eine Ehe vollzogen.
... Das war nun sehr spannend, ob es überhaupt geklappt hatte – und es hatte! (Sigrid schmunzelt)
Und dann nach neun Wochen sollte es dann soweit sein, und das war für mich ja auch eine ganz faszinierende und aufregende Sache. Ich hatte mir also schon so eine Wurfkiste besorgt und überall Ratschläge eingeholt, vor allem auch bei den Vorbesitzern von Heide, die uns ganz rührend dabei unterstützten."

Sigrid freut sich sehr auf den kommenden Nachwuchs und möchte bei der Geburt unbedingt dabei sein. Es ist für sie eine ganz spannende und aufregende Zeit.

Eines Tages wird Sigrid noch am Nachmittag eingeladen, doch sie hat schon das Gefühl, dass es an dem Tag mit der Geburt der Welpen losgeht. Heide frißt schon nichts mehr, und alles deutet auf die nahe Geburt hin.

„Und da war ich noch eingeladen. Da sagte ich denn: ‚Also ich kann nur ein Stündchen bleiben, ich muss wieder nach Hause. Unsere Heide soll Junge kriegen, und da muss ich dabei sein!' Und dann wurde es auch sehr, sehr aufregend für mich ..."

Die Babys kommen, Sigrid ist total fasziniert

Sigrid verbringt die kommende Nacht auf dem Sofa, das Körbchen für Heide steht daneben. Am nächsten Morgen ab 6:00 Uhr früh kommt dann ein Welpe nach dem anderen; sieben Hundebabys erblicken das Licht der Welt.
Sigrid weckt Fritz, weil der auch schon voller Freude auf dieses Ereignis gewartet hatte.

„Und denn hab' ich mich abends auf's Sofa gelegt, hab' ihr Körbchen neben mich gestellt. In der Küche war die Kiste, und denn haben wir beide da unten geschlafen.
Sie wurde sehr unruhig, und morgens gegen sechs kam sie zu mir

> auf's Sofa, und da wär's beinah auf dem Sofa losgegangen. Da konnten wir also beide gerade noch in die Küche, und denn ging's los.
> (Sigrid und ich lachen)
> Und dann kam das erste Paketchen, da musste ich noch helfen. Das blieb auf halber Strecke stecken, das musste ich rausziehen. Wie so kleine Postpakete, die sie dann aufmachte und denn gleich beleckte.
> … Und die kleinen Würmchen, also es war für mich also wirklich ein Wunder! Ich hab' Fritz sofort geweckt. Der kam dann noch dazu, der wollte das ja auch sehen."

Sigrid erzählt, dass Heide sich schon bei ihren Vorbesitzern als tolle Ersatzmutter erwiesen hat.

> „Die Vorbesitzer sagten es schon. Sie hatten da ja auch mehrere andere Hündinnen, die Welpen bekommen hatten. Und die Heide wäre dann so dazwischen gewesen, als ob sie die Mutter wäre. Sie muss also eine Urmutter sein, nicht.
> … Und das hab' ich auch festgestellt in dieser Zeit!
> … Wir hatten also sieben kleine Welpen gekriegt!
> Und das war hinreißend! Ich war wirklich fasziniert davon."

Sigrids Enkelin sitzt fast in der Welpenkiste drin

Sigrid schwärmt sehr von der aufregenden Zeit mit den sieben Welpen.

> „Und das war für mich zauberhaft, nur allein die Hand dazwischen zu haben. Nachher auch die ganze Zeit über, wo sie denn aufwuchsen, all das Gekrabbel und Getappse. (Sigrid lacht)
> Ich durfte auch immer ran, ich durfte eins nehmen, ohne dass Heide irgendwie Angst zeigte.
> Und wir haben auch aufgepasst, dass auch unsere Kinder und auch andere Freunde nicht zu dicht kamen und dass keiner eins der Babys nahm.
> … Ja, sie durfte ja keine Angst kriegen, dass irgendjemand an ihre

Kinderchen wollte. Und das hat sie auch nicht gehabt. Sie merkte also, dass sie ruhig sein konnte.
Und nachher – unsere Enkelin, die Annkatrin, die kleine, die eine große Tiernärrin ist, die saß nachher fast in der Kiste mit drin. Aber sie musste Heide erst auch ein bisschen Zeit lassen."

,Bine', die kleinste der Babys, muss besonders gefördert werden

Sigrid merkte bald, dass eines der Welpenkinder sehr klein war und anscheinend auch blieb. – Erst denkt Sigrid, dass ‚Bine' wohl kleiner bleibt, aber dann merkt sie noch rechtzeitig, dass diese kleine Hündin nicht genug Muttermilch bekommt, weil die Geschwister immer vor ihr an den Zitzen sind.

„Und diese Kleine, die wir jetzt behalten haben hier, das war die kleinste. Bei der wusste ich auch nicht – ich hab' 'ne Zeitlang gedacht, sie würde immer kleiner bleiben. Dabei wuchsen die anderen, und sie wuchs nicht mit, weil sie nicht genügend Milch bekam.
Und da hab' ich dann hin und wieder mal ein Vollgefüttertes von der Zitze abgenommen und die Kleine angelegt.
… Ich hab' mich auch bei der Tierärztin erkundigt, die sagte: ‚Dann geben Sie ihr mal Welpenmilch so mit der Einmalspritze ins Mäulchen.' Das hab' ich denn auch ein paar Mal gemacht.
Und denn kam sie auch wieder mit beim Wachsen. Ja, das ist die kleine ‚Bine'. Und ich hab' jetzt zwei Langhaardackelweibchen!"

Wie es dazu kam, schildert Sigrid mit Freude. Nachdem die Welpen langsam aus dem „Säuglingsalter" heraus waren, sollten sie in gute Hände abgegeben werden. Bei der kleinen Bine wurde Sigrid wehmütig und überlegte, ob sie sie nicht behalten könnten. Eine Erleichterung war es für sie, als die Vorbesitzer sich meldeten und meinten, sie würden Bine gerne wieder nehmen, wenn es Schwierigkeiten geben sollte.
Und die kamen leider.

„Wir haben die alle an gute Leute, denk' ich, hoff' ich, weggegeben. Und diese Kleine, da hatten wir uns noch überlegt, sie eventuell zu behalten. Und die Vorbesitzer von Heide hatten aber schon gesagt, wenn wir sie nicht mehr haben wollen, also wenn wir merken, das geht nicht mit Mutter und Tochter, dann würden sie sie gerne nehmen. Und es war auch nicht einfach zuerst."

Es treten tatsächlich Probleme auf

Sigrids Schwester erkrankt schwer, und Sigrid fährt jetzt jeden Tag nach M., um ihrer Schwester und ihrem Schwager beizustehen. Bei ihr zu Hause wartet aber auch noch viel Arbeit, und Fritz' Beine machen nicht mehr richtig mit, so dass jetzt Sigrid allein mit den Hunden laufen muss.

Sie ist ziemlich fertig mit den Nerven und ruft bei Heides Vorbesitzern an, ob sie Bine noch haben möchten. Die freuen sich sehr und sagen zu. Doch dann bessert sich Sigrids Lage.

„Zu der Zeit war auch meine älteste Schwester sehr schwer krank. Da bin ich auch öfter nach M. gefahren und denn hier alles, so dass ich das Gefühl hatte, also, das schaffste gar nicht! Dann musste ich auch mit den beiden Hunden schon laufen, nicht, und der eine wollte hierhin, der andere dahin. Ich war also mit meinen Nerven ziemlich am Ende. Dann hab' ich gesagt: ‚Also, das geht nicht, das schaff' ich nicht!'
Und dann hatten wir die Vorbesitzer angerufen und gefragt, ob sie den Hund noch haben möchten. Ja, wollten sie gerne. Das klappte aber nicht gleich. Das zog sich dann doch noch 'ne Weile hin. Mir ging es auch besser schon.
Und dann haben wir es uns überlegt. Die beiden, Heide und Bine, spielten so zauberhaft; wir konnten uns von diesem Tier nicht mehr trennen. Und dann haben wir bei denen wieder abgesagt. Dann waren sie uns bitterböse! Aber uns tut's bis heute nicht leid!"

Alles wieder im Lot und Sigrid im Glück

Sigrid bereut es keinen Moment, dass sie Bine nicht an die Vorbesitzer von Heide abgegeben hat, auch wenn sie zunächst den Unmut dieser Leute auf sich gezogen hat.

„Ja, und zu dieser kleinen Bine hab' ich eine ausgesprochen enge Beziehung, da ich sie ja praktisch von der ersten Sekunde ihres Lebens an begleitet habe.
Und sie ist ja ein zauberhaftes kleines Geschöpf, sie ist wirklich hinreißend!
Also jetzt hab' ich meine ganz große Freude an diesen beiden!"
„Inzwischen haben wir uns wieder vertragen. (sie lacht) Ja, wir können wieder normal miteinander reden."

Bine und ihre Mutter Heide haben ein gutes Verhältnis miteinander. Sigrid bestätigt das glücklich lächelnd.

„Ja! Die Kleine akzeptiert, dass die Mutter die erste Geige spielt, und da legt die Mutter auch großen Wert darauf und wir eigentlich auch, so dass die Heide nie das Gefühl kriegt, sie ist jetzt beiseite geschoben, die Kleine spielt jetzt die erste Geige."

Eine kleine Vogelgeschichte

Sigrid und Fritz erbten einen Kanarienvogel von einer alten Dame, die ins Altersheim ging. Dieser kleine Vogel war schon nicht mehr ganz jung und hatte wohl auch nicht mehr so ein großes Freiheitsbedürfnis. Er durfte in der Küche herumfliegen und kehrte auch immer gerne wieder in seinen Käfig zurück. Wenn er dann in der Mauser war, saß er häufig auf dem Fußboden in der Küche. Lümmel 2 war damals nicht so eine Gefahr für den Vogel, aber bei Lümmel 3 schlug das Schicksal zu.

Ein trauriges Ende für den kleinen Kanarienvogel

„Dann musste ich den Vogelbauer runterstellen, so dass er dann reinkrabbeln konnte, und dann hab' ich ihn wieder hochgestellt. In der Mauser sind sie ja kraftloser, denk' ich.
Und unser Lümmel 2, der kam gut mit ihm zurecht dann. Wir haben zwar aufgepasst, aber es war keine große Not, nicht. Wenn Lümmel in der Küche war und der Vogel saß auf dem Boden, haben wir wohl gesehen, dass er möglichst rasch ins Bauer wieder kam, aber es passierte nichts!
Und bei Lümmel 3 war es doch eine ganz riskante Sache. Und da sind wir mal verreist gewesen, und unsere jüngste Tochter, die Ulrike, hütete ein hier, und da muss der Vogel auf die Diele geflogen sein, und er hat vielleicht auch auf der Erde gesessen, und dann hat Lümmel 3 ihn totgebissen, nicht. Das wäre bei Lümmel 2, glaub' ich, nicht passiert.
… Das war sehr schade. Das war ein trauriges Ende für den Vogel. Ja, ja!
Also ich hab' den Vogel wohl gemocht, aber es war keine besondere Bindung zu dem Vogel.
Und dann hatten wir ja noch einen anderen Hund, das hab' ich vorhin ganz vergessen zu erzählen."

Kim, die schwedische Erbschaft

Sigrid und Fritz betreuten seit längerem eine ältere Dame, die zwei Hunde besaß. Der eine musste leider schon eingeschläfert werden. Nun wurde die Lage immer prekärer. Margit, die Dame aus Schweden, konnte sich nicht mehr so um alles kümmern und darunter litt natürlich auch der Hund, den sie noch hatte. Er verschmutzte immer mehr, weil diese ältere Dame nicht mehr mit ihm hinaus konnte.

„Die Margit, die hatte zwei Hunde.
… Den einen Hund musste sie dann allerdings einschläfern lassen und den anderen, den ‚Kim', eine Mischung zwischen Pudel und Sonst-noch-was, aber ein ganz lieber. Und diese Margit musste dann

eines Tages ins Krankenhaus, sehr plötzlich. Und wohin nun mit dem Hund? Das war im Winter.
Sie war nicht mehr so in der Lage, alles reinlich zu halten, und auch der Hund war beschmutzt, weil sie ihn nicht immer rauslassen konnte, wenn er eigentlich gemusst hätte. Da sagte ich zu Fritz: ‚Bloß nicht den Hund zu uns ins Haus. Lass uns sehen, dass er irgendwo in ein Tierheim kommt!' Aber zu der Zeit war hier in unserer erreichbaren Nähe im Winter kein Tierheim auf, weil die alle nicht heizbar waren. Die nahmen immer nur im Sommer Tiere, diese Tierpensionen. Mussten wir ihn also zu uns nehmen. Dann haben wir ihn erstmal zum Baden gegeben. Wir hatten hier eine Frau, die Hunde schor und pflegte. Auch schon vorher sind wir mit Kim oft gelaufen. Unser kleiner Lümmel 3 ist also groß geworden mit diesem Hund!
… Das war gut, ja, ja, das war im Grunde gut! Und der Kim, der hing unheimlich an Fritz."

Neue Interessenten für Kim

Sigrid und Fritz hatten viele Versuche unternommen, Kim in einer Tierpension unterzubringen. Erst klappte gar nichts, aber plötzlich meldete sich ein Tierheim und eine Krankenschwester, die auch an Kim interessiert war.

„Wir hatten also unsere Fühler nach allen Richtungen ausgestreckt. Wir hatten Kim also bei uns, und nach drei Tagen rief ein Tierheim an, die könnten den Hund nehmen. Da war es uns aber nicht mehr möglich, den Hund wegzugeben! (Sigrid lacht)
Da hatte er sich bei uns ins Herz geschlichen! Und wir hatten auch gesagt, er hatte auch kein leichtes Leben hinter sich, und nun hing er sehr an Fritz! Man merkte das also sichtbar. Und ihn nun noch wieder wegzugeben!
… Ich weiß nur, dass die Margit ihre beiden Hunde irgendwo geholt hatte, wo es ihnen nicht gut gegangen war.
Und sie hatte ja eigentlich ein sehr großes Herz für die Tiere, aber sie konnte das nachher auch nicht mehr so richtig, und dann sind die

Hunde eigentlich bei ihr auch nicht mehr so ganz zu ihrem Recht gekommen.
… Ja, und dann 'ne Zeit später sagte eine andere Dame, sie würde den Hund gerne nehmen.
Es war eine Krankenschwester, die Margit auch gepflegt hatte. Sie wollte gerne einen Hund haben und sie würde den gerne nehmen. Aber wir sagten, das geht nicht mehr. (Sigrid schmunzelt)
Und dann ging die Margit, die war Schwedin, zurück nach Schweden zu ihrer Schwester, und da durfte sie den Hund nicht mitnehmen.
Und dann haben wir ihn als schwedische Erbschaft behalten. Und das war ein ganz liebes Tier!"

Kim bleibt bei ihnen, heiß geliebt von Lümmel 3

Kim lief häufig weg, doch Sigrid weiß, wo sie ihn finden kann. Er lief meistens in den Schrebergärten herum.

„Ja, der Kim hatte einen großen Freiheitsdrang. Der lief immer weg. Er war auch von der Margit schon öfter weggelaufen.
Und bei dem hatte ich aber eigentlich gar keine Angst, dass er unter's Auto kommen könnte. Ich hatte das Gefühl, er ist verkehrssicher.
Wir wussten auch, wo wir ihn einsammeln mussten: oben in den Schrebergärten. Wenn er weg war, brauchte ich nur dahin zu gehen, und irgendwo da lief er dann!" (Sigrid lacht)

Der plötzliche Herztod von Kim

Sigrid und Fritz wurden eines Tages vom plötzlichen Herztod Kims traurig überrascht. Für Fritz und besonders für Lümmel 3 war es sehr schwer.

„Also, unser Lümmel hat ihn sehr geliebt auch. Und der Kim lag eines Morgens tot neben seinem Körbchen! Er muss auch so 10, 12 Jahre ungefähr alt gewesen sein, denk' ich.

… Aber das war für den Lümmel schwer! Der hat seinen großen Freund doch sehr vermisst.
… Ja, doch, doch, das tat mir sehr leid.
Und der Kim, der hatte ja ganz besonders an Fritz gehangen. Sein Tod, das war überraschend, damit haben wir nicht gerechnet! Ja, das war sehr plötzlich."

<u>Sigrids absoluten Lieblingstiere Heide und Bine</u>

Sigrid kommt jetzt wieder auf ihre beiden Lieblinge Heide und Bine zu sprechen. An ihnen hängt ihr Herz besonders, auch aufgrund der Welpengeschichten natürlich.

„Vielleicht durch diese ganze Kinderkriegerei mit und durch die Kleine. Die ist aber auch so ein Wonnegeschöpf, die Kleine.
Also, ich muss aufpassen, dass ich sie nicht der großen vorziehe, also wie bei den Kindern auch, nicht! Da muss man auch immer aufpassen!" (Sigrid lacht)

Auch die Rüden hingen sehr an Sigrid

Sigrid überlegt, dass sie wohl doch auch zu den drei Dackelrüden, die vorher bei ihnen lebten, ein ganz gutes Verhältnis gehabt haben muss.

„Aber irgendwie muss ich ein gutes Verhältnis zu den anderen Hunden ja auch gehabt haben, denk´ ich im Nachhinein. Meine eine Nichte sagt immer: ‚Also, wenn man zu euch kommt – wo Sigi steht, da steht der Hund zwischen ihren Beinen oder auch dicht daneben!'
(Sigrid lacht)
Ja, der Hund guckte da durch.
Das ist jetzt ja auch, wenn ich im Garten sitze und Unkraut hacke, dann mit einmal bohrt sich ein Hundekopf so zwischen den Armen durch, nicht."

Die wunderschöne Welpenzeit und eine liebevolle Hundemutter

„… Naja, die spielen jetzt für mich eine größere Rolle als früher, nicht. Ja, ich erleb' die Tiere jetzt intensiver. Naja, durch die Welpensache. Das war ja auch ein zauberhaftes Erlebnis.
… Wir sind aus der Küche gar nicht mehr rausgekommen. Wir haben überhaupt nur in der Küche gesessen, neben uns die Wurfkiste. Und die Küche war zur Hälfte abgesperrt, so dass sie also da nur ihren kleinen Raum hatten erst, und dann wurde das zu eng nachher. Dann haben wir die Sperre weggenommen, dann eroberten sie sich doch die Diele.
Das war ein Getappel, das war zu schön!
Und es war wunderbar zu sehen, wie die Heide ihre Kleinen versorgt hat. Also, so was von einer Hundemutter – also hinreißend!"

Heide, eine wunderbare Hundemama

Sigrid gerät immer wieder gedanklich in die faszinierende Welpenzeit und die vielen kleinen und größeren Abenteuer, die sie alle zusammen erlebt haben.

Besonders beeindruckt ist Sigrid von der besorgten Mütterlichkeit ihrer Heide. Sie schildert noch zwei weitere Begebenheiten, die zeigen, wie innig auch in der Hundewelt die Beziehung zwischen Mutter und Kindern sein kann.

„Da hatte ich ihr mal einen Knochen gegeben, so einen schönen Suppenknochen, an dem noch allerhand dran war, und denk' jetzt, macht sie sich über den her? Was macht sie? Sie bringt ihn ihren Kleinen, legt ihn mitten in die Wurfkiste und guckt zu, wie die Kleinen sich daran machen. Das war wirklich schön!
Und dann haben wir erlebt, dass Heide einmal durch ein Loch im Gartenzaun auf die andere Seite gelangte, aber nicht mehr zurück konnte. Ich hatte jemanden zur Hilfe im Garten, wir wollten die Büsche beschneiden, und Heide lief da im Garten mit rum. Da hatte sie ihre Kleinen doch schon. Und die hatte also ein Loch gefunden,

ich wusste aber nicht, wo im Zaun. Und dann mit einem Mal war sie auf der anderen Seite des Zauns, und sie wusste nicht, wie sie wieder zurückkommen sollte und hatte solch eine Panik in den Augen, das war also …
Weil sie nicht zu ihren Kindern konnte jetzt, da kam sie da nicht wieder hin. Und ich wusste auch nicht, wo das Loch war, wo sie durchgekommen war.
Und denn haben wir also mühselig diesen Zaun so ein bisschen hochgehoben, so dass sie gerade eben durchkonnte, und ich hab' noch nie so eine Freude erlebt bei einem Tier wie bei ihr!"

Beeindruckende Dankbarkeit der Hündin

„Sie lief so voller Wonne und voller Dankbarkeit und Freude durch den Garten hin und her. Das war direkt niedlich anzusehen. Erst diese Panik und dann die Erleichterung und Freude, dass sie nun wieder da war!
Dann haben wir natürlich sofort das Loch gesucht und denn gefunden auch und dann dichtgemacht.
Das war direkt beeindruckend!"

Das Leben mit Tieren ist für Sigrid eine Bereicherung

Auf meine Frage, ob sie sich auch ein Leben ohne Tiere vorstellen könnte, antwortet Sigrid mir, dass sie das wohl könnte, aber dass sie zur Zeit es eher als eine Bereicherung empfindet, so wie sie ihre Tiere gegenwärtig erlebt.

„Ja, das könnte ich schon, auch. Aber es ist natürlich gerade, wie ich es jetzt erlebe, doch eine schöne Sache, nicht. Das muss ich sagen. Es ist eigentlich eine Bereicherung, doch! Ja! Wie ich es jetzt erlebe. Nicht, mit diesen beiden, Heide und Bine. Vielleicht, weil mir diese beiden noch mehr ans Herz gewachsen sind. Durch alles, was da passiert ist, ja."

Eine kleine Einschränkung, Sigrid muss jetzt alleine mit den Hunden laufen

Sigrids Mann ist jetzt leider gehbehindert und kann nicht mehr mit seinen Hunden laufen, so dass das Gassigehen voll an Sigrid hängt.

„Jetzt ist es ja auch so, Fritz kann nicht mehr mit ihnen laufen, jetzt muss ich mit ihnen laufen, nicht. Und manchmal denk' ich, ach, muss es schon wieder sein? Aber (Sigrid schmunzelt) – man kann nicht umhin! Aber es macht auch Freude! Und es ist auch schön jetzt. Ich bin selten so viel am Deich, am Wasser entlang gelaufen wie jetzt mit den beiden, nicht.
Morgens früh schon – ich gehe gern früh, weil dann noch nicht so viele andere unterwegs sind mit den Hunden."

Durch die Hunde der Natur ein Stück näher

Sigrid erzählt, wie sie durch die vielen Spaziergänge mit ihren beiden Langhaardackelmädchen viele neue Eindrücke von der Natur und anderen dort vorkommenden Tieren erhalten hat. Sie empfindet das auch als große Bereicherung in ihrem Leben.

„Ja, so zum Beispiel, dann weiden da ja die Schäfchen, nicht. Das zu beobachten alleine macht ja auch Freude. Die ersten Schäfchen liefen etwas verschreckt weg zu Anfang. Und allmählich haben sie gelernt, dass da öfter Hunde laufen. Nicht nur wir, sondern andere ja auch, alle fest an der Leine, so dass sie sich jetzt zum Beispiel ganz gemächlich erheben und nur so ein kleines Stückchen zur Seite gehen und uns vorbeilassen. Also, das hätte ich sonst ja auch nicht so beobachtet, wie die sich verhalten und wie die das auch lernen, nicht."

Ein erstaunliches Junghund-Erlebnis

Sigrid erzählt dann noch von einem denkwürdigen Ereignis, dass sich vor kurzem zutrug bei ihnen zu Hause. Sigrid und Fritz hatten die Welpen bis auf Bine in „gute Hände" weitergegeben. Den ersten Welpen gaben sie sogar schon mit sieben Wochen fort, weil es nicht anders möglich war. Er war also der erste kleine Rüde, der die Urheimat verlassen musste.

„Und ich bin auch sehr froh, dass wir es gemacht haben, denn er hat's sehr gut bei dem Herrchen in G. Und da ist es so, der war vor kurzer Zeit Witwer geworden und hat jetzt sehr viel von dem kleinen ‚Fritz'. Ja, der heißt übrigens auch ‚Fritz', sein Herrchen hat ihn ‚Fritz' genannt. (Sigrid und ich müssen lachen)
Ja, und die waren mal wieder hier. Und dieser kleine Hund ist doch nun mit sieben Wochen hier aus dem Haus gekommen. Der hat es sofort wiedererkannt hier. Der hat sofort an der Leine hier zu unserer Haustür hingezogen!
Ja, ein anderer Bruder von ihm ist hier in B. geblieben, der zieht immer hierher. Der ist aber auch schon öfter hier gewesen, und die beiden spielen dann wunderbar zusammen, die Bine und der kleine ‚Tommy'.
Aber dieser andere, der kleine ‚Fritz', der hat das Haus wieder gefunden, hat es sofort wiedererkannt, obwohl er schon mit sieben Wochen hier weggekommen ist. Das ist erstaunlich, nicht?
Da ist er durch die Wohnung geschossen. (Sigrid lacht)
Ja, das war offensichtlich wahnsinnig aufregend für ihn, hier rein zu kommen wieder. Und er ist mit der Bine hier zusammen durch die Gegend geschossen, durch den Garten und durch's Haus, also wie nichts Gutes."

Heide und Bine als Kommunikationshelfer

Sigrid empfindet es als gut, wenn sie durch die Hunde neue Menschen kennenlernt und mit diesen dann ins Gespräch kommt. Zwar hat sie es noch nicht erlebt, dass sie sich in zutiefst persönliche Gespräche dann vertiefen konnte, aber unterwegs kommt es zu vielen netten Begegnungen allein aufgrund ihrer tierischen Begleitung.

„Also das hab' ich nun noch weniger erlebt, aber überhaupt ins Gespräch, doch, das geschieht unbedingt. Dass ich angesprochen werde direkt auf der Straße oder auch auf jeden Fall schon beim Tierarzt im Wartezimmer, das hab' ich auch schon viel erlebt, oder überhaupt, wenn ich unterwegs bin mit den Hundchen. Doch, das find' ich gut, das find' ich ok., ja!"

Tiere als wichtige und wertvolle Begleiter für Kinder

Sigrid erzählt über ihren Enkel, der bei den anderen Großeltern immer viel innigen Umgang mit Hunden hatte. Leider starb dort der vorherige Familienhund vor kurzem, doch nicht lange danach gab es wieder einen schönen Hund, der es vor allem dem jüngsten Sohn ihrer Tochter Ulli sehr angetan hat.

„Und ich find es auch für Kinder sehr gut, wenn sie mit Tieren umgehen.
Auch Ulrikes Jüngster, der Steffen, der hat bei den anderen Großeltern, das erzählte ich vorhin schon, einen großen Hund. Die haben immer auf ihrem Hof da Hunde gehabt.
Und Steffen war eigentlich immer ganz besonders intensiv mit diesen Hunden zugange. Und bei dem vorigen hat er leider erlebt, dass der angefahren wurde – tödlich -, und dann haben die Großeltern gesagt, also es muss sofort ein Hund wieder her. Und das ist so Steffens Hund auch. Der wohnt da auch schon teilweise. Der Hund liegt dann an der Erde, und Steffen liegt mit dem Kopf auf ihm drauf.
Ich find' es auch schön, dass ihm das so ermöglicht wird. Bei ihm zu Hause gibt es leider keine Tiere, deshalb hat er dort viel Freude mit diesem Hund."

Ein Springpferd mit Angst in den Augen

Sigrids Enkelkinder reiten auch gerne. So kommen Sigrid und Fritz häufig mit auf Turniere oder in Reithallen.
Dort können sie den Springübungen zuschauen. Bei einer Gelegenheit kann Sigrid ein Pferd beobachten, dessen Augen voller Panik zu sein schei-

nen. Sigrid kritisiert den Umgang vieler Menschen mit Tieren. Sie meint, dass einige Menschen bestimmte Dinge zu ihrer eigenen Freude machen, die Tiere darunter aber extrem leiden können.

„Aber ich weiß auch nicht, ob das dadurch kommt, dass wir mit Tieren viel Umgang haben, dass man auch mehr auf den Ausdruck des Tieres achtet.
Unsere Enkelkinder reiten ja auch teilweise. Und da sind wir in der Reithalle gewesen, und da wurden mit einem Tier in der Halle Sprünge geübt. Wir standen da so, dass das Pferd bei dem einen Gang genau auf uns zukam. Und da waren diese Augen so voller Angst und Panik, dass ich gedacht hab': ‚Pferde sind ja eigentlich von Natur aus keine Tiere, die gerne springen. Sie machen das wohl mal, wenn's irgendwo sein muss, aber nicht aus lauter Freude am Springen!'
So denk' ich manchmal, die Menschen machen ja eigentlich schlimme Sachen mit den Tieren, zu ihrer eigenen Freude, aber durchaus nicht zur Freude der Tiere.
So, ich glaub', diesen Blick von dem Tier werd' ich auch nicht vergessen."

Tiere, speziell Hunde, sollten erzogen, aber nicht dressiert werden

Sigrid lehnt zuviel Manipulation bei Tieren ab, z.B. auch bei Dressuren im Zirkus. Sie hat in dieser Hinsicht große Bedenken. Hingegen befürwortet sie sehr geeignete Erziehungsmaßnahmen bei Tieren, gerade bei Hunden.

„Also, dass ein Hund erzogen werden muss, das ist ganz klar, wenn er mit Menschen umgeht. Und in unserer Gesellschaft hier geht das gar nicht anders. Und wenn's große Hunde sind, schon auf jeden Fall, aber kleine brauchen auch Erziehung.
Und es ist aber auch wichtig, dass es gute Aufzuchtanstalten sind, also nicht diese Massentiererzeugung, hätte ich beinahe gesagt. Da bekommen die Tiere dann keine Liebe und Wärme in ihrer Welpen-

zeit, in ihrer Kinderzeit. Und das werden die Hunde, die nachher auch unberechenbar sind.

Darum find' ich das so wichtig, dass auch aus Liebhaberzuchten Tiere kommen und aus wirklich einer Zucht, wo der Mensch mitfühlt mit dem Tier und es nicht nur als Geschäft ansieht."

Heide und Bine gehen zur Hundeschule

Sigrid geht in diesem Sommer mehr oder weniger regelmäßig mit ihren beiden Hunden zu einer Hundeschule. Sie ist begeistert von dieser Schule und ihren Ausbildern. Es ist ein Ehepaar, das sich sehr liebevoll um die Tiere bemüht, die man ihnen anvertraut.

Außerdem gibt es im Sommer einige Male ein sogenanntes „Hundewandern", wo die verschiedenen Tierbesitzer mit ihren großen und kleinen Hunden gemeinsam wandern.

„Ich geh' ja auch mit unseren beiden hier mehr oder weniger regelmäßig im Sommer über zur Hundeschule. In E. gibt es eine Hundeschule. Da sind auch große und kleine Hunde. Die beiden Leiter dort sind ein Ehepaar. Er macht das vorwiegend, und sie assistiert und hilft ihm dabei. Und da merkt man richtig, mit wie viel Liebe auch zum Tier die das machen! Ja also, das ist ganz toll.

Normal ist das zweimal die Woche. Ich bin aber nicht immer da. Auf einer Wiese wird dann fleißig geübt. Da müssen die Hunde ordentlich mitmachen, auch meine kleinen süßen Dackelchen, ja!

… Und es kommt auch vor, dass sich einige nicht mögen. Da muss man aufpassen, gerade wenn es Rüden sind, dass die nicht aneinander geraten. Nur, das müssen sie ja auch lernen! Wir machen auch zusammen „Hundewandern" drei bis vier Mal im Sommer so. Dann wandern wir alle gemeinsam mit den Hundebesitzern und den Hunden.

… Doch, das ist was Schönes. Und für die Tiere, für die Hunde ist es ja auch gut, wenn sie mit ihresgleichen mehr zusammenkommen, als wenn sie so einzeln aufwachsen.

… Ja, sie müssen auch lernen, mit den anderen auszukommen. Diese

Hundeschule hab' ich früher mit den anderen Hunden nicht gemacht, ich mache es erst, seit wir Heide haben."

Für Sigrid waren die Geburt der Hundewelpen und jetzt der Besuch der Hundeschule zwei ganz bedeutsame und neue Erfahrungen in ihrem Leben. All diese Ereignisse haben eine sehr enge Bindung zu ihren beiden Hundedamen hergestellt.

Auf meine Frage, was Sigrid besonders an ihren Tieren schätzt, meint sie am Schluss:

„Also, wie sehr sie sich freuen auch, wenn man kommt, wenn man da ist. Auch dass sie so ganz natürlich ihre Gefühle zeigen und ausleben. Ja, die Verspieltheit auch, der Kleinen vor allem.
Das Unverfälschte – ja, ja. Die große Anhänglichkeit auch. Ja. Tja, es ist eigentlich rundum schön mit den beiden!"

Das kleine Nachgespräch (wörtliches Protokoll)

Daraufhin hatte ich dann eine letzte Frage an Sigrid.

„Ja, gut. Dann hab' ich nur noch eine Frage: Wie hat du insgesamt unser Gespräch empfunden? War es dir angenehm? War es anstrengend für dich?"

„Ja, nee, nee, war wie eine nette, lockere Unterhaltung."

„Ja? Das freut mich! Schön, Sigrid."

„Okay!" (Sigrid schmunzelt)

„Ja, dann können wir ja zum Schluss kommen (ich lache auch). Prima, das war heute ein sehr erfreuliches Treffen für mich. Okay, danke schön, Sigrid!"

„Bitte sehr!"

4.1.3.2 Zusammenfassung des Gesprächs mit Sigrid

Sigrid ist zur Zeit unseres Gesprächs 72 Jahre alt. Sigrid wurde in einer mittelgroßen Stadt in Ostdeutschland, im heutigen Polen, geboren und verbrachte dort ihre Kindheit und früheste Jugend. Sigrid hatte noch fünf Geschwister.

Die ersten Tiere in ihrer großen Familie, an die sie sich erinnern kann, waren Zwerghühner und Kaninchen. Die Zwerghühner waren nicht lange bei ihnen, an die Kaninchen hat Sigrid noch einige Erinnerungen. Doch sie beschreibt ihre Beziehung zu diesen Tieren als kindlich-verspielt, es gab noch keine engeren Bindungen. Als Sigrid etwa 12 Jahre alt ist, taucht eines Tages ein großer Hund, ein Hovawart, bei ihnen auf. Ihre ältere Schwester hatte diese Hündin von Freunden der Familie in Norddeutschland geschenkt bekommen. Sigrid erinnert sich, dass sie oft über ‚Cora' hinübersteigen musste, wenn sie im Flur lag.

Cora war auch eine Brötchendiebin, wie Sigrid eines Tages von einer empörten Frau zufällig hört. Sie verrät aber nicht, dass es ihre Hündin ist, sondern erzählt es dann ihrer Familie. Fortan wird Cora im Haus solange festgehalten, bis alle Nachbarn ihre Brötchen hereingeholt haben.

Nach drei Jahren nimmt ein junger Soldat aus der Nachbarschaft Cora mit in seine Kompanie. Doch dort ist die den Männern, die sie zum Spielen haben wollten, einfach zu müde. So kommt sie zurück und soll daraufhin als Wachhund fungieren. Doch auch dort ist sie nicht lange. Sigrid weiß nicht, was dann aus ihrer Cora geworden ist. Damals war schon der Weltkrieg in vollem Gange. Diese Cora war ihr als nette Hündin in Erinnerung, aber eine tiefer gehende Beziehung hatte Sigrid zu ihr noch nicht.

Schließlich flüchtet Sigrids Familie in den Westen. So kommen sie in Schleswig-Holstein an. Dort beendet Sigrid ihre Schulzeit und absolviert dann ein Studium. Engeren Kontakt zu Tieren hat sie aber erst wieder, als sie nach dem Studium Fritz kennen lernt und heiratet. Schon bevor die erste Tochter geboren wird, kommt ein Langhaardackelrüde, ‚Lümmel 1', in ihre Ehe. Sigrid hatte früher schon Kontakt mit Dackeln gehabt, da ihre älteste Schwester in Pommern auch eine Langhaardackelin hatte und ein Onkel eine Dackelzucht besaß.

Sigrid empfindet es als positiv, dass ihre drei Kinder mit einem Hund, dem ‚Lümmelchen 1', zusammen aufwuchsen. So lernen die Kinder, dass man Rücksicht auf ein Mitgeschöpf nehmen muss und für es sorgen muss. Dieser erste Hund in ihrer Ehe wurde nur zehn Jahre alt, er war herzkrank und blieb auf Spaziergängen manchmal am Deich erschöpft liegen.

Als dieser Hund starb, spürte Sigrid nach der Trauer auch eine gewisse Entlastung und ein Ungebundensein. Ihr Mann ist aber ein großer Hundefreund und so kommt bald ein ‚Lümmel 2' in ihre Familie. Dieser Hund wurde 14 Jahre alt, er kam bei einem tragischen Autounfall ums Leben.

Nach einem weiteren „Trauerjahr" tauchte dann ‚Lümmel 3' auf. Aus dem süßen Welpen entwickelte sich ein aggressiver Alphahund. Sigrid konnte nur schwer warm werden mit ihm. Erst am Schluss, als er leidend war, gelang es ihr.

Parallel zu ‚Lümmel 3' erbten sie noch einen großen Mischlingshund, den ‚Kim', von einer schwedischen Dame, die nicht mehr für ihn sorgen konnte. Auch zwei Kanarienvögel erweiterten Sigrids Familie. Am besten Kontakt hatte Sigrid zu Kim, diesem netten, verspielten Hund, der auch sehr von Lümmel 3 geliebt wurde. Doch dieser Kim starb bald, so dass ihr Dackel doch sehr unter diesem Verlust litt.

Nach dem Tod von Lümmel 3 wollte Sigrid endlich ein Hundeweibchen haben. Schon 14 Tage danach hatten sie eine zweijährige hübsche Langhaardackeldame, die ‚Heide'. Und von Heide wünschte Sigrid sich Welpennachwuchs. Eines Tages tappelten dann sieben Welpenkinder in ihrer Küche herum. Sechs der Dackelkinder wurden in gute Hände abgegeben. Die kleinste Hündin ‚Bine' aber blieb bei ihnen. Sie musste von Sigrid am Anfang extra mit Welpenmilch aufgepäppelt werden, weil sie nicht so schnell wuchs wie ihre Geschwister. Sigrid erinnert sich sehr gerne an diese für sie faszinierende Geburt und die herrliche Welpenzeit.

Sigrid empfindet Dackelweibchen anschmiegsamer als die Rüden, die sie zuvor hatten. Sie liebt die Spaziergänge am Deich und am Wasser mit ihren beiden Hunden. Sie geht gerne frühmorgens, wenn noch nicht so viele andere Hunde unterwegs sind. Kontakte mit anderen Menschen über ihre Hundchen sind ganz normale Begebenheiten für Sigrid. Sie liebt die Natur- und Tierbeobachtungen auf ihren Spaziergängen. Besonders das veränderte Verhalten der Schafe am Deich fiel ihr auf. Waren sie früher noch recht unruhig, wenn ein Hund kam, bleiben sie jetzt einfach ruhiger und gehen nur ein Stück zur Seite, weil sie wissen, die Hunde sind jetzt angeleint.

Sigrid weiß, dass ihr derzeitiges Verhältnis zu Heide und Bine viel intensiver ist als damals zu den drei anderen Dackeln. Damals musste Sigrid noch ihre drei Kinder aufziehen, es blieb tatsächlich auch nicht so sehr viel Zeit. Heute kommt hinzu, dass ihr Mann leider nicht mehr mit den Hunden laufen kann, weil er gehbehindert ist. Also ist Sigrid heute ständig mit den beiden unterwegs. Aber es bereitet ihr überwiegend Freude.

Im Sommer besuchte sie mit Heide und Bine eine Hundeschule. Ein nettes Ehepaar kümmert sich liebevoll um die Hunde. Dort kommen sie in Kontakt mit vielen anderen großen und kleinen Hunden. Einige Male fand auch ein Hundewandern statt.

Sigrid liebt und schätzt ihre beiden Hunde, wie sehr sie sich freuen, wenn sie kommt, dass sie ganz natürlich ihre Gefühle zeigen. Auch die Verspieltheit der jungen Bine und die große Anhänglichkeit ihrer Hunde gefallen ihr besonders.

Für Sigrid ist es zur Zeit „rundum schön" mit den beiden Hunden.

4.1.3.3 Verallgemeinernde Aussagen zu dem Gespräch mit Sigrid

Was habe ich von Sigrid über ihr Leben mit Tieren erfahren?

Sigrid ist zur Zeit unseres Gespräches 72 Jahre alt. Sie ist verheiratet mit Fritz und hat drei erwachsene Kinder, sechs Enkel und zur Zeit zwei weibliche Langhaardackel, Mutter „Heide" und Tochter „Bine".

Wir sind im Gespräch biographisch vorgegangen und Sigrid erzählt zu Beginn über ihre Kindheit und Jugend in S., einer Stadt im Osten Deutschlands, die heute zu Polen gehört.

Erinnerungen einer Frau an Tiere in ihrer Kindheit und Jugend

Kindlich-verspieltes Verhältnis zu den ersten Tieren ihrer Kindheit

Ein kleines Mädchen kann sich über Kaninchen und Zwerghühner freuen.

Es ist möglich, dass…

… sie Zwerghühner geschenkt bekommt, so dass es „ihre Hühner" sind.

… sie noch sehr klein ist und nicht mehr sehr viele Erinnerungen an diese Tiere hat.

… die Zwerghühner nicht sehr lange bei der Familie leben, weil die äußeren Bedingungen es nicht zulassen.

… sie zu Hause auch Kaninchen im Stall haben, die sie gemeinsam mit ihren Geschwistern ab und zu auf den Rasen unter ein Drahtgeflecht setzt.

… sie und ihre Geschwister die Kaninchen einfangen müssen, wenn mal eines wegläuft

Der erste Hund im Leben eines jungen Mädchens

Ein junges Mädchen kann erleben, dass eine große Hündin in ihrer Familie auftaucht.

Da kann es sein, dass …

… diese Hovawarthündin von der Schwester des jungen Mädchens mit nach Hause gebracht wird.

… diese Hündin ein Geschenk von Freunden der Familie aus einer norddeutschen Stadt ist.

… die Hündin der ganzen Familie viel Spaß und Freude bringt, aber leider nur drei Jahre bei ihr bleibt.

… ein junges Mädchen diese Hündin sehr gern hat, aber keine besonders enge Beziehung zu ihr entwickelt.

… sie auch eine lustige Geschichte mit dem Tier erlebt, als „Cora", die Hündin, morgens die Brötchen vor den Türen der Leute stiehlt und eine Frau das bemerkt.

… das junge Mädchen nicht verrät, dass es ihr Familienhund ist, sie das aber der Mutter erzählt und die Hündin von nun an im Haus bleiben muss, bis alle Nachbarn ihre Brötchen ins Haus geholt haben.

… sie häufig über die Hündin rüber steigen muss, weil sie quer im Flur liegt, der von der Küche zum Esszimmer führt.

… die Mutter des jungen Mädchens fast umfällt, wenn sie schwere Einkaufstüten in den Händen hält, und die Hündin, die sich über die Heimkehr der Mutter freut, ihre Tatzen auf die Schulter der zierlichen Frau legt.

Die Hovawarthündin soll in den Kriegsdienst

Ein Nachbarjunge, der zu der Zeit Soldat ist, kann den Wunsch haben, die Hündin als Kompaniehund mitzunehmen.

Es kann dann sein, dass …

… der Nachbarjunge die Hündin bekommt und in seine Kompanie mitnimmt, sie aber bald wiederbringt, weil sie dort den ganzen Tag schläft.

… seine Kompaniekameraden mit ihr spielen und toben wollen, sie dafür aber wirklich zu verschlafen ist.

… die Hündin daraufhin als Wachhund dienen soll, sie aber Angst vor lauten Knallen hat.

… sich hier die Spur der Hündin leider verliert.

… das junge Mädchen auch auf dem Pferd des Gemüsehändlers reiten darf, wenn auch nur eine kurze Straße entlang bis zur Ecke.

<u>Zur Erinnerung einer Frau an Tiere im Erwachsenenalter</u>

Nach der Flucht aus dem Osten nach Schleswig-Holstein kann ein junges Mädchen erst einmal die Schule absolvieren, damit sie ein Studium anschließen kann.

So kann es vorkommen, dass …

… eine junge Frau nach dem Studium bald heiratet.

… ihr Mann ein großer Hundefreund ist und sie bald in Kontakt mit Hunden kommt.

… sie jedoch durch ihre Ursprungsfamilie schon Langhaardackel kennengelernt hat.

… ihre älteste Schwester in Pommern schon einen weiblichen Langhaardackel in der Familie hat.

… später ihr Vater, der als Soldat in B. stationiert ist, ein Junges von dieser Hündin bekommt.

… ihr Onkel in Niedersachsen eine Langhaardackelzucht hat und viele Erlebnisse mit seinen Welpen teilt.

… einmal Welpen sogar unbemerkt die Ärmel einer Jacke, die über seinen Stuhl hängt, ganz abknabbern.

Lümmel, der erste Dackel in ihrer jungen Ehe

Eine junge Frau kann von ihrem Onkel einen Welpen angeboten bekommen.

Es ist dann möglich, dass ...

... sie sehr erfreut ist über dieses Angebot.

... sie den kleinen Rüden in einer Einkaufstasche von einer Tante in Schleswig-Holstein abholt, da der Onkel den Welpen erst einmal dorthin gebracht hat.

... der junge Hund voller Freude im Haus der jungen Frau und ihres Mannes erwartet wird.

Nach dem Langhaardackel kommen noch drei Kinder zur Familie dazu

Eine Frau kann es als schön und wertvoll empfinden, wenn Kinder in Kontakt mit einem Tier aufwachsen.

So kann es sein, dass ...

... in der Zeit, während ihr erster Hund bei ihnen ist, drei Kinder zur Welt kommen und gleich von Anfang an Erlebnisse mit dem Dackel teilen.

... eine Frau es als gut betrachtet, wenn Kinder in Kontakt mit Tieren groß werden und lernen, dass Tiere auch Lebewesen sind, denen man kein Leid zufügen darf, für die man sorgen muss und auf die man Rücksicht nehmen muss.

Große Tierliebe auch bei zwei erwachsenen Kindern und den Enkeln

Zwei der jetzt erwachsenen Kinder und alle Enkelkinder können sehr viel Freude im Umgang mit Tieren haben.

Es mag dann sein, dass ...

... die älteste Tochter einen kleinen weiblichen Rauhaardackel hat, der von ihrer ganzen Familie sehr geliebt wird.

... die beiden Söhne der jüngeren Tochter auch sehr tierlieb sind, der älteste gerne reitet und viel mit Pferden zu tun hat, der jüngere Sohn mit dem Hund seiner anderen Großeltern viel spielt und läuft.

... der Sohn und seine Frau auch sehr viel Freude im Umgang mit Tieren haben.

... zur Zeit die situativen Bedingungen und die Wohnmöglichkeiten nicht geeignet sind, um Tiere zu halten, dass sie sich aber gerne einen Hund anschaffen würden.

Es gab sogar Pferde und Ponys für die Kinder und Reitversuche ihrer Mutter

Eine Frau kann Reitunterricht nehmen, um dann festzustellen, dass dies doch nicht so günstig für sie ist.

So ist es möglich, dass ...

ihre Kinder im Reitverein sind und dort lernen, tiergerecht mit Pferden und Ponys umzugehen.

... sie selbst aber zu Pferden keine rechte Beziehung bekommt, und immer froh ist, wenn sie heil vom Pferderücken wieder absteigen kann.

… sie Pferde sehr gerne mag, aber eben keine vertraute Beziehung entsteht.

Der traurige Abschied vom ersten Langhaardackel in der Familie

Wenn „Lümmmel", der erste Dackel in der Ehe, schon mit zehn Jahren stirbt, kann es sein, dass ein Ehemann mehr als seine Frau um diesen Hund trauert.

Dann kann es passieren, dass …

… eine Frau merkt, dass ihr Mann wahrscheinlich mehr trauert als sie.

… sie insofern auch ein Stück Freiheit mehr genießen kann als ihr Mann.

… sie auch die Ungebundenheit als angenehm empfindet.

… sie aber auch Mitgefühl mit dem Hund und für die Trauer ihres Mannes hat.

… der Dackel wohl an einer Herzkrankheit gestorben ist.

… eine Frau rückblickend feststellt, dass sie das Gebundensein wohl belastender empfindet als ihr Mann, besonders wenn sie verreisen möchten.

… sie aber weiß, dass sie viel Glück haben und immer ein Hundesitter im Haus ist während ihrer Abwesenheit.

Ein zweiter Langhaardackel, „Lümmel 2", kommt in die Familie

Wenn eine Frau und ihr Mann ein Jahr „Hundepause" machen, kann es sein, dass die Nichte sie auf eine Zeitungsanzeige aufmerksam macht.

So kann es passieren, dass …

… eine Frau aufmerksam wird auf eine Hundezucht in einer Stadt ganz in der Nähe.

… die Nichte erzählt, der „Hundevater" sähe genauso aus wie der erste Familiendackel, Lümmel 1.

… das Ehepaar sofort in diesen Ort fährt und sich wieder einen Dackelrüden kauft.

… der kleine „Lümmel 2" gerade acht Wochen alt ist, wenn er in seine neue Heimat kommt.

… jetzt aber gerade eine Urlaubsreise ansteht und eine Frau und ihr Mann diese Reise nicht absagen möchten.

… sie überlegen, ob sie ihren jungen Dackel nicht in seinen Heimatzwinger zurückbringen sollen, da er hier ja mit allem vertraut ist.

… der junge Hund in seinen Zwinger zurückkehrt, aber jetzt sehr von den anderen Hunden attackiert wird und die Frau des Züchters ihn mit zu sich ins Haus holen muss.

… diese kleine Tragödie dem Ehepaar erst nach ihrem Urlaub berichtet wird.

… der junge Dackel seitdem wohl eine Urangst vor jedem anderen Hund entwickelt hat, egal, wie groß er ist.

… andere Hunde diese Angst des Dackels spüren und er später zweimal auf der Straße gebissen wird.

Eine Beißattacke von einem Jagdhund und ein schwerverletzter Dackel

Wenn ein Dackel seinen kleinen Spaziergang alleine macht und auf dem Rückweg auf dem Bürgersteig läuft, kann er Opfer eines jagdlustigen Hundes werden.

Dann ist es möglich, dass …

… ein Nachbar mit seinem Jagdhund aus der Tür tritt und sein Hund einen braunen Langhaardackel vorbeilaufen sieht, diesen dann als mögliches Jagdobjekt wahrnimmt und zubeißt.

… der Hund des Jägers dem Dackel fast die ganze Felldecke abreißt, so dass er schwerverletzt wird.

… der Nachbar sofort mit dem Ehepaar und ihrem halbtoten Dackel zum Tierarzt in den Nachbarort fährt.

… erst nach wochenlanger aufopfernder Pflege der Dackel wieder gesund wird.

… eine Frau sich sehr um ihr krankes Tier kümmert und ihm eine homöopathische Salbe auf die schwer heilenden Wunden reibt, und dieses Mittel endlich zur Besserung führt.

… der Dackel zunächst noch eine Halstüte tragen muss und er jetzt einen etwas schiefen Hals hat, wozu wohl auch der Narbenzug beiträgt.

… der Langhaardackel dadurch eine etwas schiefe, aber neckische Kopfhaltung hat.

Lümmel 2 hört nicht mehr gut und gerät unter ein Auto

Wenn ein Hund schon 14 Jahre alt ist, kann es sein, dass er nur noch auf einem Ohr gut hört.

So kann es sein, dass ...

... seine Familie Verwandte in M. besucht und er sich in einer fremden Umgebung nicht auskennt.

... sein Frauchen ihn immer ruft und er in die falsche Richtung läuft, weil er nicht mehr richtig hört.

... der Dackel so unter ein Auto gerät und stirbt.

... der Tod dieses Tieres ein Schock für seine Familie ist.

... er bis auf das verschlechterte Hören noch ganz mobil und munter gewesen ist.

... am gleichen Tag das letzte Meerschweinchen des Sohnes aus seinem Körbchen fällt und ebenfalls stirbt.

... eine Frau und ihr Mann daraufhin beide Tiere zusammen im Garten beerdigen.

Der dritte Hund in der Familie ist ein Alpha-Hund

Wenn wieder ein Jahr seit dem Tod des letzten Dackels vergangen ist, ist es möglich, dass die jüngste Tochter die Anzeige einer Dackelzucht findet.

Es ist möglich, dass ...

... eine Frau noch gar nicht wieder bereit ist, einen neuen Hund zu sich zu nehmen.

… eine Frau meint, sie wolle ein Stück Freiheit noch nicht aufgeben und erst im nächsten Jahr einen Hund kaufen.

… sie und ihr Mann erst mal nur zum Schauen zur Dackelzucht fahren.

… ihr beim Züchter ein süßer Welpe in den Arm gelegt wird, ihr „Herz schmilzt" und sie dem kleinen Dackel nicht widerstehen kann.

… ihr Mann sich sehr freut und so der dritte Lümmel in ihre Familie kommt.

… es sich herausstellt, dass dieser junge Hund ein Alpha-Tier ist, eine Art Rudelführer.

… er sehr aggressiv ist und sogar Menschen verwundert, die sonst mit Hunden gut umgehen können.

… eine Frau dieses Tier nach 14 Tagen wieder zurückgeben möchte, ihr Mann sich aber dagegen ausspricht.

… sie zu der Zeit noch einen Kanarienvogel haben und der Dackel schon als Welpe oft nach dem Vogel schnappt.

… eine Frau ganz froh ist, dass ihr Mann mit dem Dackel läuft, da er als Pensionär jetzt mehr Zeit hat als sie.

… sie lange Zeit mit diesem Hund nicht warm werden kann, und es ihr erst am Schluss, als er schon älter und krank ist, gelingt, zu ihm eine innigere Bindung herzustellen.

… eine Tierärztin ihm noch eine Spritze gibt, er dann wieder mobiler wird, aber am gleichen Abend einschläft.

… eine Frau es schön findet, dass sie ihren Hund bis dahin nicht einschläfern lassen musste.

Eine Frau möchte endlich mal einen weiblichen Dackel!

Kurz nach dem Tod des dritten Dackelrüden kann es sein, dass ein Ehemann tagelang nach einer Anzeige in der Zeitung sucht.

Es kann dann geschehen, dass …

… er eine Anzeige findet, dass eine zweijährige Dackelhündin abzugeben ist und er bereit ist, sie zu holen.

… die Familie nach 14 Tagen wieder einen Dackel hat, diesmal aber ein wunderhübsches Weibchen.

… eine Frau lieber ein Weibchen haben möchte, da ihr der letzte Rüde zu aggressiv gewesen ist.

… eine Frau erlebt, dass diese Hündin sehr verschmust und anhänglich ist und sie ein viel besseres Verhältnis zu ihr bekommt als zu dem letzten Hund.

… sie aufgrund der Zuneigung zu diesem Tier Pläne fasst, mit dieser Langhaardackelhündin auch einmal Welpen zu bekommen.

… die Hündin läufig wird und auch von einem guten Rüden, den ihr die Vorbesitzer vermittelt haben, dann gedeckt wird.

… ihr Mann leider zu dieser Zeit gerade im Krankenhaus liegt und von der „Hundeehe" nichts mitbekommt.

Die aufregende und faszinierende Zeit um die Geburt herum und mit den Welpen

Wenn der Zeitpunkt der Geburt bei einer Hündin nahe ist, kann das Frauchen schon viele Vorbereitungen getroffen haben.

So ist es möglich, dass …

> … eine Frau schon eine Wurfkiste bereit hält und überall Ratschläge einholt, besonders bei den Vorbesitzern, die sie sehr unterstützen.
>
> … sie sich auf das große Ereignis freut und nur kurz einer Einladung nachkommt, weil sie spürt, der Tag der Geburt ist da und sie unbedingt dabei sein möchte.
>
> … gerade neun Wochen um sind und die Hündin früh am nächsten Morgen ein Junges nach dem anderen zur Welt bringt.
>
> … ihr Frauchen unten auf dem Sofa neben ihrer Hündin schläft und die Babys fast auf dem Sofa kommen, und die Hündin ihre Nähe sucht.
>
> … bald sieben Hundebabys in der Wurfkiste in der Küche liegen.
>
> … ihr Frauchen bei dem ersten Welpen noch helfen muss.
>
> … sie ihren Mann weckt, weil er das Ereignis auch erleben möchte.
>
> … die Hündin wunderbar ihre Babys versorgt und ableckt.
>
> … eine Frau die Welpen wie ein Wunder empfindet und hingerissen und fasziniert ist.
>
> … eine Frau es als zauberhaft beschreibt, wenn sie nur die Hand zwischen den Welpen hat.

… die Enkelin, die eine große Tiernärrin ist, sich am liebsten zwischen die Welpen in die Kiste setzen würde.

… eine Hündin voller Vertrauen ihr Frauchen an die Jungen heranlässt, während andere Frauen und die drei Kinder nicht zu dicht herankommen dürfen.

Ein Welpenkind muss besonders gefördert werden

Eine Frau kann bemerken, dass ein Hundekind kleiner bleibt als die anderen und sie zunächst denkt, dass dieses Tier wohl auch kleiner bleiben wird.

Es kann dann aber sein, dass …

… eine Frau merkt, dass dieses Hündchen nicht oft genug an die Zitzen der Mutter gelangt.

… sie nachhelfen muss und die kleine „Bine", wie sie sie nennt, immer wieder an einer Zitze anlegt und auch Welpenmilch zufüttert.

… dieses kleine Hundemädchen rasch Anschluss im Wachstum bekommt und sie ihrem Frauchen von allen Geschwistern am meisten am Herzen liegt.

… eine Frau heute glücklich mit zwei weiblichen Langhaardackeln ist, da sie sich von der kleinen Bine später nicht mehr trennen kann.

… die anderen Junghunde an gute Leute weggegeben werden, als sie etwa acht Wochen alt sind.

Probleme treten auf und die Frage, ob die junge Hündin doch wieder zu den Vorbesitzern soll

Wenn die Schwester einer Frau schwer erkrankt, kann es sein, dass sie sich häufig um sie und ihren Schwager kümmern muss und keine Zeit für zwei Hunde bleibt.

Dann ist es möglich, dass …

… die Vorbesitzer dem Ehepaar anbieten, dass sie die kleine Bine nehmen würden, falls sich Mutter und Tochter nicht verstehen oder bei sonstigen Schwierigkeiten.

… der Ehemann Probleme mit seinen Beinen hat, so dass seine Frau auch noch allein mit den beiden Dackeln laufen muss.

… alles zusammen für große Nervenanspannung sorgt und eine Frau verzweifelt.

… sie die Vorbesitzer fragt, ob sie die kleine Bine wieder nehmen könnten.

… die Züchter begeistert sind und sich auf die junge Hündin freuen.

… dann aber etwas Zeit vergeht, in der sich die Frau nervlich erholt und merkt, wie bezaubernd Bine mit ihrer Mutter spielt.

… es ihr jetzt unmöglich ist, die kleine Hündin wieder zurückzugeben und sie bei dem Züchterehepaar absagt, woraufhin die unfreundlich reagieren.

… die Vorbesitzer jetzt wieder gut mit ihnen sprechen können.

Bine bleibt zu Hause und ihre Familie ist glücklich

Eine Frau kann sehr darauf achten, dass sie die kleine Hündin nicht der Hundemutter vorzieht.

Es kann dann vorkommen, dass …

… die Hundemutter weiter die „erste Geige" spielt, wie ihr Frauchen erzählt.

… die kleine Bine das akzeptiert und ihre Mutter nicht das Gefühl bekommt, dass sie jetzt abgeschoben ist, weil die Kleine auch eine wichtige Rolle spielt.

… Hundemutter und -tochter ein gutes Verhältnis miteinander haben.

Ein trauriges Ende für einen Kanarienvogel

Eine Frau kann sich an eine unglückliche Geschichte mit einem kleinen Vogel erinnern.

So kann es sein, dass …

… sie den Vogel von einer alten Dame erbt, weil diese ins Altersheim geht.

… der Vogel frei herum fliegen darf, aber auch gerne in seinen Käfig in der Küche zurückkehrt.

… dieser Vogel, wenn er in der Mauser ist, auch auf dem Fußboden sitzt.

… es mit dem zweiten Dackel in der Familie keine Probleme mit dem Vogel gibt, aber bei dem dritten, aggressiven Hund das „Schicksal zuschlägt".

… dass das Ehepaar verreist ist und die jüngste Tochter einhütet.

… in einem unbeobachteten Moment der Dackel den kleinen Vogel am Fußboden totbeißt.

… eine Frau den Vogel mag, aber keine besondere Beziehung zu ihm entwickelt hat.

… sie dennoch dieses Ende für den Vogel sehr bedauert.

Eine schwedische Erbschaft

Eine Frau und ihr Mann können seit längerem eine ältere schwedische Dame betreuen, die zunächst noch zwei Hunde hatte, einer jedoch schon eingeschläfert wurde.

Es mag sein, dass …

… die ältere Dame sich auch nicht mehr richtig um ihren zweiten Hund „Kim" kümmern kann und er sehr verschmutzt ist.

… diese Dame im Winter plötzlich ins Krankenhaus muss

… eine Frau versucht, diesen großen Hund, der wohl auch Pudel als Vorfahren hat, in einem Tierheim unterzubringen.

… alle erreichbaren Tierpensionen im Winter geschlossen sind, weil sie nicht beheizt sind.

… eine Frau diesen großen schwarz gelockten Hund erst mal zum Baden und Trimmen bringt.

… eine Frau und ihr Mann schon vorher mit diesem Hund mit „Lümmel 3" spazieren gegangen sind.

… ihr dritter Langhaardackel mit dem großen Hund aufgewachsen ist und eine Frau das als gut empfindet.

… ihr etwas wilder Dackel durch das Zusammensein mit dem größeren Hund etwas ruhiger wird.

… nach drei Tagen ein Tierheim anruft, sie könnten den Hund nehmen und bald danach eine Krankenschwester sich meldet, die ihn auch gern hätte.

… der große Hund sich aber schon in die Herzen der Eheleute geschlichen hat und sie ihn auf keinen Fall mehr weggeben wollen.

… die ältere Dame zurück nach Schweden zu ihrer Schwester fährt und den Hund nicht mitnehmen darf.

… eine Frau diesen Hund jetzt als „schwedische Erbschaft" behält.

… ihr dritter Dackel den großen Kim sehr liebt und an ihm hängt.

… der große Hund auch sehr am Mann und der Frau hängt.

Kim bleibt bei ihnen, sehr geliebt vom Dackel

Eine Frau kann erleben, dass dieser große Hund öfter wegläuft.

So kann es vorkommen, dass …

… eine Frau genau weiß, dass sie ihn in den Schrebergärten suchen muss, wo er dann auch bald auftaucht.

… dieser liebe, gutmütige große Hund eines Tages tot neben seinem Körbchen liegt.

… dieser Tod sehr plötzlich für alle in der Familie ist.

… besonders Lümmel 3 unter dem Abschied leidet von seinem großen Freund, den er sehr vermisst.

Eine Frau hängt sehr an ihren beiden Dackelweibchen

Eine Frau kann aufgrund der Welpengeschichte eine besonders enge Bindung zu ihren Dackeln bekommen.

Dann kann es sein, dass ...

> ... sie sehr verzaubert ist von der kleinen Bine und sie aufpassen will, dass sie die junge Hündin nicht vorzieht.

> ... sie überlegt, dass sie wohl doch auch zu den drei Dackelrüden ein ganz gutes Verhältnis gehabt haben muss.

> ... eine Nichte von ihr immer erzählt, dass einer der Hunde stets bei ihr stand oder zwischen ihren Beinen hervorlugte, wenn sie z.B. Unkraut hackte im Garten.

> ... sich heute oft der Kopf eines ihrer Hundekinder in ihre Armbeuge schiebt, wenn sie im Garten arbeitet.

Die wunderschöne Welpenzeit

Wenn eine Frau zum erstenmal so verzaubert ist von einer Hundegeburt und den Welpen, kann es sein, dass sie immer wieder begeistert davon spricht.

Dann kann es sein, dass ...

> ... eine Frau die Hunde jetzt intensiver erlebt, wohl auch wegen der Welpengeschichte, die sie immer noch fasziniert.

> ... sie sich an die Welpen erinnert, wie sie durch die Küche und später durch die Diele tappelten.

> ... sie auch die Hundemutter großartig findet, weil sie so wunderbar ihre Kinder versorgt hat.

Heide, eine wunderbare Hundmama

Eine Frau kann besonders beeindruckt sein von der besorgten Mütterlichkeit ihrer Hundemutter.

Dann ist es möglich, dass ...

... sie erlebt, dass sie z.b. ihrer Hündin einen schönen Suppenknochen gibt und diese ihn dann aber ihren Jungen bringt.

... die Hundemutter eines Tages durch den Zaun aus dem Garten schlüpft, aber nicht wieder den Weg zurück findet und deshalb in Panik ist, da sie ja Welpen hat.

... ihr natürlich sofort geholfen wird, durch den Zaun zurückzukommen und sie erleichtert und voller Freude durch den Garten läuft.

... eine Frau durch die Dankbarkeit und Freude der Hündin sehr berührt ist.

Das Leben mit Tieren ist für eine Frau eine Bereicherung

Eine Frau kann das Leben mit ihren Tieren gegenwärtig als Bereicherung empfinden.

Es mag sein, dass ...

... sie sich zwar ein Leben ohne Tiere vorstellen kann, aber die tollen Erlebnisse mit ihrer Hündin und den Welpen für sie eine echte Bereicherung in ihrem Leben sind.

... die beiden Hündinnen ihr besonders ans Herz gewachsen sind durch die vielen rührenden Ereignisse.

... ihr Mann leider gehbehindert ist und sie jetzt mit den Hunden laufen muss.

... sie meistens mit Freude mit den Tieren am Deich und am Wasser entlang läuft.

... sie sehr früh losgeht, weil dann noch nicht so viele Leite unterwegs sind mit ihren Hunden.

Der Natur kommt sie jetzt viel näher durch die Hunde

Eine Frau kann durch die vielen Spaziergänge mit ihren Hunden viele neue Eindrücke von der Natur und anderen Tieren gewinnen.

So kann es geschehen, dass ...

... sie diese Beobachtungen auf ihren Wegen auch als Bereicherung empfindet, wenn sie z.b. den Schafen beim Weiden zuschaut.

... sie früher beobachtet hat, dass die Schäfchen etwas verschreckt weglaufen.

... sie allmählich lernen, dass Hunde jetzt häufig am Deich laufen, die aber alle an der Leine sind.

... die Schafe sich jetzt langsamer erheben und nur ein kleines Stück zur Seite gehen, um Spaziergänger und Hunde durchzulassen.

... eine Frau meint, dass sie solche Beobachtungen, wie Schafe lernen, sonst nicht gemacht hätte.

Ein erstaunliches Ereignis mit einem jungen Hund

Eine Frau kann ein denkwürdiges Ereignis mit einem jungen Rüden haben.

Es kann passieren, dass …

… sie und ihr Mann alle Welpen bis auf Bine in gute Hände abgeben.

… ein Welpe sogar schon mit sieben Wochen seine Heimat verlässt, um ein schönes neues Zuhause in Niedersachsen zu finden.

… sein Herrchen mit ihm zu Besuch in die alte Heimat kommt.

… dieser junge Hund mit aller Macht zu der Tür des Hauses zieht, sofort hinein stürmt und dann mit Bine durch das Haus und den Garten schießt, als wäre er nie fort gewesen.

… sein früheres Frauchen das als sehr erstaunlich ansieht, weil er ja doch als erster seine ursprüngliche Heimat verlassen hat.

Die beiden weiblichen jungen Dackel als Kommunikationshilfe

Eine Frau kann es als angenehm empfinden, dass sie aufgrund ihrer tierischen Begleitung häufig angesprochen wird.

Da kann es vorkommen, dass …

… sie auch von fremden Menschen angesprochen wird und sie auf diesem Wege nette Bekanntschaften macht.

… sie oft mit Menschen ins Gespräch kommt, ob es auf der Straße ist, bei Spaziergängen am Deich oder besonders beim Tierarzt im Wartezimmer, allein durch die Anwesenheit ihrer beiden Hunde

Tiere sind wertvolle Begleiter auch für Kinder

Eine Frau kann von ihrem Enkel erzählen, dass er bei seinen anderen Großeltern, die einen Hof haben, innigen Kontakt mit dem Familienhund hat.

Es ist möglich, dass ...

... dieser Familienhund plötzlich bei einem Autounfall stirbt.

... die anderen Großeltern sofort einen neuen Hund besorgen und dieser bald ganz zum Enkel gehört.

... der Hund auf dem Boden liegt und der Junge seinen Kopf auf dieses Tier legt.

... eine Frau es schön findet, dass ihrem Enkel das ermöglicht wird, da es bei ihm zu Hause keine Tiere gibt.

... der Junge viel Spaß hat und eine innige Beziehung zum Hund erleben kann.

... eine Frau es daher den Umgang mit Tieren sehr gut für Kinder findet.

Erziehung ist wichtig, aber Dressur und Manipulation wird abgelehnt

Eine Frau kann Manipulationen bei Tieren ablehnen und kann für geeignete Erziehungsmaßnahmen bei Tieren, insbesondere bei Hunden, plädieren.

Es kann dann sein, dass ...

... eine Frau auch gegen Dressuren im Zirkus ist und große Bedenken hat.

... sie aber für Erziehung bei Hunden ist.

... sie für gute Aufzuchtanstalten ist, in der die Tiere Liebe und Wärme in ihrer Welpenzeit bekommen.

... die Massentiererzeugung schlimm findet und meint, dass ohne liebevolle Aufzucht Hunde heranwachsen, die unberechenbar sein können.

Zwei junge Dackel gehen zur Hundeschule

Eine Frau kann im Sommer mit ihren Hunden eine Hundeschule besuchen.

Dann kann es geschehen, dass ...

... sie begeistert ist von der Schule und dem Ehepaar, das diese Schule leitet.

... sie merkt, dass dieses Ehepaar seine Arbeit mit viel Liebe zum Tier macht.

... beim Üben auf der Wiese die Hunde auch lernen, dass sie nicht aneinander geraten und gut miteinander auskommen sollen.

... im Sommer auch einige Male „Hundewandern" stattfindet und die Hundebesitzer zusammen mit ihren Tieren laufen.

... sie findet, dass es für Hunde gut ist, wenn sie mit anderen Tieren zusammen kommen und nicht allein aufwachsen.

Bedeutsame Erfahrungen für eine Frau

Für eine Frau können die Geburt der Welpen und die Hundeschule sehr wichtige und neue Erfahrungen in ihrem Leben sein.

Es kann also sein, dass ...

... alle diese Ereignisse eine enge Beziehung zu ihren Hündinnen geschaffen haben.

... eine Frau an ihren Tieren schätzen kann, dass sie ganz natürlich ihre Gefühle zeigen und ausleben.

... sie sehr mag, dass die Hunde sich sehr freuen, wenn sie kommt und zu Hause bleibt.

... sie sehr die Verspieltheit ihrer jüngsten Hündin mag.

... sie das Unverfälschte der Tiere schätzt und ihre große Anhänglichkeit.

... sie am Schluss meint, dass es zur Zeit eigentlich „rundum schön" ist mit den beiden Dackeln.

4.1.4 Das Gespräch mit Fritz

<u>Zur Person und zur Gesprächssituation</u>

Fritz ist zur Zeit des Gesprächs 78 Jahre alt. Er lebt in einer Kleinstadt in Norddeutschland. Jetzt ist er Pensionär. In seinem früheren Berufsleben war er Richter. Nebenher engagierte Fritz sich sehr für die Kommunalpolitik, auch auf Kreisebene war er politisch tätig.

Fritz ist verheiratet mit Sigrid und hat drei erwachsene Kinder, zwei Töchter und einen Sohn sowie zwei Dackeldamen, Heide und Bine.

Ich kenne Fritz seit meiner Kindheit. Unsere Familien sind seit langem befreundet. So hatte Fritz nichts dagegen, als ich ihn um ein Gespräch für meine Diplomarbeit bat.

Wir trafen uns vormittags an einem wunderschönen sonnigen Tag Mitte Juni bei ihm zu Hause. Fritz saß während des Gesprächs auf dem Sofa im Wohnzimmer und ich im Sessel, das Aufnahmegerät hatten wir auf dem Couchtisch zwischen uns stehen.

Das Gespräch verlief in angenehmer Atmosphäre. Er hatte eine lustige und humorvolle Art des Erzählens. Ich kannte schon viele Begebenheiten aus seinem Leben, und doch war es faszinierend für mich, von Fritz Tiergeschichten erzählt zu bekommen, die schon vor dem 2. Weltkrieg bzw. während der Kriegszeit geschehen waren. Häufig kam Fritz' humorvolle Seite deutlich hervor. Fritz rauchte gelegentlich Pfeife während des Gesprächs, und ich konnte mich mit Fruchtsaft erfrischen. Während unseres Gesprächs tobten seine zwei Langhaardackel, Mutter und Tochter, übermütig im Garten, später meldeten sie sich aber bettelnd bellend an der Verandatür. So waren kleine Unterbrechungen im Gespräch ganz normal, bis Fritz sie nach unserem Gespräch schließlich hereinließ.

4.1.4.1 Verdichtungsprotokoll von dem Gespräch mit Fritz

Ich beginne das Gespräch mit dieser Einleitung:

„Ja, Fritz, heute haben wir uns getroffen, um ein Gespräch zu machen. Wir wollen heute ein Gespräch führen über die Mensch-Tier-Beziehung. Tja, und dann wollte ich gern mal von dir wissen, wie war es denn in deiner Kindheit? Hattest du da schon nähere Beziehungen oder Kontakte zu Tieren? Magst du darüber etwas Näheres erzählen?"

Fritz' Tiererfahrung in der Kindheit

Der erste Hund Tell

Fritz erzählt daraufhin, dass er mit vier Jahren in das Haus gezogen ist, das er heute noch bewohnt, und dass sie damals einen Hund hatten namens ‚Tell'. Ein hellfarbener Hund, der aber nach Fritz' Erinnerungen nicht sehr lange bei ihnen bleiben durfte. Dieser ‚Tell' leckte Fritz häufig das Gesicht ab, und das gefiel Fritz' Eltern nicht.

„Ja, als ich vier Jahre alt war, sind wir in dieses neue Haus eingezogen, und dann hatten wir einen Hund ‚Tell'. Der war etwas gelblich – die Rasse kenn' ich nicht mehr – der lief gleich bis auf den Boden, pinkelte da oben hin. Und der musste aber wieder weg, weil er mich immer ableckte. Ich sagte immer: ‚Er leckt mir schon wieder!', nicht. Meine Eltern wollten das nicht haben."

Fritz kann sich nicht erinnern, woher sie ‚Tell' bekommen hatten. Er war damals noch zu klein.

Das schwarze Kätzchen

Fritz berichtet weiterhin von einer schönen kleinen schwarzen Katze, die sie etwa sechs Monate zu Hause hatten. Er war jetzt schon etwas älter und kann sich auch noch an das Verschwinden dieser Katze erinnern:

> „Aber die lief mir dann auch immer hinterher, und dann eines Tages ist sie die Schulstraße mit runtergelaufen und bei Neiss in'n Gang rein, da, wo der Bäcker heute ist. Da ist sie dann rein, und da war sie mit einmal verschwunden.
> Seitdem haben wir sie nicht mehr gesehen; die haben wir nie wiedergefunden."

Woher diese Katze kam, ob sie ihnen zugelaufen war, das weiß Fritz heute nicht mehr.

> „Nee, nee, aber wir haben sie doch sehr gern gehabt."

Fritz' Tiererfahrungen aus der frühen Jugend

Der Familienhund ‚Lumpi'

Bald nach dieser Zwischenepisode mit dem Kätzchen kam sein geliebter Hund Lumpi in sein Leben und das seiner Familie.

> „Der Lumpi, der lief uns eines Tages ins Haus, das heißt, er ist meinem Vetter Heinz zugelaufen. Der arbeitete in B. bei der Meierei. Und auf der Südseite unserer Stadt wohnte ein Milchmann, und

dem gehörte der Hund. Das wussten wir aber nicht. Und dieser hatte Heinz wohl angesprungen, und denn brachte er ihn mit hierher. Und dann lief er zweimal noch weg hier, aber dann kam er immer wieder. Dann sagten meine Eltern: ‚Dann soll er man hierbleiben!'"

Um das Tier letztendlich selbst entscheiden zu lassen, wo es nun hingehört, besuchen Fritz' Mutter und eine seiner Schwestern den Milchhändler. Dort wollen sie den Mann überreden, dass es doch sein Hund eigentlich sei und er sich um ihn kümmern müsse. Doch der ist ziemlich gleichgültig, und tatsächlich läuft Lumpi den beiden Frauen hinterher, ohne sich noch einmal umzublicken. Das war dann das Zeichen für Fritz' Mutter und seine Familie, dass der Hund lieber bei ihnen bleiben wollte.

„Meine Schwester und meine Mutter, die sind dann rübergegangen zur Südseite zu dem Milchhändler, haben mit ihm geschnackt, ob er nicht den Hund behalten wollte, nicht, gehört doch dahin und so weiter und … Aber der legte keinen großen Wert darauf. Und der Hund ist ihnen gleich wieder hinterher gelaufen. Hat sich auch nicht mehr umgeguckt. Und dann war er wieder mit hier."

Nun war Lumpi ihr Hund, nachdem er sich so deutlich entschieden hatte. Aber Lumpi war auch ein freiheitsliebender Hund. Er war schon immer viel rumgestromert, und das tat er auch jetzt bei seiner neuen Familie.
Einmal landete der Hund in einer Straße, wo Schulkinder mit ihm einen bösen Scherz machten. Sie warfen ihn aus dem Feuerwehrturm und nachdem er das – Gott sei Dank – heil überstanden hatte, meinten die Jungs: „Das ist ja Jesus!"

„Ja, wie Kinder so sind!
Aber der war ja so gelenkig, da hat er sich wohl in der Luft gleich umgedreht entsprechend, nicht – zack – auf die Füße und ist dann weggelaufen."

Lumpi wird vom Jäger erwischt

Fritz erzählt noch von einem denkwürdigen Ereignis, bei dem Lumpi aber etwas gelitten hat:

„Und denn ist er ja, aber das war viel später, dann ist er auch wieder rumgestrolchert auf der Südseite, und er sah ja aus wie ein Hase, nicht. So 'ne braune Farbe, also wie ein Dackel die Größe ungefähr, aber etwas hochbeiniger. Und dann hat ein Jäger ihm eins auf's Fell gebrannt! Hat wohl gedacht, das ist ein Hase!
Und dann fanden sie ihn da bei dem Kohlenlager, und da war ein Freund von meiner Schwester Edith, und der kannte ihn ja von hier schon: ‚Mensch, das ist doch der Lumpi!' Und denn haben sie ihn da hochgepäppelt und hochgepflegt, und nach ein paar Tagen kam er hier wieder angetanzt, der Hund, alleene, nicht! (Fritz lacht) Ja!
Und dann hatte er eine große Narbe auf dem Hintern, wo der Jäger ihm die Schrotladung raufgebrannt hatte. Und die Narbe verschwand dann im Laufe der Zeit wieder und kam ab, nicht. (Fritz schmunzelt wieder) Er biss sich die Schrotkugeln nach und nach selbst raus aus der Haut."

Lumpi lernt Kunststücke und besucht die Schule

Fritz und seine Geschwister haben viel mit Lumpi gespielt und getobt; Fritz brachte ihm auch einige Kunststücke bei.
   Fritz erzählt liebevoll von vielen kleinen Begebenheiten, die er mit seinem Lumpi erlebt hat, z.B. dass Lumpi ihn bis zur Schule begleitete und ihn auch im Unterricht besuchte, und dass der Hund stets zu Hause am Fenster stand und wartete, wenn Fritz von der Schule nach Hause kam.

„Ja ... Und mit dem hab ich immer rumgetobt, der konnte Salto machen! Dann nehm ich ihn hoch so an der Decke – so hoch – jupp, dann machte er fein Salto rückwärts! Und wenn ich ihm ein Stück Zucker auf die Nase legte, und wenn ich in die Hände klatschte, dann schnappte er hoch, und dann fraß er es auf. Ja, das war der

Lumpi! Das haben wir ihm beigebracht. Jaa, ganz gelehriger Hund war das!"

Ein gelehriger und ein geliebter Hund

„Und dann, er lief ja auch immer zur Schule mit mir und wartete draußen vor der Tür. Hin und wieder ist er denn mal, wenn er lange genug gewartet hatte, durchgewitscht, und denn wusste er auch, in welcher Klasse ich war, dann tauchte er da auf.
Da war dann großes Gejohle! (Fritz schmunzelt)
… Er stand auch schon hier am Fenster immer, guckte da raus. Wenn ich kam, da war er dann!"

Aus Fritz' Erzählungen wird deutlich, wie sehr er an diesem Hund hing. Auf meine Nachfrage bestätigt er es:

„An dem hab ich sehr gehangen. Ja, ooh!"

Lumpi versteht auch Spaß und Schabernack

Für Fritz' jüngere Schwester Lolo war dieser Hund auch eine große Liebe. Fritz erzählt, dass Lumpi ein phantastischer Spielhund war. Er schwamm mit im alten Hafen und brachte Steine im Maul von einer zur anderen Seite.

„Er schwamm mit im alten Hafen rum, schleppte dann Steine – kriegte er ins Maul – schleppte er auf die andere Seite rüber. (Fritz schmunzelt)
Wenn wir am Deich waren, dann war es manchmal so, dann hatte ich einen Stein, zeigte ihm den vorher noch, nicht wahr. Und denn raste er hinter dem Stein her, den ich eben über 'n Deich geworfen hatte. Und da ging ja die Kante runter (Fritz lacht), dann sprang er hoch in die Luft und purzelte den ganzen Deich runter und ich högte mir einen, nicht. Haha, ach ja … (Fritz schmunzelt)
Das war Toberei!"

Lumpis Abenteuer werden langsam teuer!

Fritz berichtet von weiteren Abenteuern mit seinem Hund, die aber auch Folgen hatten.

„Wir hatten ja auch unseren ‚Erbonkel' aus Amerika mit hier, Onkel Hans. Das heißt, von dem hatten wir nichts geerbt, sondern den hatten wir geerbt in der Erbmasse.
Und der ging immer gern ins Schwimmbad, schaute den Damen gern zu, und der Hund lief mit ihm.
Und dann hat er sich natürlich um den Hund gar nicht gekümmert, und dann hat der Hund da fleißig im Dreck gewühlt. Da kriegte ‚Körnchen', 'ne altbekannte Stadtpersönlichkeit hier, die kriegte dann den ganzen Dreck auf ihre Klamotten. Und die beschwerte sich dann bei meinen Eltern. (Fritz lacht) Und dann – in dem Zusammenhang ist er dann auch einmal ausgekniffen und hat die Schafe ins Wasser gejagt. Ja, und da mußte unser alter Herr noch Strafe zahlen."

Fritz berichtet von seinem Lumpi, dass er ein guter Kamerad war, man mit ihm alles aufstellen konnte, und dass dieser Hund nur durch seine Anwesenheit Fritz jeden Tag aufmunterte. Dieser Hund war das Rumstromern so gewöhnt, dass er seine Spaziergänge allein machte ohne Leine, ohne Halsband. Damals war es noch möglich!
Später, als Fritz vom Studium in H. am Wochenende nach Hause kam, freute Lumpi sich überschwänglich.

„Der beschwerte sich auch nicht, wenn man mal ein paar Tage weg war oder so. Der ist aber nie alleine gewesen. Aber er selbst stolzierte ja auch wieder ein paar Tage immer durch's Gelände und denn kam er wieder, nicht."

Der traurige Abschied von Lumpi

Fritz berichtet dann vom traurigen Abschied von seinem Lumpi. Es war in der Nachkriegszeit, und die Versorgung mit Lebensmitteln war sehr schwierig. Menschen und Tiere hungerten.

„Nun war ja die Kriegszeit beendet. Er kriegte ja immer, gab ja auch kein Hundefutter, wie es heute gibt – immer das, was übrig blieb. Und meine Mutter hatte ja Angst, dass sie ihn nicht mehr durchkriegt, und deswegen sollte er weg. Der hätte ja noch ein paar Jahre leben können, der war ja noch gar nicht so alt!
Und dann hatte sie (meine Mutter) den Tierarzt bestellt und wunderte sich immer, dass der Tierarzt nicht kam. Meine Schwester und ich hatten dann immer beim Tierarzt angerufen und gesagt: ‚Das soll noch nicht passieren.', nicht. Er kam dann nicht.
Und dann war ich ja nachher in H. schon.
Und ich hab' das nicht mitgekriegt. Und denn ist er eines Tages eben draufgegangen, wurde eingeschläfert, nicht."

Dieses Ereignis war für Fritz und seine Schwester besonders schrecklich, weil sie alle ihren Lumpi sehr geliebt hatten. Aber die Zeiten waren ja insgesamt nicht einfach, besonders die wirtschaftlichen Sorgen waren prägend.

Fritz spricht es noch einmal aus, heute kann er schon wieder lächeln:

„Ja, ja, da war dann die schreckliche „kaiserlose Zeit", kann man sagen."

Vogelgeschichten und ein Zaunkönig namens Hansi

Schon in der Vorkriegszeit, erinnert Fritz sich, gab es Vögel bei ihnen zu Hause. Seine Mutter hielt immer Kanarienvögel, doch zu diesen Vögeln hat Fritz nie eine richtige Beziehung gehabt.

Aber eines Tages, Lumpi war schon bei ihnen, hatten sie plötzlich einen Zaunkönig. Dieser Vogel hatte sich verfangen und verletzt, er war flügellahm.

Fritz erzählt, dass Lumpi und die Vögel zusammen im Haus lebten und der Hund ihnen nie etwas getan hat.

„Nee, wir hatten eines Tages einen Zaunkönig hier bei uns, verfangen irgendwo. Und der hatte wohl einen Flügel bisschen gebrochen oder was, (weiß nicht). Der konnte nicht richtig fliegen, und den haben wir hochgepäppelt.

Ich weiß auch nicht, ob wir mit dem Flügel was besonderes gemacht haben. Das haben die Mädchen dann mehr gemacht, nicht wahr. Ich glaube, dass sie ein Streichholz an den Flügel gebunden haben zum Schienen. Ja, ja, doch!
Der war ganz handzahm. Der saß in der Küche, oben in der Lampe häufig. Dann mussten wir erst nachsehen, ob der Vogel da ist. Aber dann flog er auch durch's ganze Treppenhaus. Dann haben wir die Türen aufgemacht, denn konnte er fliegen."

Fritz erzählt, dass sie diesen Zaunkönig etwa ein Jahr im Hause hatten. Obwohl Fenster und Türen oft auf waren, hat ‚Hansi' nie Anstalten gemacht, dass er einfach wegfliegen wollte.

„Der hat sich hier wohlgefühlt! Hat immer sein Fressen gehabt.
... War ja alles auf! Der hätte wegfliegen können. Ich glaub', einmal hat er auch einen kleinen Ausflug gemacht, aber er ist gleich wiedergekommen.
Ja, das war der ‚Hansi'!"

Der tragische Unfalltod des Zaunkönigs

Fritz erzählt jetzt vom tragischen Unfalltod ihres Zaunkönigs ‚Hansi', der ja frei im ganzen Haus und im Treppenhaus herumfliegen konnte. Die ganze Familie war nach diesem Unfall sehr betroffen und traurig.

„... Nee, der Zaunkönig, der war sehr bewegend!
Weil er ja zu uns gekommen war, wir ihn gepflegt hatten und er sich im Haus frei bewegen konnte und dann sein tragischer Tod, kann man sagen.
Und dann ist er eines Tages von oben runtergeflogen im Sturzflug, und dann hat meine Schwester gerade die Küchentür zugemacht. Da ist er dagegen gedonnert. Da hat er sich das Genick gebrochen. Ah, da war große Trauer im Haus! Ja! Das war ‚Hansi'."

An diesem „Piepmatz" hing Fritz auch sehr. Besonders unglücklich war natürlich seine Schwester, die die Tür geschlossen hatte in dem Moment, wo der kleine Hansi im Treppenhaus nach unten flog.
Außer dem Zaunkönig traten viel später, als Fritz schon älter war, noch zwei Kanarienvögel in sein Leben; beide Vögel erbten Fritz und seine Frau von zwei alten Damen aus der Nachbarschaft.
Beide Vögel wurden leider von den damaligen beiden Hunden „erledigt" und fanden ein trauriges Ende. Das eine Vögelchen war gerade in der Mauser und konnte vom Boden nicht schnell genug hochfliegen.

„Ja, ja, da waren wir beide erst geschockt und traurig."

Aber Fritz meint auch, dass dieses Verhalten der Hunde eben auch naturgegeben ist ,und er nahm es den Hunden nicht krumm.

Das Erwachsenenalter: Dackelgeschichten

Fritz beendet sein Studium und heiratet

In den fünfziger Jahren schließt Fritz mit seinem Studium ab und heiratet bald danach. Jetzt hat er auch wieder große Lust auf einen Hund in seinem Leben.

Es wird Zeit für einen neuen Hund

Zufällig kannte seine Frau sich besonders mit Dackeln aus. Zu Hause in St. hatte seine Frau einen Dackel gehabt früher. Und die Schwester und ein Onkel hatten ebenfalls Dackel.

„Ja, aber ich hatte schon immer wieder mal Appetit auf 'nen Hund, nicht, und Sigi kannte ja die Dackel. Zu Hause hatte sie einen gehabt. Und die Schwester hatte einen Dackel, und der eine Onkel von ihr, der Förster aus der Heide, der hatte mal 'nen Wurf gehabt. Die Welpen hatten ihm die Jackenärmel aufgefressen, weil er die Jacke

hängengelassen hatte. Und der empfahl uns eines Tages, er könnte uns einen Dackel abgeben. Und da ist Sigi hingefahren, hat ihn in einer großen Einkaufstasche geholt, so 'nen Kleinen und hat fürchterlich geschimpft, weil sie in der Bahn den vollen Fahrpreis für den Hund bezahlen musste, nicht.
Eine Katze kostet nichts und so ‚n kleiner Hund …"

Lümmel 1

„Den haben wir neun Jahre gehabt. Wir haben ja drei Hunde hintereinander gehabt …"
„… Ja, denn tauchte das Lümmelchen I auf. Und der hatte einen Herzfehler irgendwie. Vielleicht, weil er Chappi damals am Anfang gekriegt hatte, nicht." (Fritz schmunzelt) „- Ja, wer weiß das? Oder er hat's so gehabt.
Der hat auch noch draußen gebadet im Fleet, im Hafen, in der Hafeneinfahrt.
Ja, ja, der strolchte ja auch noch viel zu euch rüber. … Dann kam er an, er hatte noch kein Halsband um, nicht. (Fritz schmunzelt)
Ja, dann konnte er ja auch zwischen den Häusern hin- und herlaufen, nicht.
Ohne Halsband! Ja, damals nahm man das nicht so wichtig!"

Lümmelchen 1, der „Knochenbuddeler"

Fritz erzählt von seinem ersten Langhaardackelhund, Lümmel 1, dass er leidenschaftlich gerne Knochen im Garten vergrub.

„Der lief rein, wollte immer Knochen eingraben, der liebte Knochen. Und dann hat er zwei, drei Stück Knochen mal bekommen, zwei Knochen konnte er immer im Maul tragen, aber das dritte Stück Knochen fiel ihm hinten immer runter. Und deshalb hat er sie alle verbuddelt. Er wollte ja keine Knochen hergeben wieder. Da hatten wir auch mal groß eine Umpflanzaktion im lockeren Boden. Oooh – und da hat er immer fein gewühlt in dem Boden. Da wird die ‚Bine' auch

rumwühlen wie 'ne Verrückte. (Fritz spricht über ‚Bine', sein jetziges Langhaardackelmädchen)
Ja, der war Knochenbuddeler."

Die Reisehunde

Fritz erzählt von den diversen Reisen, auf die er und Sigrid ihre jeweiligen Dackel mitnehmen konnten.

Anfangs konnten die Hunde aus Quarantänegründen noch nicht mit nach Schweden und Dänemark.

„Lümmelchen 1 war nicht mit auf Reisen, glaub' ich. Ach doch, der war im Harz mit. Die Hunde waren ja immer auf Reisen mit. Nur nach Schweden konnten wir sie nicht mitnehmen und nach Dänemark am Anfang auch nicht. Da war ja auch Quarantäne. Nachher konnten wie sie wieder mitnehmen."

Am liebsten hätte Fritz seine Hundchen immer bei sich gehabt, auch auf den vielen Reisen, die er unternommen hat. Für ihn waren diese jeweiligen Dackel voll integrierte Familienhunde.

Hunde als wunderbare Erziehungshelfer

Fritz findet es durchweg positiv, dass seine drei Kinder mit Tieren, besonders mit den Dackeln, aufgewachsen sind. Als Begründung führt Fritz an, dass in erster Linie die Kinder lernen, dass sie sich auch um andere Lebewesen kümmern müssen und nicht nur ihr eigenes Wohlergehen im Vordergrund steht.

„Naja, sie lernen aber auch, dass da auch noch andere sind, dass man sich nicht nur um sich kümmern kann und muss, nicht, und dass man ein Tier auch versorgen muss.
Das war ja der große Tüdelkram dann, wenn sie alle erst ‚n Kaninchen haben wollten, bloß – für Futter zu sorgen – das hörte dann bald alles auf. – Oder Saubermachen ... Ja, Hauke hatte dann ja

auch Meerschweinchen gehabt, die leider Zug bekommen hatten, und dann sind die eingegangen bis auf eins, nicht, das am selben Tag wie Lümmel 2 starb."

Fritz bestätigt, dass seine drei Kinder (zwei Mädchen und ein Junge) auch so eine enge Bindung an die Dackel gehabt haben wie er.

„Ja, die Dackel haben das gut gehabt, ja!
Hauke hat ja auch immer viel mit den Hunden rumgetobt."

Trauer und Schuldgefühle: Der Tod von Lümmel 1 und 3

Nach dem Tod des ersten Lümmelchens (Lümmel 1) brauchte Fritz doch etwa ein Jahr Pause, bevor er sich einen zweiten Hund besorgte. Er spricht auch gezielt seine Schuldgefühle an, die er gegenüber dem dritten Lümmelchen (Lümmel 3) hat, als dieser starb.

„Ja, wir haben ja nur ein Jahr Pause gehabt, ungefähr ein Trauerjahr, und denn kam ‚Lümmel 2'.
… Und dem letzten, dem ‚Lümmel 3', trauer' ich immer noch etwas nach, weil ich ein schlechtes Gewissen hab'. Weil der sich noch am Abend hier, da hab' ich oben Briefmarken sortiert, und dann hat er sich da rausgeschlichen, ist bis auf die Diele gekommen, und da ist er dann liegen geblieben.
Da sah ich ihn nachher, nicht …
Aber er hat vorher nicht gejault oder sonst was …
Ist ganz ruhig da eingeschlafen."

Fritz braucht auch seine Zeit, um dieses Erlebnis zu verarbeiten. Eigentlich knabbert er heute noch an diesem Ereignis, weil er sich nicht richtig von Lümmel 3 verabschieden konnte.

„Den seh ich immer noch, der saß hier auf dem Sessel vor mir, nicht."

Lümmel 3 ein Angstbeißer?

Fritz beschreibt, dass Lümmel 3 mal zubeißen konnte, dass er aber wohl ein Angstbeißer war, und Sigrid deswegen nicht so warm werden konnte mit diesem dritten Hund.

„Er hat mal gebissen usw., hab' ich die Narben noch, war ein Angstbeißer aber.
Sigi hatte nicht zu ihm den großen Kontakt, zu Lümmel 3, weil er ja bissig war.
Ich hatte zu allen Hunden immer guten Kontakt gehabt!"

Das Lümmelchen 1 schafft zuletzt den Deich nicht mehr

„Der erste Lümmel ist zehn Jahre geworden, neun Jahre und ‚n bisschen. Aber der hatte einen Herzfehler. Wenn er dann den Deich hoch lief, blieb er unterwegs liegen, dann konnte er nicht mehr."

Der Wunsch nach einem neuen Hund nach dem Tod von Lümmel 1

Nachdem Fritz und Sigrid den Tod von Lümmelchen 1 langsam verkraftet hatten, wuchs die Sehnsucht nach einem neuen Hund. Fritz spricht über die Trauerarbeit, die er erstmal hinter sich bringen musste.

„Ja, erstmal ja, oh ja. Aber dann war alsbald der Wunsch stark nach einem neuen Hund, nicht. … Meine Nichte las etwas in der Zeitung über ein Hundeangebot. Da sind wir bei Oma F. in W. gewesen, da haben wir ihn geholt. Das war Lümmel 2, ja! Der war sonst der schönste Hund, aber die Bine schlägt ihn noch." (Hier spricht Fritz wieder über seine derzeitige Hündin)

Der tragische Unfalltod von Lümmel 2

Fritz erzählt von den widrigen Umständen, durch die das Lümmelchen 2 zu Tode kam. Der Hund war schon 14 Jahre alt und hörte nur noch auf einem Ohr. Sie waren zu der Zeit damals in der Kreisstadt. Dort verlief sich der

Hund und Sigrid pfiff nach ihm, doch er konnte das nicht richtig orten. So lief er in die falsche Richtung und geriet dabei unter ein Auto.

„Lümmelchen 2 war uns ja in M. weggelaufen, auch durch widrige Umstände. Sonst haben wir immer darauf geachtet. Das war ein Theater, oh ja, ja, als er dort überfahren wurde."

Lümmelchen 3, Kim und der Igel

Fritz erzählt noch von weiteren Tieren, die sein Leben bereicherten zu der Zeit, als schon Lümmelchen 3 bei ihnen war. Kim, ein großer schwarzer Mischlingshund, war von einer alten Dame an sie abgetreten worden, als sie nicht mehr laufen konnte.

Aber sonst haben wir ja auch – Tiere haben wir viele gehabt, die Igel, den ‚Kim'. Das war auch ein schöner Hund an und für sich! …
Kim hab' ich ja betreut, er kam ja von Frau R., die konnte ja auch nicht mehr laufen. Eigentlich sollte Kim anschließend in ein Tierheim kommen, aber …
… Ja, das war eine Überraschung. Wo sollten wir hin mit ihm? Und nach drei Tagen mochte Sigi ihn auch nicht mehr abgeben. Das konnten wir nicht, nee, nee. Da hatten wie ihn schon viel zu gerne!" „

Kims Igeljagd und die Folgen

Kim fügt sich rasch und gut in das Familienleben bei Fritz und Sigrid ein, er versteht sich prächtig mit Lümmelchen 3. Aber eine Marotte hatte er, weil er Igel fing.

„Der schnappte sich ja die Igel, schmiss sie auf den Rücken und biss rein.
Deswegen mussten wir immer alles absuchen nach Igeln, und die setzten wir dann bei Tante G. (eine Nachbarin und Freundin) über 'n Zaun."

Fritz und Sigrid holten jetzt alle Igel rechtzeitig aus dem Garten und brachten sie auf das Nachbargrundstück.

„Nee, wir haben sie ja vorher geschnappt, nicht. Ja, denn wussten wir ja, wie Kim das macht, und dass der da nicht mit sich spaßen lässt."

Dieser große „geerbte" Hund Kim hatte leider einen Herzfehler und starb ganz plötzlich.
Kim hing sehr an Fritz, und Fritz hing auch wiederum sehr an diesem Tier.
Zum ersten Mal hatten Fritz und Sigrid ein Zweigespann an Hunden: Lümmelchen 3 und Kim.
Lümmelchen 3, der sonst etwas wildere Hund, wurde durch Kim ein bisschen gebändigt.

„Das heißt, sie haben nicht so stark im Garten rumgetobt wie die beiden jetzt. (Fritz spricht jetzt wieder über seine beiden jetzigen Hundemädchen Heide und ihre Tochter Bine.)"

Ein neues Traumduo: Heide und Bine

Nach dem Tod von Kim und einige Jahre später von Lümmelchen 3, der auch immerhin 13 Jahre alt wurde, mochte Fritz nicht mehr so lange auf einen neuen Hund warten. Seine jetzige Langhaardackelin ‚Heide' kam aus einer Privatzüchtung aus einer norddeutschen Stadt.

„Die waren große Züchter vorm Herrn. Heide sollte da auch in die Zucht, aber das Frauchen, die hatte das mit dem Rücken und alle möglichen Sachen, die konnte das nicht mehr. Hinterher hat's ihr auch leid getan. Die haben sich auch schwer von der Heide getrennt, aber sie wussten dann auch, dass sie gut untergebracht ist. Der war meine Stimme am Telefon so sympathisch, hat sie erzählt. (Wir schmunzeln beide.)
Ja, so kamen wir zur Heide!"
„.. Ich wollte vorher von Hündinnen nicht so viel wissen, aber Sigi wollte das lieber mal. Aber nun, mit den Sonnyboys ... (lacht). Ja,

gestern sind sie noch mit Sigi durch den Garten getobt, wohin ich ja nun nicht mehr gehe. (Fritz hat leider Probleme mit seinen Beinen.) Und dann tänzelt Bine durch den Garten, mit einem Stück Leder, das hatte sie in der Schnauze und zeigte es ihrer Mutter noch: Hier, willst du nicht mal beißen? Ach ja!" (Fritz schmunzelt)

Tägliche Aufmunterungen durch seine Dackel

Fritz weiß, wieviel Freude und tägliche Aufmunterung und Stütze ihm diese Tierchen geben.

„Und : Man kann mit ihnen schnacken! Deswegen hab' ich auch nur kurz gewartet nach Lümmel 3. Nach einer Woche hatte ich die Nase so voll, da hab' ich gesagt: 'Nee, nun müssen wir einen neuen Hund haben!' Das war unsere Heide. Aber die war so groß, unsere anderen Hunde waren ja immer nur so klein."
(Fritz zeigt die Größe mit den Händen.)

Fritz erzählt dann von ihrer eigenen Züchtung. Dies war besonders der Wunsch seiner Frau gewesen; aber Fritz erlebte auch eine herrliche Zeit, als die Welpen da waren.

„… Sigi wollte denn ja gerne auch als Züchterin tätig sein, nicht. (Fritz lacht) So kamen wir denn zu unserem Nachwuchs. Das war eine Sache! Möchte' ich auch nicht mehr missen! Das war zu herrlich, die Zeit! Ja!
… Ja, da haben wir doch nur in der Küche gelebt, wo die Welpen waren. Ja! (Fritz schmunzelt) … Ja."

Heide und ihre Dackelwelpen

Fritz erzählt, wie seine Hündin Heide endlich ihre Babys bekam und wie spannend und faszinierend die Geburt und die Zeit mit den sieben Welpen war.

„Nee, waren ganz neue Erkenntnisse und wie flink sie das machte auch. Die versorgte bei der Geburt schon ihre Welpen, leckte sie ab und putzte sie."

Faszinierende und beglückende Erlebnisse mit den Hundewelpen

Bis dahin hatten Fritz und Sigrid immer nur Rüden im Haus gehabt. Auch Sigrid erlebt genau wie Fritz jetzt eine spannende und faszinierende neue Welt: die Geburt und dann das Gewusel von sieben Welpen in der Küche, später auch auf der Diele.

„Ja. Ich sag' ja, das möchte ich auch nicht mehr missen. Das war eine ganz gewaltige Bereicherung!
… Tapp, tapp, tapp, tapp … Nicht nur einer, sondern sieben Stück waren es, die da über die Diele donnerten, nicht? Ooh …"

Fritz empfindet das auch als so schön, dass diese Tierchen ihn so gut ablenken können von persönlichen Problemen oder kleinen Kümmernissen. Es ist eine Welt für sich, dieses Gewusel von sieben kleinen entzückenden Hundebabys.

„Ja, so ist das. Ja, ja!
Da kommst du zu gar keinem anderen Gedanken. (er schmunzelt)
… Hat ja sein Gutes, ja!"

Fritz hat die Versorgung der kleinen Hundebabys nie als Belastung empfunden. Er fütterte mit, als sie etwas größer waren, spielte mit ihnen und ging schon mit ihnen in den Garten.

Gassi gehen ist heute leider nicht mehr möglich

Er bedauert sehr, dass er aufgrund seiner gesundheitlichen Probleme heute nicht mehr mit den Hunden laufen kann. Er vermisst das schmerzlich, weil er anfangs mit der Heide noch spazieren gehen konnte.

„Tut mir ja leid, dass ich heute mit den Hunden nicht mehr laufen kann. Das hab' ich ja mit ‚Lümmel 3' immer noch gemacht. Da ging's noch! Und mit ‚Heide' auch am Anfang."

Fritz liebte es sehr, mit seinen Rüden und mit Heide zunächst auch noch täglich Gassi zu gehen. Meistens liefen sie auf dem Deich am Wasser entlang, und diese Naturerlebnisse zusammen mit seinem Hunden vermisst Fritz heute sehr. Die Naturphänomene speziell am Deich und am Wasser waren immer sehr bereichernde Momente für Fritz.

„Das haben wir eigentlich ja immer gemacht, diese langen Spaziergänge am Deich."

Fritz lässt Spinnen und Fliegen in die Freiheit

Fritz erzählt, dass seine Familie sehr tierlieb war und dass er auch heute noch keine Tiere töten mag, und wenn es auch „nur" Insekten sind.

„Nee, wir sind ja immer ein tierliebes Haus gewesen, nicht. ... Wenn Brummer sich verfangen, machen wir extra Fenster auf, dass sie raus können.
Spinnen werden in die Hand genommen und in den Garten gesetzt, nicht breitgetreten, nee!
... Nee, man soll keine Tiere töten. Die gehören alle dazu, nicht."

Fritz empfindet auch diese Tiere als Lebewesen, die man so akzeptieren sollte, wie sie da sind.
Er mag keine Ratten und Schlangen.

„Ich habe Schwierigkeiten mit Ratten und Schlangen gegenüber. Die mag ich nicht. Aber sonst ... ja."

Fritz kann sich ein Leben ohne Tiere überhaupt nicht vorstellen.

„Nee, nee, die gehören dazu!"

„Das ist doch eine große Bereicherung."

Pferdegeschichten und ein Krokodil

Fritz berichtet dann noch aus einer Zeit, in der seine Teenagertöchter reiten lernen wollten. Damals hatten sie zwei Pferde, und sie sind auch fast täglich bei diesen Pferden gewesen.

„Zu Pferden hab' ich ja nicht so 'ne enge Beziehung, aber wir haben auch zwei Pferde gehabt. Dann gewöhnte man sich so 'n bisschen daran, aber so richtig warm geworden bin ich mit den Pferden nicht!
… Ach, da sind wir doch täglich, täglich bei den Pferden gewesen! Wir waren ja im Reiterlager mit denen.
… Ich mag Katzen auch, aber hab' nicht so 'ne enge Beziehung wie zum Hund, nicht."

Auf diese letzte Aussage von Fritz wandte ich ein, dass Fritz ja von Kindheit an mit Hunden Kontakt hatte und auch nur Hunde überwiegend kannte.
Er erzählte darauf das Beispiel vom Krokodil.

„Du wolltest das von dem Krokodil auch noch hören …
Ja, wenn ich als Kind ein Krokodil gehabt hätte und damit aufgewachsen wär', hätte ich zu dem vielleicht auch 'ne Beziehung gekriegt. Ich glaub', nicht so gute wie mit dem Hund, wie zum Hund, nicht."
(Wir lachen beide.)

„Ich möchte sie nicht mehr missen"

Fritz kommt nun wieder auf Heide und Bine zu sprechen, seine beiden geliebten Dackelmädchen. Heide ist die Hundemama, ca. drei Jahre alt, Bine, ihre Tochter, ist jetzt ca. ein Jahr alt. Fritz mag nicht mehr auf diese beiden Langhaardackel verzichten. Damals nach dem Wurf von sieben Dackelwelpen wurden sechs von ihnen in gute Hände weitergegeben, aber Bine, die kleinste von allen, die extra aufgepäppelt werden musste, blieb bei Fritz und Sigrid. Für Fritz sind Heide und Bine gute kleine Kameraden.

„Ja, sie sind eben doch ganz anders als Rüden. Was soll man da sagen? Ich möchte sie nicht mehr missen. (Fritz schmunzelt) Das möchte ich auf jeden Fall sagen!"

Die „Chiens perdus" (Verlorene Hunde)

Fritz erinnert sich, dass er in Russland während des Krieges einen Hund hatte. Dieser war ihm damals zugelaufen. Er hatte auch dort gute Erfahrungen mit diesem Hund gemacht. Leider war dieses Tier nur kurze Zeit an seiner Seite. Aber 15 Jahre später, als er mit seiner Frau Camping-Urlaub in Südfrankreich machte, hatte er ein Hundeerlebnis der besonderen Art.
Im Wohnwagen hatte sich bei ihm ein großer Hund eingeschlichen und wollte nicht mehr hinaus.

„Der eine große Köter, der bei uns im Wohnwagen saß und nicht mehr raus wollte, nur mit Schwierigkeiten, mit Wurst und allen Tricks rauszumanövrieren war."

Und als sie in Avignon auf dem Campingplatz waren, saß ebenfalls ein großer Hund bei ihnen im Vorbau.

Der gehörte aber zum Stall, war kein verlorener Hund (herrenloser Hund).

„Und in Südfrankreich, in Avignon, da waren wir auf dem Campingplatz. Und da war ein Vorbau, in dem ein großer Hund war. Und einer schlich immer draußen rum. Und dieser Hund von draußen, der wollte gerne rein. Und dann wurde er dreimal rausgeschmissen wieder. Und was macht der Hund, der drinnen ist? Der ging dann an die Tür, legte die Pfote auf die Türklinke, macht die Tür auf und lässt seinen Genossen rein. (lacht)

Ja, da waren wir gerade Zeuge von, nicht. Das waren die „chiens perdus", verlorene Hunde, die laufen da rum.
… Der eine gehörte zum Stall. Aber der kannte den schon, seinen Genossen. Und das fand er dann also doch wohl nicht gut, dass er dauernd rausgeschmissen wurde, und so ließ er ihn extra rein; macht mit der Pfote die Tür auf, ha!" (Fritz lacht)

Fritz ist besonders fasziniert von der Intelligenz und dem Agieren der Hunde. Aber er ist dafür, Hunde in ihrem Wesen zu belassen und keine menschlich-geistigen Wesenszüge hineinzudenken.

„Ja, Instinkte, dadurch sind sie Menschen überlegen! Ich wollte sagen: Man darf aber nicht versuchen, menschlich-geistige Attribute da reinzupflanzen, nicht. Das sind halt Hunde! Ja, ja."

Tiere als Kommunikationshelfer

Fritz beschäftigt am Schluss, dass Tiere Kommunikation erleichtern, also eine Art Katalysator im Umgang mit anderen Menschen sein können. Ich frage ihn, ob er auch diese Erfahrung gemacht hat, beim Gassigehen oder einfach, wenn man über Tiere ins Sprechen kommt.
„Ach so, ja, ja, das ist natürlich klar. Ja, das ergibt sich ja vielfach! Ja!

Das ist natürlich auch ganz angenehm."

Fritz' Schlusswort am Ende unseres Gesprächs beantwortet meine letzte Frage an ihn, was er so besonders an seinen Hunden schätzt bzw. was ihm so besonders gut gefällt.

„Ja, ich würde sagen, dass sie immer da sind, dass man mit ihnen schnacken kann. Dass man den Eindruck hat, dass sie einen auch verstehen, nicht. Ja!
Ihre Verschmustheit ist schön, das kann natürlich auch ein bisschen zu viel werden manchmal! (Fritz schmunzelt, lacht)

Ich muss jetzt aufpassen, dass sie nicht zu stürmisch an mir hochspringen!"

Fritz weiß, dass seine Gehbehinderung das leider nicht mehr zulässt, aber er genießt das Glück mit seinen zwei Hunden mit all seinen Sinnen.

4.1.4.2 Die Zusammenfassung des Gesprächs mit Fritz

Fritz lebt in einer norddeutschen Kleinstadt. Er ist heute Pensionär nach einem arbeitsreichen Leben, in dem er auch politisch tätig war. Fritz ist jetzt 78 Jahre alt und leider gehbehindert. So können nur noch seine Frau oder seine Tochter mit den Dackeln spazieren gehen. Das bedauert Fritz sehr.
Im Gespräch gingen wir biografisch vor.
Fritz erinnert sich an einen hellen Mischlingshund namens ‚Tell', der in sein Leben trat und ebenso plötzlich wieder verschwand. Damals war Fritz etwa vier Jahre alt. Dieser Hund leckte ihm sehr gerne sein Gesicht ab. Das aber missfiel natürlich seinen Eltern. Bald darauf hatte die Familie ein kleines schwarzes Kätzchen, das Fritz sehr gerne hatte, es folgte ihm auf seinen Wegen durch den Ort. Eines Tages, sie war vielleicht ein halbes Jahr alt, verschwand auch sie in einem Hauszwischengang in der heimatlichen Straße. Fritz und seine Familie haben sie nie wieder gesehen.
Als Fritz etwa 12 Jahre alt war, schneite ihnen ein liebenswerter Hund ins Haus, der fortan ihr Leben mir ihnen teilte und sehr geliebt wurde. Sein Vetter brachte ihn eines Tages mit, eigentlich gehörte ‚Lumpi' einem Milchhändler auf der anderen Stadtseite, doch der legte keinen großen Wert auf diesen Hund. Lumpi, wie er wohl schon vorher hieß und auch so von Fritz' Familie genannt wurde, war ein freiheitsliebender, sehr verspielter Hund. Kleinere und größere Abenteuer prägten das Leben mit Lumpi. Er war ein guter Kamerad für Fritz, machte alles mit. So ging er auch mit den Kindern zum Baden. So wurde der Hund sogar einmal vom Jäger mit Schrotkugeln angeschossen, als er mal wieder herumstreunerte. Glücklicherweise hatte er diesen „Unfall" bald überstanden. Etliche glückliche Jahre folgten noch, bis leider die Nahrung knapp wurde durch die Kriegsauswirkungen und Lumpi eingeschläfert werden musste. Das war unglaublich traurig für Fritz

und seine Schwestern. Parallel zu Lumpi lebte im Haus von Fritz' Familie ein Jahr noch einen zahmen Zaunkönig. Dieser Vogel hatte eine Verletzung gehabt und war von Fritz' Mutter und seiner Schwester Lolo gesund gepflegt worden. Er wurde handzahm und konnte sich frei im ganzen Haus bewegen. Er ist nie ausgerissen, einmal machte er einen kleinen Ausflug nach draußen, kehrte aber bald danach wieder zurück.

Eines Tages brach er sich leider das Genick, als er gegen eine Tür flog, die gerade von Fritz' Schwester geschlossen wurde. Alle trauerten um dieses kleine zahme Vögelchen.

Später studierte Fritz Jura, und bald nach seinem Abschluss heiratete er. Noch bevor die erste Tochter geboren wurde, hatten Fritz und Sigrid sich einen Dackelrüden, den Lümmel 1, angeschafft. Dieser Hund liebte es, Knochen zu vergraben und buddelte gerne in lockerer Erde herum. Er war ein liebenswerter Hund, der leider wegen einer Herzschwäche nur neun Jahre alt wurde. Fritz mochte nicht ohne Hund leben, und nach einem „Trauerjahr" schafften sie sich wieder einen Langhaardackel an. Dieser Lümmel 2 wuchs ihnen auch sehr ans Herz. Auch die Kinder hatten gut von diesem Dackel, besonders der Sohn tobte begeistert mit ihm herum. Lümmel 2 starb durch tragische Umstände bei einem Autounfall. Bald nach seinem Tod gab es dann Lümmel 3, der dritte Hund in Fritz' Ehe. Jetzt kamen auch noch zwei Kanarienvögel ins Haus. Diese Tierchen hatten Fritz und seine Frau von verstorbenen Nachbarinnen „geerbt".

Auch Kim, ein großer dunkler Mischlingshund, bekamen sie von einer Dame, die nicht mehr laufen konnte. Dieser Hund lebte noch ein paar Jahre bei ihnen, bis er an einer Herzschwäche verstarb. Kim hatte sich sehr gut mit Lümmel 3 verstanden.

Fritz und Sigrid trauerten gemeinsam um einen lustigen Hund. Lümmel 3 wurde noch ein paar Jährchen älter. Nach seinem Tod wollte Sigrid endlich einmal einen weiblichen Hund im Hause. Und so trat ‚Heide' in ihr Leben.

Heide bekam bald Welpen, heiß ersehnt von Sigrid und Fritz. Nach ihrer Geburt begann eine faszinierende beglückende Zeit mit den Welpen, die zunächst nur in der Küche lebten und dort später durch die unteren Räume tobten und wuselten. Sechs Welpen wurden verschenkt, doch Bine, ein Weibchen, blieb bei Fritz und Sigrid.

Fritz kann heute leider nicht mehr selbst mit den Hunden spazieren gehen, da er gehbehindert ist. Doch die Liebe zu seinen Hunden ist groß, und man spürt deutlich auch die Zuneigung der Hunde zu ihm.

Er liebt ihre Anwesenheit, dass er mit ihnen sprechen kann und dass er den Eindruck hat, dass sie ihn auch verstehen.

Ihre Zärtlichkeit und Verschmustheit schätzt er auch sehr, obwohl die beiden Langhaardackelweibchen manchmal zu stürmisch für Fritz sind. Aber sie lernen es jetzt, nicht zu heftig an ihm hochzuspringen, da Fritz' Gehbehinderung das nicht mehr zulässt.

Ein Erlebnis der besonderen Art hatten Fritz und Sigrid bei einem Camping-Urlaub in Südfrankreich vor einigen Jahren. Dort hielt sich ein großer Hund in einem Vorbau auf, der eines Tages einen Chien perdu, einen verloren Hund bzw. herrenlosen Hund in den Raum ließ, indem er auf die Türklinke drückte und seinen Freund hereinließ. Dieser herrenlose Hund war zuvor dreimal hinausgeworfen worden, und das gefiel dem Stallhund wohl gar nicht. Fritz beobachtete damals diesen lustigen Vorfall und freut sich noch heute darüber.

4.1.4.3 Verallgemeinernde Aussagen zu dem Gespräch mit Fritz

<u>Was habe ich von Fritz über sein Leben mit Tieren erfahren?</u>

Von Fritz habe ich Berührungspunkte und Erlebnisse mit Tieren in der Kindheit und Jugend erfahren, dann kamen wir zu seinem Erwachsenenalter, und heute, im höheren Alter, schätzt er immer noch sehr den Kontakt zu seinen Tieren.

Ich werde auch bei den verallgemeinernden Aussagen biographisch vorgehen und dabei die wesentlichen Aspekte der Beziehungsgeschichte von Fritz und seinen Tieren versuchen darzustellen.

<u>Kindheit und Jugend</u>

Wenn ein kleiner Junge Erfahrungen macht mit Haustieren, kann es sein, dass er sehr lustige, aber auch traurige Erlebnisse hat.

Es kann sein, dass ...

... er schon mit vier Jahren Kontakt zu einem Mischlingshund im Elternhaus hat und drollige Erlebnisse mit ihm teilt.

... er sich an Erzählungen erinnert, angeblich mit diesem Mischlingshand aus einem Napf „gefressen" zu haben.

... er eine süße kleine Katze im Elternhaus kennenlernt, aber nicht weiß, woher sie eigentlich kommt.

... er eines Tages das Kätzchen, als es ihm wieder durch die Straßen gefolgt ist, plötzlich aus den Augen verliert.

... er dieses Kätzchen sehr gern hatte.

Der zugelaufene Hund-bleibt er bei der Familie?

Wenn ein Junge etwas älter ist, kann es passieren, dass er sehr glücklich über einen zugelaufenen Hund ist.

Es kann auch sein, dass ...

... dieser Hund zunächst von einem Verwandten ins Haus gebracht wird und der Junge hört, dass die eigentlichen Besitzer auf der anderen Stadtseite wohnen.

... dieser zugelaufene Hund noch zweimal fortläuft, dann aber wieder zur Familie des Jungen zurückkehrt.

... die Mutter und eine Schwester des Jungen zu den eigentlichen Besitzern des Hundes fahren, um zu erfahren, ob sie ihren Hund wieder aufnehmen möchten.

... dieser Hund sich „entscheidet", lieber wieder zur Familie des Jungen zurückzukommen und sich nicht mal mehr umdreht zu seinen Vorbesitzern.

Stromer „Lumpi"-ein toller Spielkamerad

Ein Junge kann viel Freude mit einem temperamentvollen und verspielten Hund haben. Größere und kleinere Abenteuer mit dem Tier können das Leben dieses Jungen so beeinflussen, dass er diese Geschichte bis heute nicht vergessen kann.

So kann es sein, dass ...

... einige Schulkinder den Hund aus dem Feuerwehrturm werfen und ihn, nachdem er den schlechten Scherz heil überstanden hat, „Jesus" nennen.

... dieser Hund eines Tages, als er in den Schrebergärten herumstrolchte, von einem Jäger für einen Hasen gehalten und mit Schrotkugeln angeschossen wird.

... der Hund von Freunden der Schwester des Jungen gefunden und gepflegt wird.

... dieser angeschossene Hund wieder den Weg nach Hause findet und sich die Schrotkugeln heraus beißt.

... der Junge dem Hund kleine Kunststücke beibringt, z.B. indem der Junge den Hund hochnimmt und dann Salto machen lässt.

... der Junge dem Hund ein Stück Zucker auf die Nase legt, dann in die Hände klatscht, der Hund hoch schnappt und das Stück Würfelzucker frisst.

... der Hund mit dem Jungen zur Schule läuft und draußen vor der Tür auf den Jungen wartet.

… der Hund manchmal bis zur Klasse des Jungen läuft und plötzlich dort im Unterricht auftaucht.

… die Schulkinder aus der Klasse des Jungen sich darüber riesig freuen und laut johlen.

… der Hund gern mit zum Baden geht, dort aber dann in der Erde buddelt und Badegäste mit Dreck bewirft.

… dieser Hund den Jungen nur durch seine Anwesenheit jeden Tag aufmuntern kann.

… der Hund seine Spaziergänge allein macht ohne Leine und Halsband und gern herumstromert.

Der Krieg nimmt auch den geliebten Hund

Es kann vorkommen, dass ein junger Mann vom Studium in einer anderen Stadt nach Hause kommt und sein Hund sich überschwänglich darüber freut. Es kommt auch vor, dass in Kriegszeiten und Nachkriegszeiten die Nahrungsversorgung der Menschen und Tiere sehr mangelhaft ist.

So kann es sein, dass …

… Menschen und Tiere in der Nachkriegszeit sehr hungerten.

… die Mutter des jungen Mannes Angst hat, dass sie den Hund nicht mehr tiergerecht ernähren kann und überlegt, ihn einschläfern zu lassen.

… der junge Mann beim Tierarzt anruft und sagt, es soll noch nicht geschehen.

… der junge Mann wieder zum Studium in die andere Stadt muss und nicht mitbekommt, dass der geliebte Hund nun doch eingeschläfert wird.

… der junge Mann und seine Schwester diesen Hund sehr liebten und jetzt sehr traurig über sein Ende sind.

… der junge Mann die Zeit ohne seinen geliebten Hund, die jetzt kommt, als schreckliche „kaiserlose Zeit" bezeichnet.

Ein Zaunkönig als Haustier

Ein Junge kann auch viel Freude an einem zahmen kleinen Zaunkönig haben, der schon vor dem Krieg bei ihm zu Hause lebt.

Es mag sein, dass …

… dieser Zaunkönig sich verfangen hat und einen Flügel gebrochen hat.

… die Schwestern des Jungen den Vogel hochpäppeln und er völlig handzahm wird.

… dieses Vögelchen niemals fortfliegt, auch wenn Fenster und Türen immer geöffnet sind.

… der Zaunkönig sich durch das ganze Haus bewegen kann und gerne im Treppenhaus herumfliegt.

… dieser Vogel eines Tages im Sturzflug die Treppe hinunter fliegt und genau in dem Moment eine Schwester des Jungen die Tür zumacht und der Vogel jetzt gegen die Tür fliegt und sich das Genick bricht.

… der Junge und seine Familie in großer Trauer um diesen süßen kleinen Zaunkönig sind.

… der Junge im späteren Leben noch einmal engeren Kontakt zu zwei „geerbten" Kanarienvögeln aus der Nachbarschaft hat.

… der erwachsene Mann es dann nicht verhindern kann, dass diese Vögel von ihren Hunden erjagt werden.

… der erwachsene Mann es den Hunden verzeiht, weil er es als naturgegeben ansieht.

Das Erwachsenenalter

Der erste Langhaardackel ist noch ein Freigänger

Wenn der junge Mann sein Studium abgeschlossen hat und geheiratet hat, kann es sein, dass er wieder große Lust auf einen Hund in seinem Leben bekommt.

Dann kann es sein, dass …

… ihm ein Onkel seiner Frau einen kleinen Rüden aus seiner Dackelzucht anbietet.

… dieser erste Langhaardackel ein kleiner Freigänger ist, der noch ohne Leine durch die Straßen stromern kann.

… dieser Hund sehr gern im Fleet oder im Hafen badet.

… der Dackel sehr gerne Knochen vergräbt im Garten und sie am liebsten auch wieder ausbuddelt.

… der Hund leider einen Herzfehler hat und eines Tages nicht mehr den Weg am Deich schafft.

… dieser Hund nicht nur von seinem Herrchen sehr geliebt wird, sondern auch von dessen drei Kindern.

… dieser Dackel nur knapp zehn Jahre alt wird und die Besitzer erst einmal Trauerarbeit leisten müssen.

Der zweite Langhaardackel und sein Unfalltod mit vierzehn Jahren

Wenn ein Mann um seinen ersten Dackel in seiner Familie genug getrauert hat, kann es sein, dass er Sehnsucht nach einem neuen Hund verspürt.

Es ist möglich, dass …

… seine Nichte etwas in der Zeitung über ein Hundeangebot liest und sie sich aus dem genannten Ort einen kleinen Rüden holen.

… dieser junge Hund sehr schön ist nach Meinung seines Herrchens.

… dieser Dackel sogar 14 Jahre alt wird und nur wegen seines Hörschadens auf einem Ohr einen tragischen Unfall mit einem Auto hat und stirbt.

… dieser Hund sehr betrauert wird von seiner Menschenfamilie, gerade weil ein unglücklicher Umstand zu dem Unfall führte.

Haustiere als wertvolle Wegbegleiter der Kinder

Ein Mann kann es durchweg positiv finden, dass seine drei Kinder, zwei Mädchen und ein Junge, mit Tieren, besonders mit den Dackeln zusammen groß geworden sind.

Es mag sein, dass …

… die Kinder vor allen Dingen lernen sollen, dass sie sich auch um andere Lebewesen kümmern müssen und nicht nur ihr eigenes Wohlergehen im Vordergrund steht.

… die Kinder lernen, dass man auch Tiere gut versorgen muss.

… der Sohn auch noch Meerschweinchen hat, die leider bis auf ein Tier eingegangen sind.

… dieses Meerschweinchen am gleichen Tag stirbt wie das zweite Dackelchen.

… der Sohn des Mannes sehr gern und sehr viel mit den Hunden rumtobt.

Der ererbte Hund und der dritte Dackel – ein gutes Gespann

Wenn ein Mann durch Zufall einen weiteren großen Hund in seiner Familie aufnehmen muss, kann es sein, dass er das als eine große Bereicherung empfindet.

Es kann sein, dass …

… ein Mann zusätzlich zu seinem dritten Dackel noch einen großen schwarzen Mischlingshund „adoptiert", da sein Frauchen krank wird und sich nicht mehr um diesen Hund kümmern kann.

… dieser neue Hund sich gut einlebt und sich besonders gut mit dem dritten Langhaardackel in der Familie versteht.

… dieser große Hund erst in ein Tierheim sollte, sich aber keine passenden Heime finden lassen und nach drei Tagen der Mann und seine Frau ihn nicht mehr hergeben mögen.

… der Mischlingshund sich Igel im Garten fängt, sie auf den Rücken wirft und hinein beißt, so dass sein neues Herrchen die Igel immer rechtzeitig zur Nachbarin und Freundin über den Zaun setzt.

… dieser große Hund sehr an dem Mann hängt und dieser auch an ihm.

... der dritte Langhaardackel, der etwas wild ist, durch den großen Hund etwas gebändigt wird.

... der große Hund leider einen Herzfehler hat und ganz plötzlich stirbt.

... sein kleiner Kumpel, der dritte Langhaardackel in der Familie des Mannes, sehr verstört und traurig ist, weil er seinen großen Freund verloren hat.

Im höheren Lebensalter

Jetzt kommt ein Dackelweibchen in die Familie

Wenn ein Mann erst seinen großen „Adoptivhund" und einige Jahre später seinen dritten Langhaardackelrüden verliert, kann es sein, dass er rasch nach einem neuen Hund Ausschau hält.

Es kann vorkommen, dass ...

... ein Mann eine Woche nach dem Tod seines dritten Langhaardackels empfindet, er müsse jetzt einen neuen Hund haben.

... ein Mann sich von seiner Frau überreden lässt, es diesmal mit einer Langhaardackeldame zu versuchen.

... er sich aus einer Privatzüchtung in einer norddeutschen Stadt eine Hündin holt eine Woche nach dem Tod des letzten Dackels.

... er überrascht ist, wie lieb und anschmiegsam so eine Hündin sein kann.

... seine Frau bald einmal Welpen von diesem Dackelmädchen haben möchte.

Ein älterer Mann kann erleben, dass er seine neue Langhaardackelin nur deswegen vom Vorbesitzer erhält, weil seine Stimme der Züchterin am Telefon so sympathisch ist.

So kann es sein, dass ...

... er hört, dass die Züchterin aus gesundheitlichen Gründen sich von der Hündin trennen muss.

... er weiß, dass die Vorbesitzer sich nur schwer von der Hündin trennen können.

... er von der Züchterin hört, dass ihr seine Stimme so sympathisch war, dass sie einverstanden ist, dass die Hündin in seine Familie kommt.

Vorfreude auf die Hundebabies und erste aufregende Wochen mit ihnen

Wenn ein Mann von seiner Frau erfährt, dass sie auch gerne züchten möchte mit ihrer neuen Hündin, kann er sich sehr darüber freuen und voller Erwartung sein.

Es kann dann passieren, dass ...

... er gerade im Krankenhaus liegt, als seine Hündin mit einem Zuchtrüden zusammenkommt.

... er aber die Geburt von sieben Welpen voll miterlebt und davon sehr fasziniert ist.

... er die nächsten Wochen fast nur in der Küche lebt, weil dort die Welpen abgegrenzt rumwuseln können.

... er sich sehr gerne am Füttern der Welpen beteiligt und sich auch gerne mit ihnen sonst beschäftigt.

… er sogar im Garten mit Welpen spielen kann, obwohl er jetzt gehbehindert ist.

Totale Begeisterung über die Geburt und die liebevolle Hundemutter

Wenn ein Mann zum erstenmal in seinem Leben erlebt, dass seine Hündin trächtig ist und sieben Hundebabys zur Welt bringt, kann er so fasziniert und begeistert sein, dass er diese Zeit nicht mehr missen möchte.

So kann es geschehen, dass …

… er ganze neue Erkenntnisse gewinnt durch die Geburt und das geschickte Verhalten der Hundemutter ihren Welpen gegenüber.

… ein Mann all diese Erlebnisse und die folgende Welpenzeit herrlich findet und nicht mehr missen möchte.

Beschäftigung mit den Welpen verscheucht trübe Gedanken

Das Erlebnis der Geburt der Welpen und ihre Aufzucht kann ein Mann als sehr große Bereicherung empfinden.

Es kann dann vorkommen, dass …

… er die Hundemutter bewundert, wie rasch sie die Welpen nach ihrer Geburt versorgt und ableckt.

… er durch die Geburt der Welpen ganz neue Erkenntnisse gewinnt.

… er es als sehr schön empfindet, dass die Welpen ihn von persönlichen Problemen oder Sorgen ablenken.

… er diese Zeit so intensiv genießt, dass er fast zu keinen anderem Gedanken mehr kommt, der ihn vielleicht auch belasten könnte.

… er die Versorgung der Hundebabys nie als Belastung empfindet.

… er sogar mit ihnen spielt und auch in den Garten mit ihnen geht.

Zugeständnis an das Alter: kein Laufen und Toben mehr mit den Hunden

Eine Gehbehinderung kann einen älteren Mann daran hindern, mit seinen Hunden wie früher spazieren zu gehen.

Dann kann es sein, dass …

… er es schmerzlich vermisst, weil er vor kurzem noch mit seiner Langhaardackelhündin spazieren gehen konnte.

… er es sehr bedauert, dass er aufgrund der körperlichen Beeinträchtigung nicht mehr so mit seinen beiden Hündinnen toben und spielen kann.

… er die Naturerlebnisse am Deich und am Wasser sehr vermisst.

… er die langen Spaziergänge auf dem Deich immer als sehr schöne und bereichernde Momente in Erinnerung behält.

Mit Pferden kein richtiges Warmwerden

Ein Mann kann seine Töchter in Reitlagern besuchen und mit Pferden in Kontakt kommen.

Dann kann es geschehen, dass …

… er fast täglich zu seinen beiden Pferden geht und seine Töchter beim Reiten beobachtet.

... er feststellt, dass er zu Pferden keine enge Beziehung aufbauen kann.

... er sich ein bisschen an die Pferde gewöhnt.

... er nicht richtig warm werden kann mit den Pferden.

... er feststellt, dass er auch zu Katzen nicht so eine enge Beziehung wie zu Hunden hat.

Liebeserklärung an zwei anschmiegsame Dackelweibchen

Wenn ein älterer Mann von seinen beiden Hündinnen spricht, kann er sehr liebevoll von ihnen berichten.

Dann mag es sein, dass ...

... er die Hundemama und ihre Tochter, die als kleinste bei ihnen bleibt, sehr liebt.

... er diese beiden Hunde nicht mehr missen möchte in seinem Leben.

... er sie als gute, kleine Kameraden ansieht.

... er meint, dass die doch ganz anders als Rüden sind, nämlich anschmiegsam und zärtlich.

Gassigehen schafft neue Kontakte

Ein Mann kann es als angenehm empfinden, wenn er seine Hunde als Kommunikationshelfer erlebt.

Dann kann es sein, dass ...

... er beim Gassi gehen mit seinen Dackelmädchen diese Erfahrung gemacht hat, dass er rasch ins Gespräch kommt mit anderen Menschen.

… er seine Tiere als sehr beliebt bei anderen Menschen wahrnimmt und lustige und rührende Geschichten mit ihnen tauscht.

Eine beeindruckende Hundegeschichte im Urlaub

Ein Mann kann eine sehr lustige Geschichte erleben, wenn er einmal Campingurlaub in Südfrankreich macht.

Es kann vorkommen, dass …

… er dort viele herrenlose, herumstreunende Hunde vorfindet, die sogenannten „chiens perdus".

… er mit ansieht, dass ein anderer Hund in einem Vorbau solch einen „chien perdu" durch Pfotendruck auf die Türklinke hereinlässt.

… dieser „chien perdu" schon dreimal aus dem Vorbau hinausgeworfen wurde und der andere Hund es wohl nicht gut fand, dass sein Freund nicht herein durfte.

… ein Mann besonders fasziniert ist von der Intelligenz und dem Agieren dieser Hunde.

… er findet, dass man Hunde in ihrem Wesen belassen und keine menschlich-geistigen Attribute in sie hineindenken sollte.

… er meint, dass diese Hunde durch Instinkte dem Menschen wohl überlegen sein können.

Das Besondere jetzt: die Unterhaltung mit den Hunden

Ein älterer Mann kann viele Vorzüge an seinen Hunden entdecken, die er besonders schätzt.

Es kann also sein, dass ...

.. er allein ihre Anwesenheit sehr mag.

... er es mag, mit ihnen zu reden.

... er meint, dass man den Eindruck hat, dass sie einen auch verstehen.

... er aufgrund einer Gehbehinderung zu stürmische Liebkosungen seiner Hundemädchen leider abwehren muss.

... er auch ihre Verschmustheit schätzt.

4.1.5 Das Gespräch mit Christian

<u>Zur Person und zur Gesprächssituation</u>

Christian ist 44 Jahre alt, zur Zeit studiert er im Zweitstudium und arbeitet nebenbei. Seine Frau Maike arbeitet ganztags bei einer Versicherung. Ich habe Christian bzw. Chris, wie er meistens genannt wird, vor einigen Jahren kennengelernt. Er war schon mit dem Zweitstudium angefangen, und wir haben uns seitdem nicht mehr aus den Augen verloren. Da ich öfter von ihm und seiner Frau eingeladen worden bin, konnte ich ihre beiden Haustiere auch schon kennenlernen, die Katze „Mulle" und die Schäfermischlingshündin „Taura". Ich merkte bald, wie tierlieb Chris und Maike sind und so ergab es sich ganz natürlich, daß wir uns eines Tages im Oktober zu einem Gespräch für meine Diplomarbeit mit dem Thema Mensch -Tier -Beziehung zusammensetzten. Maike mußte an dem Tag arbeiten, so daß wir unser Gespräch ungestört aufnehmen konnten.

Chris war ein lieber Gastgeber, er stellte Tee und Gebäck bereit und abends servierte er noch einen Salat. Die Atmosphäre war für mich sehr angenehm. Ich habe das Gespräch in schöner Erinnerung, da Chris offen und frei über sein Leben und seine vielfältigen Erlebnisse mit Tieren erzählte, so daß ich ihm gebannt zuhörte und nur ab und zu nachfragen mußte, wenn sein Redefluß zu rasch wurde. Am Ende des Gespräches war ich etwas erschöpft, aber froh, so viele interessante und anrührende Geschichten aus seiner „Tierbiographie" aufgenommen zu haben.

4.1.5.1 Verdichtungsprotokoll vom Gespräch mit Christian

Kindheit und Jugend

Christian berichtet, daß er von Kindheit an immer irgendein Tier hatte, besonders im Alter von 5 bis 8 Jahren. Er erinnert sich an eine Schildkröte, einen Hamster, Kanarienvögel, Fische, aber auch Hunde, Katzen und Papageien, die er durch Verwandte kennenlernte.

Auf meine Frage, ob er sich erinnern könnte, was ihm die Tiere damals bedeutet haben, meint Christian:

„Mit Sicherheit nicht so viel wie heute... Man hatte einfach ein Tier zu haben. Es war in der Zeit so, daß jeder ein Haustier hatte. Dann kam jemand mit seinem Meerschweinchen oder Kaninchen und irgenwann wollte man auch was haben. Und zu der Zeit waren es dann mehr oder weniger die Käfigtiere, die dann auch nicht ganz so pflegeintensiv waren.Ich kann mich noch an eine Geschichte erinnern, daß meine Großmutter meinen Hamster auf dem Gewissen hatte, weil sie ihn versehentlich mit Möhren gefüttert hat und vergessen hat, das Grün rauszunehmen. Das Grünzeug ist anscheinend giftig, und irgendwie lag er dann auf dem Rücken. Das war der erste Verlust, den ich erlitten habe; später war es dann ein Wellensittich, der einmal abgehauen ist, weil vergessen wurde, die Käfigtür zuzumachen."

Christian empfindet damals den Verlust von eigenen Tieren noch nicht als schmerzhaft.

„Schmerzhaft in dem Sinne eigentlich gar nicht so, ich habe das nicht so als Verlust empfunden, weil ich zu diesen Tieren nicht eine solche Beziehung hatte wie zu einem Hund. Das war eben das, was man hatte, wenn man kein Fahrrad hatte oder keinen Roller, hatte man eben ein Tier oder etwas anderes, und ich war auch zu klein, um mich um diese Tiere verantwortungsbewußt zu kümmern. Die Tiere waren einfach da, sie waren interessant und haben Spaß gemacht und wenn sie dann durch die Wohnung gerauscht sind und wenn man mit dem Hamster herumjagen konnte und die Schildkröte auf den Rücken legen konnte, um sie zu ärgern.Das waren so die üblichen Sachen, ich war ja noch so jung."

Christian erzählt, daß seine Tiere damals überwiegend von ihm und seiner Großmutter gefüttert wurden.

„Ja gut, sicher, wenn dann die Freunde kamen, dann wurde natürlich stolz gezeigt, wie schön das ist. Dann haben sie alle mal reihum gefüttert."

Der erste Hund als Mittel für mehr Freiheit

Damals lebte Christian in einer größeren Stadt in Nordrhein – Westfalen. Seine Familie wohnte in einem großen Mehrfamilienhaus mit Garten. Dieses Haus hatte einst der Großvater bauen lassen, damalige Besitzerin war seine Großmutter. Christians Familie lebte im Erdgeschoß, er teilte sich mit seiner Großmutter sein Kinderzimmer bis zu seinem 11. Lebensjahr. In diesem Jahr bekam Chris seinen ersten eigenen Hund, einen Foxterrier namens „ Lorbas „. Eigentlich hatte er sich erst einmal ein Fahrrad gewünscht, doch seine ängstlich besorgte Mutter erlaubte es ihm nicht.

„Ja, das waren ganz einfach Probleme zwischen meiner Mutter und mir. Meine Mutter ist also überempfindlich und vollkommen angstbesetzt dadurch, daß ich Einzelkind war, und sie war sehr fixiert darauf, daß mir nichts passieren würde, durfte. Ich wollte eigentlich ein Fahrrad haben oder irgendetwas, wo man den eigenen Freiraum ein bißchen ausdehnen konnte. Meine Mutter hatte also dermaßen Probleme gemacht, auch gegenüber meinem Vater; mit einem Fahrrad, das war ja alles viel zu gefährlich! Dann habe ich gesagt „ Ok, verdammt noch mal, wenn ich kein Fahrrad kriege, dann will ich einen Hund!" Und irgendwie ist das dann so massiv von mir rübergekommen, daß der Kompromiß dann auch irgendwie klappte ..."

Christian erzählt, der Wunsch, einen Hund zu haben, bestand schon länger als der Wunsch nach einem Fahrrad. Aber er sah es damals als einen gelungenen Kompromiß an, daß er aufgrund der Überängstlichkeit seiner Mutter einen Hund statt des Fahrrades bekam.

„Die Alternative war das Tier dann, weil ich damit – das war so in meiner Sichtweise damals mit 11 Jahren das Argument : wenn sie mich schon nicht mit dem Fahrrad rausläßt, weil sie dann Angst hat, wenn ich damit in der Gegend herumrase, – mit dem Hund muß sie mich dann rauslassen, weil der ja auch raus muß. Also hatte ich meinen Freiraum ein bißchen ausgetrickst, ich hatte einen Grund, um weg zu kommen und mit dem Tier zu laufen. Ich hatte schon also irgendwie Kontakte mit Hunden bei meinem Patenonkel, der ewige Jahre einen Foxterrier hatte, der auch schon steinalt war. Den hatte er häufiger mitgebracht früher, als ich kleiner war. Und irgendwo ist dann wohl bei meinen Eltern der Gedanke entstanden, wenn schon einen Hund, dann nicht so einen Riesenhund."...

Die ersten Jahre mit dem Hund

„Und das war die Assoziation, die ich in Erinnerung hatte, dieses Bild, was sich mir immer wieder so einprägt, daß ich den Hund Weihnachten gekriegt habe und daß Wohnzimmer und Eßzimmer geschmückt waren. Im Eßzimmer zur Terrasse zum Garten stand der große Weihnachtsbaum. Ich wurde rausgeschickt und kam dann irgendwann wieder rein und da stand meine Großmutter, die auch sehr kompakt war, also um nicht zu sagen übergewichtig…Die stand irgendwie vor der Verandatür. Ich kriegte das erst gar nicht so mit, auf einmal kam hinter ihren Beinen so ein ganz, ganz lüttes Wollknäuel vor, so gerade mal eben 7, 8 Wochen alt, also ein Winzling von einem Foxterrier! Der kam dann so piepend angelaufen, guckte um die Ecke und lief den Beinen hinterher. (Christian lacht) Und dann war natürlich alles zu spät! Von dem Zeitpunkt an war das also klar, und das war dann eben auch die erste Zeit, die ersten paar Jahre eine relativ gute Kiste zwischen mir und dem Hund und wie sich das so entwickelt hat."

Christian hatte insgeheim zwar schon erwartet, daß er einen Hund bekommt, aber als er ihn jetzt wirklich sah, war es wunderschön und toll für ihn, endlich dieses Tier in die Arme nehmen zu können.

„Die erste Zeit, als er noch klein war, haben wir unheimlich viel Spaß gehabt. Ich hatte auch eine ganz gute Bindung so zu ihm. „

Die Wende in der Beziehung zum Hund

Christian kommt in die Pubertät und jetzt verändert sich sehr viel für ihn, auch in der Beziehung zu seinem Hund.

„Aber wie das Schicksal so ist, als die Pubertät einsetzte und ich mehr und mehr Interesse für die zweibeinigen Hündchen hatte, landete also der arme Hund so ein bißchen hinten vor. Und dann ist letztlich die klassische Schiene abgegangen wie in vielen Familien mit Kindern und Hunden, daß also dann die Verantwortung und die Futterpflicht und alles andere, Kämmen, Bürsten, also dann auf meine Mutter übergegangen ist, die das also dann murmelnd und brummelnd notgedrungen ertragen hat und auch die paar Jahre erduldet hat, die wir das Tier noch hatten."

Christian erzählt, daß er den Hund immer gerne mitgenommen hat, auch, um menschliche Kontakte zu knüpfen.

„Das war so ein kleiner Schürzenjäger, der mochte Frauen unheimlich gerne. Es war ein Rüde, und über den Hund hab´ ich dann wirklich immer viele Mädchen kennengelernt.Er hatte die dumme Angewohnheit, er sprang also wirklich an allen Leuten hoch, egal, ob nun Rock oder nicht... Er hatte den guten schönen alten ostpreußischen Namen „ Lorbas „, was ja bekanntlich soviel heißt wie „ Flegel „ oder „ Bengel „, und dem Namen hat er auch alle Ehre gemacht."

Christian schildert, wie er nach dem Tod seiner Großmutter in eine Krise geriet. Zu seiner Großmutter hatte er eine sehr enge, liebevolle Beziehung gehabt. Bis zu seinem 11. Lebensjahr teilte er sich sein Kinderzimmer mit der Oma, das heißt, am Tage half sie in Küche und Garten aus und nachts schlief sie im gleichen Zimmer wie Christian.

„Im Kinderzimmer stand ihr Bett und mein Klappbett. Und das war eine sehr enge Beziehung dadurch, daß meine Großmutter mir gegenüber eine unheimlich menschliche Wärme zeigte , auch gegenüber meinen Unverträglichkeiten, meinen Schwierigkeiten, die ich gemacht hatte und den Problemen, die ich hatte, Aufbegehren in diesem Alter und Ähnliches. Sie war ständig für mich da. Wenn meine Eltern in Urlaub waren, hat sie sich um mich gekümmert. Meine Großmutter war für mich eigentlich nie so ein autoritäres Familienanhängsel, sondern eigentlich jemand, der für alles Verständnis hat und aufgrund ihres eigenen Schicksals unheimlich menschlich war... Also das war schon eine sehr „ intensive Kiste „ und sie hat sich dann auch immer um das Tier gekümmert, wenn ich nicht da war. ...Ja, sie mochte den Hund auch unheimlich gern!

Der Umzug in eine andere Stadt und die Trennung vom Hund

Nach dem Tod seiner geliebten Großmutter müssen die Eltern das Mehrfamilienhaus verkaufen. Sie ziehen in eine Eigentumswohnung in einer nahegelegenen Sadt. Hier häuften sich die Probleme mit der Eigentümerversammlung und der Verwaltung, weil Tiere ungern gesehen wurden. Zusätzlich zu all diesen Problemen stürmt auf Christian viel Neues ein. So muß er sich auf eine neue Umgebung und besonders auf eine fremde Schule mit allen Anforderungen einstellen. Es kommt soweit, daß Christian kaum noch Zeit für seinen „ Lorbas „ hat.

„Ich bin einfach auch zu sehr über das ganze neue Umfeld weggekommen von dem Tier, so daß meine Mutter immer mit ihm laufen mußte. Und wir haben eben dann durch diese Situation mit der Eigentümerversammlung irgendwann gesagt: „ Das ist für den Hund keine Situation und für uns auch nicht. „ Dieses ständige Angemachtwerden, wenn der Hund mal bellt, so daß wir dann eine Lösung gesucht haben und dann die rettende Idee hatten: Verwandte von uns, zwei ältere Tanten , sind „ terriernärrisch „ . Die haben ihr Leben lang immer Foxterrier gehabt. Als die dann hörten, daß es mit unserem Hund nicht mehr ging, waren die in Windeseile da und haben den Hund „ adoptiert „ und mitgenommen nach B. Und da ist er dann wirklich sturzalt geworden. Er hat es da gut gehabt! Die haben ihn heiß und innig geliebt, und er ist 15 geworden."

Nach der Trennung von seinem Hund fährt Christian häufiger nach B., um seinen Lorbas zu besuchen. Es ist für ihn zunächst doch ein seltsames Gefühl, als das Tier fort war. Schließlich hatte Lorbas fast sechs Jahre bei ihnen gelebt.

„Die Bindung war sicherlich da. Es war im ersten Moment auch traurig, daß das Tier nicht mehr da war, aber es war etwas, was dann in der Familie abgesprochen war als beste Lösung für alle Beteiligten, vor allem auch für das Tier…Da das mit einer Eigentümerversammlung war und mit einer Verwaltung, gab es eben diese Vorschriften, daß Hunde also nicht gerne gesehen und geduldet wurden, wenn sie dann immer noch viel bellten und irgendwie ein bißchen auffällig waren…Das hat er ja, Terrier sind eben sehr aktiv auch, um nicht zu sagen hyperaktiv. „

Für Christian war es die erste richtige Beziehung zu einem Tier. Er hatte damals ganz bewußt einen Hund gewollt und zum Beispiel nicht eine Katze oder irgendein anderes Tier.

„Die Zeit mit Lorbas war gut. Als sich mein Interesse noch nicht so auf die weibliche Umwelt verlagert hatte, war das ein adäquater Kumpel, mit dem ich auch rumtoben konnte, der auch alles mitgemacht hatte und als Hund auch sehr kontaktfreudig war."

Am Anfang haben Christian und seine Familie noch viel von Lorbas gehört. Sie treffen sich etwa zweimal im Jahr mit den Tanten und dem Hund, doch dann schläft der Kontakt langsam ein.

„Es war auch nicht mehr so die emotionale Komponente, also in keinster Weise vergleichbar mit dem, was jetzt, heute ist mit der „ Taura."„ (seine jetzige Hündin)

Ein neuer Lebensabschnitt: Christian beginnt sein Studium

Christian zieht in die Universitätsstadt M., um dort Archäologie und Kunstgeschichte zu studieren. Er wohnt in einem Studentenwohnheim abseits der Stadt in einer ländlichen Gegend.

Jeden Morgen begrüssen ihn „ grunzende Schweine, wiehernde Pferde, muhende Kühe und Enten. Da brauchte ich keine Haustiere mehr, weil ich den ganzen Zoo vor der Tür hatte.… Da entfiel das Bedürfnis nach dem eigenen Tier. „

Nach einigen Semestern zieht Christian in eine andere Universitätsstadt, um dort sein Studium fortzusetzen. Er wohnt in einer kleinen Einzimmerwohnung und sieht auch jetzt keine Möglichkeit, ein größeres Heimtier zu sich zu nehmen, einmal aufgrund der räumlichen Bedingungen und auch aufgrund von Zeitmangel und nervlicher Überbeanspruchung.

Die Ratte Albanon

Aber dann liest Christian eine Science-Fiction-Geschichte, in der eine Ratte namens „ Albanon „ eine wesentliche Rolle spielt. Diese Geschichte wurde auch verfilmt und hieß dann „ Flowers for Albanon „. Christian las zur damaligen Zeit gerne gute Science-Fiction-Literatur, die ein bißchen in den ökologischen oder experimentellen Bereich geht. Diese Science-Fiction-Geschichte faszinierte Christian und motivierte ihn, sich eine schwarzweiße Ratte aus dem Tierheim zu holen. Es war eine Laborratte, aber für Christian war sie sehr hübsch.

„Die war sehr fixiert auf mich! Das war also auch schon spannend, wenn ich von der Uni nach Hause kam und der Schlüssel in der Tür rumging, dann stand sie schon pfeifend im Käfig und hing am Gitter und pfiff so einen Erkennungspfiff nach dem Motto:´ Jetzt komm´ endlich mit den Möhren und dem Essen rüber!´´

Leider stirbt das Tierchen schon nach drei Monaten, weil es sich den Schwanz abgebissen hatte und wahrscheinlich an einer Blutvergiftung eingegangen ist. Christian ist geschockt, als er nach Hause kommt und das Tier am Boden des Käfigs liegen sieht.

„Das war hart, das war hart! Aber das war das erstemal, daß ich Rotz und Wasser geheult habe um ein kleines Tier."

Damals lebte Christian in keiner festen Beziehung. So bedeutete das Tierchen ihm sehr viel, durch die Ratte war Leben in der Wohnung. Er hörte nachts ihr Rascheln, wenn sie im Käfig herumlief ; außerdem bewunderte Christian ihre Intelligenz.

„Es war ganz faszinierend, die Intelligenz von dem Tier zu sehen. Wir haben Spielchen zusammen gespielt, sie hatte einen großen Käfig über zwei Etagen, wo sie also raufkonnte. Dort hatte sie ein eigenes Häuschen, in dem sie Sachen versteckte. Und es war faszinierend zu sehen, wie schnell sie das schnallte, wo etwas war.

…Und sie kam zum Käfig ran, meldete sich bei mir. Oder sie meldete sich, wenn sie etwas wollte . Aber es war eben nie so eine Streicheltierbeziehung wie zum Beispiel bei einem Hamster."

Da Christian Tag und Nacht mit der kleinen Ratte zusammen war, hatte er sich rasch an das Tierchen gewöhnt. So war es hart für ihn, als sie plötzlich verstarb. Ein Tierarzt erklärte ihm daraufhin, daß so etwas häufiger passieren kann, wenn Ratten autoagressiv werden und sie sich den Schwanz abbeißen, aus welchen Gründen auch immer. Heute sieht Christian ein, daß seine Ratte nicht genügend Beschäftigung hatte und sie deswegen autoagressiv wurde.

„Ich würde heute die Lehre daraus ziehen. Erstens würde ich Käfigtiere nie mehr nehmen, weil ich mittlerweile auch nicht mehr dafür bin, Tiere im Käfig zu halten. Aber wenn, dann würde ich zwei, drei oder mehr nehmen, daß da ein soziales Gefüge ist, also einfach ein paar mehr Tiere. Dann können sich Gruppen bilden. Das ist dann immer noch einfacher."

Christian beerdigt die Ratte heimlich unter einem Baum, weil er sie nicht einfach entsorgen wollte.

„Und das war der Punkt, wo ich mir gesagt habe, egal was kommt, nie mehr ein Käfigtier, weil es einfach keinen Sinn macht!"

Die Beziehung zu Maike und wieder die Käfigtiere…

Christian macht aber bald, nachdem er seine zukünftige Frau Maike kennengelernt hatte, wieder die alten „ Fehler „. Sie haben damals einen Hamster namens „ Fridolin „. Daneben haben sie noch zwei Boworowski- Mäuse, russische Rennmäuse also, und ein Aquarium mit ein paar Zierfischen. „ Das war so schön für die Nerven zum Beruhigen…" Christian und Maike schaffen die Tiere gemeinsam an, jedoch kann Christian sich nicht mehr daran erinnern, warum sie einen Hamster gekauft hatten.

„Wieso und warum einen Hamster- ich weiß es nicht. Auf jeden Fall hatten wir unendlich viel Spaß mit dem Tierchen. Der gute „ Fridolin" war auch noch mal ein Männchen …
Das war wohl der Anfang dieses kleinen Miniaturzoos. Da hatten wir erst den Hamster, das weiß ich noch. Aber parallel zum Hamster hatten wir noch zwei Boworowski- Mäuse, also russische Rennmäuse und ein Aquarium… Fridolin hat seine guten zwei Jahre überlebt, ist auch nicht sehr alt geworden. Dann hatten wir eben die Mäuse und ein paar Zierfische. Dann kam aber das, was nicht hätte kommen dürfen!"

Und jetzt kommt „ Mulle"

Auf einem Spaziergang kommen Christian und Maike zufällig an einer Zoohandlung vorbei, und Maike entdeckt durch die Glasscheibe ein sehr junges Kätzchen, das in einem Glaskasten saß und dadurch noch kleiner wirkte. Das Kätzchen schien viel zu früh von der Mutter getrennt worden zu sein. Maikes Mitleid war sofort geweckt.

„Die muß ich haben, die nehmen wir mit!"

Auf diese Weise kamen Christian und Maike zu einer Katze. Dieses Kätzchen war allerdings sehr krank, wahrscheinlich hatte es die Katzenseuche. Am ersten Tag wäre die kleine Katze fast gestorben, sie hatte schlimmen Durchfall. Christian und Maike sind mit dem Kätzchen dann mit einem Taxi in eine Tierklinik gefahren. Die Tierärzte dort meinten, die Katze hätte keine Überlebenschance. Doch die Kleine überlebte die schwere Erkrankung, blieb allerdings sehr klein, sehr schüchtern und scheu.
Christian erzählt, daß die Katze vollkommen auf seine Frau fixiert ist. Er war damals zwar einverstanden, daß die Katze ins Haus kam, aber da sie ja schon den" Miniaturzoo" hatten, war es nicht sein innigster Wunsch gewesen, auch noch eine Katze zu „ adoptieren"
. Aber ihm tat das arme Tierchen doch sehr leid, als sie mit ihm zu Hause waren, und er sah, wie krank sie war.
Maike richtete sich mit der Katze ein, so daß die Kleine sehr rasch auf sie

fixiert war. Aber jetzt litten der Hamster, die Mäuse und die Fische unter der Katze.

„Es ging dann nicht mehr allzulange gut mit dem Hamster, mit den Boworowskis und den Fischen, weil die Katze natürlich also entweder am Aquarium hing und durchdrehte, weil sie ständig versuchte, die Fische da rauszuholen und nicht kriegte, oder sie saß fasziniert, also mit rollenden Augen vor dem Käfig mit den Rennmäusen, die also wie die Bekloppten in dem Käfig hin- und herschossen. Und sie kriegte also selber schon Schwindelattacken, weil sie nicht mehr mit dem Gucken hinterher kam und nicht mehr wußte, wo sie hingucken sollte."
(Wir müssen beide lachen)
„Einmal hat sie dann also auch gemerkt, daß ein Hamster schön zubeissen kann, weil sie in ihrer Neugier versucht hat, also mit der Nase in den Hamsterkäfig reinzuwuseln, worauf der Hamster aus seinem Haus geschossen kam, fürchterlich meckerte nach dem Motto:' Laß meinen Käfig in Ruhe!' und die Katze in die Nase gebissen hat....
Das war ihr 'ne Lehre!
Wir haben dann manchmal aus Spaß, was natürlich im nachhinein auch gemein ist, als Fridolin noch lebte, habe ich Fridolin manchmal rausgenommen und auf den Tisch gesetzt, bißchen laufengelassen, mit ihm gespielt, ihm Nüßchen gegeben. Und dann kam die Katze dazu, die also immer wie ein besseres Hündchen an meiner Frau klebte; und wenn wir die Katze dann ärgern wollten, haben wir den Hamster genommen und ihn auf den Rücken der Katze gesetzt. In dem Moment erstarrte die Katze zu einer Katzenskulptur, und sie hat nicht eine Bewegung mehr gemacht. Die verhärtete muskulär bis ins- geht- nicht- mehr. Die hat sich nicht mehr gerührt, solange, bis der Hamster wieder von ihrem Rücken runter war. Die hat sich wohl gedacht, ' Wenn ich mich nicht bewege, beißt er mich vielleicht vorne nicht in die Nase '. Also, sie hat das so gelernt, das war also wirklich klasse!"

Fridolin stirbt und Maike ist tieftraurig

„So und dann ist aber Fridolin kurze Zeit danach gestorben. Und dann war das Problem – die beiden Boworowskimädchen, die ich eigentlich geglaubt hatte zu holen, entpuppten sich als Boworowskipärchen mit dem Erfolg, daß wir dann irgendwann eine ganze Meute kleiner Boworowski – Mäuse im Käfig hatten, und irgendwann ging da nichts mehr (Christian lacht). Da hab´ ich dann eine alte Freundin von früher angerufen, die irgendwann nach einem Haustier Umschau hielt und hab` ihr dann die ganze Mäusefamilie geschenkt. Dann waren wir die los, und die Fische haben wir dann irgendwann auch noch abgeschafft, weil das mit der Katze nicht mehr ging."

Auf meine Frage, ob es ihm wehgetan hat, als der Hamster starb, erzählt Christian:

„Naja, was mich da eher erschüttert hat, war die Trauer meiner Frau, weil meine Frau wirklich also Rotz und Wasser geheult hat. Also die ist mit dem sterbenden Hamster zusammen ins Bett und hat `ne Decke drumgewickelt und hat mit dem Hamster im Bett gelegen und ihn solange im Arm gehalten, bis er dann tot war. Dann haben wir den Hamster genommen und haben den auch wieder in so `ner Nacht-und Nebelaktion, ohne Wissen der Nachbarn, in einem hübschen Zigarrenkistchen schön bestattet unter einem schönen großen dicken Baum bei uns im Garten."

Während Maike mit dem Hamster im Bett lag, rief ein guter Freund aus Südafrika an und wollte sie sprechen. Christian konnte da nur sagen, daß seine Frau mit einem sterbenden Hamster im Bett liegt und jetzt nicht ans Telefon kann. Der Freund war perplex und fragte: "What`s going on?" (Christian lacht). Später klärten sie ihn dann natürlich auf. Aber Christians Frau war wirklich sehr traurig über den Tod des kleinen Fridolin.

„Aber es war wirklich schlimm. Ich hab` meine Frau nachher noch bös getröstet. Es war wirklich schwer dann auch. Wir haben ganz schön geschnieft, als wir ihn da in dem Kistchen hatten. Aber eben diese Kistenbestattungen, die sind ja nun nicht spurlos an mir vorübergegangen. Die hatte ich mit ja Schildkröte, mit Vogel, mit Meerschweinchen, mit allem schon als Kind auch so, daß die dann irgenndwo im Garten verbuddelt wurden.

Das war etwas, was normal war, irgendwann ist ein Leben zu Ende. Und in dem Falle tat es mir bei dem Hamster nicht so weh wie bei der Ratte, weil es einfach wie immer unverhofft kam, vollkommen plötzlich. Bei Fridolin war es eigentlich klar, daß also das vorgezeichnet war. Er wird irgendwie jetzt die nächste Zeit an Altersschwäche sterben. Was zu machen, wäre unsinnig gewesen, man hätte nichts machen können, und insofern war das ok."

Der kleine Malteserhund

Während unseres Gespräches fällt Christian plötzlich ein, daß sie noch vor der Katze einen kleinen weissen Malteserhund hatten. Dieses Malteserhündchen „ Chiffon " konnte leider auch nur ein knappes Jahr bei ihnen bleiben aufgrund schwieriger Lebensbedingungen.

Seine damalige Freundin Maike war zur Winterzeit in ihre alte Heimat Südafrika geflogen, um dort alte Freunde zu besuchen. Maike hatte in Johannesburg etwa acht Jahre mit ihrem damaligen Mann gelebt, der dann leider durch einen tragischen Unfall starb. Ihre Freunde hatten ihr im Gedenken an alte Zeiten, weil Maike früher auch einen Malteserhund hatte, ein kleines Malteserhündchen als Abschiedsgeschenk mitgegeben. Er war noch so klein, daß sie ihn unbemerkt in der Handtasche im Flugzeug mitnehmen konnte.

„Meine Frau, meine damalige Freundin, war für einen Urlaub im Winter in Südafri(ka und kam freudestrahlend, früher als geplant, wieder zurück. Ich lag noch im Bett und schlief. Auf einmal höre ich einen Schlüssel in der Tür und denk`: `Mein Gott, was ist denn nun los? Wer will denn da einsteigen?` – Da steht meine Frau in der Tür.

Wir hatten hier also Dezember, es war schweinekalt, Temperaturen ungefähr so minus 10 bis minus 12 Grad in dem Jahr, und meine Frau kam aus Südafrika mit Temperaturen um 35 Grad plus. Sie stand hier im dünnsten Kostümchen bibbernd in der Tür, kommt ins Schlafzimmer, faßt in ihre Tasche und setzt mir ein handgroßes,- schneeweißes, piepsendes Knäuel auf die Bettdecke. Worauf ich also nur noch ganz fasziniert geguckt habe und dann mitansehen mußte, wie dieses piepsende Knäuel, was sich da im Nachhinein als 6 Wochen alter Malteser entpuppte, auf mich zukam, mir das Gesicht ableckte und auf die Bettdecke pinkelte."
(Christian und ich müssen lachen)

Der erste Kontakt mit Chiffon, dem Malteserhündchen

…" Und dieses kleine Wesen, das unten aus dem warmen Südafrika kam, hatte ja auch menschliche Bedürfnisse, mußte ja dann auch irgendwann mal raus. So, das sah dann so aus, daß ich dann da stand, schnatternd vor Kälte, weil das wirklich lausekalt war. Ich hatte den kleinen Hund in eine alte Wollsocke reingesetzt, so daß das Köpfchen rausguckte, den Hund dann in meine Jackentasche reingesetzt und bin dann mit ihm vor die Haustür gegangen. Hab` ihn dort aus allem wieder ausgepellt und ihn da in den Schnee gesetzt. Das kleine Wesen war so verschrocken und erschüttert über die Kälte, daß das vor lauter Zitterei gar nicht mehr pinkeln konnte, was dann zur Folge hatte, daß wir die Bäche in der Wohnung hatten. Also, das wurde dann natürlich auch ganz nett.
Aber es war wirklich die heißeste Story. Das war eigentlich mein erster eigener Hund, obwohl es der Hund meiner Frau war. Meine Frau konnte sich nicht um ihn kümmern, die war oder ist berufstätig, und ich mußte mich um das Tier kümmern und hatte natürlich das große Problem, wie umgeht man sämtliche universitären Verbote mit so einem Hund. Und da der ja nun wirklich so miniaturmäßig war, hat das in den meisten Fällen schweinegut geklappt, das Tier irgendwie in die Uni zu schmuggeln oder in das Hotel, wo ich damals gearbeitet hab`, ohne daß einer was mitkriegt…Das war knuffig, daß ich sie im-

mer in der Jackentasche meiner Lederjacke hatte. Ich hielt die Hand immer schützend drum, und das kleine Teil war nur am Bibbern. Wenn ich mit dem Hündchen unterwegs war, sagten viele Kinder: `Mama, Mama, wo hat der Onkel das Stofftier her? So eins will ich auch haben! „Und das Stofftier machte dann auf einmal ` Fiep `, und dann war natürlich alles vorbei. Als die dann merkten, daß das Stofftier lebte, war ich immer umpulkt. Also ich hatte dann kaum noch eine Chance, wegzukommen, mußte den Hund wieder auswickeln und erklären und machen. Das Tierchen ging wirklich ohne Probleme auf 'ne Handfläche."

Die Trennung von Chiffon und Maike leidet

So bezaubernd das Malteserhündchen für Christian und Maike war, so traurig endete diese Geschichte damit, daß sie das Tierchen nach einigen Monaten in gute Hände abgeben mußten.

„Naja, und dann war eben die Tragik bei dem Tier durch die ganze Situation hier, meine Frau war berufstätig, ich hatte zunehmende Arbeit an der Uni, so daß wir das Tier nicht mehr halten konnten, weil es zu lange alleine war und wir mit den Mitmietern Probleme kriegten. Es war viel alleine, und die haben auch Rabatz gemacht mit dem Tierschutz und so, das ginge nicht, das arme Tier usw.. Naja, auf jeden Fall habe ich dann eine gute Lösung gefunden. Ich kannte noch jemanden aus dem Kunsthandel. Der hatte ein Geschäft und suchte händeringend nach einem Hund für seine Tochter. Und der kannte Chiffon, er war dann auch total verliebt in das kleine Teil. Sie war witzig wie ein kleines Schäfchen, grobgestrickt mit Knopfaugen. Dieser Mann wohnte außerhalb in einem Haus mit Riesengarten und hatte Zeit. Und da habe ich über Jahre noch gehört, daß es ihr gut ging, und sie ist angeblich so 13, 14 geworden. Das ist also der unterschlagene ` Zwischenhund ` gewesen."

Auf meine Frage: „Wie hast Du den Abschied empfunden von diesem Hündchen?"

meint Christian:

„Da Maikes Mann damals tödlich verunglückte in Südafrika, hatte sie sehr viele Erinnerungen an diese Zeit bewahrt, und das Malteserhündchen war eine spürbare, faßbare Erinnerung an früher, weil sie damals auch so ein Hündchen hatten."

Kurze Zeit nach dieser traurigen Trennung hatten Christian und Maike sich das Kätzchen aus dem Zooladen geholt. Diese kleine Katze konnte Maike wohl ein wenig trösten und ablenken vom Kummer um das Malteserhündchen.

„Das war ein bißchen schwer für sie, diese ganze Problematik. Naja, das wurde etwas gemildert, weil dann kurze Zeit später diese Episode mit der Katze losging."

Die schwierige Beziehung zwischen Christian und der Katze „Mulle"

Christian sieht die Beziehung zur Katze zunächst als schwierig an, die Beziehung entwickelt sich „schleppend".

„Die Katze ist vollkommen fixiert auf meine Frau, hat sich dann auch kaum von einem anderen füttern lassen, geschweige denn anfassen oder streicheln lassen am Anfang und ist unheimlich scheu auch im Grunde. Mittlerweile wird sie fast 15, jetzt geht es, aber im Grunde war die immer sehr zurückhaltend, sehr scheu gegenüber Fremden und auch mir gegenüber, und ich weiß also ganz genau, jetzt im Moment ist sie dabei, das ist also so, dass sie das so akzeptiert.

... Ja, ja, also im Moment ist sie 15, sie hat sich daran gewöhnt, das ist ihr Revier, ihre Wohnung mittlerweile, ihr Raum, sie zieht sich zurück, sie braucht eine Zeit, bis sie dann kommt, aber jetzt am

Anfang, wie das damals gewesen war, wäre sie zwei Tage nicht raus gekommen, wenn ein Fremder in der Wohnung ist. Sie hätte sich sofort in die letzte Ecke verkrochen ,und jetzt geht es eigentlich nach der ganzen Zeit."

Die Katze ist jetzt 15 Jahre alt und zieht sich immer noch zurück, wenn ein Fremder kommt, braucht aber nur eine gewisse Zeit, bis sie dann vorkommt. Am Anfang ihres Zusammenseins kam Mulle oft zwei Tage nicht aus ihrem Versteck. Besonders problematisch wurde die Situation für die Katze und für Christian, als Maike damals für acht Wochen zu einer Kur musste. Er war für lange Zeit allein mit der Katze. Mulle hatte sich jetzt tagelang im Katzenklo versteckt und kam nicht hervor. Sobald sie Christian hörte, verzog sie sich wieder ins Katzenklo. Christian kann es sich heute nur so erklären, dass die Katze so sehr an Maike hing.

„Meine Frau ist so ungefähr wie die Ersatzmutter oder das Lebensbild, die Welt für die Katze gewesen, und die war nun weg, und ich gehörte irgendwie nicht in die Katzenwelt rein.
…Ich kann es mir heut dadurch erklären, dass die Katze sehr wahrscheinlich fürchterlich neurotisch reagiert hat auf die Trennung von meiner Frau. Dass sie also meinte: ‚Meine Welt ist weg, mein Futternapf ist weg, alles ist weg. … Dann will ich auch nicht mehr – mit dem will ich nichts zu tun haben.' Das war unendlich schwer. …
… Dann habe ich bis in die Nacht vor dem Katzenklo gelegen mit Futter in der Hand und hab' sie gelockt. Und irgendwann, so nach fünf Tagen, kam sie dann raus und hat dann gefressen! Dann brach so langsam das Eis. So, dann kam sie auch schon mal raus und fraß und blieb auch draußen. – Es war aber nie so eine warme, herzhafte Beziehung von der Katze so wie zu meiner Frau. Also diese gefühlsmäßige Bindung zwischen dem Tier und meiner Frau ist überproportional stark so wie jetzt bei mir mit dem Hund. (Taura)
Es war ein langer, langer Adaptionsprozess, die Katze wirklich daran zu gewöhnen oder mich an die Katze zu gewöhnen, so dass sie sich auch von mir streicheln ließ, hochnehmen ließ, und es war also sehr, sehr spannend. Es hat endlos lange Zeit gedauert.

„… Das ging über Jahre. Das heißt, es war immer so eine Rivalität … also von der Katze zu mir wegen meiner Frau.
Aber interessanterweise hat sie sich nie erdreistet, mich anzufallen, sondern meine Frau. Also das ist auch nicht so ganz klar (lacht). Die Katze, die am Fußende im Bett meiner Frau schläft, egal, von wem jetzt die Füße rausguckten, meine hat sie nie attackiert oder angegriffen in der Nacht oder reingebissen. Das hat sie meistens so nur mit denen von meiner Frau gemacht, wenn die rausguckten und sich bewegten im Schlaf. Und dann saß meine Frau dann neben mir und schrie los und ich kriegte 'nen halben Herzschlag.
… Auch wenn sie immer so fauchte, hat sie immer meine Frau so angefaucht. Die hat sich wahrscheinlich sozusagen gesagt: ‚Ich bin auch hier.', um da irgendwas rüber zu bringen, ich kann's mir nicht anders erklären. Also das war schon merkwürdig. Gut, ich mag die Katze unheimlich gerne, also 15 Jahre ist 'ne endlos lange Zeit mit so einem Tierchen."

Christian war stolz und erleichtert, als er es nach Stunden geschafft hatte, die Katze aus ihrem Versteck, dem Katzenklo, zu locken und die Katze endlich anfing, wieder zu fressen, denn er hatte große Sorgen, dass die Katze zu wenig frisst und sterben könnte.

„Ja, ich war irgendwie erleichtert, weil ich dachte, um Gottes Willen, meine Frau kommt nach Hause und die Katze ist verhungert!
… Die Katze war wirklich so 100 % auf meine Frau fixiert, das ist also schon faszinierend, schlimmer als ein kleiner Hund. Meine Frau brauchte nur aufzustehen und irgendwo hinzugehen, egal, die Katze ‚dackelte' hinter ihr her. Sie ist permanent in der Nähe, sie muss immer irgendwo bei ihr sein."

Christian empfindet heute die Beziehung der Katze zu ihm von seiner Sicht aus als o.k.. Er wird aber auch von der Katze seit einigen Jahren toleranter geduldet als vorher.
Christian hatte nach diesen Jahren das Bedürfnis, ein Tier zu haben, das einmal zur Abwechslung auf ihn „fixiert" ist.

So kam die Geschichte mit ihrem adoptierten „Urlaubshund" ins Rollen.

Christians Reise in die Türkei und die Folgen

Christian liebt das Land Türkei, die Landschaften und auch die Leute mit ihrer Gastfreundschaft und ihrer Lebensart. Aber er weiß auch, mit der Tierliebe ist es dort nicht so weit her. Es gibt dort ein erbärmliches Hundeelend, besonders Christians Frau ist jedes Mal entsetzt über die abgemergelten und geprügelten Hunde, die sie dort sieht, sobald sie den Flughafen verlassen haben. Christian berichtet, dass die Hunde dort keine Heimtiere in unserem Sinne sind, sondern nur Nutztiere, so z.B. gibt es angekettete Wachhunde oder z.B. die Hütehunde, die dann aber gepflegt und gut genährt werden.

So berichtet Christian von den Kangal-Hunden, riesengroße Hütehunde aus der ostanatolischen Stadt Sibas. Diese Tiere werden bis zu 80 Kilo schwer. Ihre „Aufgabe" ist es, mit Bären zu kämpfen und Wölfe zu töten. Christian erzählt dann die Geschichte, wie er und Maike ihre „Taura" in der Türkei im Urlaubsort kennengelernt haben.

„Am Strand hab' ich denn zum ersten Mal diesen merkwürdigen Köter gesehen, also vollkommen verdreckt, vollkommen runter, dürr wie ein Gerippe, aber riesengroße Ohren, sodass wir also immer so, für uns so intern gesagt hatten „der sieht aus wie ein Fledermaushund" oder „Fledermausohrenhund" und anfangs haben wir ihn gar nicht so beachtet. Und wir haben mehrfach das Tier im Ort auf der Straße rumlaufen sehen mit einem Rudel, also fünf Hunde eben, es gab da drei Männchen, drei Rüden, zwei Weibchen, und einmal lief das Tier vor uns her ,und es gehörte so ein bisschen so zum Volkssport bei den jungen reichen Türken, dass die also, wenn sie mit ihren kleinen Coupés und Flitzern da an der Küstenstraße lang fahren, dass sie dann richtig auf die Hunde halten, wenn sie ihnen in den Weg kommen ,und sie einfach plattfahren. ...

... Die fahren einfach drauf los und fahren drüber und freuen sich, wenn sie einen Hund erlegt haben.

... Richtig, und die war noch sehr jung und war klein, hatte aber eins gelernt: Autos zu jagen. Und die lief also vor uns her und ich sag noch zu meiner Frau: Die läuft aber so an der Straße entlang, hoffentlich passiert da nichts, und in dem Moment läuft sie auf die Straße und fängt an, das Auto zu jagen und wird fast überfahren, weil sie versucht, in die Reifen zu beißen, und da habe ich einen Schlag gekriegt – um Gottes Willen – haben uns aber nicht weiter um das Tier gekümmert und haben sie mehrfach gesehen und haben dann festgestellt, dass sie von den Russen in dem kleinen Restaurant, das zu unserem Hotel gehörte, zeitweilig mit versorgt wurde, weil die Türken die Hunde nicht füttern, die da frei herumlaufen ..."

Christian und Maike beobachten einige Male, wie dieser Hund geschlagen wurde, mit Steinen beworfen wurde und mit sehr kaltem Wasser abgespritzt wurde. So wollten die Menschen sie von Restaurants fernhalten.
    Eines Tages sahen sie das Tier im Wasser bellend und knurrend vor einem jungen Türken stehen. Dieser junge Mann hatte sie zuvor bedroht. Jetzt stand er zitternd im Wasser und wusste nicht mehr, wie er herauskommen sollte.
    Damals wusste Christian nicht, dass sie das Alpha-Weibchen von dem Rudel war.
    Kurz bevor Christian und Maike wieder nach Deutschland zurück reisen müssen, „läuft" ihnen quasi dieser Hund direkt vor die Füße. Christian glaubt an eine Bestimmung, dass diese Hündin sie beide ausgewählt hat aus hunderten von Touristen, die in dieser Gegend Urlaub machen.

„Naja, wir sind noch vier Tage in dem Ort, da komme ich morgens runter aus dem Hotelzimmer, und unten vor der Treppe liegt dieses Hundeweibchen wimmernd, als hätte sie auf uns gewartet, vollkommen runter, vereitert, mit Ausfluss und bis auf die Knochen abgemagert, so dass die Rippen rausguckten und alles ... Und dann bin ich nur noch zu meiner Frau hoch und hab' gesagt: ‚So, pass auf, was machen wir jetzt?' Und meine Frau in ihrer übermäßigen Tierliebe hat auch nur gesagt: ‚Wir nehmen das Tier mit. Wir gucken, ob wir es schaffen, das Tier mit nach Deutschland zu nehmen, aber nicht für uns, wir haben ja schon die Katze. Wir versuchen, das Tier in Deutschland gut unterzubringen.' Naja, gesagt, getan."

Aber es war schwierig für sie, die Ausreise mit der Hündin zu organisieren. Auf meine Frage, wie sie denn an Taura herangekommen seien, antwortet Christian:

„Sie ist uns gefolgt, sie ist hinter uns hergelaufen, sie hat uns ausgesucht."

Taura wurde damals in dem kleinen Restaurant in ihrem Hotel von den russischen Besitzern gefüttert, und so hielt sie sich häufig in dem Garten des Hotels auf.

„Ja, sie war ja in dem Garten häufig bei den Russen,und sie sah uns da rein und raus gehen, sie wusste ja, dass wir in dem Haus wohnten ‚und irgendwie hat sie sich uns ausgeguckt, aus welchen Gründen auch immer, ob da irgendeine Empathie war ... Da muss irgend etwas gewesen sein, es waren hunderte, tausende von Touristen da, und sie ist immer hinter uns hergedackelt.

... Sie hat uns einfach ausgesucht, sie war nicht ein Hund, der ausgesucht wird, nein, sie hat sich uns ausgesucht. Und das war das Problem, dann ging das Theater erst richtig los ... Dadurch, dass ich den Besitzer vom Hotel kannte, wurde uns mit sehr viel Gegrummel und Gemurre gestattet, dieses unterernährte und halbtote Viech mitzunehmen in unser Zimmer mit der Auflage, dass wir die Haare von der Hündin selbst beseitigen müssten. Und dann haben wir alle Hebel in Bewegung gesetzt, das Tier mitzunehmen. Das war problematisch, weil ich also alle möglichen Leute schmieren musste wegen der Quarantäne-Vorschriften und der Impfvorgaben. Das Tier musste geimpft werden; wenn man nur drei Wochen da war, war das ein bisschen problematisch, da musste eine Woche zurück datiert werden. Das haben die für uns gerne gemacht."

Christian wusste, dass Taura nach der Impfung noch eigentlich vier Wochen hätte dableiben müssen, aber jetzt musste es eben so gehen.

Zufällig war der einzige Tierarzt gleichzeitig auch der Leiter des Amtes, der die Papiere für die Impfung bewilligte und ausstellte.

Christian brauchte auch noch vom Bürgermeister von Antalya eine Genehmigung, dass alles korrekt ist. Insgesamt wurde alles sehr aufwändig und teuer für Christian, das Tier nach Deutschland mitzunehmen. Aber Christian meint:

„Wir sagten: ‚Das Tier geht mit, egal, was es gekostet hat.'"

Am Tag der Abreise nach Deutschland erleben Christian und Maike am Flughafen noch eine weniger schöne Überraschung: Die Transportkiste für die Hündin war noch nicht geliefert worden. So mussten dann beide noch eine Nacht im Hotel verbringen, obwohl sie wichtige Termine in der Heimat hatten und schon gerne am Sonnabend geflogen wären.

Letztlich klappte es dann aber doch noch mit einer Transportkiste, die extra aus Deutschland geschickt wurde. Christian durfte selbst die Hündin für den Flug betäuben, weil er eine Ausbildung zum Heilpraktiker hatte und sich auch mit Tierheilkunde auskannte. Der Tierarzt hatte ihm gesagt, er solle etwa eine Stunde vor dem Flug das Tier sedieren. So gab er mitten auf dem Flughafen Taura eine Spritze. Endlich schlief Taura nach anderthalb Stunden ein. Sie wurde in den Frachtraum des Flugzeuges gebracht, Maike begleitete die Hündin noch bis dorthin. Dann kamen sie „mit Eskorte" in die Maschine, die dann endlich starten konnte.

Dieses Flugzeug flog leider nur bis Düsseldorf. Es war mittlerweile tief in der Nacht, als sie dort landeten. Jetzt steckten sie wieder in Schwierigkeiten, weil sie so rasch wie möglich in dieser Nacht noch nach H. kommen sollten.

„In Düsseldorf war es schon mitten in der Nacht, als wir ankamen. Und da wurde mir ein Hotel angeboten. Ich sagte: 'nee, der Hund wird nicht noch mal sediert. Die ist viel zu weit unten, um sie noch mal zu betäuben kurzfristig am nächsten Tag. Ich möchte noch heute in dieser Nacht nach H.' ... Fälschlicherweise war aus Antalya ein Fax angekommen, es würden zwei Paare mit einem Hund erwartet. Und da dachten die: ‚Ah, da kommen 2 Hunde und 2 Paare.' Das haben sie vollkommen falsch irgendwie rübergekriegt, und dann kriegten wir, und das war unsere Rettung, sehr zum Leidwesen der LTU, einen Riesen-Mercedes-Transporter. Hinten drin war die Kiste, auf dem Rücksitz saß meine Frau mit dem Hund. Ich saß vorne neben dem kurdischen Fahrer, der sich während der Fahrt noch halbtot gelacht hatte über die ganze Story. Der ist dann mit uns von Düsseldorf um 12 Uhr mitternachts bis fünf Uhr morgens nach H. gefahren.

Taura war schon wieder wach, sie war allerdings noch ein bisschen lädiert. Und auf die Weise ist sie also nach H. gekommen.

… Und dann kamen wir mitten in der Nacht gegen fünf, halb sechs an ganz früh und machen die Wohnungstür auf, und die Miniaturausgabe von Katze mausert sich zum Tiger, wurde also dreimal so dick wie sie es vorher war, als sie den Hund sah. Wir dachten: ‚Oh Gott, was passiert jetzt?', aber da das Tier ja eben diese Erfahrung mit den Katzen hatte, von da unten eben wusste, wie weh Katzen tun können, wenn die richtig zuhauen, hat sie sich also wirklich in ihrer ganzen Erbärmlichkeit einfach nur flach vor die Tür auf den Boden gelegt und geweint!

Und damit hat der Hund, der nun wirklich fünf, sechs Mal so groß ist wie die Katze, der Katze dadurch signalisiert: ‚OK, es ist deine Wohnung, aber lass mich rein!'"

Taura wird Mutter – Die Welpengeschichte

In der nächsten Zeit ist das Verhältnis von Hund und Katze sehr schwierig, und sie mussten ein bisschen auf Distanz gehalten werden.

„Es war doch so, dass die sich nicht so geliebt haben, eigentlich eine ganze lange Zeit nicht geliebt haben."

Bald nach ihrer Rückkehr aus der Türkei stellte sich heraus, dass Taura trächtig war, obwohl der erste Tierarzt, den sie konsultierten, der Meinung war, es wären wohl Koliken.

„Der Hund wurde immer schlapper und schlapper. Wir saßen hier und konnten uns nicht vorstellen, was los war. Ich lag eines Nachts im Bett, hielt die Hand so raus aus dem Bett und streichelte den Hund so im Bauchbereich und sagte auf einmal zu meiner Frau: ‚Oh, oh, da trampelt was, da bewegt sich was.' Und meine Frau: ‚Da kann sich doch nichts bewegen, wieso, da bewegt sich doch nichts!'
Der Tierarzt meinte dann noch: ‚Wenn sie das Tier da unten aufgelesen haben, so 'nen ausgesetzten Strandköter, und der kriegt jetzt das tolle Futter, die hat Magen-Darm-Probleme eben, nicht, eben Koliken und alles mögliche.'"

Christian hatte daraufhin zum Tierarzt gesagt:

„Wissen Sie was, das ist ja alles schön und gut. Aber ich hab' noch nie erlebt, dass 'ne Kolik trampelt!"

Nach Christians Protest wurde Taura mit Hilfe von Ultraschall untersucht, und erst jetzt wurde tatsächlich ihre Trächtigkeit festgestellt.
 Bald darauf ging Christian zu einem anderen Tierarzt, bei dem er heute noch ist. Dieser Mann erklärte Christian, dass eine ziemlich teure Behandlung auf ihn zukommen würde. Taura war immer noch ziemlich dünn und schlapp, und es bestand die Gefahr von Eklampsie, also Krämpfen und Schockzuständen. So ging Christian mit der Hündin jeden zweiten Tag zum Arzt und ließ ihr Vitamine und Aufbaupräparate spritzen.
 Etwa vier Wochen, nachdem Christian und Maike aus dem Urlaub zurück waren, es war inzwischen Mitte Oktober, erhielten sie eine Einladung von Christians Schwiegervater zur Geburtstagsfeier. Ein schönes Essen in der Stadt war auch eingeplant. Taura wurde im Auto mitgenommen. Es ging ihr nicht sehr gut, sie musste sich schon im Wagen übergeben. Christian ahnte, dass etwas nicht stimmte mit seiner Hündin.
 Dann saßen sie alle beim Schwiegervater auf der Terasse und tranken Kaffee. Der Schwiegervater merkte als erster, dass es bei Taura wohl mit der Geburt losging. Da es jetzt tatsächlich soweit war, obwohl alle erst 14 Tage später damit gerechnet hatten, wurde sofort im Keller eine große

Wurfkiste für Taura gebastelt. So kam es, dass es statt Geburtstagskaffee Hundebabys gab.

„Und dann saßen wir also, statt Geburtstagskaffee zu trinken, eigentlich nur noch da unten im Keller auf 'nem Hocker und guckten zu, wie das dann so nach und nach purzelte und haben es dann durchgehalten, bis wir dann zum Essen mussten, weil wir eben bestellt und reserviert hatten. Wir haben es durchgehalten bis zum vierten Hund. Taura war in L. im Keller im Haus meines Schwiegervaters, und wir mussten weg in dieses tolle Restaurant."

Christian, Maike und ihr Vater gingen schweren Herzens zum Essen. Maike wollte schon gar nicht mehr mitkommen. In Gedanken waren sie alle bei der Hündin.
Nach einem übereilten Geburtstagsessen gingen alle dann sofort in den Keller, um nach Taura zu schauen.

„Aber die hat so toll die Fruchtblasen zerbissen und die Babys geleckt und drangelegt. Es war super, wie die Natur es so vorbestimmt hat."

Am Ende waren sieben kleine Hunde zur Welt gekommen. Diese Nacht verbrachten sie noch beim Schwiegervater. Am nächsten Morgen ging es dann mit acht Hunden zurück nach Hause.

„Das war super, das fanden alle Beteiligten wirklich klasse. Das verfolgt uns heute noch, diese tolle Erlebnis.
… Also ich war eigentlich erleichtert über die Tatsache, dass sie es so gut weggepackt hatte, dass sie das von ihrem Instinkt her so gut hingekriegt hatte, dass alles mit den Jungen auch in Ordnung war.
… Obwohl sie so weit unten war. Danach ging es noch weiter runter. Das Tier hatte im Endeffekt neun Kilo gehabt und das ist ein Schäferhund, der eigentlich ein Normalgewicht von 30 Kilo hat!"

Die „Aufklärung" der Nachbarn

„Dann geht der eigentliche Spaß erst richtig los, die Nachbarn davon zu überzeugen, dass das nun mal so passiert war, und die haben dann auch relativ gut mitgespielt ... naja, und dann war es dann so, dass wir im weiteren Verlauf Spaß gehabt haben mit den Jungen und auch ein paar Videos gedreht haben und genug Fotos und alles mögliche und Stress, diese sieben bis acht Wochen durchzuhalten, tatkräftig unterstützt von Nachbarn, die dann mal mit einem 10Euro-Schein oder Zwanziger rüberkamen, andere mit einem Fünfziger oder mit Tüten mit Futter oder mit Streu für die Wurfkiste."

Alle paar Tage ging Christian mit den Jungen im Korb zu seinem türkischen Lebensmittelhändler und wog sie bei ihm auf der Waage im Geschäft ab. Je nach Gewicht wurde ersichtlich, wie viel sie an Vitaminen und Spritzen brauchten. Die jungen Hunde sollten in gute Hände abgegeben werden.

„Naja, dann haben wir das alles mehr oder weniger gut durchgezogen und einen Teil der Hunde an Bekannte weggeben, Kollegen, Freunde. Den Rest eben gegen Schutzgebühr. Wir haben generell auch für uns gesagt, also, wir wollen gar nicht mehr wissen, was mit den Tieren passiert, weil es einfach zu belastend ist. Wir haben das Beste versucht, wir haben sie soweit durchgekriegt, sie sind gesund, sie sind kräftig.
Wir können nur von außen wahrnehmen, wie die Leute auf uns wirken, ob sie die Hunde behalten oder nicht, die Entscheidung ist dann nicht mehr unsere. Und um meiner Frau eben mit ihrer übergroßen Tierliebe da irgendwelche Enttäuschungen und Schmerzen zu ersparen, habe ich dann irgendwann gesagt: ‚Es ist besser, wenn wir da emotional ein bisschen zumachen und sagen, ok, wir haben unsere Schuldigkeit erfüllt. Wir haben das Tier (Taura) durchgekriegt, wir haben den Hund, der bleibt uns, um den kümmern wir uns.'„

Christian hätte am liebsten alle Welpen behalten, aber es war unmöglich für ihn, auch nur ein Tier mehr in der Wohnung zu halten. Die Katze und der Hund waren von der Verwaltung genehmigt, aber noch mehr größere Tiere hätte keiner im Haus geduldet.

Taura leidet unter dem Verlust der Jungen

Als nun die Jungen nach und nach wegkamen, wurde ihnen bewusst, welch starke Mutterbindung Taura zu ihren Jungen hatte. Nachdem das letzte Hundekind zu einem Arbeitskollegen kam, der extra noch seinen Urlaub abgewartet hatte, damit Taura sich langsam entwöhnen konnte, wurde es sehr schlimm für sie.

„Als er dann weg war und die Wohnung wie leer war, war es unsäglich für das Tier. Ich wollte dann mit ihr spielen und hab' dann einmal so diesen Quietscheball genommen und da hat sie dann jedes Mal, wenn der Ball rollte und quietschte, hat sie fürchterlich geweint und ist hinter dem Ball her und hat den Ball ins Maul genommen und ist mit dem Ball ins hinterste Eckchen im Badezimmer verschwunden, hat sämtliche Vorlegematten zusammengepackt, um ein Nest zu bauen und hat den Ball da reingelegt. Weil sie dachte, das ist eins von ihren Jungen. Also, das war extrem."

Auf meine Frage, ob die Bälle sie ein bisschen getröstet hätten, meint Christian:

„Nee, eben nicht, im Gegenteil. Ich hatte gedacht, sie würden sie trösten, aber dieses Quietschen und die Bewegung, da fing sie sofort an zu weinen, weil sie dachte, da läuft ein Junges und hat irgendwas und quietscht. Wir haben es ganz schnell auch gelassen!"

Die nächsten Jahre bekommt Taura Hormone, damit sie unfruchtbar ist. Christian möchte nicht noch einmal eine „Welpengeschichte" mit seiner Hündin durchmachen. Es war zu zeitaufwändig und mühsam gewesen. Andererseits hat er auch viel Freude und Spaß mit den Hundebabys gehabt.

"Ich hab' gesagt, also ich brauch' keine Antidepressiva. Wenn es mir irgendwann richtig schlecht geht, dann brauch' ich mich bloß hinzusetzen und eine Stunde lang die „kleinen-Hunde-Videos" gucken mit den Babys, wie die sich um die Strumpfhose meiner Frau kloppen mit vier Mann und das Ding dann quer in alle Himmelsrichtungen ziehen und sich da einwickeln und auf die Nase fallen, dann geht's mir gleich besser, das ist unheimlich toll. Das sind schon so Sachen, die Erinnerung ist da, was wir gemacht hatten. Die Faszination eigentlich, auch mal so zu sehen, was einem sonst als Großstädter selten vergönnt ist, so den Geburtsvorgang von so einem Tier zu sehen, wie das alles so seinen natürlichen Weg geht.Es war eine Faszination schon auf der einen Seite. Aber eben Schweinearbeit ist das."

Nachdem Christian und Maike angefangen hatten, die Welpen zu füttern, erschien ein Häufchen nach dem anderen in der Diele. So mussten sie ständig Zeitungen zusammenschieben und entsorgen.

Christian berichtet von einer „quasi tragisch-komischen Anekdote".

„… Die Diele war voll mit kleinen Hundehäufchen. So, der Wecker geht, meine arme Frau muss aufstehen und muss zur Arbeit im Halbdunkeln. Die Kleinen wuseln ihr um die Beine. Sie macht die Tür auf und ich hör' im Flur noch „Platsch-Schipper-Peng!", und meine Frau lag mitten in den Zeitungen mit den Häufchen drin und ruft vollkommen genervt aus dem Flur: ‚Scheiße!' Und ich sagte zur Antwort: ‚Im wahrsten Sinne des Wortes.' (Christian lacht) Und sie lag da richtig drin, ist mit etlicher Verspätung zum Job gekommen, musste sich erst umziehen und restaurieren; also es war wirklich hart! … Irgendwann war man am Rande dessen, was man kann. Man musste nachts auch noch mit dem Hund raus."

Christian hatte schon vor der Geburt der sieben Welpen Probleme mit Taura, dass sie z.B. plötzlich um drei Uhr nachts anfing zu jaulen und runter musste. Sie waren beide ziemlich genervt.

„Ich denke, ich würde das alles wieder machen."

Ich frage Christian: „Wie empfindest du das heute, wenn du jetzt das alles so rückwirkend betrachtest? Würdest du heute sagen, ich hätte sie lieber doch nicht holen sollen?"

Christian meint:

> „Nee , egal, was da gekommen ist, egal, was im Laufe der Zeit noch mit dem Tier passiert ist, die Operation in R. mit dem Verdacht auf Zungenkrebs und die Operation jetzt vor einiger Zeit im lauschigen Alter von dreieinhalb Jahren, wo sie einen Knoten an der Zitze hatte mit Verdacht auf Krebs und all die ganzen Geschichten. Ich denke, ich würde das alles wieder machen!"

Christian hatte erwogen, einige Straßentiere in der Türkei zu retten, ihnen vor Ort zu helfen, sie nach Deutschland zu bringen eventuell. Aber leider fehlen ihm zur Zeit die finanziellen Mittel und zeitlichen Möglichkeiten.

Eine faszinierende Erfahrung: Taura hat Christian ausgewählt

Christian meint, er würde es nicht bewusst machen, in die Türkei zu fahren und sich einen Hund dort auszusuchen.

> „Ich würde es nicht bewusst machen. Ich würde nicht runtergehen und sagen, auch wenn jetzt Taura mal irgendwann nicht mehr wäre, würde ich nicht wieder runterfahren und jetzt sagen: ‚So, ich will jetzt einen Hund.' Es wäre wieder am Strand, es würde wieder auf dasselbe hinauslaufen."
> „Aber es war ja eben so, und das ist das Faszinierende daran. Ich meine auch, da können wir auch zum Schluss kommen, den Kreis schließen, dass das genau das ist, was ich meine, dass sie uns ausgeguckt hat. Dass da diese Empathie war, diese Bindung, die da ist. Ja, ich bin ausgewählt worden von diesem armen Köter, dass er sich

selbst dann entschieden hat, den Rest seines Lebens mit mir zu verbringen."

Eine unendliche Liebe und eine feste Bindung ist entstanden zwischen Christian und Taura.

„Und das ist also eigentlich auch diese unendliche Liebe zu dem Tier, die in den Jahren entstanden ist. Am Anfang war es eigentlich eher so das, was so menschliches Mitleid ist, so ‚die armen Tiere, oh Gott, oh Gott, der arme Hund' ...
Das ist 'ne ganz, ganz feste Bindung jetzt.
... Es ist nicht so, dass ich ohne das Tier nicht mehr leben könnte, aber ich könnte mir nicht vorstellen, das Tier jemals zu seinen Lebzeiten wegzugeben, es sei denn, es würde mir oder meiner Frau irgendwas passieren, was uns absolut daran hindert, das Tier adäquat zu versorgen. Dann würde ich etwas versuchen. Wir haben gute Freunde in L., die sehr aktiv im Tierschutz sind, die genug Kontakte haben, wo man wüsste, das Tier wird gut untergebracht.
Aber das wäre für mich eine Horrorvision."

Taura gehört zu Christians Leben, es besteht ein festes Band

Für Christian bedeutet Taura unendlich viel, er liebt sie sehr, und er kann sich nicht vorstellen, sie jemals fortzulassen in seinem Leben, solange sie noch lebt.

„Also das Tier gehört nach diesen fünf Jahren zu meinen Leben. Ich denke fast, mit einer gleichen Intensität, wie seit 15 Jahren die Katze zu mir und meiner Frau gehört.
Die Bindung zwischen mir und dem Tier ist so extrem, ich merk das selbst, wenn sie einmal ein paar Tage weg ist wie jetzt beispielsweise bei der 80. Geburtstagsfeier meines Schwiegervaters und der Hund nicht mitkonnte.... Da fehlt mir was. Es fehlt mir dieser anhimmelnde Blick. Aber es ist wirklich so, für mich gibt es keine Überlegung darüber, das Tier jemals aus meinem Leben zu elimi-

nieren, solange es lebt. Das Tier gehört mit zu mir, das wird mit mir zusammen alt, und ich werde dabei sein, wenn sie stirbt, ich werde sie im Arm halten, wenn sie eingeschläfert werden muss. Das ist eine Verpflichtung, das ist ein Versprechen, egal, was passiert. Das ist hart, aber das ist jetzt schon nach diesen fünf Jahren unmöglich, dass ich sagen würde, ich geb' das Tier ab."

Christians ganz persönliche Definition seiner Liebes-Beziehung zu seiner Hündin

Ich frage Christian nach seiner Definition der Beziehung zu Taura und biete ihm ein paar Vorschläge an:
„Christian, wie würdest du die Beziehung zu Taura definieren, ist das eine kleine Kameradin für dich, die du sehr schätzt wie ein Kind auch zum Teil, als Kindersatz? Ist sie ein Freund für dich, eine Freundin. Wie würdest du das definieren für dich?"
Christian antwortet darauf sehr bestimmt, dass das alles ein Versuch ist, zu antropomorphisieren, dass ihm die Vermenschlichung nicht passt.

„Der Hund ist kein Kamerad, der Hund ist kein Freund, er ist ein Wesen mit einer Seele, das mich gesucht hat, warum auch immer, das irgendwie auf irgendeine Weise mit mir verbunden ist.
… Es ist einfach ein Wesen, das ich liebe.
… Ich mag nicht diese Begriffe wie „Kindersatz"
… Das Tier ist ein Tier, und es bleibt ein Wesen, dessen ich mich angenommen habe und das sich genauso meiner angenommen hat.
Ich bin der Dosenöffner, ich bin der Futterlieferant. Ich bin am anderen Ende der Leine, wenn wir spazieren gehen.
Es ist ein gegenseitiges Geben und Nehmen.
Es ist eine reine emotionale Liebensbeziehung, weil es kann nichts anderes sein, weil das Tier hat keine Logik.
Ich kann die Reaktion des Tieres, ob sie aggressiv auf mich reagiert oder verschnupft ist oder auf mich zukommt, mit dem Schwanz wedelt, sich hinlegt, interpretieren als Freude.
Das ist alles egal. Die einzige Möglichkeit, die dieses Tier hat, um

sich mir gegenüber zu äußern und zu artikulieren, ist objektiv. Es kann nur über Körpersprache und über Gestik und über Verhalten gehen und das ist etwas, was ich emotional angehe. Ich weigere mich auch, das Verhalten logisch zu hinterfragen, das kann ich gar nicht, weil ich nicht in dem Tier steck'. Ich kann nur sehen, dass sie sich so verhält und das emotional für mich interpretieren. Und ich denke, dass dieses Gefühl schon nach fünf Jahren so intensiv ist. Das ist wie bei einer ganz normalen Liebesbeziehung zu einem Menschen, nur dass die nicht hinterfragt wird und nicht kritisiert wird.

Und das ist eben das Tolle dabei; das ist einfach eine wertfreie Beziehung, es ist eine vollkommen wertfreie Gefühlsbeziehung, die nicht irgendwie von Mickrigkeiten dominiert wird, so von kleinen Gemeinheiten, so von wegen Anspruchsdenken, Machtdenken, Sozialkompetenz ... „

Wir kommen dann auf „Eifersucht" zu sprechen und Christian meint zu diesem Thema:

„Sie ist eifersüchtig auf mich, wenn ich mich mit der Katze auseinandersetze, sie ist auch z.T. eifersüchtig auf meine Frau ... Aber das ist eben ihre Art zu zeigen, welche Bindung sie zu mir hat und das toleriere ich, weil – ich kann ihr das nicht verwehren. Sie kann nicht sagen: ‚Hör' mal, jetzt hast du aber zu lange mit deiner Frau geflirtet oder die Katze zu lange gestreichelt.' Das kann sie nicht, wenn sie es könnte, würde sie es bestimmt tun und sagen: ‚Hör' mal, jetzt möchte ich auch gekrault werden, oder jetzt möchte ich auch meinen Teil haben.'
- Ich versuche, das Tier zu nehmen, wie es ist.- ... wir müssen versuchen aufzupassen, dass sie nicht ausbricht, wozu sie leicht tendiert, und sie ist draußen leicht dominant und aggressiv."

Christian berichtet weiter, dass Taura Leithündin in dem Rudel in der Türkei war und dass sie dementsprechend ein Dominanzverhalten zeigt. Sie neigt anderen Tieren gegenüber dazu aufzubocken.

„Von den Rüden wird das z.T. geduldet, aber mit anderen Weibchen kommt es zu Konflikten dann ...
... Mir ist es vollkommen egal, was da gelaufen ist mit dem Hund oder was da noch läuft, welche Probleme da auch immer sein werden, ich möchte das Tier nicht mehr missen ... Dass ich meinen Teil dieser Beziehung mehr als gerne bereit bin zu erfüllen, ihr auf jeden Fall das zu geben, was ich ihr bieten kann.
Insofern, ich denke wirklich, dass das Fügung war, ausgerechnet dieser merkwürdige vermachte Hund mit den großen Ohren."

Auf meine Frage: „Wenn mit dem Hund etwas Schlimmes passieren würde, das würde dir schon sehr nahe gehen?", äußert sich Christian folgendermaßen:

„Das würde mir sehr nahe gehen, das würde mir ganz gewaltige Probleme machen! Nur sage ich mal jetzt, ich bin eben von meiner Ausrichtung her buddhistisch orientiert. In diesem Falle sehe ich da auch den Tod etwas anders. Das ist für mich in langen, langen Erfahrungen mit dem Verlust vieler Menschen, die ich geschätzt und gemocht hab', die schwer krank gestorben sind. Ich habe in meinem Leben viele Erfahrungen mit dem Verlust vieler Menschen gemacht. So habe ich auch drei Jahre mit psychisch Kranken und Krebspatienten gearbeitet und dort viele Todesfälle erlebt.
... Für mich war das damals ein Bruch, mein bester Freund mit 13 Jahren gestorben, die Familie meines besten Freundes war weg ... und da bin ich dann auch eigentlich ganz gut abgestürzt, zwar aufgefangen worden von meinen Eltern, aber für mich abgestürzt, weil ich danach zugemacht habe. Ich denke, das ist so eine Art Spät-Traumatisierung, dass ich bis heute große Probleme damit habe, mich zu intensiv auf andere Menschen einzulassen ... Ich habe ein, zwei gute Freunde, die ich seit 20, 30 Jahren kenne, mit denen ich auch guten Kontakt habe, aber das reicht. Mit 13 dieser Tod meines Freundes und dann zwei Jahre später der Tod meiner Großmutter. Das war zu viel, das kam in dieser Phase hintereinander weg. Irgendwo habe ich da innerlich zugemacht."

Nach diesem Ausflug in die Ereignisse der Vergangenheit, die für Christian bis heute schmerzvolle Auswirkungen auf ihn haben, kommen wir wieder mehr direkt auf seine Hündin zu sprechen. Leider hat Christian durch eine schwere Erkrankung vor vielen Jahren ein chronisches Schmerzsyndrom nachbehalten. Seit 15 Jahren hat er permanent Schmerzen im Rücken und im linken Bein und ist es inzwischen leid, so viel Analgetika, also Schmerzmittel zu sich zu nehmen.

Aber er hat ja seine Taura, und wenn es ihm schlecht geht, oder wenn sein Kopf „zu voll" ist, dann krault er seine Hündin und läuft sich mit ihr anschließend frei.

„Das heißt, ich geh' raus mit ihr, ich treff' alle möglichen Leute und mache also irgendwelche Small-Talks über das Wetter oder über den Hund, über die Probleme mit den Hunden, was auch immer. Man kennt also über die Jahre wirklich jeden, der einen Hund hat oder gehabt hat. Und man wird angesprochen, man hat also die Kontakte."

Aber Christian nimmt die menschlichen Kontakte als Beigabe.

„… Es kann mir subjektiv schlecht gehen von meinem Empfinden her, aber in dem Moment, wo ich mit dem Tier zusammen bin, ist es dann so, dass ich da also wirklich den Ausgleich habe. Und allein so diese Reaktion des Tieres auf mich, diese Fixierung, das pudert einen auch so ein bisschen.
Also das ist schon so eine Spritze für's Selbstwertgefühl, wenn man dann so angehimmelt wird."

Etwas besonderes bemerkt Christian, wenn er aus der Wohnung geht und nach Stunden erst wiederkommt, dass seine Hündin auf ihrem Platz mitten im Flur neben dem Buddha liegt und wartet, bis er wieder da ist. Maike konnte das immer bestätigen.

Wenn Christian sich über Dinge an der Uni oder sonst etwas geärgert hat, hilft ihm Taura rasch, darüber hinweg zu kommen.

„Allein, da kann man noch so sauer sein. Ich streichel dann das Tier und knuddel mich ein bisschen mit ihr ab, laufe mit ihr und komme raus, dann ist das meiste schon weg, ist verschwunden."

Taura kommt gerade in dem Moment des Gesprächs zu uns. Christian wendet sich an sie und schmust mit ihr.

„Na du? Eine schöne Sache, nicht."

Christian erzählt noch weiter von dem Freilaufen mit Taura:

„Ja, also frei werde ich einfach, dass ich den Druck loswerde. ‚Freilaufen' heißt, dass ich von den momentanen Gedanken wegkomme, weil ich mich dann auf das Tier konzentrieren muss. Weil das Tier eben, wie gesagt, manchmal ein bisschen schwierig zu behandeln ist, kann ich eigentlich gar nicht anders, wenn ich dann mit ihr laufe, dass ich mich also voll auf das Tier einstelle. Also meine Achtsamkeit und meine Konzentration auf den Hund verlege. Und nicht auf das, was mich da vielleicht bedrückt. Das hilft mir, Distanz zu kriegen."

Wenn Christian beim Laufen mit Taura zu große Schmerzen im Rücken bekommt und merkt, sein Bein wird wieder mal taub, dann bleibt er zurück und versucht, die Schmerzen unter Kontrolle zu bekommen bzw. wieder ein wenig Gefühl in sein Bein zu kriegen.
Aber Taura kennt diese Probleme.

„Aber sie weiß es, sie kennt das. Das ist das Tolle dabei, die merkt schon, wenn ich also irgendwie langsamer laufe oder die merkt, ich gehe etwas anders als normal …Sie spürt das und läuft dann auch etwas langsamer mit.
… Sie hat natürlich den Drang, an die Duftmarken ran zu ziehen, aber wenn ich dazu sag', ich kann nicht, oder sie merkt, man hat ein bisschen Probleme damit, dann geht das auch. Dann passt sie so ein bisschen auf und guckt mich ein bisschen doof an, weil sie eigentlich lieber laufen will, aber das ist auch in Ordnung."

Christian kommt dann am Ende unseres Gesprächs aufgrund einer Nachfrage von mir, ob er Taura als „Familienmitglied" ansehen könnte, zu dieser Aussage:

„Ja, ich bleibe bei dem, was ich gesagt habe. Es ist ein individuelles, eigenständiges Wesen, das eben in diesem besonderen Fall von sich aus den Weg gewählt hat, mich aufzupacken für den Rest ihres Lebens, und sie muss mich ertragen und ich sie. Und ich würde sie nicht als Familienmitglied bezeichnen, dann stell' ich sie auf die gleiche Stufe wie ein Kind. Sie gehört dazu ... ich kann das nicht anders formulieren, dass es eine wertvolle Liebesbeziehung ist, die rein emotional ist und keiner Erklärung bedarf."

Das kleine Nachgespräch (wörtliches Protokoll)

Uschi: (lacht) Christian, dann habe ich nur noch eine Frage am Schluss – ja, erst mal sacken lassen vielleicht – wie hast du das Gespräch empfunden?

Christian: Ok Weil, ich sag mal so, es war ja über lange Strecken eher ein Monolog fast – Du hast zwar immer wieder so ein bisschen nachgehakt, wenn es zu lang war oder ich vielleicht den Zeitrahmen überstrapaziert hab', aber nicht interventiv,.in keiner Weise, dass ich das Gefühl hab', dass Du irgendwie regulierst. Du hast zwar Fragen gestellt, bezogen auf deine Thematik, so in eine bestimmte Richtung, aber ich hatte meinen Freiraum ..., aber so etwas fand ich ganz angenehm, weil ich relativ frei und unreglementiert, im großen Teil das so auch aufbauen konnte. Auch keine Limitierung, so dass man entwickeln konnte, so Beziehungen, Bezüge, die man z.T. schon vergessen hatte, was auch für mich ganz spannend war, also wieder in Erinnerung zu kriegen. Eben z.B. die Geschichte mit dem kleinen Malteser, die dazwischen gelaufen war und andere Geschichten.

Uschi: Den Malteser hattest Du ja nur drei Jahre lang.

Christian: Nee; nee, lange vor Taura. Ich hab´ sie jetzt fünf Jahre, den Malteser habe ich vor der Katze gehabt, vor 15 Jahren.

Uschi: Aber ich denk mal, die allerengste Beziehung ist tatsächlich die mit Taura, das reicht an keine anderen Erlebnisse heran.

Christian: Nee, aber ich denke, das ist aber eben auch die Qualität der Beziehung, eine andere kann nicht daran reichen, weil, indem man lernt, dieses wirklich schwer zu definierende Psychogesülze von Wertfreiheit lernt (lacht). Es ist wertfrei, das ist der Knackpunkt dabei, in dem Moment, wo ich bewußt etwas auswähle, bewußt eine Entscheidung treffe, mir ein Tier anzuschaffen, ist da eine Wertvorstellung drin. Und zwar eine Wertvorstellung auf meine Person reflektiert und auch auf das Tier, das ich mir aussuche. D.h., ich such' mir ja nicht umsonst einen Kampfhund aus, wenn ich nicht Potenzprobleme hab' und… oder ich such ' mir nicht 'ne Dogge aus, wenn ich nicht einsfünfzig bin und darunter lang laufen kann. Dann hab ich ja irgendwelche Probleme, wenn ich mir so ein Viech zulege, oder ich such' mir nicht 'ne Siamkatze aus, die mit einem Diamanthalsband durch die Gegend läuft, sondern das hat ja schon, das entspricht meiner eigenen reflektierten Wertvorstellung, meinen eigenen kleinen Neurosen und Spinnereien. In dem Fall ist es eben so, dass diese Beziehung, der Ursprung der Beziehung ja nicht in mir liegt, sondern im Tier. Und das ist eben das, was diese Beziehung, ich meine das wirklich todernst, also wirklich für mich einmalig macht. Denn auch eine Beziehung zu Menschen und Partner ist 'ne Wertbeziehung. D.h. also, ich bin gar nicht in der Lage, den Wert fort zu nehmen, weil er mich ja immer wieder reflektiert.

Uschi: Das heißt, Du bist nicht in der Lage, ihn…

Christian: Einem Partner Wert fort zu nehmen, weil er ja immer wieder mich selber spiegelt und ich ihn. Also ist da die Problematik eine ganz andere. – Und hier ist es wirklich so, dass es eine komplett gefühlsmäßige, wertfreie Annahme ist, ja, es ist so, auf mich bezogen. D.h. also, wie Du selber vorhin sagtest, der Auserwählte bin ich in dem Fall. Und das ist auch für mich das, was ich sagte, dass ist ganz schön für einen selbst, wenn dieses Tier in seiner Situation unter tausenden von Möglichkeiten selektiert und mich und meine Frau aussucht. Da ist ein Vertrauen drin und eine, ja wie sagt man, ein blöder Begriff.. das ist eigentlich unendliche Liebe bis zum Tod. Ich hab' erlebt, sie hätte mich bis zu ihrem eigenen Tod verteidigt.

Uschi: Hätte sie gemacht? Damals schon in der Türkei?

Christian: Nee, nee, hier in Deutschland. Dass wir da eine Konfrontation hatten mit einem riesigen Hund, und die Frau war ganz empört, was mit dem Hund los sei, sie sagte, „mein Hund ist doch doppelt so groß", ich sagte „Ja, das ändert nichts, das heißt nichts". Und Taura ist so massiv dagegen gegangen, weil sie dachte, der andere Hund bedroht mich. Um Himmels Willen, die würde sich totbeißen lassen, und das würde kein Mensch freiwillig auf sich nehmen. (Zum Hund gewendet:) ein ganz verrücktes Huhn bist Du, hm, Du bist ein Hühnerhabicht, Du bist müde und Du willst raus jetzt! Und eine Stunde Spaziergang, Du.

U.: (lacht), Christian, dann danke ich Dir sehr für das Gespräch.

Christian: Ja, ich hoffe, Du kannst…

Uschi: Ich habe ja nicht so sehr viel Arbeit gehabt.

Christian: Nee?

Uschi: Ich arbeite im Grunde nie so …ja, ich denk mal, so Resonanz geben oder so…

Christian: Ich hab' sie mir selbst gegeben.

Uschi: Du hast Dir selber Resonanz gegeben, weil ich denke, Du bist ein sehr reflektierter Mensch, und das hab' ich gespürt.

Christian: Ich hab' das auch nur so versucht. Ich hätte das also quasi als mehr oder minder strukturierte Vorgaben als übergriffig empfunden. Weil da dann diese Entwicklung nicht drin gewesen wäre.

Uschi: Hab' ich das nicht gemacht?

Christian: Nein, ich meine, wenn es so gewesen wäre, weil Du sagtest, ich hab selbst sehr stark oft reflektiert und entwickelt auch dabei, ohne dass Du interveniert hast. Wenn ich also so einen Fragenkatalog gekriegt hätte, dann hätte ich das wahrscheinlich nicht so frei entwickelt, das finde ich auch viel schöner.

Uschi: Das ist auch das Gute an dieser Art von Gesprächen. Da kommt viel mehr Breite und Fülle zustande.

Christian: Ja, das Problem ist natürlich, diese ganzen Sachen dann zu filtern.

Uschi: Ja, o.k., erstmal bis hierhin, danke, Michael (er lacht).

4.1.5.2 Zusammenfassung des Gesprächs mit Christian

Christian ist zur Zeit unseres Gesprächs 44 Jahre alt. Er ist mit Maike verheiratet und hat eine Katze und eine Schäferhund-Mischlingshündin. Christian wird bald sein Zweitstudium abschließen. In unserem Gespräch bin ich wie meistens biographisch vorgegangen. So fingen wir mit Christians Kindheit an – Christian lebte als Kind in einer größeren Stadt in Nordrhein-Westfalen in einem Elternhaus mit großem Garten.

In der Kindheit zwischen 5 und 8 Jahren hatte er schon Kontakte zu Tieren, er hatte selbst auch immer ein Tier. Christian erinnert sich an eine Schildkröte, einen Hamster, Kanarienvögel und Fische; Hunde, Katzen und Papageien lernte er über Verwandte kennen. Aber damals haben ihm diese Tiere noch nicht so viel bedeutet wie heute. Sie machten ihm Spaß und waren auch interessant für ihn, doch wenn ein Tierchen starb, hat er es danach nicht als Verlust empfunden, weil er nicht so eine enge Beziehung zu ihnen hatte wie heute zu seiner Hündin.

Als Christian elf Jahre alt ist, bekommt er seinen ersten eigenen Hund, einen Foxterrier namens „Lorbas". Eigentlich hatte er sich ein Fahrrad gewünscht, doch seine ängstliche Mutter erlaubte es nicht, dass er mit dem Rad fuhr. Als Alternative will er dann einen Hund, den er sich sowieso seit langem gewünscht hatte. Als er den bekommt, hat Christian einen Grund, seinen Freiraum zu vergrößern, weil er ja mit dem Hund laufen muss. Zu Weihnachten taucht ein süßer kleiner Foxterrier auf und Christian ist glücklich. Er beschreibt die nächsten Jahre mit Lorbas als 'gute Kiste' zwischen ihm und dem Hund. Er hat viel Spaß mit dem Tier und eine gute Bindung zu ihm.

Doch mit der Pubertät verändert sich viel für Christian, auch in der Beziehung zu seinem Hund. Er interessiert sich zunehmend für Mädchen, und der Hund gerät etwas in den Hintergrund. Jetzt springt seine Mutter notgedrungen ein und übernimmt alle Pflichten.

Christians Großmutter, zu der er eine innige Beziehung hat, stirbt, und seine Familie zieht in eine Eigentumswohnung in einer nahegelegenen Stadt. Hier gibt es Probleme mit der Eigentümerversammlung, die keine lauten Hunde im Haus duldet. Und Lorbas ist als Foxterrier natürlich ein sehr lebhafter Hund. Zufällig hören zwei ältere Tanten von Christian von den Schwierigkeiten mit Lorbas, und da sie schon immer Terrier hatten, adoptieren sie den Hund spontan.

Einige Jahre besteht noch ein loser Kontakt zu diesen Tanten und zu Lorbas, doch dann schläft der Kontakt ein. Christian vermisst seinen Hund anfangs sehr, doch dann findet er sich damit ab.

Nach dem Abitur zieht Christian um und studiert Archäologie und Kunstgeschichte. Er wohnt in einem Studentenwohnheim abseits der Stadt und ist von Landwirtschaft und den dazugehörenden Tieren umgeben, so dass er kein Bedürfnis nach eigenen Tieren verspürt. Dann zieht er um nach H., um sein Studium fortzusetzen. Da er sehr beengt wohnt, kann er hier nur ein kleines Tier zu sich nehmen. So holt er sich aus dem Tierheim eine Laborratte, an der bald sein Herz hängt. Christian ist in keiner festen Beziehung, und so bedeutet ihm das Tier sehr viel; durch die Ratte kommt Leben in die Wohnung.

Christian bewundert ihre Intelligenz. Er hat für sie einen Käfig mit zwei Etagen angelegt und versteckt Sachen in einem Häuschen. Die Ratte begreift schnell, wo etwas zu finden ist. – Dieses Tier liegt eines Tages tot im Käfig. Christian ist schockiert. Die Ratte hat sich ihren eigenen Schwanz abgebissen. Der Tierarzt klärt ihn später auf, dass es bei Ratten zu autoaggresiven Verletzungen kommen kann.

Heute würde Christian nie mehr Käfigtiere halten, bzw. wenn, dann nur mehrere Tiere, damit soziale Kontakte entstehen können.

Christian lernt seine heutige Frau Maike kennen, und wieder haben sie Käfigtiere, zwei russische Rennmäuse, einen Hamster und Zierfische. – Mit Fridolin, dem Hamster, haben Christian und Maike sehr viel Freude, leider stirbt der Hamster mit gut zwei Jahren. Besonders seine Frau leidet, sie bleibt solange mit dem kranken Hamster im Arm liegen, bis er stirbt.

Dieses Tier wird dann liebevoll unter einem großen Baum im Garten beerdigt.

Das nächste Heimtier ist ein kleiner Malteserhund. Maike war im Urlaub nach Südafrika gereist, um Freunde zu besuchen. Sie war früher einmal einige Jahre dort verheiratet gewesen, leider starb ihr Mann bei einem Unfall. Da sie damals einen Malteser hatte, wollen ihr die Freunde einen Gefallen tun und schenken ihr zur Erinnerung zum Abschied auch einen kleinen Hund.

Zu Hause in Deutschland überrascht sie Christian dann mit diesem Malteserwelpen von sechs Wochen. Da Maike arbeitet, muss Christian sich jetzt um das Tier kümmern. Er kann es sogar mit in die Universität nehmen, weil es so klein ist, dass es in seine Jackentasche passt.

Nach etwa einem Dreivierteljahr kommt der Abschied. Maike arbeitet, und Christian hat sehr viel an der Universität zu tun, so dass das Hündchen zu viel allein ist. Bald findet Christian die Lösung für den Hund. Er hat einen Bekannten, der für seine Tochter einen Hund sucht, und so kommt „Chiffon", wie der Malteserhund heißt, in ein Zuhause mit großem Garten. Dort wird er noch viele glückliche Jahre erleben.

Für Maike ist es eine schwierige Situation, aber bald verschenkt sie ihr Herz an eine kleine Katze in einem Zoogeschäft. So kommt „Mulle" in ihr Zuhause. Da sie krank ist, muss sie noch aufgepäppelt werden. Sie bleibt sehr fixiert auf Maike, aber scheu gegenüber Fremden. Zunächst ist auch das Verhältnis zu Christian sehr schwierig; doch mit der Zeit kommt alles wieder ins Lot, und heute mag er die Katze sehr.

Christian wünscht sich jetzt ein Tier, das zur Abwechslung mal wieder auf ihn fixiert sein soll. Dieser Wunsch geht bald in Erfüllung.

Auf einer ihrer Urlaubsreisen kommen sie mal wieder in die Türkei, denn Christian schätzt Land und Leute sehr. Aber er weiß auch, dass die Hunde dort keine Heimtiere sind in unserem Sinne, sondern dass sie dort häufig gejagt, geprügelt und auch getötet werden. Eines Tages fällt ihnen eine dünne junge Hündin auf, die anscheinend von Russen, denen das Restaurant ihres Hotels gehört, mitgefüttert wird. Einige Male sehen sie diesen Hund mit großen Ohren, ihren 'Fledermaushund' auch am Strand mit einem Rudel anderer Hunde. Dort jagen die Hunde gern Autos.

Eines Tages liegt diese Hündin zu Füßen der Hoteltreppe, die Christian gerade herunterkommt. Sie ist ausgemergelt und krank. Christian und Maike beschließen, dieses Tier mit nach Deutschland zu bringen. Es kostet viel Geld, und viele Schwierigkeiten müssen zum Erlangen von Impfbescheinigungen, Flugerlaubnis, Transportbox etc. überwunden werden. Endlich landen sie mit „Taura", dieser jungen dünnen Hündin aus der Türkei in H. Ihre Katze „Mulle" reagiert entsetzt, und die erste Zeit lieben sich Hund und Katze nicht sehr.

Nach vier Wochen kommen zur Überraschung Christians verfrüht sieben Hundebabies auf die Welt. Taura übersteht alles gut und versorgt die Babies perfekt. Für alle ist es ein tolles Erlebnis, obwohl die nächsten Wochen sehr anstrengend werden. Christian dreht auch Videos von den Hundekindern, und wenn er sich heute mal „down" fühlt, braucht er sich nur diese Videos anzuschauen und schon geht es ihm besser! – Die Welpen haben sie bald in gute Hände abgegeben.

Christian meint, dass Taura sich ihn und Maike ausgesucht hat, dass eine Art von Empathie bestand. Er weiß, dass das Tier sie im Hotel häufiger schon gesehen hat. Er empfindet dieses als Fügung, dass ausgerechnet dieser merkwürdige Hund mit großen Ohren zu ihnen kam. Christian liebt seine Hündin sehr, er beschreibt die Bindung als eine „wertvolle Liebesbeziehung, die rein emotional ist und keiner Erklärung bedarf."

4.1.5.3 Verallgemeinernde Aussagen zum Gespräch mit Christian

<u>Was habe ich von Christian über sein Leben mit Tieren erfahren?</u>

<u>Tiere in Christians Kindheit und Jugend</u>

In der Kindheit kann ein Junge schon einige Tiere haben.

Es kann sein, dass ...

... er sich an eine Schildkröte, einen Hamster, an Kanarienvögel und Fische erinnert und dann an Hunde, Katzen und Papageien, die er durch Verwandte kennenlernt.

... diese Tiere nicht soviel für ihn bedeutet haben wie es heute wohl der Fall wäre.

... er sich gerne mit diesen Tieren beschäftigt, aber dass er den Verlust eines Tieres damals noch nicht als schmerzhaft erlebt, weil er zu diesen Tieren noch nicht so eine enge Beziehung hat wie zu seinem Hund heute.

Sein erster eigener Hund

Ein Junge kann sich schon lange einen Hund wünschen und bald danach ein Fahrrad, um seinen Freiraum in der beginnenden Pubertät auszuweiten.

Dann ist es möglich, dass ...

... die Mutter des Jungen sehr gegen ein Fahrrad ist

... der Junge sich als Alternative dann einen Hund wünscht.

… er bald einen kleinen Foxterrier geschenkt bekommt und darüber sehr glücklich ist.

… ein Junge die ersten Jahre mit seinem Hund als sehr schön empfindet, er unheimlich viel Spaß mit ihm hat und eine gute Bindung zu dem Tier wahrnimmt..

… er ihn als tollen Kumpel empfindet, mit dem er rumtoben kann, und der sehr kontaktfreudig ist.

Eine Wende in der Beziehung zum Hund

Ein Junge, der in die Pubertät kommt, kann seinen Hund jetzt etwas vernachlässigen.

Es kann vorkommen, dass …

… ein Junge sich immer mehr für Mädchen interessiert.

… seine Mutter sich notgedrungen um das Tier kümmert, solange sie diesen Hund noch haben.

… der Hund sehr lebhaft ist und gern an Menschen hochspringt, er dadurch für den Jungen viele Kontakte zu Mädchen herstellt.

… die Großmutter des Jungen den Hund auch sehr gerne mag und sich auch um ihn kümmert.

… seine Großmutter, die ein Zimmer mit dem Jungen teilt, plötzlich stirbt, und der Junge tieftraurig ist.

Der Umzug – und alles wird anders

Nach dem Tod der Großmutter kann es sein, dass die Familie ihr Haus verkaufen muss und in eine Eigentumswohnung in eine andere Stadt zieht.

So ist es möglich, dass …

…der Junge in ein neues Umfeld gerät und sich besonders in einer neuen Schule zurechtfinden muss.

…Probleme mit der Eigentümerversammlung wegen des lebhaften Foxterriers auftreten.

…die Familie des Jungen übereinkommt, dass der Hund so nicht länger in der Wohnung bleiben kann.

…ein Zufall hilft, da zwei Tanten des Jungen den Terrier bereitwillig zu sich nehmen.

…Lorbas es dort sehr gut hat und sogar 15 Jahre alt wird.

…der Junge den Hund die erste Zeit noch häufiger besucht, dass dann aber der Kontakt langsam einschläft.

Christians Studium

Ein neues Leben beginnt

Ein junger Mann kann nach dem Abitur in eine fremde Stadt ziehen, um dort Archäologie und Kunstgeschichte zu studieren.

Dann kann es sein, dass…

… der junge Mann in einem Studentenwohnheim abseits der Stadt wohnt und er von Schweinen, Pferden, Kühen und Enten umgeben ist.

… er kein Bedürfnis nach einem eigenen Tier verspürt

… er nach einigen Semestern in eine norddeutsche Großstadt zieht, um dort sein Studium fortzusetzen.

… er in seiner kleinen Wohnung kein größeres Tier halten kann, er sich aber dann eine Laborratte aus dem Tierheim holt.

Die Ratte, die zu früh stirbt

Ein Mann, der sich eine Ratte aus dem Tierheim besorgt, kann sehr glücklich mit diesem intelligenten Wesen sein.

So ist es möglich, dass …

… der junge Mann durch eine Science-Fiction-Geschichte, in der eine Ratte namens Albanon eine wesentliche Rolle spielt, angeregt wird, sich eine Ratte zu besorgen.

… er keine feste Beziehung hat und froh ist, dass durch die Ratte Leben in die Wohnung kommt.

… er die Intelligenz des Tieres bewundert und fasziniert ist von ihrer Lernfähigkeit.

… er sich rasch an das Tier gewöhnt und es sehr gern hat, da er ja Tag und Nacht mit der Ratte zusammen ist.

… er von der Universität nach Hause kommt und die Ratte sich pfeifend am Käfiggitter meldet, weil sie Essen oder Kontakt oder wohl beides möchte.

… die Ratte sich eines Tages selbst den Schwanz abbeißt und an Blutvergiftung stirbt.

… er sehr weinen muss um das Tierchen, das ihm sehr viel bedeutet hat.

… er später vom Tierarzt hört, dass autoaggressives Verhalten bei Ratten nicht ungewöhnlich ist.

… er heute weiß, dass das Tier Gesellschaft mit Artgenossen gebraucht hätte.

… er das Tierchen heimlich unter einem Baum beerdigt, weil er es nicht einfach entsorgen möchte.

… er von diesem Zeitpunkt an keine Käfigtiere mehr halten will.

Ein kleiner Malteserhund

Ein Mann kann von seiner Freundin eines Morgens mit einem Malteserwelpen überrascht werden.

So mag es sein, dass …

… ein Mann und seine Freundin für ein Dreivierteljahr einen süßen kleinen Malteserhund bei sich haben, dass es aber dann doch durch die situativen Bedingungen leider zum Abschied kommt.

… die Frau eines Mannes nach Südafrika fliegt in Winterurlaub, um alte Freunde zu besuchen, da sie früher einmal dort glücklich verheiratet war, ihr damaliger Mann aber leider verunglückte.

… die Freunde ihr ein Malteserhündchen schenken, weil sie in ihrer ersten Ehe auch so einen Hund hatte.

… ein Mann morgens überrascht wird, als seine Frau ihm einen kleinen weißen Malteserwelpen auf die Bettdecke setzt und dieser Hund ihm als erstes das Gesicht ableckt.

… ein Mann dieses Hündchen ab jetzt in einer Wollsocke in seiner

Jackentasche mit zur Arbeit und zur Universität nimmt und keiner es bemerkt.

… er sofort von Kindern umringt und ausgefragt wird, wenn sie merken, dass das „Stofftier" doch lebendig ist.

… seine Freundin berufstätig ist und er durch sein Studium beansprucht wird, so dass sie nicht genügend Zeit für den Hund haben.

… ein Mann jemanden kennt aus dem Kunsthandel, der für seine kleine Tochter einen Hund sucht.

.. „Chiffon", das Malteserhündchen, in ein Haus mit großem Garten kommt und dort noch lange lebt.

… es für seine Freundin damals sehr hart ist, „Chiffon" wegzugeben, da das Tier eine reale, fassbare Erinnerung an ihre glücklichen Zeiten in Südafrika ist.

Wieder drei Käfigtiere und eine Katze

Ein Mann und seine Frau können wieder mehrere Käfigtiere halten, bis dann eines Tages eine Katze in ihrem Leben auftaucht.

Es kann passieren, dass …

… sie einen Hamster namens „Fridolin", zwei russische Rennmäuse und Zierfische haben.

… sie viel Spaß und Freude mit dem Hamster haben, die Zierfische eher zur Beruhigung da sind.

… eines Tages seine Frau eine kleine Katze in einer Zoohandlung sieht und sie unbedingt mitnehmen möchte.

… dieses Kätzchen todkrank ist und nur mit viel Mühe zurück ins Leben findet, aber zeitlebens eine sehr scheue Katze bleibt.

Ein Mann kann erleben, dass seine Frau sich eine Katze ins Haus holt, die bald sehr auf sie fixiert ist.

Es kann vorkommen, dass …

… ein Mann zunächst keinen rechten Zugang zu der Katze bekommt.

… er lange vergebens versucht, die Katze zu füttern, als seine Frau einmal einige Wochen zur Kur muss.

… er mit sehr viel Geduld die Katze dazu bekommt, aus ihrem Versteck herauszukommen und ein wenig zu fressen.

… er die ersten Jahre die Katze auch nicht streicheln und auf den Arm nehmen kann, aber sie es mittlerweile geschehen lässt.

Der Miniaturzoo muss kleiner werden, weil die Katze den Tieren keine Ruhe lässt

Wenn eine Katze in einen Haushalt mit Mäusen, Fischen und einem Hamster kommt, kann es sein, dass diese Kleintiere offensichtlich unter der Katze leiden.

Es kann dann sein, dass …

… es nicht sehr lange gut geht mit den Mäusen und den Fischen, weil die Katze entweder immer am Aquarium sitzt oder fasziniert vor dem Käfig mit den Rennmäusen hockt.

… die Mäuse und die Fische natürlich keine Ruhe mehr haben.

… ein Mann dann die Mäuse und die Fische verschenkt.

… der Hamster eines Tages mit etwa zwei Jahren stirbt.

… eine Frau besonders an diesem Hamster hängt und sehr traurig von ihm Abschied nimmt.

… ein Mann eigentlich mehr um seine Ratte getrauert hat als um den Hamster, aber jetzt besorgt ist um seine Frau und sie trösten muss.

Ein Mann und eine Frau finden in der Türkei eine heruntergekommene Hündin, oder findet die Hündin sie?

Ein Mann, der in die Türkei reist, kann überrascht sein, dass eine Hündin ihn im Hotel besucht.

Es ist möglich, dass …

… er merkt, wie krank dieses Tier ist und benachrichtigt seine Frau, die einverstanden ist, dass sie das Tier mit auf das Zimmer nehmen.

… sie überein kommen, die Hündin mit nach Deutschland zu bringen, egal, was es kostet.

… sie das Tier schon vorher am Strand in einem Rudel wild lebender Hunde gesehen haben und wissen, dass sie so wahrscheinlich nicht gesund wird.

… seine Frau das Tier später eigentlich aber abgeben möchte, weil sie ja schon eine Katze zu Hause haben.

… die Hündin noch etwas aufgepäppelt werden muss, geimpft wird und sie die Genehmigung erhalten, das Tier außer Landes zu bringen.

… sie unter vielen Schwierigkeiten eine Transportbox für den Flug mit der Hündin nach Deutschland bekommen.

… am Ende alle erschöpft aber glücklich in der Heimatstadt in Norddeutschland landen.

… die Hündin und die Katze sich lange Zeit nicht sehr mögen.

… es sich herausstellt, dass „Taura", wie ein Mann seine Hündin aus der Türkei nennt, trächtig ist und nach einigen Wochen 7 Welpen bekommt.

… ein Mann überzeugt ist, dass die Hündin ihn und seine Frau in der Türkei „ausgeguckt", ausgewählt hat und dass wohl Empathie eine Rolle spielt.

… er seine Hündin als ein „Wesen mit einer Seele, das mich ausgeguckt hat" bezeichnet, das auf irgendeine Art mit ihm verbunden ist.

… die Hündin im Keller des Hauses seines Schwiegervaters ihre Jungen bekommt, und es eine Riesenüberraschung für alle ist, da sie noch nicht mit der Geburt gerechnet haben.

… ein Mann, seine Frau und der Schwiegervater vollkommen fasziniert von der Geburt der Welpen und von der Hündin sind, weil sie alles so gut meistert.

Die Welpengeschichte

Taura, die Hündin aus der Türkei, bekommt ihre Welpen, und es kann sein, dass das Tier jetzt noch mehr Unterstützung braucht, da sie sehr mager ist.

So kann es geschehen, dass …

… ein Mann ständig Aufbaupräparate beim Tierarzt besorgt.

… seine Hündin sich liebevoll um die Babies kümmert.

… sie wunderschöne, lustige Abenteuer mit den Welpen erleben und Videos drehen, dass aber auch natürlich Probleme auftauchen, als sie mit Vollnahrung zugefüttert werden und erste Häufchen erscheinen.

… nach acht Wochen alle Hundebabies in gute Hände abgegeben werden.

… die Hündin ihre Kinder sehr vermisst und leidet.

… sie jetzt Hormone erhält zur Schwangerschaftsverhütung, weil ihr Herrchen die Welpenzeit wunderschön, aber auch sehr anstrengend empfunden hat.

… er auch weiß, wenn er mal niedergeschlagen ist, braucht er sich nur die „Kleinen-Hunde-Videos" anzuschauen und schon geht es ihm wesentlich besser.

Persönliche Definition einer Liebesbeziehung zu einem Hund

Ein Mann kann seine Hündin nach fünf Jahren so lieben, dass er sie nicht mehr missen möchte.

So ist es möglich, dass …

… ein Mann sich gerne mit seiner Hündin frei läuft, wenn sein Kopf mit Problemen „voll" ist oder es ihm sonst nicht gut geht.

… er durch das Laufen mit ihr einen Ausgleich hat.

… er es an ihr liebt, dass sie ihn oft „anhimmelt".

… er mit ihr schmust, wenn er sehr frustriert ist oder verärgert, dann mit ihr läuft und so der meiste Ärger schon verschwunden ist.

… er sich beim Laufen sehr auf sie konzentrieren muss, weil sie dazu tendiert, auf andere Hunde aufzusteigen und er allein dadurch Distanz zu seinen Problemen bekommt.

… er seit 15 Jahren ein chronisches Schmerzsyndrom an Rücken und Bein hat und er zeitweise nicht gut laufen kann, seine Hündin das schon genau kennt und darauf Rücksicht nimmt.

… er seine Hündin als individuelles Wesen bezeichnet, das von sich aus den Weg gewählt hat, ihn „aufzuladen" für den Rest ihres Lebens.

… er sie nicht als Familienmitglied bezeichnen möchte, weil er mit vermenschlichenden Aussagen nichts anfangen kann und er sie nicht auf die Stufe eines Kindes stellen möchte.

… er sie einfach als zugehörig empfindet, und die Gefühle zu ihr als eine „wertvolle Liebesbeziehung" bezeichnet, die „rein emotional" ist und keiner Erklärung bedarf.

… er meint, dass es wie bei einer normalen Liebesbeziehung zu einem Menschen ist, nur dass sie nicht hinterfragt und nicht kritisiert wird.

4.2 Gesamtauswertung der Gespräche

4.2.1 Ergebnispanorama

Die Arbeit, die hinter mir liegt, beinhaltet sechs Gespräche mit fünf Personen, zwei weitere Gespräche mit einer Person sind als wörtlich transkribierte Bearbeitung in den Anhang der Diplomarbeit gelegt.
  Nun habe ich es hinter mir; die Verdichtungsprotokolle mit den Zusammenfassungen und schließlich die Verallgemeinernden Aussagen zu jedem Gespräch sind geschrieben.
  Die Gesamtauswertung mit dem Ergebnispanorama soll eine sinnvolle Zusammenfassung der sechs persönlichen Gespräche werden im

Hinblick auf wesentliche Aspekte, die mir für mein Forschungsthema wichtig sind.

So war mir wichtig zu erfahren, wie die befragten Personen ihr Leben in Kontakt mit Tieren erlebt und empfunden haben, welche Kindheitserlebnisse sie mit Tieren hatten, ob sich die ersten Anfreundungen mit Tieren weiter entwickelt haben bis zur innigen Beziehung zu einem Tier, egal, ob es nun Hund, Katze oder Vogel sein mag.

Meine Gesprächspartner waren zwischen 44 und 78 Jahre alt, so dass sie schon auf einige „Tiererfahrungen" in ihrem Leben zurückschauen konnten.

Ich werde zunächst mit den Erfahrungen meiner Gesprächspartner zum Leben mit Tieren in der Kindheit und frühen Jugend beginnen.

4.2.1.1 Erfahrungen zum Leben mit Tieren in der Kindheit

Meine Eingangsfrage bei Gesprächsbeginn lautete immer:

„Wie war es in deiner Kindheit, hattest Du damals schon Kontakte zu Tieren?"

Es stellte sich heraus, dass alle meine Gesprächspartner, bis auf Jana, in der Kindheit schon Kontakt zu meist mehreren Tieren hatten. So war es bei Hans, Christian, Sigrid und Fritz. – Ich gehe jetzt auf diese Begebenheiten ein.

Jana

Unerfüllte Tierwünsche

Jana hoffte vergeblich als Kind, einen Hund zu bekommen. Sie erlebte nur einige Stunden mit einem Schäferhundwelpen, den ihr Vater mitbrachte. Doch ihre Mutter verlangte, dass der Hund wieder weggebracht werden sollte.

Aus diesem Erlebnis heraus nahm sie sich fest vor, im Erwachsenenalter Tiere zu halten.

Hans

Sein erstes Tier ist ein Wellensittich

Hans war besonders beeindruckt von seinem Großvater und dessen Tieren, er hatte viele Vögel, Sittiche und Kanarienvögel in der Wohnung.

Er fand die Atmosphäre mit den bunten Vögeln und ihrem Gezwitscher schön und anregend.

So bekam Hans sein erstes eigenes Tier, einen Wellensittich, für den er auch selbst sorgen wollte.

Er mochte besonders gern die Zahmheit der Wellensittiche und ihr Vertrauen zu ihm , wenn sie auf seine Schulter flogen, um dort einen Bissen Futter zu erlangen oder um an seinem Ohr zu knabbern.

Hans Tierliebe ist so in der anschaulichen, gemütlichen und bunten Vogelwelt in der Wohnung seines Großvaters entstanden.

Sigrid

Kindlich verspieltes Verhältnis zu den ersten Tieren

Sigrid hatte als Kind kurz vor dem zweiten Weltkrieg Erfahrungen mit Kaninchen, kurze Zeit mit Zwerghühnern und einer liebenswerten großen Hovawarthündin. Sie erinnert sich, dass sie ein kindlich-verspieltes Verhältnis zu diesen Tieren hatte und sie zu der Hündin noch keine innige Beziehung entwickelte. Etwas später lernte sie ein Langhaardackelweibchen in der Familie ihrer Schwester in Pommern kennen und zu schätzen.

Fritz

Zwei Hunde, eine Katze und ein Zaunkönig

Fritz kann sich erinnern, dass ein hellfarbener Hund in seinem Elternhaus lebte, der wohl nicht allzu lange dort blieb. Angeblich soll Fritz mit ihm aus einem Napf gegessen haben. Bald danach tauchte ein schwarzes Kätzchen auf, das er sehr gern hatte. Es verschwand eines Tages, als es Fritz hinterherlief. Als Fritz etwa zwölf Jahre alt ist, hat seine Familie bald einen geliebten Hund, der auch über zehn Jahre bei ihnen lebt. Zu diesem „Lumpi" hat Fritz eine sehr innige Beziehung, er kann viel mit ihm unternehmen, ihm kleine Kunststücke beibringen und viele Abenteuer mit ihm bestehen.

Ähnlich wie bei Christian entwickelt sich auch bei Fritz eine gute und kameradschaftliche Beziehung zu dem Hund, als er im gleichen Alter wie Christian dieses Tier bekam. Jetzt ist auch bei Fritz ein bewussteres, verantwortungsvolleres Umgehen mit seinem Hund deutlich.

Auch der plötzliche Tod eines zahmen Zaunkönigs, der im Haus lebte und gegen die Tür flog, beeindruckte Fritz sehr, und er trauerte um dieses Tierchen.

Christian

Verspielt – neugieriges Verhältnis zu den ersten Tieren

Christian erlebt ähnlich wie Sigrid in seiner Kindheit Kleintiere oder Käfigtiere wie eine Schildkröte, einen Hamster, Kanarienvögel, Fische. Hunde, Katzen und Papageien lernt er bei Verwandten kennen.

Damals bedeuteten ihm, wie Sigrid, die Tiere noch nicht so viel wie heute:

> „Man hatte einfach ein Tier zu haben. Es war in der Zeit so, dass jeder ein Haustier hatte. Dann kam jemand mit seinem Meerschweinchen oder Kaninchen, und irgendwann wollte man auch so was haben."

Auch Christian hatte damals ein kindlich-verspieltes Verhältnis zu den ersten Tieren wie Sigrid:

„Die Tiere waren einfach da, sie waren interessant und haben Spaß gemacht, und wenn sie dann durch die Wohnung gerauscht sind, und wenn man mit dem Hamster herumjagen konnte und die Schildkröte auf den Rücken legen konnte, um sie zu ärgern, das waren so die üblichen Sachen."

Er empfindet auch den Verlust von eigenen Tieren noch nicht als schmerzhaft:

„Schmerzhaft in dem Sinn eigentlich gar nicht so, ich habe das nicht so als Verlust empfunden, weil ich zu diesen Tieren nicht eine solche Beziehung hatte wie zu einem Hund. Das war eben das, was man hatte, wenn man kein Fahrrad hatte oder keinen Roller, hatte man eben ein Tier oder etwas anderes. Und ich war auch zu klein, um mich um diese Tiere verantwortungsbewusst zu kümmern."

Sein erster eigener Hund

Als er dann mit elf Jahren einen Foxterrier bekam als Alternative zu einem Fahrrad, war er einige Jahre sehr glücklich mit dem Hund, hatte viel Spaß und eine sehr gute Bindung zu dem Tier.

„Und das war dann eben auch die erste Zeit, die ersten paar Jahre relativ eine gute Kiste zwischen mir und dem Hund und wie sich das so entwickelt hat."

Ähnlich wie bei Fritz war der Hund sein guter Kamerad.
Jetzt geht er wesentlich bewusster um mit diesem Hund und weiß das auch zu schätzen. Auch Hans empfindet die Beziehung zu seinen Vögeln damals als Kameradschaft.

4.2.1.2 Erfahrungen zum Leben mit Tieren im Erwachsenenalter

Beim nächsten Bereich, den Erfahrungen mit Tieren im Erwachsenenalter, habe ich folgende Aspekte näher angeschaut in den Beschreibungen meiner Gesprächspartner:

1. Seelische Bedeutsamkeit der Tiere
2. Besonders faszinierende Tiere oder Momente im Leben mit Tieren, die für meine Gesprächspartner faszinierend waren
3. Besondere Wertschätzungen der Tiere auch im Vergleich zu anderen Menschen
4. Seelische Bereicherung in der Natur mit den Tieren
5. Der Abschied von Tieren durch Tod oder Trennung
6. Überlegungen, ob ein Leben auch ohne Tiere möglich ist
7. Welche Rollenfunktionen können Tiere, speziell Heimtiere, für Menschen haben?

4.2.1.3 Untersuchung der Gespräche unter sieben Aspekten

4.2.1.3.1 Seelische Bedeutsamkeit der Tiere

Seelische Bedeutsamkeit der Tiere bei Jana

Schwanger, weil Tiere da sind?

Jana kam jung verheiratet aus der damaligen Tschechoslowakei nach Deutschland. Sie hatte sich von Kindheit an Tiere gewünscht. Doch die Anfangszeit war schwer für das Ehepaar, und Jana wünschte sich zunächst Kinder. Doch sie erlitt sechs Fehlgeburten, bevor sie ihren Sohn bekam. Und nach ihrer Meinung haben ihre damaligen Tiere, die Katze, der Rauhaardackel und ihr Wellensittich sehr dazu beigetragen, dass es endlich klappte mit einem Kind.

Sie hat wunderbare Erinnerungen an ihre kleine Katze Susi, den Wellensittich Peppi, der sogar tolle Kunststücke machte, um sie aufzuheitern, und an ihren Rauhaardackel Fips. Diese drei Tiere verstanden sich sehr gut untereinander.

Eine Frau, die jahrelang vergeblich auf ein Kind hofft, sich dann mehrere Tiere anschafft, kann dadurch entspannter und lebensfroher werden, dass es schließlich, als sie gar nicht mehr damit rechnet, zu einer erfolgreichen Schwangerschaft kommt.

Jana weiß um die bereichernden Qualitäten ihrer Tiere, und sie sind bis heute seelisch sehr wichtig für sie.

So kann sie sich eine Wohnung ohne Tiere gar nicht mehr vorstellen:

„Also ich kann mir einen Haushalt ohne Tiere nicht mehr vorstellen. Ein Haus oder eine Wohnung ohne Tiere ist so wie eine leere Wohnung ohne Seele. Das hab' ich immer schon so empfunden."

Auch ihr letzter Hund Nicky hat Jana sehr viel bedeutet. Er war ein lebhafter, verspielter, drolliger Hund, der ihnen sehr viel Freude machte.

Seelische Bedeutsamkeit der Tiere bei Hans

Dieser Aspekt der seelischen Bedeutsamkeit der Tiere ist bei Hans so deutlich aufgetreten, weil ich ihn direkt danach fragte.

Hans äußerte sich folgendermaßen auf meine Frage, ob seine Tiere, hauptsächlich also Vögel und Fische, in seinem Leben seelisch bedeutsam gewesen sind oder auch heute noch sind:

„Ja, sie sind auch heute noch bedeutsam. Also, sie geben mir viel dadurch, dass ich für sie da sein kann, aber auch, dass sie mich faszinieren. Dadurch füllen sie mich auch aus und geben dem Leben irgendwie mehr Wärme und ja – mehr Sinn eigentlich. Sinn vielleicht nicht, aber mehr Wärme und Faszination."

Seelische Bedeutsamkeit der Tiere bei Sigrid

Am schönsten ist es jetzt mit ihren zwei Dackelweibchen

Sigrid war in engerem Kontakt mit Tieren in der Kindheit, als sie Zwerghühnern, Kaninchen und einer netten großen Hündin zu Hause begegnete. Damals hatte sie ein kindliches Verhältnis zu diesen Tieren und noch keine enge Beziehung zur Hündin. Aber damals waren schon Kriegszeiten, und so blieb die Hündin auch nur 3 Jahre bei ihnen. Sigrid hat damals schon positive Aspekte der Tiere wahrgenommen, so mochte sie auch gern auf dem Pferd des Gemüsemannes bis zur nächsten Ecke „reiten", sie hatte keine Angst.

Erst später lernte sie Langhaardackel in ihrer eigenen Familie kennen und schätzen; so hatte ihre Schwester, die in Pommern lebte, ein Langhaardackelweibchen. Und als Sigrid nach ihrem Studium heiratete, kam sie erneut in engen Kontakt mit Dackeln. Der erste Rüde kam aus der Dackelzucht ihres Onkels in Niedersachsen. Da Sigrid in dieser Zeit drei Kinder bekam, konnte sie sich neben ihrer Berufstätigkeit nicht allzuviel mit diesem Hund beschäftigen. Aber ihr Mann war ein großer Hundefreund und lief und spielte damals viel mit diesem Dackel. Bedeutsam empfand Sigrid, dass ihre Kinder von klein auf mit einem Tier aufwuchsen und so lernen konnten, dass auch sie Lebewesen sind, die man gut behandeln und um die man sich kümmern muss. Lümmelchen 1 hatte also auch die Kinder als Spielkameraden für sich, und diesen Aspekt der kindgerechten Beschäftigung gefiel Sigrid sehr.

Es kamen noch zwei Dackelrüden in die Familie. Jedesmal, wenn dann ein Hund starb, war Sigrid auch etwas erleichtert, da sie sich jetzt ungebundener fühlte. Fritz, ihr Mann, hat dies nie so empfunden und war dann auch derjenige, der vor allen Dingen immer wieder ein Tier haben wollte.

Zur Zeit bedeuten Sigrid ihre beiden weiblichen Langhaardackel sehr viel. Sie empfindet Weibchen als anhänglicher und schmusiger als Rüden. Bedeutsame Momente mit ihrer Heide gab es während der Trächtigkeit und dann bei der Geburt der Welpen. Sigrid hat dieses Ereignis als einmaligen, faszinierenden Vorgang in Erinnerung. Ihre zweite Hündin, Bine, hat sie von Geburt an begleitet und aufgezogen. So wuchs ihr dieses Tier sehr ans Herz. Solch eine Innigkeit wie mit ihren jetzigen Hunden hat Sigrid mit den Dackelrüden noch nicht erlebt.

Im letzten Sommer besuchte sie mit Heide und Bine eine Hundeschule und lief mit ihnen bei einigen Hundewanderungen. Ihre Kinder sind längst aus dem Haus; so kann Sigrid sich jetzt intensiv mit diesen Hunden beschäftigen, und sie weiß, was ihr all diese schönen und berührenden Erlebnisse mit den Tieren bedeuten.

Ein weiterer wichtiger und für Sigrid bedeutsamer Punkt ist die Diskussion um Massentierhaltung und Massentierzucht. Sigrid glaubt, dass Hunde aus guten Zuchtanstalten kommen sollten, in denen die Welpen mit Liebe und Einfühlung behandelt werden. Sigrid hält auch Dressuren im Zirkus für kritisch, zu viel Manipulationen an Tieren lehnt sie ab. Erziehung hält sie dagegen bei Hunden für sehr wichtig,.

Seelische Bedeutsamkeit der Tiere bei Fritz

Als Fritz kurz nach dem Krieg sein Studium begann, herrschte überall Hungersnot. Sein geliebter Hund Lumpi wurde schließlich doch eingeschläfert, weil Fritz' Mutter Angst hatte, den Hund nicht mehr tiergerecht ernähren zu können.

Er und seine Schwester weinten sehr um ihren geliebten Hund. Diese große Trauer zeigt, wie seelisch bedeutsam so ein Hund für junge Menschen sein kann. Er hat Fritz und seine Schwester durch die Schulzeit begleitet und war ein hochgeschätzter lebenslustiger Hund.

Fritz spätere Hunde, die drei Dackelrüden Lümmelchen 1, 2 und 3, lagen ihm auch sehr am Herzen, und zur Zeit geben ihm die beiden Dackelweibchen Heide und Bine viel Lebensfreude in seinem Alltag, der jetzt erschwert ist durch seine Gehbehinderung.

Während die Welpen im Haus waren, wurde Fritz so abgelenkt vom Welpengewusel in der Küche, dass er tatsächlich keine Zeit zum Grübeln hatte.

Diese Welpenerlebnisse mit Hundemutter Heide und später mit der kleinen Bine, die bei ihnen blieb, haben große seelische Bedeutsamkeit für einen älteren Mann.

Gerade jetzt braucht Fritz seine beiden Dackelweibchen, die er sehr liebt.

Auch wenn er leider nicht mehr mit ihnen laufen kann, ist er glücklich, sie um sich zu haben, mit ihnen zu reden und zu kuscheln.

Seelische Bedeutsamkeit der Tiere bei Christian

Die Hunde bedeuten Christian sehr viel, Taura ist sein absoluter Liebling

Christian mochte Tiere schon immer gern. So war es für ihn ganz natürlich, mit Tieren schon früh in Kontakt zu kommen. Er hatte eigene Tiere, Schildkröte, Hamster, auch Käfigtiere wie Vögel, die ihn kindlich begeisterten und anregten. Es war damals ein kindlich-neugieriges Verhältnis zu den Tieren. Wenn eines starb, empfand er es noch nicht als schmerzhaft. Hingegen bedeutete ihm sein erster eigener Hund sehr viel. Dieser lebhafte Foxterrier erweiterte ihm damals seinen Freiraum von zu Hause.

Er lief mit dem Hund, dieser war sehr kontaktfreudig und ermöglichte ihm erste Kontakte zu Mädchen. Auch dafür war Christian dem Hund dankbar. Er ermöglichte ihm viele Freiheiten und Unabhängigkeit von seiner besorgten Mutter, die ihm das Fahrrad verwehrte, den Hund aber gestattete.

Als Student hielt Christian sich erst relativ spät wieder ein Tier. Eine kleine Ratte war seine Mitbewohnerin, die ihn durch ihre Intelligenz und ihre Anhänglichkeit faszinierte und begeisterte. Da er damals allein lebte, war dieses Tierchen sehr bedeutsam für ihn, weil durch sie Leben in die Wohnung kam. Ihr plötzlicher Tod war sehr schmerzvoll für Christian.

Erst nach seiner Heirat kamen später wieder Fische, Hamster und Mäuse in sein Leben. Wirklich viel bedeutete Christian aber erst seine Hündin Taura, die er und seine Frau aus der Türkei mitbrachten. Sie war trächtig und bekam 7 Welpen. Die Geburt und Aufzucht der Welpen war für Christian ebenfalls sehr bedeutsam, auch für das Verhältnis zu seiner Hündin. Er liebt sie sehr als individuelles Wesen, das ihn ausgesucht hat, mit ihm zu leben. Er ist überzeugt von einer Empathie zwischen der Hündin und ihm, die sie in der Türkei zusammengeführt hat. Für ihn ist es eine Schicksalsfügung, er liebt Taura in einer völlig wertfreien Art, die er sehr schätzt und die nicht von Anspruchsdenken dominiert wird.

4.2.1.3.2 Besonders faszinierende Tiere oder Momente im Leben mit Tieren, die für meine Gesprächspartner faszinierend sind.

Besonders faszinierende Tiere oder Momente im Leben mit Tieren, die für Jana faszinierend sind

Peppi, das kleine Wellensittichweibchen

Jana schaffte sich zunächst, als sie in Deutschland war, Wellensittiche an. Der erste entflog leider, bald darauf hatte sie ihren „Peppi", ein gelbes Wellensittichweibchen. Jana erlebte bezaubernde Momente mit diesem kleinen Vogel. Wenn Jana traurig war, brauchte sie nur zu sagen: „Peppi, mach mal Salto" – Und der Vogel drehte sich ein paarmal und Jana musste lachen. So wusste Peppi offenbar, ihr Frauchen ist wieder glücklich. Das Tier machte den Salto auch von allein, wenn es spürte, dass Jana traurig war. Schon musste Jana lachen, und damit war der Trübsinn verflogen. Jana war so beeindruckt davon, dass sie meint, dass sie diese Ereignisse nie vergessen wird.

Ein weiteres Ereignis, das Jana sehr berührte:

Als sie von einer Amerikareise mit ihrem Mann zurückkehrte, war Peppi richtig außer sich vor Freude. Jana meint, kein Mensch würde ihr das glauben, dass ein kleiner Vogel „soviel Herz hat". Jana spürte, wie glücklich Peppi über ihre Rückkehr war. – Sie denkt, so einen besonderen Vogel wird sie wohl nie mehr haben.

Besonders beeindruckt war Jana, wenn ihre drei Tiere zusammen spielten und sich sehr gut untereinander vertrugen. Hund und Katze und der Wellensittich spielten, ohne dass dem Vogel etwas geschah.

Besonders faszinierende Tiere oder Momente im Leben mit Tieren, die für Hans faszinierend sind

Hans hatte schon in der Kindheit viel Kontakt zu Wellensittichen und anderen Vögeln, die sein Großvater in der Wohnung hielt. Er mochte besonders die Zahmheit und Lernfähigkeit der Wellensittiche. Außerdem liebte er die

Zutraulichkeit der Vögel und ihre Munterkeit. Sie freuten sich, wenn Hans nach Hause kam.

Hans findet die Kameradschaft zu seinen Tieren sehr faszinierend:

„Ja, die Beziehung zu den Vögeln kannst du eher als Kameradschaft bezeichnen. Die Tiere freuten sich, wenn ich kam. Ich freute mich auch, wenn ich sie sah. – Sicher, das ist natürlich mehr eine Futterzahmheit. Aber ich denke, sie freuten sich auch, wieder menschliche Gesellschaft zu haben.

Es ist schon so eine Art Kameradschaft zwischen Mensch und Tier, und das ist irgendwie ganz was Faszinierendes, fand ich damals. Ja, sie geben selbst wieder Freude und Zuneigung."

Die Schönheit der Tiere hat Hans seit damals fasziniert. Auch bizarre und witzige Formen, die ja auch bei seinen Fischen vorkommen können, das Exotische der Tiere liebt er. Seit seiner Kindheit hielt Hans neben den Vögeln auch Fische. Deren Farbenpracht zog ihn stets an.

Hans ist beglückt und fasziniert von der Aufzucht der Jungvögel

Hans wollte immer schon gerne einen Vogel vom Ei an aufwachsen sehen. In einem Bauernhaus, in dem er als Student wohnte, hatte er viel Platz für seine Vögel. Auch Glanzsittiche brüteten bei ihm in der Küche.

„Ich wollte mal die Jungen kennenlernen, überhaupt einen Vogel aufwachsen zu sehen vom Ei an, das ist schon etwas Faszinierendes."

Besonders faszinierende Tiere oder Momente im Leben mit Tieren, die für Sigrid faszinierend sind

Die aufregende Welpenzeit

Sigrid wünschte sich Nachwuchs von ihrer Langhaardackelin „Heide" und sie erlebt die Wartezeit, die Geburt und die Zeit mit den Welpen als sehr aufregend und faszinierend. Sie schätzt die Hundemutter sehr, die ihre Kinder wunderbar versorgt.

„Die Vorbesitzer sagten es schon. Sie hatten da ja auch mehrere andere Hündinnen, die Welpen bekommen hatten. Und die Heide wäre dann so dazwischen gewesen, als ob sie die Mutter wäre. Sie muss also eine „Urmutter" sein, nicht... Und das hab' ich auch festgestellt in dieser Zeit! ... Wir hatten also sieben kleine Welpen gekriegt! Und es war hinreißend! Ich war wirklich fasziniert davon. ... Und die kleinen Würmchen, also es war für mich aber wirklich ein Wunder!"

Sigrid päppelt die kleinste Hündin des Wurfs mit Welpenmilch auf. Später kann sie sich nicht mehr von ihr trennen, während die sechs anderen Welpen in gute Hände abgegeben werden.

„Ja, und zu dieser kleinen Bine hab' ich eine ausgesprochen enge Beziehung, da ich sie ja praktisch von der ersten Sekunde ihres Lebens an begleitet habe. Und sie ist ja ein zauberhaftes kleines Geschöpf, sie ist wirklich hinreißend! – Also jetzt hab' ich meine ganz große Freude an diesen beiden." ...
„Ja, ich erleb' die Tiere jetzt intensiver. Naja, durch die Welpensache. Das war ja auch ein zauberhaftes Erlebnis. ...Das war ein Getappel, das war zu schön! Und es war wunderbar zu sehen, wie die Heide ihre Kleinen versorgt hat. Also, so was von einer Hundemutter, also hinreißend!"

Besonders faszinierende Tiere oder Momente im Leben mit Tieren, die für Fritz faszinierend sind

Eine aufregende und bereichernde Zeit

Fritz hat nach dem Tod des letzten Dackelrüden nur eine Woche gewartet, bevor er sich wieder nach einem Hund umschaute. Seine Frau wollte diesmal endlich ein Dackelweibchen, und so kam Heide in ihr Leben. Da seine Frau sich Nachwuchs von der Hündin wünschte, kamen eines Tages 7 Welpen zur Welt.

„Sigi wollte denn ja gerne als Züchterin tätig sein, nicht. So kamen wir zu unserem Nachwuchs. Das war eine Sache! Möchte ich auch nicht mehr missen! Das war zu herrlich, die Zeit, ja! Da haben wir doch nur in der Küche gelebt, wo die Welpen waren. Ja!"

Auch die Erlebnisse während der Geburt waren sehr spannend und faszinierend für Fritz, ebenso wie es Sigrid erlebt hat.

„Nee, waren ganz neue Erkenntnisse, und wie flink sie das machte auch. Die Heide versorgte bei der Geburt schon ihre Welpen, leckte sie ab und putzte sie."

Das Leben mit den Hundewelpen ist für Fritz eine aufregende und bereichernde Zeit. Er ist so abgelenkt und beschäftigt mit den Tieren, dass er keine Zeit für persönliche Kümmernisse hat.

„Ja, so ist das… Da kommst du zu gar keinem anderen Gedanken. Hat ja sein Gutes, ja!"

Besonders faszinierende Tiere oder Momente im Leben mit Tieren, die für Christian faszinierend sind

Eine intelligente Ratte bringt Leben in Christians Wohnung

Christian hielt sich während seines Studiums eine schwarzweiße Ratte. Das Tier bedeutete ihm sehr viel, da er damals alleine lebte. Er bewunderte besonders ihre Intelligenz.

„Es war faszinierend, die Intelligenz von dem Tier zu sehen. Sie hatte einen Käfig über zwei Etagen, ein eigenes Haus, wo sie Sachen verstecken konnte. Und es war faszinierend zu sehen, wie schnell die das begriff, wo etwas war."

Eine faszinierende Erfahrung: Taura hat Christian ausgewählt

Christian hat seine Hündin Taura aus der Türkei mitgebracht. Er ist sich sicher, dass die Hündin ihn und seine Frau aus Hunderten von Touristen ausgewählt hat, um bei ihnen zu bleiben. Christian glaubt an eine besondere Schicksalsfügung, an eine Empathie zwischen ihm und dem Hund, so dass sie sich nicht verfehlen konnten.

„Aber es war ja eben so, und das ist das Faszinierende daran. Ich meine auch, da können wir auch zum Schluss kommen, den Kreis schließen, dass das genau das ist, was ich meine, dass sie uns ausgeguckt hat. Dass da diese Empathie war, diese Bindung, die da ist.
Ich bin ausgewählt worden von diesem armen Köter, dass er sich selbst dann entschieden hat, den Rest seines Lebens mit mir zu verbringen. ...
Und das ist also eigentlich auch diese unendliche Liebe zu dem Tier, die in den Jahren entstanden ist. Am Anfang war es eher so menschliches Mitleid. Das ist 'ne ganz ganz feste Bindung jetzt."

Die Welpengeschichte

Auch bei Christian spielte die Geburt der Welpen seiner Hündin Taura eine begeisternde und faszinierende Rolle in seinem Leben so wie bei Sigrid und Fritz. Er bewundert sein Tier, dass es instinktmäßig alles richtig macht und die Jungen gesund und lebenstüchtig sind.

„Die hat so toll die Fruchtblasen zerbissen und die Babys geleckt und drangelegt. Es war super, wie die Natur es so vorbestimmt hat. ...
Das verfolgt uns heute noch, dieses tolle Erlebnis."

Christian schaut sich heute gern die Videos von den Welpen an, wenn es ihm mal nicht so gut geht, so dass er sich bald besser fühlt. Auch diese Welpenfilme begeistern ihn.

„Die Faszination eigentlich, auch mal so zu sehen, was einem sonst als

Großstädter selten vergönnt ist, so den Geburtsvorgang von so einem Tier zu sehen, wie das alles so seinen natürlichen Weg geht. Es war eine Faszination schon auf der einen Seite, aber eben auch viel Arbeit."

4.2.1.3.3 Wertschätzungen der Tiere, auch im Vergleich zu anderen Menschen

Wertschätzungen der Tiere, auch im Vergleich zu anderen Menschen bei Jana

„Tiere geben sehr viel Liebe zurück"

Jana hat ihre Tiere generell sehr wertgeschätzt, das zeigte sich deutlich während unseres Gesprächs. Sie betont, dass sie damals sehr viel Zeit hatte und sich intensiv um Hund, Katze und Vogel kümmern konnte, und dass sie viel zurückbekommen hat von ihren Tieren:

„Ich hatte sehr viel Zeit, und wenn man sehr viel Zeit mit Tieren verbringt, dann bekommt man das tausendmal zurück, nicht. Weil die sind sehr lieb und geben sehr viel Liebe zurück. Das lohnt sich! Also, ich hab' festgestellt, wenn man sich mit Tieren beschäftigt, dann verstehen die alles. Ob das ein Vogel ist oder ob das ein Hund ist oder eine Katze."

Jana schätzt auch das Miteinander ihrer Tiere sehr. Sie bedauert heute, dass sie die schönen Erlebnisse nicht auf Video aufgezeichnet hat.

„Und haben die zusammen geschlafen und gespielt" – der Hund, die Katze und der Wellensittich.
„Also, das waren unheimliche Erlebnisse! Schade, dass wir das nicht auf Video haben, weil so was erleben wir nie wieder! Weil jedes Tier ist anders."

Christian erholt sich bei Videoaufnahmen der Welpen und freut sich über diese Aufzeichnungen. So hätte Jana das auch gern gehabt..

„Tiere geben mehr zurück als Menschen"

Jana denkt, ähnlich wie Hans, dass sie von Tieren mehr Zuneigung und Liebe bekommt, als von Menschen.

Sie wünschte sich immer eine Familie mit vier Kindern.

„Leider hat sich das nicht erfüllt, und dann hab' ich solches Gefühl, dass Tiere sowieso viel mehr zurückgeben können als Menschen."

Diese Aussage wird von ihr noch mal bekräftigt und erinnert an Hans.
Jana hält auch viel von der psychischen Heilwirkung der Tiere. Sie empfiehlt besonders einsamen Menschen und Kindern, sich ein Tier anzuschaffen, da sie überzeugt ist von der heilsamen Wirkung der Tiere.
Für Jana wäre es das vollkommene Glück, in ihrer alten Heimat wieder leben zu können und auch dort natürlich mit Tieren zusammen zu sein.

Sie bedauert es heute, dass sie in ihrer „tierlosen Zeit" nicht doch mehr Katzen und Hunde gehalten hat und auf diese Weise die Tiere noch besser hätte erfahren und erforschen können.

Wertschätzungen der Tiere, auch im Vergleich zu anderen Menschen bei Hans
Besonders anziehend ist für Hans die Schönheit vieler Tiere, speziell bei ihm sind es die Vögel und Fische. So mag er sehr die Farbenpracht der exotischen Vögel und zahlreicher Fische, ebenso liebt er besondere Formen und witzige Verhaltensweisen der Tiere, die ihn auch amüsieren können und die er rührend findet.
Hans beobachtet gerne Tiere, weil sie oft so unbekümmert leben. Er findet es sehr angenehm, dass sie sich nicht verstellen, sondern sich so zeigen, wie sie sind. Diese Auffassung teilt er mit Sigrid.
Ein besonderes Erlebnis fand in Hans' Jugend statt: Ein Rotkehlchen

überwinterte bei ihnen zu Hause, zum Frühjahr wurde es freigelassen, es blieb allerdings in der Nähe ihrer Wohnung, so dass Hans das Tier in der Natur füttern konnte.

Hans empfindet dies als sehr schöne Beziehung, da das Tier nicht eingesperrt war und dennoch aus freien Stücken zu ihnen kam. So stellt er sich eine ideale Mensch-Tier-Beziehung vor. Er denkt, dass Tiere einem manchmal mehr Wärme als Menschen geben können. – Hier denkt er ähnlich wie Jana.

Hans empfindet die Beziehung zu Tieren als unmittelbar und dass sie weniger durch Überlegungen und Erwartungshaltungen gestört ist, wie es vielleicht bei Beziehungen zwischen Menschen sein kann. – So ähnlich äußert sich auch Christian. Für beide sind Mensch-Tier-Beziehungen einfacher strukturiert und unkomplizierter als menschliche Beziehungen, und das ist für Hans sehr schön.

„Sie ist recht unkompliziert, die Beziehung. Meinetwegen von Hund zu Mensch oder von Mensch zu Hund. Man kann einen Hund streicheln, ohne dass man groß darüber nachdenkt. Wenn man einen Menschen streichelt, hat das immer gleich Komplikationen oder Implikationen zur Folge. Ja, die Beziehung steht auf einem anderen Niveau."

Hans denkt, dass die Beziehung zu Tieren für ihn etwas ganz Besonderes ist:

„Weil, wenn sie glückt, also wenn man Verbindung hat, ist es etwas ganz Herrliches, so dass von einer Art zur anderen irgendwie ein Bindeglied geschlagen wird, was ich als beglückend empfinde, meinetwegen vom Mensch zum Pferd vielleicht oder auch zum Vogel."
… „Für mich ist das ein Vertrauensbeweis von einer Art zur anderen. Das ist so ein Stück irgendwie vom Paradies, finde ich. Das ist schon diese Vision, dass Menschen und Tiere zusammenleben in einer friedlichen Welt."

Wertschätzungen der Tiere, auch im Vergleich zu anderen Menschen bei Sigrid

Sigrid schätzte ihre Tiere schon von klein an, nur dass sie heute feststellt, dass sie z.B. zur Hovawarthündin Cora damals noch keine intensive Bindung hatte.

Sie kam erst nach ihrer Heirat wieder in näheren Kontakt mit Hunden. Auch die drei Dackelrüden, die sie in ihrer Ehe erlebte, hat sie als Tiere sehr geschätzt, auch wenn es ihr beim dritten Rüden, der aggressiver als die anderen war, erst an seinem Lebensende, als er schon krank war, besser gelang, mit ihm „warm" zu werden.

Vor allen Dingen schätzt Sigrid heute die beiden Dackelweibchen sehr. Durch intensive Erfahrungen mit ihnen bei der Geburt und der Zeit danach, als die Welpen von der Hundemutter liebevoll versorgt wurden, sind diese beiden Dackelweibchen ihr sehr schnell ans Herz gewachsen. Sie ist ebenso wie Fritz und Christian sehr beeindruckt durch die naturgegebenen und doch faszinierenden Momente während der Geburt der Welpen und das instinktsichere Verhalten der Hundemutter.

Sigrid schätzt an ihren Tieren, wie sehr sie sich freuen, wenn sie kommt und bei ihnen bleibt. Sie mag es sehr, dass sie ganz natürlich ihre Gefühle zeigen und ausleben, sich unverfälscht zeigen. Das gleiche mag auch Hans sehr. Außerdem schätzt sie sehr die Verspieltheit der jungen Hündin und die große Anhänglichkeit der beiden Dackeldamen.

Sigrid empfindet es als schön und wertvoll, wenn Kinder im Kontakt mit Tieren aufwachsen und lernen, dass Tiere auch Lebewesen sind, denen man kein Leid antun darf, sondern auf die man Rücksicht nehmen und für die man sorgen muss. So haben ihre drei Kinder auch schon von klein auf Erlebnisse mit Hunden gehabt, und bei zwei der jetzt erwachsenen Kinder und allen Enkeln setzt sich die Liebe und Zuneigung zu Tieren fort. – Auch Fritz denkt so wie Sigrid über die Bedeutsamkeit vom Umgang der Kinder mit Tieren.

Sigrid empfindet es als schön, wenn sie durch die Hunde Menschen kennenlernt und mit ihnen in Kontakt tritt. Aufgrund ihrer Hundebegleitung kommt es zu vielen erfreulichen netten Begegnungen mit anderen Menschen und deren Tieren. Sie mag es, wenn sie unterwegs oder besonders im Wartezimmer des Tierarztes angesprochen wird. Sie weiß, dass ihre Tiere teilweise wunderbare Kommunikationshilfen sind, die die Herzen anderer öffnen können. Ebensolche Erfahrungen haben Fritz und Christian früher auch gemacht.

Wertschätzungen der Tiere, auch im Vergleich zu anderen Menschen bei Fritz

Das erste Tier, das Fritz sehr geliebt und geschätzt hat, war der Hund Lumpi. Dieses Tier begleitete ihn durch die Schulzeit und teilweise noch während des Studiums.
Fritz schildert ihn als guten Kameraden, mit dem man alles anstellen konnte. Dieser Hund munterte Fritz nur durch seine bloße Anwesenheit auf. In seiner Jugend tobten und spielten Fritz und seine Geschwister viel mit dem Tier, Fritz brachte ihm einige Kunststücke bei. Er schätzte sehr an diesem Hund, dass er so gelehrig war. So konnte er schließlich sogar „Salto rückwärts".
Lumpi begleitete Fritz täglich zur Schule, manchmal gelang es ihm, bis in die Klasse vorzudringen unter dem Beifall der anderen Schüler. Fritz schätzte auch sehr, dass dieser Hund immer am Fenster saß und auf ihn wartete, wenn er von der Schule heimkam. Er hing sehr an diesem gelehrigen, wild-verspielten Hund seiner Jugend. So ging er mit Fritz auch stets zum Baden im Hafen und trug auch Steine im Maul von einer zur anderen Seite. Diesen „Blödsinn" hatte sich natürlich Fritz ausgedacht, aber er wußte, sein Lumpi machte alles mit. – Besonders viel hielt Fritz von einem Zaunkönig, der bei ihnen zu Hause lebte und handzahm war. Er konnte frei im Haus herumfliegen und flog nie weg, obwohl Fenster und Türen oft auf waren. Leider starb dieser kleine Vogel durch einen Unfall.

Später nach ihrer Heirat hielten Fritz und Sigrid sich nacheinander mehrere Langhaardackel. Fritz schätzt jeden auf seine Art, besonders hing er auch an einem „adoptierten" großen Hund, der zusammen mit dem dritten Dackel aufwuchs. Und zur Zeit schätzt er natürlich seine zwei Dackeldamen Heide und Bine. Die Geburt der Welpen war auch für Fritz überwältigend, und auch er hängt sehr an diesen beiden Hunden, die ihm gerade heute viel bedeuten. Er kann zwar nicht mehr selbst mit ihnen laufen, aber er freut sich nur über ihre Anwesenheit, dass er mit ihnen reden kann und den Eindruck hat, dass sie ihn auch verstehen. Auch ihre zärtliche Verschmustheit schätzt er sehr, nur wildes Herumtoben geht heute leider nicht mehr.

Wertschätzungen der Tiere, auch im Vergleich zu anderen Menschen bei Christian

Am Anfang war die Beziehung zu Tieren verspielt und kindlich

Christian mochte Tiere schon immer sehr gerne, sogar als Kind hatte er einige Käfigtiere. Damals war es mehr ein verspieltes, neugieriges Verhältnis zu den Tieren wie Schildkröte, Hamster, Vögel und Fische. Er mochte diese Tiere aus kindlicher Sicht, doch wenn ein Tier verstarb, hat er es nicht als sehr schmerzhaft empfunden. – Er meint heute, dass er noch zu klein war, um sich verantwortungsvoll und wertschätzend um sie zu kümmern.

Sein erster eigener Hund

Einige Jahre später bekam Christian seinen ersten eigenen Hund. Dieser Hund bedeutete ihm damals sehr viel, wenn auch diese glückliche Zeit mit „Lorbas" nach einigen Jahren schon vorbei war. Christian interessierte sich zunehmend für Mädchen, und die Zuwendung zum Hund ließ nach, so dass seine Mutter sich um das Tier kümmern musste. Nach einem Umzug musste sich seine Familie endgültig von dem Foxterrier trennen, da in der Wohnung keine Hunde geduldet wurden. Christian ist dennoch die nächsten Jahre öfter zu seinen Tanten gefahren, die seinen Hund „adoptiert" hatten, denn die erste Zeit vermißte er ihn sehr. Später aber war die Bindung nicht mehr sehr stark.

> „Es war auch nicht mehr so die emotionale Komponente, also in keinster Weise vergleichbar mit dem, was jetzt, heute ist mit „Taura" (seine jetzige Hündin).

Die intelligente freundliche Ratte

Als Christian später studiert, hat er eine kleine Wohnung und kann sich nur ein kleines Tier halten. So besorgte er sich eine Laborratte aus dem Tierheim. Da Christian zu der Zeit allein lebte, brachte die Ratte Leben in die Wohnung, und schon bald hing er sehr an diesem Tierchen. Besonders schätzte er ihre Intelligenz, die er deutlich spürte, wenn er mit ihr Versteckspiel machte. – Als die Ratte plötzlich eines Tages starb, war Christian sehr betroffen und musste sehr um dieses kleine Tier weinen.

Ein Malteserhund und eine Katze

Die späteren Tiere, die Christian in der Ehe erlebte, bedeuteten seiner Frau mehr als ihm. Doch der kleine Malteserhund war sehr niedlich und wurde von Christian sehr behütet und geschätzt, aber nach einigen Monaten kam es zur Trennung, weil der Hund oft alleine war. Jetzt litt Maike mehr als Christian. – Heute schätzt er auch die Katze sehr, die bald nach dem Malteserhündchen in ihr Leben kam. Doch diese Beziehung hatte es anfangs sehr schwer. Heute nach 15 Jahren hat er die Katze „unheimlich gern", auch wenn sie mehr auf seine Frau fixiert ist."

Die Schicksalsfügung „Taura"

Aber am meisten schätzt und liebt Christian seine Hündin Taura, die sie vor fünf Jahren aus der Türkei geholt haben. Er glaubt, dass dieses Tier ihn und seine Frau ausgewählt hat, um bei ihnen bleiben zu können, und dass eine Schicksalsfügung sie mit Taura zusammengeführt hat.

> „Ich könnte mir nicht vorstellen, das Tier jemals zu seinen Lebzeiten wegzugeben, es sei denn, es würde mir oder meiner Frau irgendwas passieren, was uns absolut daran hindert, das Tier adäquat zu versorgen… Die Bindung zwischen mir und dem Tier ist so extrem.
> … Das Tier gehört zu mir , das wird mit mir zusammen alt, und ich werde dabei sein, wenn sie stirbt. Ich werde sie im Arm halten, wenn sie eingeschläfert werden muss. Das ist eine Verpflichtung, das ist ein Versprechen, egal, was passiert."

Christian mag keine verniedlichenden Ausdrücke in der Beziehung zu Taura wie z.B. „Kindersatz" oder „Familienmitglied":

„Es ist ein Wesen mit einer Seele, das mich gesucht hat, warum auch immer, das irgendwie auf irgendeine Weise mit mir verbunden ist. ... Es ist einfach ein Wesen, das ich liebe.... Es ist ein gegenseitiges Geben und Nehmen."

Christian meint schließlich, dass die Beziehung zu Taura wie bei einer normalen Liebesbeziehung zu einem Menschen ist:

„Nur, dass die nicht hinterfragt wird und nicht kritisiert wird."

Besonders schätzt er noch an dieser Verbindung:

„Das ist das Tollste dabei, es ist eine vollkommen wertfreie Gefühlsbeziehung, die nicht von irgendwelchen Mickrigkeiten dominiert wird, so von kleinen Gemeinheiten..."

Außerdem schätzt Christian sehr das „Freilaufen" mit seinem Tier. Wenn es ihm schlecht geht oder er Probleme hat, krault er seine Hündin und läuft mit ihr anschließend, um die Gedanken in eine andere Richtung zu lenken. Auf den Spaziergängen trifft er viele Menschen:

„Und man wird angesprochen, man hat also Kontakte."

Auch diese Möglichkeit der Kontaktaufnahme bei den Rundgängen mit Taura mag Christian sehr, nimmt sie so „nebenbei" mit.

4.2.1.3.4 Seelische Bereicherung in der Natur mit den Tieren

Seelische Bereicherung in der Natur mit den Tieren bei Jana

„Die Natur macht nur Wunder"

Jana plädiert für die Verbundenheit zur Natur. Sie fürchtet, dass der Mensch sich heutzutage zunehmend von der Natur und deren heilenden Auswirkungen entfernt.

„Wenn man Tiere hat, dann macht man auch etwas für die Gesundheit. Die Gesundheit wird gefördert. Man macht viele große Spaziergänge oder man ist mehr verbunden mit der Natur."

„Aber bei mir z.b., wenn ich meine psychischen Tiefs habe, nehme ich das Fahrrad und den Hund und fahre ich in die Natur raus und komme dann wieder ruhiger und ausgeglichener zurück, weil die Natur macht nur Wunder!"

Ähnliches finden wir bei Christian, Sigrid und Fritz. Christian schildert, wie er den Kopf frei bekommt beim Laufen mit seiner Hündin, die aktuellen Probleme und Ärger zurückgedrängt werden bzw. nicht mehr die Bedeutsamkeit haben

Sigrid und Fritz schildern beide die schönen Erlebnisse am Wasser und Deich auch in Bezug auf andere Tiere, z.B. Schafe, wenn sie mit ihren Dackeln spazieren gehen..

Seelische Bereicherung in der Natur mit den Tieren bei Hans

Hans Überlegungen zur Tierhaltung in Wohnungen

Hans hat ein sehr zwiespältiges Verhältnis zur Tierhaltung in der Wohnung:

„Ja, die Tiere locken mich natürlich an, nicht. Aber es sind so gegenläufige Überlegungen auch, die mich da bestimmen. Auf der eine Seite denk' ich, man sollte eigentlich gar keine Tiere halten. Auf der anderen Seite find' ich's spannend, ein Tier zu halten."

Hans überlegt, dass es auch einen Sinn hätte, die Tiere einfach nur draußen zu beobachten. Auch in der Natur, meint er, könnte man sich vielleicht mit ihnen anfreunden. Gerade auch für Vögel findet er es angebracht, sie draußen zu lassen.

„Ja oder auch einfach nur die Tiere draußen zu betrachten und es damit zu belassen. Denn warum müssen es immer Tiere in der Wohnung sein? Die Welt ist voller Tiere, man kann sich auch mit den Tieren draußen anfreunden."

„Vögel sind eigentlich für mich sowieso das Symbol für Freiheit. Und dann ist das eigentlich ein Widersinn, sie in enge Käfige oder Zimmer zu zwängen, wo sie eigentlich den ganzen Himmel für sich zur Verfügung haben sollten."

Schöne Tiererlebnisse im offenen Meer

Besonders tolle Erlebnisse hatte Hans beim Schnorcheln im Meer, wenn er dort die Fische beobachten konnte:

„Besonders schön ist es halt beim Schnorcheln, wenn man draußen in der freien Natur die Fische beobachten kann. Das ist natürlich noch viel schöner. Ja, ich lieb' die Vielfalt sehr und die Schönheit halt, und die Exotik, das Bizarre der Formen auch."

Seelische Bereicherung in der Natur mit den Tieren bei Sigrid

Beobachtungen auch anderer Tiere am Deich

Sigrid geht täglich mit ihren beiden Hündinnen spazieren und genießt die Wege in der Natur sehr. Häufig geht sie am Deich entlang dicht am Wasser, und sie genießt auch die Begegnungen mit anderen dort vorkommenden Tieren wie z.B. den Schafen. Dies alles empfindet Sigrid auch als eine Bereicherung in ihrem Leben.

„Ja, so zum Beispiel, da weiden da ja die Schäfchen, nicht. Das zu beobachten allein macht ja auch Freude. Die ersten Schäfchen liefen etwas verschreckt weg zu Anfang. Und allmählich haben sie gelernt, dass da öfter Hunde laufen. Nicht nur unsere, sondern andere ja auch. Alle fest an der Leine, so dass die Schafe sich jetzt zum Beispiel ganz gemächlich erheben und nur so ein kleines Stückchen zur Seite gehen und uns vorbei lassen. Also, das hätte ich sonst ja auch nicht so beobachtet, wie die sich verhalten und wie die das auch lernen, nicht."

Seelische Bereicherung in der Natur mit den Tieren bei Fritz

Die schönen Spaziergänge am Wasser

Da Fritz jetzt gehbehindert ist, kann er leider nicht mehr mit seinen Tieren spazieren gehen. Doch als die Welpen von Heide da waren, hat er es sich nicht nehmen lassen, mit ihnen in den Garten zu gehen und dort mit ihnen zu spielen. Es gibt viel Rasenplatz dort und einige wunderschöne alte Bäume. So tat Fritz diese Beschäftigung sehr gut. Ohne die Welpen wäre er wohl nicht so häufig draußen gewesen. Früher ging er sehr gern mit seinen Rüden spazieren. Anfangs auch noch mit Heide. Meistens liefen sie am Deich entlang, am Hafen oder am Fluss.

„Das haben wir eigentlich ja immer gemacht, diese langen Spaziergänge am Deich."

Diese Erlebnisse vermisst Fritz sehr, waren sie doch auch täglich bereichernde Momente in seinem Leben.

Seelische Bereicherung in der Natur mit den Tieren bei Christian

Mit seiner Hündin „läuft er sich frei"

Christian spricht häufig über das sogenannte „Freilaufen" mit seiner Hündin. Wenn er seinen „Kopf voll" hat mit Ärger oder Sorgen, geht er mit Taura hinaus ins Grüne. Da Taura mitunter dominant gegenüber anderen Hunden auftritt, muss er sich sehr auf sie konzentrieren, so dass dann seine Sorgen verschwinden. So hilft ihm das Laufen mit Taura in der Natur, Distanz zu bedrückenden Gedanken zu bekommen:

„Es kann mir subjektiv schlecht gehen von meinem Empfinden her, aber in dem Moment, wo ich mit dem Tier zusammen bin, ist es dann so, dass ich da also wirklich den Ausgleich habe.

Er trifft andere Leute beim Laufen mit seiner Hündin:

„Dann geh' ich raus mit ihr, ich treff' alle möglichen Leute und mache also irgendwelche Small-Talks über das Wetter oder über den Hund, über die Probleme mit den Hunden, was auch immer."

So kommt Christian nach dem Laufen mit Taura wesentlich entspannter und ruhiger nach Hause.

4.2.1.3.5 Der Abschied von Tieren durch Tod oder Trennung

Der Abschied von Tieren durch Tod oder Trennung bei Jana

Der schwere Abschied von Nicky

Der mehr oder minder plötzliche Tod einiger Tiere hat Jana sehr erschüttert und mitgenommen. Ihren geliebten Wellensittich glaubte sie noch viele Jahre haben zu können, ihr erster Hund „Fips" wurde vergiftet. Sie konnte sich tagelang nicht vom toten Tier trennen. Am schlimmsten aber traf sie wohl der Unfalltod ihres geliebten Hundes „Nicky". Zwei Monate konnte sie kaum schlafen und war sehr verzweifelt, gerade weil sie sich auch beschuldigte, für den Tod des Tieres mitverantwortlich zu sein. Es war so unerträglich für Jana und ihren Mann, in der leeren Wohnung zu sein, dass sie sich ganz gegen ihre sonstige Gewohnheit sehr eng zusammenschlossen und alles gemeinsam erledigten.
Dieser Hund, der so viel zurückgab, fehlt ihnen heute sehr.

Der Abschied von Tieren durch Tod oder Trennung bei Hans

„Das Leben ist offenbar sehr sensibel und zart"

In seiner Jugend traf es Hans sehr, als das zahme Rotkehlchen, das den Winter bei ihnen zu Hause verbracht hatte, in der freien Natur in einer Mausefalle getötet wurde. Gerade dieses Verhältnis zu dem Rotkehlchen war für Hans eine ideale Mensch-Tier-Beziehung, da er das Tier nicht einsperren musste und er es draußen füttern konnte, weil das Rotkehlchen treu im Garten blieb.

Schwer war es auch für Hans, als einmal ein Wellensittich in einer Vase ertrank. Dieser Unfall tat ihm sehr leid, da der Vogel Freiflug gewöhnt war und so in die Vase stürzte. Diesen Unfall empfindet Hans bis heute als am schlimmsten. – Auch später, im Erwachsenenalter starben einige Vögel und Fische. So starb ein junges Wellensittichweibchen an Legenot und Hans war sehr traurig. – Hans hält zumeist exotische Vögel, die frei herum fliegen und so auch alles mögliche fressen können, was sie vielleicht nicht vertragen.

Er meint, dass die Vögel oft von einem zum anderen Tag eingehen, ohne dass sie sehr kämpfen müssen:

„Der Todeskampf ist recht kurz, still und leise, ja. Wir haben auch erlebt, dass sie plötzlich von einer Stunde zur anderen tot waren, sowie sie was gefressen hatten, was sie vielleicht nicht vertragen konnten. Das Leben ist offenbar sehr sensibel und zart. Von einer Minute zur anderen kann es ausgelöscht werden bei Vögeln."

Der Abschied von Tieren durch Tod oder Trennung bei Sigrid

Sigrid hatte in ihrer Kindheit und Jugend noch nicht so enge Beziehungen zu Tieren wie heute zu ihren beiden Dackelweibchen. So hat sie damals auch der Tod ihrer Kaninchen oder die Trennung von der großen Hündin „Cora" nicht so getroffen, wie es wohl heute eher sein könnte. Seit ihrer Heirat hat Sigrid wieder nähere Kontakte zu Hunden. Der Tod von „Lümmel 1" ging ihr schon nahe. Sigrid und Fritz haben ein Jahr Pause gemacht, bevor der nächste Langhaardackel ins Haus kam. Für ihren Mann war der Abschied von Tieren zumeist schmerzlicher als für Sigrid, doch die Beißattacke auf „Lümmel 2" und später sein Unfalltod gingen ihr auch nahe. Sie kümmerte sich liebevoll um den schwerverletzten Hund, bis er wieder laufen konnte. Berührt wurde Sigrid auch von dem Tod der beiden Kanarienvögel, die von den damaligen Hunden „Lümmel 3" und „Kim" „erlegt" wurden. Lümmel 3, der dritte Hund in Folge, war Sigrid zu aggressiv. Erst kurz vor seinem Tod, als er mehr Pflege brauchte, wurde die Beziehung besser.

Auch der plötzliche Tod des Adoptivhundes „Kim" tat Sigrid sehr leid. Sie hofft jetzt auf lange glückliche Jahre mit ihren jetzigen Hunden, denn an ihnen hängt sie besonders.

Der Abschied von Tieren durch Tod oder Trennung bei Fritz

Fritz hat immer unter dem Tod seiner Tiere gelitten
Bereits in seiner Jugend wurde er vom Unfalltod des Zaunkönigs, der ein Jahr bei ihnen mit im Haus gelebt hatte, sehr getroffen.

Dann kam der Hungerwinter 46/47, der ihm den geliebten, langjährigen Spielkameraden Lumpi nahm, weil er zur Trauer aller eingeschläfert werden musste.

Später hatte er die drei Dackelrüden, und beim zweiten „Lümmel" kam der Abschied sehr unerwartet durch einen Unfall. Das war natürlich ein Schock für Fritz und seine Familie. Bei den beiden anderen Dackeln konnte er sich innerlich besser auf den Abschied vorbereiten.

Ähnliche Aspekte treten so auch bei Jana und Sigrid auf. Besonders Jana litt ebenfalls sehr unter dem Abschied von ihren Hunden und Vögeln.

Der Abschied von Tieren durch Tod oder Trennung bei Christian

Christian hatte in seiner Kindheit etwa ab dem fünften Lebensjahr überwiegend Tiere wie Hamster, Schildkröte, Fische und Vögel erlebt. Der Abschied nach dem Tod eines dieser Tiere traf ihn damals noch nicht sehr, obwohl er die üblichen Bestattungen in kleinen Kistchen sehr gut in Erinnerung hat.

Die Trennung von seinem ersten eigenen Hund traf ihn wesentlich härter. Als sein Hund bei zwei älteren Tanten untergebracht wurde, fuhr er die nächste Zeit noch öfter zu dem Tier, weil er es etwa sechs Jahre immer um sich gehabt hatte. Zwar hatte sich sein Interesse mehr auf Mädchen verlagert, doch seine Mutter und seine Oma, die den Hund auch sehr mochteen, hatten sich dann um den Hund gekümmert. Die endgültige Trennung kam leider, als sie umzogen und dort keine Hunde erlaubt waren.

Als Christian dann studierte und sich seine kleine Wohnung mit einer Ratte teilte, war er zunächst sehr glücklich über dieses intelligente Geschöpf. Er lebte damals in keiner festen Beziehung und war froh, dass etwas Leben in seine Wohnung kam. Aber nach drei Monaten starb die Ratte nach einer Selbstverletzung. Christian war schockiert und sehr traurig; an diesem kleinen Tier hatte er sehr gehangen. Während seiner Ehe kamen dann wieder einige Käfigtiere, Mäuse, Fische und ein Hamster in sein Leben. Als seine Frau dann aber eine kleine Katze dazu holte, musste er bald die Mäuse und die Fische abgeben, und das fiel ihm nicht schwer.

Für ein knappes Jahr lebte ein Malteserhündchen bei Christian und seiner Frau. Durch Umstände, die ihm die Haltung des Tieres nicht mehr möglich machten, mussten sie den kleinen Malteserhund in andere Hände abgeben. Dort hatte es der Hund sehr gut. Aber Christians Frau litt unter der Trennung, da dieses Tier eine reale, fassbare Erinnerung an Zeiten in Südafrika war, wo sie verheiratet gewesen war und Witwe wurde und damals das gleiche Tier hatte. Christian sah die Trennung unter pragmatischen Gesichtspunkten, und ihm war wichtig, dass es dem Tier weiter gut ging.

Die Beziehung zur Katze ist heute gut, wenn sie auch sehr auf Christians Frau fixiert ist. Christian hat heute sein eigenes, auf ihn fixiertes Tier, die Hündin „Taura".

Falls ihr etwas passieren sollte, würde das Christian sehr hart treffen:

„Das würde mir sehr nahegehen, das würde mir ganz gewaltige Probleme machen! Nur sage ich mal jetzt, ich bin eben von meiner Ausrichtung her buddhistisch orientiert. In diesem Fall sehe ich da auch den Tod etwas anders."

4.2.1.3.6 Überlegungen, ob ein Leben auch ohne Tiere möglich ist

Überlegungen, ob ein Leben auch ohne Tiere möglich ist bei Jana

„Ein Haus ohne Tiere ist wie eine Wohnung ohne Seele"

Jana hat die Erfahrung mit ihrem Hund Nicky gemacht, dass sie am gleichen Tag, als er starb, sich ein kleines Haus in Tschechien gekauft hatte. Sie hätte diesen Kauf sofort rückgängig gemacht, wenn sie dafür ihren Hund hätte wiederbekommen können.

„Wenn ich das rückgängig machen könnte, dann würd' ich dieses Haus verkaufen, wenn mir jemand (dafür) dieses Tier zurückbringt. Und danach hab' ich auch erfahren, dass keine materiellen Sachen ein Tier ersetzen können! … Und das ist mir eine Lehre und gab mir anderes Denken. Nur kann ich Nicky leider nicht zurückholen!"

Aus diesen und einigen anderen Begebenheiten in Janas Leben wird sehr deutlich, wie viel ihr diese Tiere bedeutet haben.

Sie betont, dass sie sich ein Leben ohne Tiere nicht vorstellen kann:

„Ich kann mir einen Haushalt ohne Tiere überhaupt nicht vorstellen. Ein Haus oder eine Wohnung ohne Tiere ist so wie eine leere Wohnung ohne Seele. Das hab' ich schon immer so empfunden."

Jana hat auch tierlose Zeiten gehabt, aber heute bedauert sie, dass sie in diesen Zeiten nicht noch andere Hunde und Katzen kennengelernt und gehalten hat, so dass sie noch mehr über diese Tiere hätte erfahren und lernen können.

Überlegungen, ob ein Leben auch ohne Tiere möglich ist bei Hans

Hans hat schon „tierlose" Zeiten erlebt und hat es für sich auch ganz angenehm empfunden. Da er zumeist frei fliegende Vögel in der Wohnung hatte, musste er sich ständig Gedanken machen, ob alle Fenster und Türen verschlossen waren. In seinen tierlosen Zeiten brauchte er sich darum nicht zu kümmern:

„Ja, ich habe auch mal „tierlose" Zeiten durchgemacht. Eine Zeitlang war das auch mal ganz angenehm, weil so ein Tier hat immer zwei Seiten. Es ist auf der einen Seite 'ne Anregung, auf der anderen Seite auch leicht mal eine Belastung. – Gut, ein Vogel ist oft sehr lebhaft und stört dann manchmal. –.Er macht auch viel Dreck, und ein Vogel zerstört ja auch etliches. Na, 'ne Zeitlang hab' ich das auch mal genossen, kein Tier zu haben, keine Verantwortung zu tragen, nicht. Man hat ja immer ein bißchen Sorge, geht es dem Tier auch gut und wird es nicht krank, und wenn es krank wird, was hat man falsch gemacht?
Und alle diese Sorgen hat man nicht, wenn man kein Tier hat. Man kann auch mal ein Fenster aufmachen und gründlich durchlüften."

Hans sieht deutlich die Vorteile seiner „Tierlosigkeit". Jedoch zieht es ihn immer wieder zu den Vögeln und Fischen:

„Aber bei mir geht das dann immer so: nach einer gewissen Zeit der Tierlosigkeit schaffe ich mir doch wieder ein Tier an, weil ich das Bedürfnis habe. Und wenn ich dann ein Tier habe, geht's mir manchmal auch so, dass ich vielleicht lieber mal wieder kein Tier haben möchte. Man sehnt sich immer so nach dem Gegenteil."

Überlegungen, ob ein Leben auch ohne Tiere möglich ist bei Sigrid

Sigrid war nach dem Tod der jeweiligen Rüden auch erleichtert, wieder ein wenig ungebundener zu sein. Sie wollte sogar nach dem zweiten Hund noch ein Jahr länger warten als ihr Mann. Fritz ist wohl wirklich ein größerer „Hundenarr" als Sigrid. Über den Tod von „Lümmel 1" meint Sigrid

„Also Fritz trauert immer mehr noch als ich, glaub' ich. Aber es war schon traurig. Aber auf der anderen Seite, es war auch ein Stück Freiheit dann wieder ein Jahr lang. Man ist ja auch gebunden, nicht."

Im Gegensatz zu Fritz empfindet Sigrid die Gebundenheit manchmal als belastend:

„Manchmal schon! Weil man immer dafür sorgen musste, dass jemand für den Hund da war, wenn wir wegfuhren oder verreisten. Wir haben es aber immer gut gehabt. Wir hatten immer jemanden, der hier im Haus dann wohnte."

Sigrid könnte sich wohl auch ein Leben ohne Tiere vorstellen, aber zur Zeit empfindet sie es eher als eine Bereicherung.

„Ja, das könnte ich schon, auch. Aber es ist natürlich gerade, wie ich es jetzt erlebe, doch eine schöne Sache. Das muss ich sagen. Es ist eigentlich eine Bereicherung, doch! Ja, wie ich es jetzt erlebte, mit diesen beiden, Heide und Bine. Vielleicht, wie mir diese beiden noch mehr ans Herz gewachsen sind, durch alles, was da passiert ist. Ja."

Überlegungen, ob ein Leben auch ohne Tiere möglich ist bei Fritz

„Tiere sind eine große Bereicherung, die gehören dazu"

Bei Fritz gibt es gar keine großen Überlegungen, ob er sich ein Leben auch ohne Tiere vorstellen könnte.

„Nee, nee, die gehören dazu! Das ist doch eine große Bereicherung."

Er mag sich ein Leben ohne Tiere überhaupt nicht vorstellen, hat er durch sie doch sehr viel Liebe, Freude und Anhänglichkeit erfahren.

Überlegungen, ob ein Leben auch ohne Tiere möglich ist bei Christian

Zur Zeit kann Christian sich keine Trennung vorstellen

Christian konnte sich in der Kindheit relativ schmerzfrei von Tieren trennen. Trennungsschmerz verspürte er wohl das erstemal bei einem Tier, als er schon ein junger Mann von etwa 16 Jahren war, als er umständehalber seinen ersten Hund in gute Hände weitergeben musste.

Als Student verspürte er zunächst kein Bedürfnis nach einem Tier, weil er damals in einem Studentenheim auf dem Land nahe seiner Universitätsstadt lebte und durch bäuerliche Umgebung von vielen Tieren auf Wiesen und Weiden umgeben war. Das nächste Tier, um das er wirklich trauerte und das er vermißt hat, als es tatsächlich starb, ist die kleine Ratte gewesen, die er in einer kleinen Studentenwohnung hielt.

Erst in seiner Ehe tauchten dann wieder viele Tiere auf, wohl auch, weil seine Frau eine sehr große Tierfreundin ist. So wie er um seine Ratte getrauert hat, trauerte bald seine Frau um verstorbene Kleintiere wie z.B. den Hamster „Fridolin". So wie die Katze auf seine Frau fixiert ist, so sehr ist seine Hündin „Taura" jetzt auf Christian fixiert. Ein Leben ohne sie kann er sich nicht mehr vorstellen:

„Es ist nicht so, dass ich ohne sie nicht mehr leben könnte, aber ich könnte mir nicht vorstellen, das Tier jemals zu seinen Lebzeiten wegzugeben, es sei denn, es würde mir oder meiner Frau irgendwas passieren, was uns absolut daran hindert, das Tier adäquat zu versorgen."
... „Aber das wäre für mich eine Horrorvision."
... „Für mich gibt es keine Überlegung darüber, das Tier jemals aus meinem Leben zu eliminieren, solange es lebt. Das Tier gehört mit zu mir, das wird mit mir zusammen alt, und ich werde dabei sein, wenn sie stirbt, ich werde sie im Arm halten, wenn sie eingeschläfert werden muß. Das ist eine Verpflichtung, das ist ein Versprechen, egal, was passiert. Das ist hart, aber das ist jetzt schon nach diesen fünf Jahren unmöglich, dass ich sagen würde, ich geb' das Tier ab."

Zur Zeit ist Christians Bindung an Taura so tief und fest, dass er sich ein Leben ohne sie kaum vorstellen kann.

4.2.1.3.7 Welche Rollenfunktionen können Tiere, speziell Heimtiere, für Menschen haben?

Welche Rollenfunktion können Tiere, speziell Heimtiere, für Menschen haben? (Jana)

Kindersatz und „Ersatzfamilie"

Jana liebte Tiere schon als Kind, doch der Wunsch nach einem Hund wurde ihr nur ganz kurz erfüllt. Ihr Vater brachte einen Schäferhundwelpen mit nach Hause, doch Janas Mutter verlangte, dass das Tier wieder fortkam. So hatte sie nur für einige Stunden einen Hund für sich. So wuchs ihr Wunsch, dass sie als Erwachsene Tiere haben wollte. Als sie heiratete, wünschte sie sich vor allem Kinder. Doch leider erlitt sie 6 Fehlgeburten. Sie hatte die Hoffnung schon fast aufgegeben und schaffte sich jetzt eine Katze, einen Hund und einen Wellensittich an. Und sie hatte sehr viel Freude an diesen drei Tieren und bekam auch sehr viel Liebe von ihnen zurück. Sie war jetzt wesentlich entspannter als früher, als ihr Kinderwunsch noch sehr groß war, weil die Tiere sie unterhielten und glücklich machten. Teilweise waren sie für Jana wohl eine Art Kindersatz, da ihr bislang Kinder nicht vergönnt waren. Als sie nun nicht mehr an eine Schwangerschaft dachte, klappte es endlich, und Jana bekam einen Sohn.

Sie hatte später noch andere Hunde, die ihr auch viel bedeuteten und auch Familienersatz für sie waren. Ihr Mann war beruflich viel unterwegs, und der Sohn ging früh eigene Wege. Speziell bei Jana denke ich, dass sie all ihre Liebe, die sie sonst an weitere Kinder verschenkt hätte, jetzt ihren Tieren gab. Und dass diese Tiere eine Art Ersatzfamilie für sie darstellten.

Welche Rollenfunktionen können Tiere, speziell Heimtiere, für Menschen haben? (Hans)

„Eine Kameradschaft von Mensch und Tier"

Hans hat schon in seiner Jugend die Beziehung zu seinen Vögeln als eine Art von Kameradschaft angesehen.

„Ja, das kannst du eher als eine Kameradschaft bezeichnen. Die Tiere freuten sich, wenn ich kam. Ich freute mich auch, wenn ich sie sah. – Sicher, das ist natürlich mehr eine Futterzahmheit, nicht. Aber ich denke, sie freuten sich auch, wieder ein bisschen menschliche Gesellschaft zu haben.
Es ist schon so eine Art von Kameradschaft von Mensch zu Tier und das ist irgendwie ganz was Faszinierendes, fand ich damals… Ja, sie geben selbst wieder Freude und Zuneigung."

„Vögel als kleine muntere Seelentröster"

In seiner Kindheit konnten die Wellensittiche Hans aufmuntern, wenn es ihm mal nicht so gut ging. Sie waren durch ihr freundliches Wesen richtige kleine Tröster für ihn.

„Ja, Wellensittiche sind eigentlich fast immer vergnügt, und das ist natürlich ein gewisser Trost dann, sie können einen aufmuntern."

In der Gegenwart muntert ihn sein Singsittich jeden Morgen sehr auf durch sein fröhliches Pfeifen.

„Es ist irgendwie toll, wenn jemand den Tag damit beginnt."

Welche Rollenfunktionen können Tiere, speziell Heimtiere, für Menschen haben? (Sigrid)

Tierische Begleiter für die Kinder und Sigrid

In ihrer Kindheit hatte Sigrid, wie schon erzählt, ein kindlich-verspieltes Verhältnis zu den Kaninchen und Zwerghühnern. Ihre Familienhündin „Cora" war wegen der Kriegszeiten nur drei Jahre bei ihnen. Sie hatte dieses Tier sehr gerne, aber noch keine innige Beziehung zu ihm. Sie nahm dieses Tier als „Familienhund", der eben da war, ohne große innere Verbundenheit oder Verpflichtung. Nach Sigrids Schilderungen sah sie in den Dackeln während ihrer Ehe schon wesentlich mehr, vor allem waren ihr der erste und zweite Dackel wichtig auch als Begleiter und gute Kameraden für ihre heranwachsenden Kinder. Sigrid empfand diese Hunde als liebenswerte kleine Begleiter auch ihres Lebens. Besonders viel Freude hat sie jetzt an ihrer weiblichen Dackelbegleitung, die auch für ihre Lebensqualität eine entscheidende Rolle spielen. Denn sie hat aufgrund der Erlebnisse mit der Geburt der Welpen und ihrer Aufzucht einmalige und faszinierende Augenblicke erlebt, ebenso wie jetzt auch die besonderen Erlebnisse in der Hundeschule und beim Hundewandern sehr fesselnd sind. Sigrid sieht bei ihren Hunden das Unverfälschte in ihrem Verhalten, sie liebt es, dass sie ganz natürlich ihre Gefühle zeigen und dass sie auch sehr anhänglich sind. Ihre Kinder sind schon lange aus dem Haus, doch ihre liebenswerten Dackelbegleiter sind treu bei ihr und ihrem Mann.

Welche Rollenfunktionen können Tiere, speziell Heimtiere, für Menschen haben? (Fritz)

Fritz definiert die Beziehungen zu seinen Hunden häufig so, dass er erwähnt, dass sie „Kumpel" oder „gute kleine Kameraden" für ihn sind.
Als Kameradschaft bezeichnet auch Hans seine Beziehung zu Tieren und schätzt diese Art von Verbindung sehr hoch ein.

Für Fritz war sein Hund Lumpi in der Jugend ein ganz besonders guter Kamerad für ihn. Mit diesem Hund verband ihn eine innige Freundschaft und Zuneigung. Sowohl Fritz als auch Lumpi waren temperamentvoll und hatten beide viel „Blödsinn" im Kopf. Sie ergänzten sich wunderbar, und so waren dieser Hund und später die anderen Hunde in seinem Leben wirklich gute kleine Kameraden

Welche Rollenfunktionen können Tiere, speziell Heimtiere, für Menschen haben? (Christian)

Beziehungsfunktion statt Rollenfunktion?

Christian mag keine vermenschlichenden Aussagen über die Beziehung zu seinem Tier. Er meint dazu:

„Der Hund ist kein Kamerad, der Hund ist kein Freund, er ist ein Wesen mit einer Seele, das mich gesucht hat, warum auch immer, das irgendwie auf irgendeine Weise mit mir verbunden ist.
... Es ist einfach ein Wesen, das ich liebe.
... Ich mag nicht diese Begriffe wie „Kindersatz"... Das Tier ist ein Tier, und es bleibt ein Wesen, dessen ich mich angenommen habe und das sich genauso meiner angenommen hat.
... Es ist eine reine emotionale Liebesbeziehung, weil es kann nichts anderes sein, weil das Tier hat keine Logik.
... Das ist wie bei einer ganz normalen Liebesbeziehung zu einem Menschen, nur dass die nicht hinterfragt wird und nicht kritisiert wird.... Es ist ein individuelles, eigenständiges Wesen... Ich würde sie nicht als Familienmitglied bezeichnen, dann stell' ich sie auf die gleiche Stufe wie ein Kind. Sie gehört dazu... ich kann das nicht anders formulieren, dass es eine wertvolle Liebesbeziehung ist, die rein emotional ist und keiner Erklärung bedarf."

4.2.2 Übergeordnete Aussagen über das Leben mit Tieren in Kindheit, Jugend und Erwachsenenalter

In diesem Abschnitt stelle ich die wichtigsten Ergebnisse dieser Untersuchung zusammenfassend dar. Die Gliederung der Aussagen erfolgt in etwa der vorangegangenen Gesamtauswertung.

Seelische Bedeutsamkeit der Tiere

Für zwei Jungen können ihre ersten Hunde, die sie etwa im gleichen Alter bekommen, seelisch sehr bedeutsam sein. Diese Hunde können sie durch ihre Jugendzeit (Christian) und sogar bis in die Studentenzeit begleiten (Fritz) und temperamentvolle, gute Kameraden sein.

Besonders Dackelweibchen können zur Zeit seelisch sehr bedeutsam für ältere Menschen sein. (Sigrid und Fritz) Dann ist es möglich, dass ein älterer Herr nicht mehr mit ihnen laufen kann, er sie aber als Ansprechpartner, mit denen er viel redet und schmust, sehr schätzen kann. Besonders während der Welpenzeit, als die jüngere Hündin noch sehr klein war, ist es denkbar, dass ein älterer Herr wunderbar von seinen Sorgen und Problemen abgelenkt wird. (Fritz) Die Geburt der Welpen und ihre Aufzucht kann für Erwachsene bedeutsam und schön sein. (Christian, Fritz und Sigrid)

Tiere können dadurch auch seelische Bedeutsamkeit geben, dass ein Mann für sie da sein kann und sie ihn faszinieren:

„Dadurch füllen sie mich aus und geben dem Leben irgendwie mehr Wärme und Faszination." (Hans)

Für eine Frau kann es sehr bedeutsam sein, dass ihre Kinder zusammen mit einem Hund aufwachsen und sie so intensiv lernen können, dass ein Tier Empfindungen hat, gut behandelt werden muss und sie ihm kein Leid zufügen dürfen.

Weiterhin sehr bedeutsam kann es für eine Frau sein, dass Tiere nicht aus Massenzuchtanstalten kommen, sondern aus Zuchten, in denen die Welpen liebevoll und einfühlsam großgezogen werden. Wichtig kann ihr auch sein, dass sie zuviel Manipulationen an Tieren und übermäßige Dressuren wie im Zirkus z.B. ablehnt. Wichtig kann ihr auch eine gute Erziehung der Hunde sein. (Sigrid)

Für eine Frau können ihre Tiere seelisch sehr bedeutsam sein, vor allem, da sie überzeugt sein kann, dass sie nur deshalb eine erfolgreiche Schwangerschaft hatte, weil ihr Hund, ihre Katze und ihr Vogel sie glücklicher und entspannter gemacht haben. So ist es möglich, dass sie nicht mehr so verkrampft in ihrem Wunsch nach einem Kind ist, und sie gerade deshalb ihr Kind bekommt. (Jana)

Für einen Mann kann seine Hündin heute seelisch bedeutsam sein, da er sie sehr liebt als Wesen, das ihn ausgesucht hat. Er kann es als Schicksalsfügung ansehen, dass eine Empathie sie zusammengeführt hat, und es ist möglich, dass er sie in einer wertfreien Art liebt, die nicht von Anspruchsdenken dominiert wird. (Christian)

Besonders faszinierende Tiere oder Momente im Leben mit Tieren, die für meine Gesprächspartner faszinierend sind

Die Schönheit der Tiere und die Kameradschaft zu ihnen

Faszination kann auftreten, wenn ein Tier, z.B. ein Vogel oder ein Fisch, für eine Person besonders schön und attraktiv ist. Ein Mann kann auch eine Kameradschaft zwischen Tieren und Menschen faszinierend finden. Auch in seiner Jugend kann ein Mann solche Momente der Kameradschaft und Vertrautheit mit seinen Vögeln erleben, die für ihn einmalig sind. (Hans)

Die Geburt der Welpen und ihre Aufzucht

Besonders faszinierende Momente im Leben einer Hündin, wie die Geburt der Welpen, können auf Menschen sehr beeindruckend wirken. Faszinierend kann für eine Frau und zwei Männer auch die Aufzucht der Welpen sein. (Sigrid, Fritz und Christian)

Die Intelligenz einer Ratte

Ein Mann kann sehr beeindruckt von der Intelligenz einer kleinen Ratte sein, die er in einem großen Käfig hält und die sich sehr klug bei Suchspielen anstellt. Er kann auch von einer Hündin fasziniert sein, die ihn in der Türkei unter vielen Touristen „ausgewählt" hat und die er mit nach Deutschland nahm und jetzt seine große Hundeliebe ist. (Christian)

Ein einfühlsamer Wellensittich

Eine Frau kann faszinierende Momente mit ihrem Wellensittich erleben, wenn er kleine Kunststücke vorführt wie Salto schlagen, um sein Frauchen aufzumuntern. Ebenso kann sie begeistert sein, wenn ihre Katze, ihr Hund und der Wellensittich, dem niemals etwas geschieht beim Toben, zusammen spielen. Eine Frau kann auch sehr fasziniert von ihrem Cockerspaniel-Mischling sein, wenn er wild herumtobt und oft ein eigenes Kopfkissen mit herum schleppt, auf das er sich hinlegt, wenn er müde wird. (Jana)

Besondere Wertschätzungen der Tiere, auch im Vergleich zu anderen Menschen

Unkomplizierte und unmittelbarere Beziehungen zum Tier

Ein Mann kann in der Beziehung zu einem Tier den Vorteil erkennen, dass nicht kritisiert wird und es keine anderen störenden Einflüsse gibt, wie sie bei einer Liebesbeziehung zwischen Menschen vorkommen können. Er kann die Beziehung zu seiner Hündin als wertvoll schätzen insofern, dass es eine vollkommen wertfreie Beziehung ist, die nicht von kleinen Gemeinheiten dominiert wird. (Christian)

Ein Mann kann ähnlich wertschätzend empfinden, dass eine Mensch-Tier-Beziehung unkomplizierter ist als die Beziehung zwischen Menschen und dass diese Beziehung zum Tier unmittelbarer und weniger durch Erwartungshaltungen gestört ist. (Hans)

Leichtere Kontaktaufnahme

Es ist möglich, dass ein Mann auch die Kommunikationsförderung mit anderen Menschen und deren Tieren schätzt, wenn er mit seiner Hündin draussen seine Wege läuft und einfache Kontakte wegen seines Tieres erhält. (Christian)

Eine Frau und ein älterer Mann können es als schön und angenehm empfinden, wenn sie durch die Hundebegleitung neue Menschen und deren Tiere kennenlernen. Eine Frau schildert, dass es unterwegs bei Spaziergängen oder beim Tierarzt im Wartezimmer geschehen kann, dass sie wegen ihrer Dackel leicht in Gespräche kommt und sich auch freut, dass sie neue Menschen und deren Tiere auf unkomplizierte Art kennen- und schätzen lernt. (Sigrid und Fritz)

Ein älterer Mann kann auch diese Erlebnisse teilen und sie sehr geniessen. (Fritz)

Tiere können mehr Wärme und Liebe als Menschen geben

Eine Frau kann feststellen, dass sie von Tieren sehr viel Liebe zurück bekommt, wenn sie sich viel mit ihnen beschäftigt, und sie kann sogar der Meinung sein, dass Tiere mehr an Zuneigung geben können als Menschen. (Jana)
 Ein Mann kann empfinden, dass Tiere einem mehr Wärme als Menschen geben. (Hans)
 Auch zwei ältere Menschen können es ähnlich empfinden, die Erfahrungen und Erlebnisse mit ihren Hunden können sie als große Bereicherung ansehen. Besonders auch die Naturerlebnisse mit den Hunden am Wasser und am Deich kann eine Frau ebenfalls als sehr wertvoll wahrnehmen. (Fritz und Sigrid)

Seelische Bereicherung in der Natur mit den Tieren

Beruhigende Auswirkungen der Natur

Ein Mann kann sich „freilaufen" mit seiner Hündin, das bedeutet für ihn, dass er sich draußen auf sein Tier konzentrieren muss, da sie manchmal schwierig zu behandeln ist, und darüber kann er seine Sorgen vergessen und Distanz zu ihnen bekommen. Nach dem Laufen mit seiner Hündin kann ein Mann ruhiger und ausgeglichener nach Hause zurückkehren. Auch die Bewegung an der frischen Luft mit seinem Tier kann einem Mann gut tun. (Christian)
 Einer Frau kann es ähnlich ergehen, wenn sie mit ihren Hunden spazieren geht oder mit dem Rad und dem Tier in die Natur hinausfährt: Nach diesen Ausflügen kann eine Frau, auch wenn sie vorher psychisch angeschlagener war, ausgeglichener und froher zurückkommen, weil die Natur entspannend und wohltuend auf sie einwirkt. (Jana)
 Auch ältere Menschen können die Spaziergänge mit ihren Hunden am Deich und am Wasser sehr genießen, und viele bezaubernde Momente in der Natur erleben, auch wenn sie im Garten mit ihren Tieren sind. (Fritz und Sigrid)

Anregende Wirkung der Natur

Ein Mann kann die Beobachtungen von Tieren in der freien Natur lieben.

Besonders kann ihm das Schnorcheln im Meer gefallen, da er dort die farbige Unterwasserwelt der Fische direkt erleben kann. (Hans)

Der Abschied von Tieren durch Tod oder Trennung

Der Abschied kann sehr berührend und traurig sein

Eine Frau und ein Mann können sehr unter dem Abschied von ihren Heimtieren leiden. (Jana und Fritz)
 Eine Frau kann großes Mitleiden empfinden, wenn ein Dackel schwer verletzt ist und sie ihn gesund pflegt. Auf diese Weise kann sie noch größere Nähe und Bindung zu einem Hund erlangen. – Der Tod ihrer jetzigen Dackelhündinnen könnte eine Frau auch sehr treffen. (Sigrid)
 Ein junger Mann kann zunächst noch sehr unter der Trennung von seinem Hund leiden, wenn dieser aus wohnbedingten Gründen an Verwandte abgegeben werden muss.
 Wenn dieser junge Mann später studiert, ist es möglich, dass er sich eine Ratte in die Wohnung holt und sehr glücklich mit diesem Tierchen ist, da sie Leben in die kleine Wohnung bringt und ihn mit ihrer Lebhaftigkeit und Intelligenz begeistert. Der plötzliche Tod diese Tieres kann einen jungen Mann hart treffen und sehr schmerzvoll für ihn sein.
 Der Abschied von einem kleinen Malteserhündchen, das aus Zeitmangel abgegeben werden muss, kann die Frau des Mannes mehr treffen als ihn. So kann es sein, dass er vor allem möchte, dass es dem Hund weiter gut geht.
 Heute ist es denkbar, dass ihm der Abschied von seiner geliebten Hündin, die er sehr schätzt, schwer zu schaffen machen würde. (Christian)
 Einen Jungen kann der Tod seines geschätzten zahmen Rotkehlchens, das den Sommer im Garten verbringt und dort in eine Mausefalle gerät, sehr treffen.
 Es ist möglich, dass für ihn auch der Tod eines Wellensittichweibchens, das in eine Vase stürzt und ertrinkt, sehr schlimm ist.

Es kann sein, dass ein Mann heute um seine freifliegenden Vögel trauer,t wenn sie etwas gefressen haben, das sie nicht vertragen und von einem Tag auf den nächsten sterben können. Ein Mann, der einen Buntbarsch zu Hause hat und eine persönliche Beziehung zu diesem witzigen Tier empfindet, kann sich nur schwer von ihm trennen, wenn dieser Fisch zu groß wird und er ihn an ein größeres Aquarium abgibt. (Hans)

Überlegungen, ob ein Leben auch ohne Tiere möglich ist

Ein Leben ohne Tiere ist undenkbar

Eine Frau und ein älterer Mann können sich am entschiedensten für ein Leben mit Tieren aussprechen. Der ältere Mann kann sagen, dass die Tiere dazu gehören und eine große Bereicherung darstellen. (Fritz)

Für eine Frau kann „ein Haus ohne Tiere wie eine Wohnung ohne Seele" empfunden werden. So kann sie sich ebenfalls ein Leben ohne Tiere nicht vorstellen. Es ist möglich, dass ihre Hunde ihr in den letzten Jahren sehr viel bedeuteten, und viel an Liebe und Aufmerksamkeit zurückgeben. (Jana)

Für einen Mann kann es zurzeit so sein, dass er seine Hündin als eine Schicksalsfügung sieht, die sich ihn ausgesucht hat und die ihm viel bedeutet. Eine „unendliche Liebe" zu ihr kann er spüren. So ist es möglich, dass er eine sehr feste Bindung zu dem Tier hat und es ihn schwer treffen würde, falls ihr etwas Schlimmes passieren sollte. Er könnte sie auch nicht vor ihrem Lebensende an andere Menschen abgeben. So kann er sich zurzeit ein Leben ohne Hund kaum vorstellen.

Ein Leben ohne Tier kann zeitweise auch angenehm sein

Ein Mann und eine Frau können etwas ambivalente Einstellungen zum Leben mit Tieren haben. So kann sich ein Mann zumindest zeitweise auch ein Leben ohne Vögel vorstellen; es ist möglich, dass er es als angenehm empfindet, keine Verantwortung für ein Tier tragen zu müssen und sich keine Sorgen um das Tier machen zu müssen

Für eine Frau, die ihre Hunde sehr mag, kann es teilweise als Belastung empfunden werden, vor Urlaubsreisen immer einen Hundesitter zu finden. Es ist möglich, dass sie nach dem Tod eines Dackels für ein Jahr wieder ihr Ungebundensein geniessen kann. Andererseits kann es auch sein, dass sie zur Zeit zwei Dackelweibchen hat und das Leben mit ihnen als große Bereicherung empfindet und sie die Hunde nicht missen möchte.

Welche Rollenfunktionen können Tiere, speziell Heimtiere, für Menschen haben?

Tiere als Kindersatz oder Familienersatz

Es kann möglich sein, dass die Heimtiere einer Frau am ehesten eine Art Kindersatz oder Familienersatz darstellen. Eine Frau kann sich jahrelang vergeblich Kinder gewünscht haben und sich dann Hund, Katze und Vogel anschaffen. Dadurch mag es sein, dass sie wesentlich entspannter und fröhlicher ist, weil die Tiere ihr viel Spaß und Freude bereiten. So kann sie schließlich ihr ersehntes Kind doch noch bekommen, und sie mag überzeugt sein, dass der entspannende Umgang mit ihren Tieren zur erfolgreichen Schwangerschaft seelisch beigetragen hat. (Jana)

Tiere als gute Kameraden oder Begleiter

Ein älterer Mann kann seine Hunde als gute, kleine Kameraden und Kumpel empfinden, die von ihm sehr geliebt und geschätzt werden. (Fritz)
Eine Frau , die zur Zeit ihres ersten Dackels in der Familie drei Kinder bekommt, kann diese und den nächsten Hund als liebevolle und wertvolle Begleiter ihres Lebens und das ihrer Kinder empfinden. So können ihre Kinder tier- und menschengerechtes Verhalten auf direktem und natürlichem Weg lernen. Zur Zeit können zwei Dackelweibchen für eine Frau geliebte und ihr Leben bereichernde Begleiter sein. (Sigrid)
Ein Mann kann die Beziehung zu seinen Vögeln als Kameradschaft empfinden. Und diese Art von Kameradschaft zwischen Mensch und Tier kann für ihn besonders in seiner Jugend faszinierend sein, wenn Zahmheit der Vögel und Vertrauen eine wichtige Rolle im Verhältnis spielen. (Hans)

Tiere als Seelentröster

In der Kindheit eines Mannes können seine Wellensittiche muntere Seelentröster für ihn sein, wenn es ihm mal nicht gut geht. So ist es möglich, dass ihn heute sein Singsittich durch sein fröhliches Pfeifen am Morgen sehr aufmuntert. (Hans)

Auch für eine Frau kann ihr Wellensittich eine liebenswerte Trösterrolle einnehmen, wenn es ihr seelisch nicht gut geht. (Jana)

„Ein Wesen mit einer Seele, das mich gesucht hat"

Ein Mann kann vermenschlichende Beziehungsbeschreibungen für seine Hündin ablehnen und statt dessen äußern:

„Es ist ein Wesen mit einer Seele, das mich gesucht hat.

… Es ist einfach ein Wesen, das ich liebe.

… Es ist eine reine emotionale Liebesbeziehung, nur dass sie nicht hinterfragt und kritisiert wird

… Sie gehört dazu."(Christian)

5 DISKUSSION DER ERGEBNISSE

Alle Gespräche sind nun bearbeitet und im Panorama zusammengefasst worden. In meinen Gesprächen mit sechs Personen habe ich eine Fülle an Erlebnissen, Empfindungen, Anschauungen und Erfahrungen „geschenkt" bekommen.

In seinem Buch „Das Persönliche Gespräch als Weg in der psychologischen Forschung" schreibt Inghard Langer, dass es bei dieser Art der qualitativen Forschung darum geht, „Wissen voneinander" zu schaffen:

„Im Vordergrund der Ergebnisdarstellung steht hierbei das Kennenlernen persönlicher Lebenswege und Umgangsformen im Zusammenhang mit zentralen Lebensfragen ... um die Vielfalt von Handlungs-, Erlebens-, Gefühls-, Bewertungs- und Gestaltungsmöglichkeiten." (Langer S. 15)

Bei dem Forschungsansatz mit Hilfe des Persönlichen Gesprächs sollen die Erfahrungen und Erlebnisse, d. h. das sogenannte „Alltagswissen" für andere Menschen zugänglich gemacht werden, so dass sie von diesem „Wissensschatz" profitieren können.

So kann eine Leserin bzw. ein Leser diese Gespräche und ihre Bearbeitungen als „Orientierung für die eigene innere Welt und den eigenen Umgang mit entsprechenden Lebensfragen nutzen". (Langer, S. 15)

5.1 Zur Reliabilität (Zuverlässigkeit) der Aussagen

Das Erarbeitete bzw. die Ergebnisse müssen nun noch auf Reliabilität und Validität geprüft werden.

Die Reliabilität stellt die Zuverlässigkeit einer Information dar.

Wenn es nicht gelingt, ein vertrauensvolles und offenes, ehrliches Gespräch zu führen, kann es zu einer Einschränkung in der Zuverlässigkeit des Gesprächs kommen.

Ich habe durch die kleinen Nachgespräche unmittelbar nach dem eigentlichen persönlichen Gespräch zum Teil wertvolle zusätzliche Informationen von meinen Gesprächspartnern erhalten. Alle befanden, dass es ein anregendes, angenehmes Gespräch war. Eine Person erzählte mir nach dem

Gespräch, dass sie sich doch durch das Tonbandgerät gestört gefühlt hätte. Ob sie mir sonst noch tiefere Informationen geschenkt hätte, kann ich kaum beurteilen. Gerade bei dieser Person erlebte ich, dass sie häufig in ihren Schilderungen „auf den Punkt" kommt und sehr treffende, schöne Aussagen machte. Zwei weitere Personen haben ihr Gespräch als angenehm und locker empfunden, wie „eine nette Unterhaltung". Eine Person war erst durch das Gespräch auf neue Betrachtungsweisen gebracht worden und nahm dies als wertvolle Anregungen auf.

Ein weiterer Gesprächspartner äußerte, dass er sich sehr frei entfalten konnte, da ich ihm keine Grenzen setzte oder irgendwelche verbalen Interventionen gemacht hätte. Er hatte das als sehr angenehm empfunden und freute sich, dass verschüttete Erinnerungen aufgrund seiner Erzählungen wieder in sein Bewusstsein traten.

Insgesamt habe ich das Gefühl, gerade auch aufgrund der Äußerungen meiner Gesprächspartner, dass ich ihnen wertschätzend, aufrichtig und einfühlend begegnet bin und ich glaube, dass ich sie aufmerksam in ihren Erzählungen begleitet habe.

Sicherlich kann sich niemand frei von Einflussnahmen auf seine Gesprächspartner machen. Mein Auftreten, meine Gesprächsaufnahme, meine Resonanz bzw. auch meine Nachfragen können einen Einfluss auf meine Gesprächspartner haben.

Die Zuverlässigkeit und Glaubwürdigkeit der erhaltenen Aussagen ist sehr abhängig von einer vertrauensvollen, aufrichtigen Atmosphäre.

Kleine Störungen durch Telefonklingeln, das Wechseln einer Tonbandseite oder das Bellen der Hunde habe ich in diesem Zusammenhang nie als störend empfunden.

Falls es zu kleinen Unterbrechungen im Gespräch kam, dann nahmen wir sie zum Anlass, eine kleine „Verschnaufpause" einzulegen, uns einmal zurückzulehnen und neue Kraft zu tanken. Auch der Gesprächspartner konnte sich so noch einmal sammeln und eventuell neue und ergänzende Informationen entwickeln. Solche kleinen Pausen taten dem Ablauf des Gesprächs nur gut und waren eine eher natürliche Auflockerung. Der Kontakt zu meinen Gesprächspartnern war weiterhin dicht und vertrauensvoll.

Am Anfang des ersten Gesprächs war ich zunächst noch sehr angespannt, da mir zu viele Gedanken durch den Kopf gingen. Doch nach einigen Minuten war ich so dicht bei der Person und ihren Ausführungen, dass ich mich immer wohler und konzentrierter fühlte.

Insgesamt kann ich sagen, dass ich z. T. sehr tiefgehende und sicher authentische Erzählungen und Einblicke in die Lebensbilder meiner Gesprächspartner und ihrem Erleben mit ihren Tieren erhalten habe.

Ein weiterer Hinweis für die Zuverlässigkeit der erhaltenen Aussagen ergibt sich dadurch, dass sich meine Gesprächspartnerinnen und Gesprächspartner direkt nach dem Gespräch zu ihrem Erleben der Gesprächssituation so äußerten, wie auch ich die Situation, die Atmosphäre und die Beziehung zum Gegenüber empfunden hatte.

5.2 Zur Validität der Aussagen

Die Gültigkeit der Ergebnisse, die aus den Gesprächen erarbeitet wurden, teilt sich auf in die interne und die externe Validität. Die interne Validität bezieht sich auf die Personen der Stichprobe, die externe Validität gibt den Grad der Verallgemeinerbarkeit bzw. Begrenztheit der Aussagen an.

Ein bedeutsamer Punkt für personen- oder stichprobenbezogene Gültigkeit der Aussagen und für die Richtigkeit der schriftlichen Umsetzung ist außer der oben diskutierten Zuverlässigkeit die Validierung bzw. die Autorisierung der Verdichtungsprotokolle, der Zusammenfassungen und der jeweiligen verallgemeinernden Aussagen durch die betroffenen Gesprächspartnerinnen und Gesprächspartner.

So konnten meine Teilnehmer als oberste Entscheidungsinstanz überprüfen, ob sie sich angemessen dargestellt fühlen, ob sie sich in den eigenen Aussagen oder in von mir formulierten Beschreibungen „wiederentdecken".

Die zustimmende Reaktion meiner Gesprächspartner und die Freigabe ihrer Gesprächsbearbeitungen habe ich danach als Hinweis für eine personen- oder stichprobenbezogene Validität entgegengenommen.

Natürlich sind alle dokumentierten Äußerungen der Teilnehmer immer auch Momentaufnahmen in einem lebensgeschichtlichen, dynamischen Geschehen. Also bezieht sich die Gültigkeit hauptsächlich auf den Zeitpunkt der Gespräche und der Erhebung, wahrscheinlich auch auf die Zeit bis zur kommunikativen Validierung.

Schwieriger hingegen verhält es sich mit der externen Validität, d. h. also dem Grad der Verallgemeinerbarkeit oder der Begrenztheit der Aussagen. Die geringe Stichprobengröße, hier also sechs Personen, lässt nur eine sehr geringe Verallgemeinerbarkeit annehmen.

Das Leben mit Tieren haben sieben Personen geschildert, sechs Gespräche von fünf Personen habe ich ausgewertet. Ich denke, ähnliche Lebensbilder mit Heimtieren wird man nur in Anklängen finden, dennoch meine ich, dass das Erleben der Tiere, die Zärtlichkeit, das Vertrauen und die Lebensfreude, die sie schenken können, sehr wohl auch bei anderen Menschen mit Heimtieren vorkommen.

Die Lebensbilder meiner Teilnehmer im engen Kontext ihrer Tiererfahrungen stehen hier als Modelle für ein Leben mit Tieren. So würde ich mich sehr über weiter gehende Erforschungen der Mensch-Tier-Beziehungen freuen, um so auch einen vergrößerten Gültigkeitsbereich zu erlangen.

Letztendlich hängt die Verallgemeinerbarkeit der Aussage auch von Leserinnen und Lesern dieser Arbeit ab. Je nachdem, wie die Leser sich in den Erzählungen und Aussagen wiederfinden, wie oft sie den Texten ablehnend gegenüber stehen oder freudig verständnisvoll mit den Erlebnissen mitgehen können, erhöht oder erniedrigt sich die externe Gültigkeit dieser geschilderten Lebensbilder.

5.3 Bezüge der Ergebnisse zur vorliegenden Literatur

In meinem Literaturteil habe ich einen geschichtlichen Blick auf die Jahrtausende alte Mensch-Tier-Beziehung geworfen. Anschließend habe ich im Kapitel von Carola Otterstedt das sogenannte „Bio-psycho-soziale Wirkungsgefüge hilfreicher Tiereffekte" vorgefunden. Danach folgt ein Kapitel von Andrea Beetz „Bindung als Basis sozialer und emotionaler Kompetenzen" eine mögliche Erklärung der Mensch-Tier-Beziehung und ihrer positiven Effekte. Am Schluss habe ich besinnliche Gedanken von Konrad Lorenz aus dem Buch „Konrad Lorenz, Worte meiner Tiere" zitiert.

Schaue ich mir dann die Ergebnisaussagen meiner Gesprächsteilnehmer an, so sehe ich, dass ihre Empfindungen, Wahrnehmungen und Gefühle – auf Tiere bezogen – auch in der vorliegenden Theorie zu finden sind. Nicht alle

Aussagen natürlich, da gibt es Abweichungen von der Theorie, so z.B. die Aussage „Tiere können mehr Wärme und Liebe geben als Menschen", von zwei Personen so geäußert, habe ich in der Literatur nicht vorgefunden. Auch der mir wichtige Aspekt der Faszination von Tieren oder faszinierender Momente im Leben mit Tieren ist für mich nicht auffindbar gewesen. Ich denke aber, dass es auch andere Personen gibt, die etwas Faszinierendes an ihren Tieren entdecken können, wie es ja sonst auch viel Bemerkenswertes und Schönes auf der Erde gibt, gerade wenn ich an die Natur und die dort vorkommenden Lebewesen denke.

Besonders in der Theorie von dem sogenannten „Bio-psycho-sozialen Wirkungsgefüge hilfreicher Tiereffekte"(nach Otterstedt) finden sich Übereinstimmungen mit den Erlebnissen, Erfahrungen und Gefühlen meiner Gesprächspartner.

- Ein ganz bedeutsamer Punkt ist die Förderung emotionalen Wohlbefindens, aufgrund der Akzeptanz durch das Tier, des Geliebtwerdens und seiner Zuwendung. So schildern auch Christian und Jana ihre Gefühle für ihre Tiere. – Ein Tier kann Trost, Ermunterung, Zärtlichkeit, spontane Zuneigung geben und Begeisterung auslösen entsprechend dem „Wirkungsgefüge". – Auch **Hans** schildert Trost und Aufmunterung durch seine Vögel, schon in der Kindheit erging es ihm so. Die Wellensittiche gaben ihm spontane Zuneigung. Hans konnte sich ebenfalls für farbenprächtige Vögel und Fische begeistern. – Auch **Fritz** und **Sigrid** lieben die Zärtlichkeit und Zuneigung ihrer Dackelweibchen.
- Das Selbstwertgefühl und das Selbstbewusstsein werden durch ein Tier gefördert. Ein Tier bietet konstante Wertschätzung, ein Mensch kann Bewunderung erfahren und das Gefühl, gebraucht zu werden. Auch **Christian** liebt die Bewunderung, den „anhimmelnden Blick" seiner Hündin und das Gefühl, wichtig für sie zu sein. – **Hans** schildert das positive Gefühl, für seine Vögel da zu sein, gebraucht zu werden.
- Durch ein Tier kann Sicherheit und Selbstsicherheit gefördert werden und Angst wird reduziert. Der Mensch wird unbedingt akzeptiert, es gibt eine konstante Zuneigung und unkritische Bewunderung. – **Fritz'** Hunde lieben und akzeptieren ihn auch mit seiner Gehbehinderung, sie schenken ihm weiter ihre Zuneigung.

- Zwischen Mensch und Tier kann eine einfache Welt existieren, die sich aus Fütern, Nähe und Vertrautheit ergibt. – So ähnlich erlebt **Hans** als Kind die Nähe mit seinen Vögeln, die futterzahm geworden sind und voller Vertrauen auf seine Schulter fliegen.
- Der Aschenputtel-Effekt: egal, wie unattraktiv, ungepflegt, hilflos ein Mensch ist, das Tier akzeptiert ihn. – Auch wenn **Fritz** nur noch am Gehwagen laufen kann, akzeptieren die Hunde seine Behinderung und stellen sich darauf ein.
- Der Kontakt mit Tieren kann zur Stressreduktion führen, zur Beruhigung und Entspannung und damit erfolgt eine Wahrnehmungs- und Interpretationsveränderung von Belastung. Tiere bieten Trost, Beruhigung und Ablenkung. –**Christian** erlebt häufig diese Beruhigung, wenn er mit seiner Hündin in die Natur geht und läuft. Ärger und Sorgen verschwinden oder bekommen eine andere Dimension. – Auch **Jana** kann von Stressreduktion und Entspannung profitieren, wenn sie mit ihrem Hund in die Natur geht und sich dort erholt. Gleichzeitig tröstet sie ihr Hund und lenkt sie von trüben Gedanken ab.
- Die Bedürfnisse nach Geborgenheit, Nähe und Gemeinsamkeit werden durch ein Tier erfüllt. – Gemeinsamkeit und Nähe erfahren alle meine Gesprächspartner mit ihren Tieren. Vielleicht stellen die Vögel eine Besonderheit dar, aber auch sie können durch ihre fröhliche Lebendigkeit dem Besitzer (**Hans**) eine anregende Nähe bieten.
- Antidepressive Wirkung durch Tiere: Es gibt Vertrauen, sicheren Halt und emotionale Zuwendung, Trost und Ermutigung. Aktivität wird durch Tiere gefördert, ebenso Verbundenheit, Freude, Spaß und Lebendigkeit. – Diese Auswirkungen treffen auf alle meine Gesprächspartner zu bzw. werden von ihnen geschildert, zumindest indirekt.
- Die Beschreibung der sozialen Wirkungen der Tiere auf den Menschen bedeutet u. a., dass Einsamkeit durch ein Tier aufgehoben werden kann oder dass Kontakte gefördert werden, da Tiere eine soziale Katalysatorwirkung haben. – **Christian** bedeutete seine Ratte sehr viel, als er damals noch ohne feste Bindung alleine in einer Studentenwohnung lebte. Sie half ihm über Einsamkeit und Langeweile hinweg. --Für **Fritz** und **Sigrid** macht sich die Katalysatorwirkung positiv bemerkbar, sie schätzen den Kontakt zu anderen Personen sehr, den sie durch ihre

Tiere häufig erhalten. – Für **Jana** spielt auch eine wichtige Rolle, dass sie durch ihre Tiere nicht so vereinsamt, da ihr Mann oft verreist und sie viel allein ist. – Für **Jana** ist es besonders wichtig, dass sie von ihren Tieren angenommen wird, so dass ihr Selbstwertgefühl steigt, ihre körperlichen und seelischen Kräfte gestärkt werden. Mit einer Hündin konnte sie das nicht erleben, da sie von diesem ererbten sechsjährigen Tier nach ihrer Empfindung leider keine Resonanz erhielt.

- Einen Bezug sehe ich auch in der Darstellung von C. Otterstedt, sie äußert: „Weil das Du (also das Tier) uns annimmt, trauen wir uns mehr zu. Wir lösen uns von ichbezogenen Zweifeln und Ängsten. Unser Selbstwertgefühl steigt, unsere körperlichen, seelischen und geistigen Kräfte und unsere sozialen Fähigkeiten werden gestärkt. So kann der Kontakt zum Tier auf vielfältige Weise dem Menschen helfen und ihn fördern." (Otterstedt S. 65)

5.4 Betrachtung der Forschungsergebnisse

Meine Forschungsergebnisse aus den Gesprächen mit Frauen und Männern haben gezeigt, wie wichtig und seelisch bedeutsam Tiere für eine Person sein können.

Mit den geschilderten Empfindungen, Betrachtungen und Wünschen besteht eine große Übereinstimmung mit Ergebnissen aus der vorliegenden Literatur.

Eindeutig war bei fünf Personen der sehr enge Kontakt zu Haustieren. Einschneidende Erlebnisse wie Trennung von einem Heimtier oder sein Tod können weitreichende Folgen haben. Besonders deutlich zeigten sich die Folgen bei zwei Personen; eine Person beschreibt, dass sie zwei Monate lang um ihren verstorbenen Hund weinen musste und kaum schlafen konnte, dass sie sich eng an ihren Mann anschloss, um nur nicht allein im tierlosen Haus sein zu müssen. Diese Person schilderte, dass eine tierlose Wohnung für sie wie eine Wohnung ohne Seele sei. Diese Aussage berührte mich auch sehr. Auffallend ist, dass auch diese Frau und ihr Mann nicht ohne Tiere leben können. Bei zwei weiteren Personen ist es denkbar, dass sie zumindest zeitweise auch ohne Tiere leben könnten.

Dennoch ist eine Person derzeit so glücklich mit ihren beiden weiblichen Hunden, dass sie sich auf keinen Fall von ihnen trennen möchte. Eine weitere Person, ein Mann, ist so auf innigste Weise mit seiner Hündin verbunden, dass es ihn sehr treffen würde, falls ihr etwas geschieht. Er glaubt, das sein Tier ihn unter vielen Touristen in der Türkei ausgewählt hat und dass die Hündin eine Schicksalsfügung ist, er empfindet unendliche Liebe zu dem Tier. Es ist für ihn eine vollkommen wertfreie Liebesbeziehung. Diese Geschichte berührt mich auch sehr, und ich hoffe, dass er noch viele gute Jahre mit seiner Hündin erleben kann.

Insgesamt waren die Gespräche wie ein buntes Kaleidoskop, aber in allen Erzählungen wurde die Liebe und Zuneigung zum Tier in vielen warmherzigen Beschreibungen deutlich.

5.5 Forschungsausblick

Die bunte Vielfalt der Gespräche zu meinem Thema „Leben mit Tieren" hat mich sehr berührt und nachdenklich gemacht.

Meine Gesprächspartner waren zum Zeitpunkt der Erhebung 44 bis 78 Jahre alt und hatten unterschiedliche Tiererfahrungen in ihrem Leben hinter sich.

Mich würden weitere Forschungen zum Leben mit Tieren interessieren, die sich speziell mit einsamen und alten Menschen befassen würden. Welche positiven Auswirkungen können Tiere besonders für einsame Menschen und für alte Menschen haben? Egal, ob ein alter Mensch im Heim lebt oder noch in seinem „Zuhause". Jeder, der Tiere mag, kann nach meiner Ansicht sehr von einem Zusammenleben mit Tieren profitieren. Speziell aber gerade alte, evtl. schon kranke oder gebrechliche Menschen haben häufig ein Bedürfnis, wie in ihrer Jugend oder im Erwachsenenalter wieder ein Tier um sich zu haben. Es gibt ja schon Tierbesuchsdienste in Heimen. Das ist ein segensreicher Aspekt, doch sollte es nach meiner Meinung zum Normalfall werden, dass Tiere – nach Wunsch natürlich – Begleiter auch in Alters- oder Pflegeheimen oder Wohnanlagen sein können.

Weitere Forschungen in diesen Bereichen könnten sicher anregend und positiv auf die internen Heimstrukturen wirken. Die Versorgung der Tiere müsste natürlich sichergestellt sein, falls ein alter Mensch nicht mehr in der Lage ist, ein Tier selbst zu halten und zu pflegen. Gerade, wenn sich das soziale Umfeld im Alter sehr ändert, könnte ein Tier ein wunderbarer wohltuender Begleiter und Kamerad sein. Denn, wie Carola Otterstedt meint, nicht nur das Tier an sich, sondern die „freie" Begegnung mit dem Tier und der Dialog mit ihm ist hilfreich, spricht u. a. Emotionen und Hormone an und kann so Impulse geben für einen möglichen „heilenden Prozess".

Und wörtlich äußert sie:

„Die durch die Begegnung mit dem Tier herbeigeführten Impulse beeinflussen unsere körperlichen, seelischen, geistigen und sozialen Kräfte." (Otterstedt S. 61)

6 RÜCKBLICK

Während ich an dieser Arbeit schrieb, sind nur einige Monate vergangen, aber die Vorbereitungen haben mich schon Jahre vorher beschäftigt. So hatte ich schon vor längerer Zeit begonnen, Gespräche zu führen und merkte, dass sie mir viel Freude machten und Ansporn gaben, meinen Weg zur Diplomarbeit weiter zu verfolgen. Viele private Unterbrechungen durch die Pflege meiner Eltern, meine berufliche Tätigkeit und einige Prüfungen ließen mich in meiner Diplomarbeit nicht recht vorankommen. Aber jetzt ist sie geschafft, und ich bin glücklich, weil ich oft Zweifel hatte, ob ich das Ziel erreichen könnte.

Das Thema meiner Diplomarbeit, Leben mit Tieren, ist auch ein persönliches Thema für mich. Ich kann mir ein Leben ohne Tiere nicht vorstellen und leide unter ihrer Abwesenheit, wenn ich wie jetzt durch die Diplomarbeit zu wenig Zeit für meine Katze hatte, und sie vorübergehend in meiner alten Heimat lebt. Ich vermisse sie sehr, leider habe ich sie nur selten besuchen können. Die Gespräche mit drei Männern und drei Frauen haben mir viel Freude und Inspiration gebracht, und ich bin froh, dass ich an einem Thema gearbeitet habe, das mir am Herzen liegt. Hoffentlich können meine Gesprächspartner auch weiterhin ein zufriedenes und glückliches Leben mit ihrer Familie und ihren Tieren führen. Ein Gesprächspartner ist leider vor kurzem verstorben. Ich danke ihm besonders, mir über sein Leben mit seinen Tieren in einem Gespräch so viel Anerkennung für Hund, Vogel, Katze & Co. gegeben zu haben.

7 Literaturverzeichnis

Bergler, Reinhold (1994). Warum Kinder Tiere brauchen. Freiburg im Breisgau: Herder Verlag

Bertelsmann Lexikon (1975). Gütersloh, Berlin, München, Wien. Bertelsmann Verlag

Beetz, Andrea (2003). Bindung als Basis sozialer und emotionaler Kompetenzen. In: Olbrich, Erhard, Carola Otterstedt (Hrsg). Menschen brauchen Tiere. Grundlagen und Praxis der tiergestützten Pädagogik und Therapie. Stuttgart: Franckh-Kosmos Verlag

Cohn, Ruth C., Alfred Farau (1984). Gelebte Geschichte der Psychotherapie. Stuttgart: Klett-Cotta Verlag

Grieser, Dietmar (1993). Im Tiergarten der Weltliteratur. München: Deutscher Taschenbuch Verlag

Hagencord, Rainer (2005). Diesseits von Eden. Verhaltensbiologische und theologische Argumente für eine neue Sicht der Tiere. Regensburg: Pustet Verlag

Hillrichs, Hans-H. (2001). Ein Nachwort. In: Mensch und Tier, Geschichte einer heiklen Beziehung. ZDF-Nachtstudio. S. 313. Frankfurt am Main: Suhrkamp Verlag

Langer, Inghard (2000). Das persönliche Gespräch als Weg in der psychologischen Forschung. Köln: GwG-Verlag

Lorenz, Konrad (1974). Er redet mit dem Vieh, den Vögeln und den Fischen. 21. Auflage. München: Deutscher Taschenbuch Verlag

Lorenz, Konrad (1983). So kam der Mensch auf den Hund. München: Deutscher Taschenbuch Verlag

Müller, Ewald (1993 Hrsg.). Konrad Lorenz. Worte meiner Tiere. Freiburg im Breisgau: Herder Verlag

Münch, Paul (1999). In : Münch, Paul und Rainer Walz (Hrsg.). Tiere und Menschen. Geschichte und Aktualität eines prekären Verhältnisses, Paderborn

Münch, Paul (2001). Koevolution – Das Leben mit Tieren. Freunde und Feinde – Tiere und Menschen in der Geschichte. In: Mensch und Tier, Geschichte einer heiklen Beziehung. ZDF- Nachtstudio. Frankfurt am Main: Suhrkamp Verlag

Olbrich, Erhard (2003). Biophilie: Die archaische Wurzel der Mensch-Tier-Beziehung. In: Olbrich, Erhard, Carola Otterstedt (Hrsg.). Menschen brauchen Tiere. Grundlagen und Praxis der tiergestützten Pädagogik und Therapie. Stuttgart: Franckh-Kosmos-Verlag

Otterstedt, Carola (2003). Der heilende Prozess in der Interaktion zwischen Mensch und Tier. In: Olbrich, Erhard, Carola Otterstedt (Hrsg.). Menschen brauchen Tiere. Grundlagen und Praxis der tiergestützten Pädagogik und Therapie. Stuttgart: Franckh-Kosmos Verlag

Reinhold, Margaret (1996). Zärtliche Vagabunden, meine provenzalischen Katzen. Titel der Originalausgabe: Watchers by the pool. 1993 by Margaret Reinhold. München: Droemersche Verlagsanstalt Th. Knaur Nachf.

Panzer, Volker (2001). Vorwort zu: Mensch und Tier, Geschichte einer heiklen Beziehung. ZDF-Nachtstudio. Frankfurt am Main: Suhrkamp Verlag

Rogers, Carl (1973). Entwicklung der Persönlichkeit. Stuttgart: Klett-Cotta Verlag

Rogers, Carl (1974). Lernen in Freiheit. München: Kösel Verlag

Tausch, Reinhard (1995). Hilfen bei Stress und Belastung. Erstausgabe Reinbek bei Hamburg: Rowohlt TB Verlag

8 ANHANG

Wörtliches Protokoll der Gespräche mit Friederike P.

Zur Person und zur Gesprächssituation

Friederike P. ist zur Zeit unserer Gespräche 66 Jahre alt. Sie war verheiratet und hat einen erwachsenen Sohn, der nicht mehr bei ihr wohnt. Sie lebt mit ihren zwei Katern, dem weißen tauben „Vito" und dem schwarzweißen „Emil" in einer schönen Eigentumswohnung in einer norddeutschen größeren Stadt. Diese Wohnung liegt in einer romantischen, mit vielen Bäumen bestandenen Wohngegend.

Ich kenne Friederike P. seit vielen Jahren. Sie wohnt ganz in der Nähe meines Bruders, so dass ich schon auf nachbarschaftlichem Wege öfter Kontakt zu ihr hatte.

Eines Tages erzählte sie meinem Bruder, dass sie nach dem Tod ihres ältesten Katers wieder einen kleinen Kameraden für ihren weißen tauben Kater sucht. So ergab es sich, dass Friederike P. bald einen hübschen schwarzweißen Kater aus unserer Familie erhielt. Seit diesem Ereignis bin ich regelmäßig mit Frau P. in Kontakt geblieben. Wir unterhalten uns eigentlich jedes Mal auch über unsere Heimtiere. Als das Thema „Leben mit Tieren" für meine Diplomarbeit ins Blickfeld rückte, bat ich sie, ob sie mir als Gesprächspartnerin für ein Gespräch über die Mensch-Tier-Beziehung zur Verfügung stehen würde. Sie hatte nichts dagegen und ich freute mich auf interessante Gesprächsstunden mit Friederike P. Wir waren uns einig, dass wir das Gespräch in ihrer Wohnung machen würden. Ich war dann überrascht, wie viel Erzählstoff Frau P. für michhatte. Es kamen viele faszinierende Lebensaspekte aus ihrer Kindheit und Jugend zutage, die mich auch fesselten. Die Zeit verging wie immer in solchen Situationen sehr schnell. Wir waren zwar schon bei ihrem Auslandsaufenthalt in Südamerika „gelandet", dennoch hatte ich das Gefühl, ich müsste noch einiges mehr zu ihrem Leben speziell mit Katern hören.

Unser erstes Treffen war Anfang Mai, das Wetter war sehr angenehm. Frau P. war eine wunderbare Gastgeberin. Sie servierte uns zu unserem Gespräch leckeres Gebäck und Tee. Nach dem Gespräch gab es ein herrliches Abendessen.

Leider musste Frau P. sich nach einer Erkrankung erst einmal ordentlich auskurieren. So fand unser zweites Treffen zu einem weiteren Gespräch erst im Spätsommer statt. Auch an diesem zweiten Tag spielte das Wetter freundlich mit. Wir mussten schon früh Licht machen, weil die Tage bereits kürzer wurden.

Noch während unseres Gesprächs kam der weiße Kater „Vito" auf unseren Tisch und wollte sich am liebsten auf das Tonbandgerät legen. Auf jeden Fall ist deutlich sein zufriedenes lautes Schnurren auf der Aufnahme zu hören. Für mich war das eine angenehme Bereicherung.

Ich habe mich während der beiden langen Gespräche immer sehr wohl und angeregt gefühlt aufgrund der bewegenden Erzählungen meiner Gesprächspartnerin.

<u>Einige Bemerkungen zu den Gesprächen mit Friederike P.:</u>

Um auch dem Leser einen Eindruck von einem authentischen Originalgespräch zu geben, habe ich diese Gespräche wörtlich transkribiert, und bringe sie in den Anhang meiner Diplomarbeit. Ich hoffe sehr, dass die Länge der Gespräche aufgewogen wird durch die faszinierenden Erzählungen von Friederike P.

Ich habe meine Gesprächspartnerin als „Frau P." dargestellt und mich als „U.":

Das erste Gespräch mit Friederike P.

U.: Ja, Frau P., wie war es in Ihrer Kindheit, hatten Sie damals schon Beziehungen und Kontakte zu Tieren, Heimtieren?

Frau P.: Ja, ich bin ja als drittes Kind eines Zoologen geboren, was darauf hinweist, dass Tiere bei uns zu Hause 'n großes Thema waren. Wir hatten zwar keinen Zoo, aber wir hatten ein ganz großes Verhältnis, 'n ganz enges Verhältnis mit dem Zoo in B., ich bin aus B., und dort hat auch mein Vater gearbeitet und studiert und alles und, ja, wir waren als Kinder viel im Zoo, und da mein Vater am Museum arbeitete, am Zoologischen Museum in B.

in der I...straße, waren wir auch viel im Zoo. Da hatten wir es auch viel mit Tieren zu tun, das waren aber nicht lebendige, sondern tote Tiere, die dort ausgestellt waren, die zubereitet wurden, ausgestopft ausgestellt wurden oder auch skelettiert bzw. mazeriert wurden, und das alles habe ich auch miterlebt, weil mein Vater mich mitnahm.

U.: Und was für Tiere waren das, eher Wildtiere?

Frau P.: Da kann ich mich nicht mehr erinnern, was das war, das war alles Mögliche. Ich weiß, dass mein Vater mal 'ne Zeit lang sehr stark mit Mäusen gearbeitet hat, und kriegte da von vielen Freunden und Kollegen aus der ganzen Welt immer Mäuse geschickt, 'ne sibirische Maus und was weiß ich nicht mehr. 'Ne Maus und er war immer sehr glücklich und hat die Schädel und die Skelette rauspräpariert, die sind sehr fein, sehr klein; das erinnere ich mich dann noch ganz dunkel, aber sein eigentliches Steckenpferd waren Nashörner.

U.: Ah, interessant, also 'n bisschen Unterschied.

Frau P.: Ja, von der Größe, aber beides Säugetiere. Und was sonst für Tiere waren, das erinnere ich überhaupt nicht mehr. Ich weiß nur, in diesem Mazerierraum, da war 'ne große, viereckige Wand, wo denn Wasser gespült wurde und wo so 'n hoher Docht drin war, wo das Wasser reinfiel, wie beim..., wenn man so in der Schänke ist, wo das Wasser so oben abfließt, und manchmal ist in dem Abfluss ein Darm verschwunden oder irgendein anderer Körperteil irgend eines Tieres. Ich guckte dann immer hinterher, wo es geblieben war, ja, der Darm war weg! Ich kriegte also damals auch so mit, was in einem Tier so drin ist, also dass es da Eingeweide gibt und dass es Blut gibt.

U.: Wie alt waren Sie denn etwa, als Sie die ersten Begegnungen hatten mit dem Museum?

Frau P.: Das war in der Zeit von 1947 bis 1951. 51 war ich zehn Jahre alt und 47 war ich vier Jahre jünger, also von sechs bis zehn, in der Zeit so.

Na ja, und ich wollte natürlich meinem Vater auch alles nacheifern, mein Vater war ja ein Riesenvorbild, das war für mich ne Lichtgestalt, der wusste immer alles, der konnte alles, der bestimmte auch alles (lacht) und es war so was wie ein preußischer Drill oder preußische Tradition bei uns zu Hause, Gehorsam wurde groß geschrieben, also, das nahm man damals so an und lebte das auch so, Vatern war was besonderes.

U.: Und Ihre Mutter?

Frau P.: ja, meine Mutter hat meinen Vater auch sehr unterstützt. Die haben sich mal kennengelernt in B. auf 'ner Jagdausstellung. Mein Vater machte 'ne Ausstellung und meine Mutter wurde angeheuert zur Standbetreuung oder was, weil, meine Mutter hatte angefangen, Medizin zu studieren, wurde aber dann von ihrem Vater aus der Uni wieder herausgeholt, weil es sich nicht ziemte für Mädchen, zu studieren, einen Beruf zu erlernen. Ja, das war damals noch so, und dann hat sie das Studium wieder hingeschmissen, und dann hat sie versucht, sich die Zeit zu vertreiben oder irgendwie Geld zu verdienen. Das weiß ich nicht, warum sie auf der Jagdausstellung war und dann hat sie denn meinen Vater kennengelernt und, ja, und dann ist Amors Pfeil zwischen beiden hin- und her geschossen und dann haben sie geheiratet und haben vier Kinder bekommen, und eins davon bin ich.

U.: Aber Ihre Eltern haben das immer unterstützt, dass Sie ins Museum konnten und in den Zoo und diese Kontakte gefördert?

Frau P.: Ja, wir, wenn ich wir sage, also, wir sind ja vier Kinder, und eins davon bin ich. Und meine beiden Brüder sind zehn und elf Jahre älter als ich. Ich bin nach langer Zeit geboren, nach wohl vielen vergeblichen Versuchen, wie mir immer erzählt wurde, weil sie immer hofften, noch mal 'n Mädchen zu kriegen und ich bin extrem behütet also aufgewachsen, ich durfte gar nichts. Dieses Behüten hatte in sich, dass man gar nichts durfte, es könnte ja was passieren. Das war natürlich ins Gegenteil verkehrt und war für mich nicht gerade günstig, weil das aus mir 'n sehr unsicheren Menschen machte und mir auch Jahre brachte, um das zu begreifen, später, was eigentlich los ist. Dann erzähl' ich erst mal 'n bisschen was von meinen Vater. Ja, also der ist ja im vorigen Jahrhundert, im vorvorigen Jahrhundert, 1892, geboren, muss man sich mal vorstellen! 1912 hat er das Abitur gemacht in B., dann hat er Biologie, Chemie und Physik studiert an der Uni in B. und hat dann seine Dissertation da geschrieben, hat 1920 promoviert und war dann auch schon am Zoologischen Museum beschäftigt und war wissenschaftlicher Assistent am …. und ist 1926 Kustos am Zoologischen Museum und Leiter der Säugetierabteilung geworden. „Kustos und Professor am Zoologischen Museum" steht hier, ja. Dann hatte er Einbrüche durch das Dritte Reich, ihm wurde nachgewiesen, dass er angeblich Nichtarier war, sondern ein „Bastard zweiten Grades", was immer das ist, dann begann sein Kampf um die Anerkennung. Das hat mehrere Jahre gedauert, ich weiß, dass mein Vater in diesen Zeiten durch Deutschland reiste, durch die Kirchen, um alte Kirchenbücher ausfindig zu machen, um seinen Stammbaum zusammen zu stellen, was immer schwieriger wurde, weil, das musste bis in 's 16. oder 15. Jahrhundert zurückgehen. Und das wurde immer schwieriger, weil die Kirchen ausgebrannt waren inzwischen, immer ausgebrannter waren, die Bücher waren mit verbrannt; aber ich weiß, dass er einen unglaublichen Stammbaum zusammengestellt hatte, ich hab das mal an einer Papierrolle gesehen, die er mal irgendwann in späteren Jahren ausgebreitet hatte, das war ja fantastisch, war 'n ganzes Dorf!

U.: Ja, aber das war seine Sorge eben, um das nachweisen zu können und in seinen geliebten Beruf wieder einsteigen zu können.

Frau P.: So, er war dann bis 1951 Kustos und Professor am Zoologischen Museum in B. in der …straße und 1951 wurde er dort in Polizeihaft genommen, weil er ja Herausgeber und Geschäftsführer der Deutschen Gesellschaft für Säugetiere war und die Akten, Bücher und Papiere hat er nach und nach West-B. geschafft, in Antiquariate und dann ist er irgendwann mal 'n bisschen unvorsichtig gewesen, sagt er, also ich denke mal, er hat das Limit nicht eingehalten und ist festgenommen worden, das waren aber nur vier Tage, und ist am Tag danach sofort nach West-B. gleich rüber gefahren, gar nicht mehr nach Hause gekommen und meine Mutter, mit Freunden und Bekannten, hat den ganzen Hausstand bei Nacht eingepackt und ist auch über die Grenze mit uns Kindern.

U.: ...Mit vier Kindern.

Frau P.: Ja, ne Nacht- und Nebelaktion war das. Da gab es damals Firmen, Transportunternehmen in Westberlin, die haben so was gemacht, die kamen heimlich nachts an, die haben, glaub ich, die Räder umwickelt mit Lappen, damit sie nicht gehört worden sind, stundenlang haben sie in diesem Haus ausgeräumt oder 'ne Wohnung ausgeräumt, also dieses Auto mit Anhänger, da meine Eltern beide Sammler sind, hatten wir einen Riesenhaushalt immer! Als das Ding die Straße hochfuhr, und fast um die Ecke fuhr, da guckte der Hausobmann aus dem Haus. Die Kommunistische Partei, die hatten ja in der DDR, die hatten ja Obmänner in jedes Haus gesetzt. Der guckte aus dem Fenster und kriegte mit, dass meine Familie auf der Flucht war, aber der war 'n bisschen doof, da war das schon zu spät, weil das war beim P. B., die Grenze war nicht weit, und dann ist meinen Eltern denn die Flucht geglückt. Wir sind unerlaubt über die Grenze, in einer Zeit, 51, als es noch keine Mauer gab. Dann hat er weiter gearbeitet in West-B., Charlottenburg, als Lehrer am Gymnasium, wurde dort Studienrat und ist dann dort irgendwann...

U.: Wissen Sie noch, welche Fächer er unterrichtete?

Frau P.: Ich weiß, dass er Mathematik hatte, Chemie, Physik, Biologie.

U.: Also doch naturwissenschaftlich orientiert wieder, nicht.

Frau P.: Er hat auch irgendwann mal Englisch gegeben, das weiß ich auch noch.

U.: Als Lehrer mussten sie häufig andere Gebiete....

Frau P.: Er hatte irgendwelche Klassen und langsam hatten seine Klassen, äh, die Schüler seiner Klassen, mein Alter, und ich hatte dann mit denen dann auch viel Kontakt, wenn die so Schulfeste hatten oder Klassenfeste hatten, das erinnere ich mich noch. Ja, aber auf der Schule war ich nicht, ich war auf 'ner anderen Schule. Und dann seit 58, war er sozusagen Werkvertreter, dann nennt er sich wieder „Freiwilliger Hilfsarbeiter" als Osteologe und dann war er beim Museum für Vor- und Frühgeschichte und „Staatlicher Vertrauensmann für die kulturgeschichtlichen Bodenaltertümer des Landes B.". Der hat bis ins hohe Alter gearbeitet, da kriegte er noch so 'n Taschengeld, das war hauptsächlich ehrenamtlich und freiwillig. Der konnte ohne seine Tiere und ohne seine Knochen überhaupt nicht mehr leben.

U.: Also, sein Geld hat er verdient als Lehrer.

Frau P.: Nein, der war ja pensioniert nachher, der hatte seine Pension.

U.: Also, ich meinte jetzt, als Sie in West-B. waren, erstmal hat er ja als Lehrer gearbeitet und später dann...

Frau P.: Als Studienrat und dann..

U.: Da schon nebenbei die ehrenamtlichen Sachen gemacht, oder?

Frau P.: Das kommt danach. Ich kann mich noch erinnern, als der pensioniert wurde, fiel er in ein ziemliches Loch. Da hat er gar nicht mit gerechnet, dass das plötzlich so war, dass er da nichts mehr zu tun hatte und ihm seine Schüler fehlten. Und wahrscheinlich brauchte er auch das Ambiente, wo er so 'n bisschen seinen preußischen Drill loswerden konnte, er ist ja sehr preußisch erzogen worden, und das war ihm immer ein großes Anliegen, das war sein Gerüst, und da war nun niemand mehr. Seine Kinder, die haben das auch nicht mehr mitgemacht, längst nicht mehr, und ja, seine Schüler waren weg. Er hat aber viele Schüler nachgezogen in die Biologie und in die Zoologie, das weiß ich, die haben später noch viel mit ihm gearbeitet, waren oft bei uns zu Hause. Und irgendwann passierte das denn; weil mein Vater ein bisschen Angst vor Maschinen hatte, hat er sich auch nie ein Auto gekauft. Mein Vater wurde geboren und hatte beide Füße nach hinten stehend und ist als Kind viele Male operiert worden, dass Kinderfüße nach vorne gedreht werden konnten und das ist dann auch geschehen, aber der eine Fuß ist verklumpt. Also er hat zwar stark gehumpelt und hat das Bein nachgezogen und war deshalb auch nicht im Krieg und war nicht einsatzfähig und so was alles, und ist deshalb also immer mit öffentlichen Verkehrsmitteln gefahren, und als er schon ein bisschen alt wurde, ist er irgendwann mal gegen die U-Bahn gestoßen und es war dann so, dass allgemein dann beschlossen wurde, dass er nicht mehr ins Museum fährt zu seiner Arbeit an den Knochen. Ich hab' ihn da auch mal besucht.

U.: Wie lange hat das Ihr Vater noch gemacht?

Frau P.: Also, mein Vater ist ja gestorben an Parkinson im 90. Lebensjahr und da hatte er schlimme 5 Jahre und die Jahre davor… ich denke mal so, das hat er bis hoch in die siebzig gemacht, Zoologie war sein Leben.

U.: Und diese Leidenschaft hat er vielleicht ein bisschen weitergegeben in Bezug auf naturwissenschaftliche und zoologische Dinge?

Frau P.: Teils, teils, also, mein Bruder, der eine Bruder, der ist ja Arzt geworden, der andere, der ist in technische, Fernmeldegeschichten eingestiegen, ich in die Hauswirtschaft und meine Schwester in die Psychologie, also…

U.: Teil, teils

Frau P.: Ja, das ist so: Einerseits fühlt man sich sehr hingezogen und sehr beschützt, wenn man in dem Metier bleibt, aber andererseits war das ja auch so in mir vorgegangen, auch aus 'ner Bedrohung. Mein Vater war übermächtig und ich wollte, ich musste mich davon auch befreien, ich musste was anderes machen, ich war ja ziemlich, ich war künstlerisch begabt und wollte was ganz anderes machen, das haben sie mir auch nicht erlaubt, dass ich so Hauswirtschaft machen musste, da haben sie mich angemeldet, regelrecht, die haben mich regelrecht auf die Fachschule für Hauswirtschaft hingeschleppt und angemeldet, ja.

U.: War ihr eigentliches Interesse damals…

Frau P.: Ich wollte Innenarchitektin werden.

U.: Das haben Sie mir auch schon mal erzählt, das stimmt.

Frau P.: Oder Dekorateurin, ich hatte immer, und ich hab' auch ...

U.: Richtig auf der künstlerischen Ebene

Frau P.: Ich konnte auch gut zeichnen, und hab' gerne gezeichnet, aber das durfte ich nicht, das waren alles brotlose Künste in den Augen meiner Eltern, ja, so war das damals. Das war ja in den fünfziger Jahren, Mensch, da befreite man sich ja mühselig von den Klauen der Eltern.

U.: Wie war das denn in ihrer Kindheit, um noch mal darauf zurückzukommen, Sie hatten Kontakte mit dem Zoo, aber auch mit dem Museum und Tieren. Und was hat Sie da besonders fasziniert als Kind, also, Sie sind da wahrscheinlich oft gewesen, nehm' ich an.

Frau P.: Ja, ich glaube wirklich, der Gegensatz zu meinem Elternhaus. Mein Elternhaus war interessant, in jeder Weise, glaube ich, kann man schon sagen, und es waren immer viele Leute da, und viele Wissenschaftler und so was, aber es war trotzdem mich einengend, weil, ich musste parieren, ich wurde gelebt, und die Tiere, bei denen war es genau das Gegenteil, da konnte man so sein, wie man eigentlich ist oder wie man sich traute zu sein, wenn man sich denn mal traute, nee. Ich weiß, dass ich im B. Zoo so Sachen fertig gebracht habe, im völligen Vertrauen auf mich und die Tiere, dass ich zum Beispiel in das Haus von dem Nilpferd ging, Knautschke hieß das, das war das erste Nilpferd nach 'm Krieg, Knautschke, 'ne große Attraktion, und da ich ja oft, immer oft da war mit Vaddern und so, wusste ich, wie sämtliche Türen funktionieren, und nicht funktionieren und mit meinen kleinen dünnen Fingerchen kriegte ich alle Türen auf, und eines Tages hatte ich Lust und ging zu Knautschke ins Gehege, und Knautschke hatte so ne große Wanne, 'nen Teich, in dem er immer 'rum schwamm, und ich stand vor ihm und er sperrte sein Maul immer auf, und ich fand das toll und hatte natürlich 'ne Traube von Menschen draußen. Mein Vater suchte mich und ich kriegte anschließend 'ne Tracht Prügel, das hab' ich gar nicht verstanden, ich hatte nicht die geringste Angst vor dem Tier.

U.: Das ist ja weniger belohnt worden, diese Begegnung dann.

Frau P.: Und ein anderes war, dass ich mal in ein Gehege gegangen bin. Ich konnte das auch sonst nicht verstehen, ich habe sonst von meinem Vater und den Erwachsenen genau erklärt bekommen, was das für Zähne sind, und der Rachen und der Schlund und wie das alles nach hinten geht, und wie groß das ist, weil Knautschke sperrte ja dauernd sein Maul auf, da konnte man sich viel ansehen, und ich fand das völlig normal, wahrscheinlich hätte ich auch meinen Arm da rein gesteckt, ich weiß es nicht, ich hatte keine Scheu davor. Auch hatte mir mein Vater dann erklärt, was das so ist, ich hatte ihm ja vertraut. Ein anderes Mal bin ich in das Gehege gegangen vom Collie, da war ne Colliefamilie, die hatte sieben Junge oder so und die waren so halbwüchsig, Hunde, wilde Meute, da kriegte ich auch wieder mit meinen Fingerchen das Schloss auf und stand zwischen den vielen Hunden und wurde immer zu Boden gerissen, die Leute freuten sich 'n Loch in den Bauch,.. dass da jemand rein kam – wieder 'ne Traube von Menschen – mein Vater suchte seine kleine Tochter und holte mich da raus, er war entsetzt, er dachte, ich wäre da ganz verbissen worden oder was.

U.: Hatte er denn beim Knautschke Angst gehabt, dass der Sie verletzen würde?

Frau P.: Der dachte wohl, ich falle in den Teich und der frisst mich auf oder was.

U.: Ja, Nilpferde sind ja auch nicht ungefährlich.

Frau P.: Das weiß man aber als kleines Kind nicht. Aber ich habe auch gemerkt, dass mein Vater irgendwo stolz auf mich war, weil ich seine Passion übernommen hatte, weil ich seine Tierliebe auch hatte. Das war schon was, was er auch mochte, was er auch anerkannte, da war er auch im Widerstreit, aber so sein höheres Ich hatte es dann wohl doch nicht erlaubt, nur das anzuerkennen, sondern die Strafe wieder nach oben zu ziehen.

U.: Eigentlich schade, er hätte Sie ja lieber aufklären können, denke ich

Frau P.: Ja, bei den Hunden hat er mich auch rausgezogen, und da weiß ich noch, kriegte ich richtig ne Tracht Prügel hinterher, auf den Hintern, ja, „haste was, kannste was" Und 'ne lange Predigt, was mir alles hätte passieren können, tot sein und verbissen sein im Gesicht und… Ich hatte einen Riesenspaß in dem Käfig, ich hatte wirklich einen Riesenspaß, weil die alle an mir rum sprangen und ich konnte mit denen toben, und das konnte ich ja sonst nicht, immer mit Schleifchen im Rücken. Das waren meine ersten Ausbruchversuche, wahrscheinlich. Dann war es auch so, es gab in dem Zoo von B. z.b. eine kleine Pferdebahn, wo Kinder auf das Pferd durften und denn rumgeführt wurden, und ich, das Pferd gesehen, und mitgekriegt: Ich musste auf's Pferd und ich war ständig auf dem Pferd, und ich wollte auch nicht an der Leine geführt werden, ich wollte alleine, und man hat mich nachher auch alleine rumlaufen lassen, weil das Pferd war so abgerichtet, dass es ohnehin nicht woanders.., ach, und ich habe mich gefühlt auf dem Pferd, das war ja also, wie 'ne Amazone wahrscheinlich, keine Ahnung, das ist ja ein tolles Gefühl, ein Tier zwischen den Beinen haben, und lenken, und jetzt tut mal einer, was man will, gibt's ja wohl nicht. Ja, und dann war es so, als meine Eltern, als die Familie wegzog, von Ost-B. nach West-B. floh, ja, und dann wurde die Familie aufgeteilt. Weil, wir hatten ja erstmal keine Bleibe sozusagen, wir hatten zwar in West-B., im Norden, einen Garten mit einem Holzhaus, das war aber nur was im Sommer, das war ja zu kalt. Meine Schwester kam in den Zoo von B. zu der Wärterfamilie vom kleinen Raubtierhaus, meine Brüder wurden untergebracht über den Restaurationen im Zoo, da gab's Zimmer, wo auch unsere ganzen Sachen untergebracht wurden, die hatten ein riesiges Restaurationsareal, halbrundförmiger Bau, den gibt's schon lange nicht mehr, und meine Eltern und ich, ich musste mit nach dem Stadtteil im Norden in den Garten. Ich war wieder superbenachteiligt, ich hatte wieder die beiden Strengen über mir, und da hatten meine Eltern, wie gesagt, ein großes Grundstück, das hatte mein Vater schon vor dem Krieg erworben und wollte da eigentlich bauen, und der Krieg kam dann dazwischen und nach dem Krieg wollte meine Mutter da nicht mehr raus, das war ihr zu weit weg, sie wollte lieber am Prenzlauer Berg bleiben, B. ist ja sehr groß.

U.: Und dann haben sie so alle getrennt praktisch ihr Leben weitergelebt?

Frau P.: Ja, das war ein ganzes Jahr, bis mein Vater 'ne Wohnung fand, meine Eltern 'ne Wohnung fanden, bis mein Vater die Stellung als Lehrer fand, das dauerte schon 'ne ganze Weile. Und dann sind wir umgezogen wieder alle, innerhalb von West-B. sind wir dann nach Schöneberg gezogen, und da wohnten wir denn lange, viele Jahre. Da bin ich dann weiter zur Schule gegangen, habe meinen Schulabschluss gemacht, meine Schwester auch und alles, ich habe dann auch, dort wohnend meine Ausbildung gemacht als Hauswirtschaftsleiterin, im Nettehaus in B..

U.: Darf ich mal fragen: Hatten Sie zur damaligen Zeit auch Haustiere?

Frau P.: Nein, kaum, wir hatten Mäuse, wir hatten ein riesengroßes Glas voller Mäuse, woher die kamen, weiß ich nicht mehr, das waren weiße Mäuse, die warfen ja andauernd Junge, die warfen ja immer so 'ne ganze Hand voll kleiner rosaner Junge, und wir haben mit den Mäusen viel gespielt, die stanken so 'n bisschen, aber ansonsten war das toll, und das erlaubte mein Vater so als einziges, weil er sagte, diese Tiere gehören zu 'ner Wohnung, und er hatte auch keinen Hund, er fand das alles Quälerei in der Wohnung, und wir hatten ab und zu mal Tiere, wir hatten mal 'nen Hasen, mal 'ne Schlange, 'ne Blindschleiche, mal 'nen Igel, Eichhörnchen hatten wir auch mal.

U.: Und wie sind Sie an diese Tiere gekommen, wurden die Ihnen geschenkt?

Frau P.: Ich glaube, durch den Zoo immer, ich weiß es nicht mehr, also bei den Eichhörnchen, kann ich mich erinnern, hieß es, sie seien aus dem Nest gefallen, und die hatten wir zu Hause, und sie wurden gepflegt und gepäppelt, etwas.

U.: Kann ja sein, dass Ihr Vater doch auch ein Herz für die kleinen Tiere hatte.

Frau P.: Na, der hatte nur für Tiere Herz, der hatte für Menschen, für seine Kinder hatte der kein Herz (lacht).

U.: Das ist denn sehr einseitig gewesen, für Sie.

Frau P.: Ja, aber das war nicht so schlimm, ich hatte nicht das Gefühl, dass ich ohne Tiere aufwachse, weil wir waren ganz viel im Zoo, wir waren jedes Wochenende im Zoo, in und unter der Woche, wir wohnten nicht so weit weg, man konnte dahin laufen, ich musste sowieso immer laufen, weil mein Vater auch kein Geld für mich hatte, weil 50 Pfennig für ein paar Straßenbahnstationen war schon zu teuer, da ging das Geld lieber an irgendeinen Verein, und wir waren es gewöhnt, zu laufen, ich bin auch zur Schule gelaufen, jeden Tag 'ne halbe Stunde hin und 'ne halbe Stunde zurück, furchtbar weit gelaufen.

U.: Obwohl, da gab es sicher Busse.

Frau P.: Nee, Straßenbahnen, Busse gab's damals dort nicht, sondern eben Straßenbahnen.

U.: Aber das Geld wollte er ihnen nicht dafür geben.

Frau P.: Nee!

U.: Alle seine Kinder mussten zu Fuß zu Schule?

Frau P.: Wie das war bei meinen Brüdern, das weiß ich natürlich nicht mehr, die waren ja zehn Jahre voraus.

U.: Oder gehörte das zu seiner Art von Erziehung, seinem pädagogischen Verständnis? Ich kann das nicht beurteilen.

Frau P.: Na, das war beides. Es war körperliche Ertüchtigung, also Laufen, war natürlich Teil der Erziehung und etwas, womit er sich wahrscheinlich selber einen Traum erfüllt hat, weil er selber nicht laufen konnte durch seinen Klumpfuß. Das denk ich mal, dass das einen Zusammenhang hatte, und außerdem war er auch zu geizig, Kinder waren teuer für ihn, sie waren ihm zu teuer, er brauchte sein Geld für seine vielen Vereine, er war in 'zig Vereinen, er war auch in Landsmannschaften, und Zoologischen Vereinen und Schulvereinen, und wat der Geier nicht alles, das war ganz viel. Dadurch hatten die auch ein sehr ausgedehntes gesellschaftliches Leben, die beiden, meine Eltern, die waren auch nie zu Hause. Die waren abends immer unterwegs!

U.: Aber Hausangestellte sonst hatten Sie nicht?

Frau P.: Ja, wir hatten eine Frau, die sauber gemacht hat, die kam dreimal die Woche oder so. Also, 'ne Hilfe hatte meine Mutter schon, aber das war nicht so tragisch, weil, meine Mutter war nicht so ordentlich.

U.: Na ja, die hatte genug andere Interessen wahrscheinlich. Aber wie weit hatten Sie dann Ansprechpersonen im Haus?

Frau P.: Na, wenn wir aus der Schule kamen, waren die schon da. Und dann hatten wir Klavierunterricht, da kam immer so 'ne Tante zu uns nach Hause, wir mussten zu Hause stramm spielen und wir mussten jeden Tag üben, da saß dann auch meine Mutter in einiger Entfernung vom Klavier und hörte zu, ob wir das auch gut machen, denn meine Mutter konnte Klavier spielen, leider Gottes, wir mochten beide nicht so gerne das Instrument lernen. Es hat uns beiden, meiner Schwester und mir, nicht so sehr gefallen. Wir wollten lieber was Moderneres, Gitarre oder Banjo, oder so was, aber das war Illusion. Ich habe viele Jahre später, als ich, ich hatte mich bei der Kirche organisiert, im Kreis der Jugend irgendwie, und da gab es auch einen Posaunenchor, und da wurden Mitglieder gesucht, die Posaune spielen wollen. Da hab ich mich für die Posaune gemeldet und hab 'ne Weile Posaune gespielt, aber das wurde mir dann auch wieder verboten, weil ich ein Mädchen war und weil man dazu sooo 'ne Lunge brauchte, angeblich, und das Üben war immer schwer, weil das war ja sehr lautes Üben zu Hause.

U.: Ja, lässt sich denken, weil das den Eltern auch nicht so genehm war!

Frau P.: (lacht) Nee, das hat ihnen nicht gefallen. Aber zurück noch mal zu der Zeit im Zoo, wo meine Schwester war. Da hab´ ich sie glühend, superglühend beneidet. Einmal, weil sie nicht mit den Eltern zusammen sein musste und zum anderen, weil sie mit den Tieren da zusammen war! Das war ja, ach, das Wärterehepaar hatte tolle Hunde und Katzen, die hatten ganz viele Tiere erstmal in ihrer Wohnung und dann hatten die natürlich das Raubtierhaus daneben, wo auch alles mögliche war, und meine Schwester hatte um sich Füchse und was weiß ich nicht alles und war meiner Meinung nach vom Schicksal begnadet; sie hat das genau anders empfunden, sie hat das als Abschieben empfunden, und sagte auch, dieses Wärterehepaar, sie, das wäre also 'ne ganz depressive Kuh gewesen, war so ihr Ausdruck, die Frau und ihr Mann war auch nicht nett und sie hätte mich immer glühend beneidet, weil ich bei den Eltern sein durfte, so war das!

U.: Also, ein Jahr lang waren Sie getrennt.

Frau P.: Ja, ja – (Unterbrechung durch Klingeln)

U.: Und da in diesem Raubtierhaus…

Frau P.: Ne, das große Raubtierhaus, die Löwen und die Tiger, die waren woanders, das waren so kleine, ich – was war denn da alles? Ich glaube Hyänen, Marder, nee, Marder waren da auch nicht, was waren da noch für Tiere? Ich krieg' das nicht mehr zusammen. – Aber ich erinnere mich an Füchse, weil, ja, es gab da mal ein Bild von meiner Schwester im Tagesspiegel in B., wo sie abgebildet war mit 'nem Fuchs auf 'm Arm, und das war die Attraktion natürlich, in die Zeitung zu kommen, und da hat sie diesen, Karline hieß der Fuchs, auf dem Arm. Das Bild habe ich auch noch. Ich weiß nur, das stank da immer ganz schön, aber als Kind stört einen das ja auch nicht mehr, irgendwann gewöhnt man sich dran denn. Dieses Wärterehepaar hatte einen Hund, der hieß Troll, das war ein Schweizer Sennhund, der war, die Decke war schwarz, und der Bauch war weiß und rot, und der Hund – also unsere Familie lernte diesen Hund kennen, als er noch klein war – und der wuchs dann heran und wurde abgerichtet, der Hund war eine ganz scharfe Kanone, das war ein ganz – das war ein Wachhund geworden und der hatte nachher, der war auch im Außengitter, der hatte nachher doppelten Draht vor, also Gitter davor, damit keiner, keiner rankommt, weil der so bissig war. Wenn ich an das Gitter kam, dann fing der an zu winseln und sich zu drehen und zu machen und sich zu freuen, und was habe ich gemacht?

U.: Ist ja niedlich, der brauchte doch Menschenkontakte!

Frau P.: Ich bin auch in diesen Käfig reingegangen, obwohl da also wirklich 'zigfach abgesichert war, 'Bissiger Hund' und überhaupt und keinen Finger rein, und der hat mir überhaupt nichts getan, der ist vor Freude an mir hochgesprungen und weil, der hatte meinen Geruch in der Nase und hat ihn immer wiedererkannt, und das war, das war für mich was ganz Wichtiges, diese Liebe und Treue von dem Hund, das war ja jahrelang ne Begleitung, und da bin ich auch immer hingegangen, zu Troll hingegangen und wir konnten Troll nie aus dem Käfig rausholen, weil, der war einfach zu bissig, nicht, das wäre, also man konnte nicht mit ihm außerhalb laufen, schade, aber ich glaube, der Hund hat sich auch gefreut über die Momente, wo ich da war, fällt mir jetzt so ein, weil, das war denn so meine menschliche Abwechslung der netteren Art, nicht?

U.: Ein trauriges Schicksal, was der so durchgemacht hat, warum haben sie den so abgerichtet?

Frau P.: Ja, die brauchten so 'n Wachhund da, ich weiß nicht warum, das war so 'n hübsches Tier.

U.: Ja, ich kenn die, Berner Sennenhunde, bei 'ner Freundin, ich kenn die, wunderschön!

Frau P.: Ja, und als ich dann von B. wegging, sozusagen ins Praktikum, da hatte ich keine Tiere, da war ich anderthalb Jahre weg.

U.: Also die Berufsausbildung

Frau P.: Ja, im Praktikum war ich ein Jahr in F. und 'n halbes Jahr auf der Nordseeinsel B., da waren auch keine Haustiere, im Krankenhaus hab' ich gearbeitet, da gab es ja keine Tiere, da war ich bisschen tierlos, da war ich aber öfter in der Senckenberganlage im Museum und natürlich oft im Zoo bei Grzimek, der war ja auch, der Zoo ist ja auch bekannt.

U.: Grzimek, Oh! Ach so, als Sie in F. waren! Ah, damals war Grzimek also schon Zoodirektor.

Frau P.: Ja, in B. war der Zoodirektor zu dieser Zeit ein Dr. K. oder so, die hatten alle so ihre Namen.

U.: Aber das war Ihnen dann auch ein Bedürfnis, da in den Zoo zu gehen, wenn Sie Zeit hatten, und der Kontakt zu den Tieren...

P ; Ja, ja, das war, das gehörte mit zu meinem Leben, Tiere, immer!

U.: Also, Ihnen hat praktisch auch was gefehlt, wenn Sie nicht irgendwie mal auf lange Sicht was mit Tieren zu tun hatten.

Frau P.: Ich hab es damals nicht gespürt oder gefühlt, dass mir was fehlt, das hab ich gar nicht überblickt, und ich war in diesen ganzen Jahren auch sehr mit mir selber beschäftigt. Ich habe viele Jahre gebraucht, um mich von meinem Elternhaus zu befreien und es erstmal zu begreifen überhaupt und dann den Mut zu haben, da wegzugehen und mein eigenes Ding zu machen, überhaupt zu spüren, was mein eigenes Ding sein könnte, ja, das hat ewig gedauert, viele Jahre.

U.: Also, das war ja auch nicht Ihr freier Wille, diese Berufsausbildung.

Frau P.: Nee, überhaupt nicht, ich bin ja zeitlebens unzufrieden mit meinem Beruf gewesen, ich hab' ja auch später noch mal, als ich denn hier nach H. kam, angefangen, auf die Abendschule zu gehen, weil ich das Abitur nachmachen wollte, weil ich studieren wollte, ich wollte Kunstgeschichte machen. Aber det war zu anstrengend, den Beruf und dann noch studieren abends –, nee, lernen und nee, det habe ich dann aufgesteckt.

U.: Ach, ich dachte, sie hätten damals Abi gemacht.

Frau P.: Nein, ich habe das „Puddingabitur" durch meine Ausbildung, durch die hauswirtschaftliche...

U.: Fachhochschulreife nennt sich das, glaub ich.

Frau P.: Aber damit hätte ich wahrscheinlich nicht studieren können.

U.: Einiges, aber nicht alles dann. Also, Kunstgeschichte wäre Ihr Interesse gewesen.

Frau P.: Ja, und wann hatte ich wieder Kontakttiere? Ich war ja in F. im Praktikum, da war kein Kontakt, bin ich wieder nach B..

U.: Aber Sie sind ja in F. in den Zoo gegangen, bei Grzimek. Haben Sie Herrn Grzimek auch mal persönlich kennengelernt damals?

Frau P.: Ich glaube nicht, ich weiß es nicht mehr. Es gingen auch im Elternhaus meiner Eltern so viele Leute, das hab ich hier gerade gelesen, in den Unterlagen meines Vaters, so viele Leute, die einen Namen hatten, ein und aus. Ich erinnere mich auch noch an gewisse Gesichter, aber... Ich weiß noch z.B., dass mein Vater bei irgendeinem Geburtstagsjubiläum, wat weiß ich, 60, 75 oder 70 oder so weiter, da kam der Zoodirektor an mit einigen Leuten und mit einem riesigen Orang-Utan auf'm Arm. Den Wunsch, den auch mal auf den Arm nehmen, da wäre ich fast zusammengebrochen, der war so was von schwer (lacht) und vor allem konnte man ihn gar nicht bändigen, der hatte ja vier Hände! Das war ein lustiges Tier, das war wahrscheinlich ihr Jubiläumstier, was sie immer mitgenommen haben, so was kannte ich bis dahin noch gar nicht, das war natürlich die Attraktion. Ich hab ihn auch auf den Arm genommen, aber nur kurz, weil die sind sauschwer, die Tiere.

U.: Aber das hat Ihr Vater Ihnen nicht verboten, wenn Sie direkten Kontakt zu Tieren hatten, jedenfalls, also abgesehen von dem Nashorn und den Colliehunden, also das war ihm zu gefährlich.

Frau P.: Ja, da war ich ja noch zu klein. Er hat mir Schießen beigebracht! Luftgewehrschießen! Das war ihm sogar ein großes Anliegen, dass ich das kann, und er wollte auch ganz gerne, dass ich Fechten lerne, aber ich hatte keinen Draht für's Fechten. Das Schießen hab ich gemacht mit dem Luftgewehr, und da hab' ich auch ganz gut was erreicht. Aber, das ist dann auf der Strecke geblieben. Also, vielleicht hat er das gemacht, um vielleicht, was weiß ich, mal auf die Jagd zu gehen, aber daran hab ich nicht gedacht. Ich hab immer die Flammen von Kerzen ausgeschossen oder so was, so Kinkerlitzchen.

U.: Das war aber noch zu Ihrer Schulzeit alles, diese Sachen?

Frau P.: Das war Schulzeit alles noch.

U.: Damals hatten Sie kein eigenes Haustier, bis auf diese Blindschleiche, Igel... Das waren ja in gewisser Weise keine Haustiere.

Frau P.: Ja, also, Meerschweinchen, nee, nicht Meerschweinchen, Mäuse, jede Menge Mäuse hatten wir, und da es nachher so viele wurden, weil die sich so immens vermehrten, haben wir so von Zeit zu Zeit 'ne Kiste voll genommen, immer so die ältesten, glaub ich, und die Männchen und haben sie in den Zoo getragen, sind dann immer in den Zoo gelaufen und haben sie mitgenommen und haben sie da abgegeben.

U.: Und die haben sie auch dann da behalten.

Frau P.: Verfüttert! Das war Futter für Reptilien und so was. Im Grunde haben wir unentwegt nachgeliefert und irgendwann haben wir das aufgesteckt, weil, genau, das waren diese Mäuse, das ging etliche Jahre, das war soo ein Glas und so hoch, also es war irre! Und dann hatten wir aber Hamster, meine Schwester und ich, wir hatten jeder 'nen Hamster. Das hat er uns erlaubt, weil das war wahrscheinlich ein so degeneriertes Tier, das man nicht mehr in freier Wildbahn in Deutschland findet, weiß ich nicht, dass wir das zuhause haben durften, und die hat man denn so 'n paar Jährchen, und dann sind sie denn auch irgendwann hin, das wird dann auch mal irgendwann langweilig.

U.: Was hat Ihnen das Tier bedeutet, dieser Hamster, in engerer Beziehung zu dem Tier schon?

Frau P.: Na, aber klar! Immer hier kuschel, kuschel an die Backe!

U.: Wie alt waren Sie etwa so, acht?

Frau P.: Nee, da war ich schon viel älter, da war ich schon fuffzehn.

U.: Und dann Hamster! Weil, heute denkt man, das sind meistens jüngere Kinder

Frau P.: Nee, das war alles... Wir sind durch ganz viele Verbote gegangen und wir mussten uns viel...

U.: Mühsam erkämpfen

Frau P.: Mühsam erkämpfen, ja, mühsam erkämpfen. Ich bin nicht Rollschuh gefahren, ich bin nicht Roller gefahren, ich bin nicht Dreirad gefahren, ich bin nicht Schlittschuh gefahren, es war alles zu gefährlich, Fahrrad, nichts war erlaubt! War alles zu gefährlich, also es könnte ja ein Unfall passieren, nichts.

U.: Also Hamster erst mit fünfzehn! Das sagt ja schon einiges! Hätten Sie denn eventuell auch gern noch ein anderes Tier gehabt damals?

Frau P.: Ich wollte mal 'n Hund haben, früher. Oder es war mir, also 'nen Hund fand ich toll, und 'n Hasen fand ich toll, Kaninchen, aber, war nicht erlaubt. Nein, nein! Wir hatten genug Tiere, wir brauchten bloß nach draußen in den Zoo zu gehen und schon hatten wir alles, also.

U.: Das war seine Begründung. Haben Sie da sehr drunter gelitten?

Frau P.: Wir hatten einen Ausgleich, gewissermaßen, und natürlich war auch die ganze Literatur meines Vaters hauptsächlich alles über Tiere, über Zoologie. Er hatte so viele Bücher in seinem Zimmer, dass die Baupolizei kam, weil sich die Decke absenkte bei den Mietern, die unter uns wohnten, weil da Tonnen von Papier draufstanden, bis unter die Decke, und das im

B. Altbau, die sehr stabil gebaut sind! Und da musste er 'n bisschen abbauen, ja, und so kam es.

U.: Hat er so viel gelesen und gemacht, und gesammelt, könnte man ja noch später lesen...

Frau P.: Mein Vater war der Sammler vor dem Herren. Wir hatten eine Bücherei auf der Toilette. Wir hatten überall Bücher, es wurden immer mehr Zimmer, die in der Sechszimmerwohnung frei wurden, zu Bücherzimmern. Mein Zimmer, als ich auszog, das Zimmer meiner Schwester, das Abstellzimmer..

U.: Aber alles eben Zoologiesachen!

P. Ja, hauptsächlich. Er hatte auch andere Sachen, aber...

(nette Unterhaltung, Kater Emil kam herein)

U.: Gut, wir waren jetzt bei Ihrer Ausbildung ja im Großen und Ganzen angekommen und da hatten Sie bis auf die Zoobesuche wenig Kontakte zu Tieren, habe ich so verstanden.

Frau P.: Ja, fällt mir gerade ein, ich war ja auf B., auf dieser Insel, und da hab ich Tiere im Meer entdeckt, also wat man so am Strand am Meer entdeckt und da weiß ich noch, das habe ich denn mal meinem Vater am Telefon erzählt und der war so begeistert, dass ich mich auch für diese Art von Tieren interessierte, dass er mir gleich das berühmte Buch „Der Strandwanderer" kaufte und schickte und das war natürlich was besonderes, dass mein Vater mir was kaufte, mal Geld für mich ausgab und mir das sogar noch nach B. schickte. Ich habe also dieses Buch auseinander genommen vor Interesse. Ja, ich fand 'ne Seegurke, das findet man ja kaum noch, das war ein Fachbuch, was man beim Wandern am Strand, was es alles gibt an deutschen Stränden oder wat weiß ich. Ich hab' das Buch auch noch. Und die ganzen Arten von Muscheln und Seesterne und so was alles, das hab' ich also wirklich, das war 'ne schöne Hilfe, da war ich 'n halbes Jahr und ich war nachher ganz gelehrt, ich konnte immer allen Gästen, das war 'ne Pension, wo ich dann mein Praktikum machen musste, konnte immer allen Gästen erzählen, um was für 'n Tier es sich handelt, wovon es abstammt, und so weiter.

U.: Dann hatten Sie neben Ihrer Ausbildung ja auch was fürs Herz, so in Bezug auf Tiere dort.

Frau P.: Ich habe vorher noch, fällt mir gerade ein, mein Vater war ja in so 'ner Korporation, so 'ne Landsmannschaft, 'ne studentische Vereinigung, und die machten manchmal Ausflüge und Führungen, und natürlich auch Führungen durch den Zoo, und dann wurde immer ich auserkoren als Führungskraft, als Führerin oder was, und ich habe die Leute von Haus zu Haus, von Käfig zu Käfig geführt und hab denen Romane erzählt, ich wusste unendlich viel über die ganzen Tiere da, über deren Geschichte (im Zoo) und Eigenarten, dass die, glaub' ich, manchmal ganz erschöpft in den Gräten hingen, weil die mir zuhören mussten.

U.: Das heißt jetzt für mich: dass Sie soviel wussten, kam das auch aus den Gesprächen mit ihren Eltern?

Frau P.: Ja, und weil ich so viel im Zoo war, ich kriegte ja alles mit, was die Wärter sagten.

U.: Also nicht nur von den Eltern, auch von den Wärtern direkt, oder haben Sie die auch ausgefragt?

Frau P.: Ja, ich war einfach da, und gehörte dazu und war da mit drin, und habe denen auch geholfen, also das war alles so selbstverständlich für mich, ich habe das auch gar nicht gemerkt, dass ich da irgendwas gearbeitet habe oder so, ich war einfach da und ich war beteiligt, ja, det war auch schön, ich wusste im Affenhaus ganz gut Bescheid, weiß ich noch, ich hatte immer Angst vor Löwen und Tigern, da bin ich nicht so gerne hingegangen, die haben mir Angst eingeflößt, witzigerweise, aber vor anderen Tieren hatte ich kaum Angst, und was mich auch nicht sehr interessiert hat, waren Schlangen und Krokodile, das ist auch nicht so interessant, fand ich einfach, also so unzugänglich auch, det war nicht so mein Ding, aber Säugetiere im Großen und Ganzen schon, ne? Ja, also da habe ich dann immer erzählt, ne, der ist halt so und ist so und so alt und der hatte mal, was weiß ich, 'n Bein gebrochen und dies und das und hat man das gemacht, ich wusste immer alles ganz genau. Das haben mir die Leute auch immer gesagt, besser hätte das niemand machen können, so erschöpfend, wie ich das erzählt habe, und von den Affen, von den Schimpansen wusste ich jede Eigenart von jedem einzelnen und hab es denen erzählt.

U.: Aber das muss die dann ja auch sehr fasziniert haben!

Frau P.: Also, ich bin ja aufgewachsen auch zwischen Knochen und Schädeln und Präparaten in Spiritus in Gläsern, das stand alles zwischen den Büchern und vor den Büchern und in den Eckschränken, wo Beleuchtung drin war.

U.: Zu Hause sogar!

Frau P.: Ja, ja, das war immer, immer war irgendwas davon. Und dann hatte mein Vater mal 'ne Zeit lang, das war so in dem Alter, als ich so 16, 17,15 war, kriegte der Kadaver, Hundekadaver nach Hause geschickt, regelrecht mit der Post! Das war damals noch möglich, die kamen auf den Balkon und die mazerierte er zu Hause, weil er irgendeinen bestimmten Knochen brauchte als Vergleichsmaterial für seine Materialien im Museum. Vergleichsknochen für alte Knochen, nee, oder was weiß ich, und dann wurde zu Hause, in irgendwelchen Blechtöpfen und -kanistern auf dem Gasherd meiner Mutter das Ganze weichgekocht und geblichen (lacht).

U.: Und Ihre Mutter hat immer mitgemacht?

Frau P.: Das hat sie mitgemacht, ja, die fand da gar nichts bei, die fand das auch interessant. Und ich weiß noch…

U.: Na ja, Ihre Mutter, die wollte ja mal Medizin studieren, und von daher war ihr das vielleicht nicht eklig, oder..

Frau P.: Na ja, meine Mutter war ja 'ne witzige Frau, also erstmal war sie hoch depressiv, aber sie lebte ihre Depression immer irgendwie durch Flucht, die war immer auf der Flucht vor ihrer Depression. Ja, aber was mir jetzt noch einfällt, wir kriegten auch oft Pakete...

U.: Also nun weiß ich nicht...

Frau P.: Weil, das hatte sie gut in der Hand irgendwie, aber das habe ich erst später so richtig erfasst und sie war sehr intelligent, sie konnte sich alles merken und alles kombinieren, das war unglaublich und, ja, war natürlich zum Unterhalten interessant, weil die auch viel wusste und weil die auch gescheite Fragen stellte und weil die sich an vielen Dingen wirklich auch interessierte und die Jahre mit dem Ehemann an der Seite, der so viel interessante Leute nach Hause brachte, und da ging sie mit dem auch auf Vorträge und sowat, also da hat die schon viel gelernt und Ohren und den Kopf offen gehabt dafür, ne?

U.: Nur Hausfrau und Kinderhüten, das war weniger?

Frau P.: Hausfrau und Kinder, Kinder lagen ihr überhaupt nicht! Kinder waren ihr 'ne Plage, und Kochen war die Oberplage und Saubermachen war die Oberoberplage, und wenn wir Gäste hatten, die geraucht hatten, dann war die Asche noch zwei Wochen in den Aschenbechern, das hat meine Mutter gar nicht gestört!

U.: Ich hatte Sie vorhin unterbrochen, wir waren irgendwie jetzt abgekommen, wir waren irgendwo bei den Tieren stehen geblieben, ich hab Sie jetzt abgeführt, das merk ich gerade...

Frau P.: Mein Vater kriegte oft, auch per Post, Knochenfunde, die waren aber, er war ja Osteologe, die waren Jahrtausende alt und waren Bruchstücke, also 'n Stück vom Kiefer oder 'n Stück vom Oberfuß oder vom Unterbein also wie sich das alles nennt oder aus der Wirbelsäule oder 'n Wirbel oder 'ne Rippe. Ich erinnere mich an Kieferteile, wo auch Zähne noch drin steckten, von irgendwelchen... Also einmal weiß ich, dass er sagte, das stammt vom

Mammut und das war so ganz dunkelbraun immer und das kochte er auch auf Mutters Gasherd bleich, kochte das, kochte das, kochte das, und wir standen als Kinder immer davor und staunten, weil da kam noch richtig Brühe raus, richtig Fett raus, das hat richtig noch Fettaugen oben gebildet auf dem Wasser aus diesem Jahrtausende alten Teil!

U.: Ja, man weiß nicht, wo der gelagert hatte, da waren vielleicht ja auch Fette bei!

Frau P.: Im Knochen drin! Im Knochen ist das, kommt aus dem Knochen, ja klar! Und dann wurde es später geblichen und geblichen und geblichen, und dann hatte er irgendwann die weißen Knochen, und dann hat er mit schwarzer Tinte irgendwas raufgeschrieben und dann kam es ins Museum. Er kriegte viel solche Sachen, weil, zu der Zeit hieß es, dass mein Vater und noch ein Wissenschaftler, der in Frankreich lebte, die einzigen Koriphäen seien, die das können, vom Gefühl her, oder vom Gucken oder Vergleichen oder was weiß ich, vom Wiegen oder was man da macht, ohne Computertechnik, die gab's damals gar nicht, die war damals nicht zugänglich und deshalb kam so viel auch bei uns an. Es gibt auch Fotos, wo mein Vater denn irgendwo so ein ausgegrabenes Stück in der Hand hält, das ist denn so 'n Teil, Unterkiefer oder was und wo er das dann bekam und bestimmen sollte. Also, es ging immer um zwei Sachen, einmal um das Reinigen und Bleichen und um Bestimmen und Einsortieren, wo das hingehört. Mein Vater war ein akribischer, ordnungsliebender Mensch, was seine Knochen betraf, weit wichtiger als seine Kleidung oder, oder irgendwas, was ihn betraf, sein Äußeres oder so, das war alles unwichtig dagegen. Wenn die Brille kaputtging, dann wurde sie irgendwie gezwirbelt, bis sie von der Nase fiel und er sie reparieren lassen musste, Hauptsache, seine Knochen! Ich weiß nicht, was die Knochen für ihn bedeutet haben! Ja, das erinnere ich mich auch noch.

U.: Erinnern Sie sich dann noch an die Eltern Ihres Vaters, dass irgendwie daher ein Einfluss gewesen sein könnte?

Frau P.: Also, den Großvater habe ich nie kennengelernt, der ist ziemlich früh gestorben.

U.: Welchen Beruf hatte der Großvater, weil ich dachte an die Einflüsse auf den Vater, so in naturwissenschaftlicher Hinsicht?

Frau P.: Nee, die waren irgendwie Händler oder so was.

Da war eine Cousine, und die hatte sich mit beiden Eltern überworfen, die war nie da. Die habe ich erst richtig kennengelernt, da war sie schon zwischen 60 und 70. Ja, und dann bin ich ja wie gesagt also im Praktikum nach F., da waren wir schon, und den Strandwanderer auf B. und dann zurück nach B., Examen gemacht, halbes Jahr und dann wieder raus, und dann bin ich wieder nach F. zurückgegangen, weil in dem Krankenhaus, wo ich mein Praktikum gemacht hatte, die wollten mich haben, die haben ein Jahr gewartet, bis ich fertig war, damit ich da meine erste Stelle antreten konnte, ja damals war das noch wonnig mit Arbeitsplätzen, da hat man sich um die Arbeitnehmer gestritten und gerungen. Da bin ich zurückgegangen und hab einige Jahre in F. dann gelebt und gearbeitet und bin dann nach H. gegangen, das war wegen einer unglücklichen Liebe, die mich dann verschlug.

Ich bin ganz weggegangen, ja, es gab keine andere Möglichkeit mehr, und meine Familie, mein Bruder hat mir geholfen der eine, der fand das immer schon furchtbar mit dem Typen .Meine Schwester, die ′n halbes Jahr in Frankfurt lebte, kam zu mir, und hat ihr erstes Semester noch studiert, kriegte das ja hautnah mit.

U.: Psychologie?

Frau P.: Nee, damals hat sie noch Germanistik gemacht. Sie durfte nicht Psychologie studieren. Das war ja überhaupt nicht erlaubt, das war ja das Letzte überhaupt, da waren die Eltern gar nicht für zu haben, nein, sie musste Germanistik machen und sie hat also ein Semester da gemacht und hat sofort geschmissen, ist nach B. zurück und hat sich in Psychologie eingeschrieben. Ja, ich ging zurück wieder, sie wollte auch zurück nach B., F. gefiel ihr nicht, und aber hat hautnah mein Leben mitgekriegt und hat natürlich nach Hause berichtet, und denn kam mein Bruder an eines Tages und sagte, so, wir packen jetzt deine Sachen ein, wir packen. Du gehst jetzt weg von hier. Und denn hab ich mich beworben über das Arbeitsamt in H.. Bin zum Arbeitsamt gegangen, hab' gesagt ich möchte gern nach H. und ich kriegte massenhaft Stellenangebote, das können Sie sich gar nicht vorstellen, jeden Tag, wirklich, 'ne Schaufel voll. Und dann hab' ich mir ausgesucht das Studentenwohnheim hier in H., die suchten jemand für ihr Studentenwohnheim, 'ne Heimleiterin oder 'ne Hausmutter, oder wat weiß ick, wie sie dat nannten, damals und zwar im Westen der Stadt, das E.-W.-Haus, und da hab ich etliche Jahre gewohnt und gearbeitet, als blutjunge Frau zwischen den Studenten und Studentinnen. Ja, da war ich noch sehr jung. Und denn war ich weg von F. und es begann für mich eigentlich 'ne neue Etappe in meinem Leben, also weg von diesem Mann und allein auf mich gestellt, Gott sei Dank. Aber dann fing ich nach einiger Zeit wieder 'ne Beziehung an, die wieder sehr kompliziert war. Das war 'n junger Mann, Medizinstudent, der in Frauen und Freundinnen auch nur Mütter sah, das war denn auch nicht so das Wahre, aber es war nicht mehr so schlimm. Aber ich konnte mich Stück für Stück langsam befreien und emanzipieren davon. Es kamen ja dann auch sozusagen die politischen Jahre, die 68er und dann kriegte ich auch Kontakt mit anderen Menschen und kriegte also politisch meine Idee und wurde wachgerüttelt und das war denn so für mich 'ne ganz wichtige Sache, ich hab mich dann ja politisch sehr engagiert. Ich bin ja voll eingestiegen dann und da konnte mir niemand mehr was sagen, also da war alles vorbei dann. Hab' ich gedacht! Hab ich gedacht, weil, weil dann die Partei sagte, was zu tun war. Ja, ich hab's noch mal ganz dicke gekriegt, und noch mal ganz dicke gebraucht. Das war freiwillig gesucht, aber dennoch, schön gehorsam, aber dann war Schluss.

U.: Wieder in eine Abhängigkeit geraten!

Frau P.: In gewisser Weise, ja, in gewisser Weise, ja.

U.: Aber das war ja auch das, was Sie gekannt haben.

Frau P.: Ja, und ich hab's lange nicht erkannt, ich hab' ganz lange nicht erkannt, ich hab' den Mechanismus nicht erkannt, ich habe immer mein Gehirn zermartert, zermartert, zermartert, wie ich leben müsste, wie det eigentlich richtig ist, wie man lebt; ich hatte verschiedene Modelle von ganz vielen Leuten vor Augen, keins passte für mich, keins gefiel mir, so richtig und immer hatte ich das Gefühl, dass ich das nicht bin, dass ich nicht dieses Modell beinhalte oder so, dass das nicht meins ist und immer die Frage: Wann, wann komm ich da an, wo ich hin muss?" Ja, das waren schlimme Jahre!

U.: Wie ging's dann weiter?

Frau P.: Mit den Tieren?

U.: Auch, also in dieser Selbstfindungsphase so in den sechziger Jahren oder Anfang der Siebziger, ich weiß nicht, wo wir hier so ungefähr sind, Sie sind dann ja in H. geblieben, und, haben Sie noch einmal einen Job angenommen?

Frau P.: Na ja, ich hab hier in H. immer gearbeitet, immer, immer, ich hab' auch gewechselt, klar, zuerst war ich im Studentenwohnheim, denn bin ich ja da weggegangen und bin in das evangelische Zentrum gegangen nach R. raus da und von da bin ich dann in einen Unilever Industriekonzern gewechselt, ja, denn waren auch diese Heimgeschichten endlich zu Ende, und dieses abhängige Wohnen, weil, ich musste da ja immer wohnen, da hab ich mir zum ersten Mal eine eigene Wohnung genommen.

U.: Da konnten Sie ja auch kein Tier halten.

Frau P.: Nein, das war ja nicht erlaubt, obwohl, da hatte ich Vögel, so Wellensittiche, da hatte ich Meerschweinchen und Meerschweinchen, das hab ich durchgedrückt, aber mehr nicht, aber dann…

U.: Was haben Ihnen diese Tiere bedeutet damals, in der Zeit, wo Sie gearbeitet haben?

Frau P.: Also, Geflügel, das war, weil mir einer zugeflogen war und der tat mir so leid, da hab ich alles gekauft um ihn also glücklich zu machen. Den hab' ich so zwei Jahre wohl gehabt, dann hab ich ihn verschenkt, weil, viel konnte ich damit nicht anfangen. Ein Wellensittich, so blaugrün und mit Gelb, so richtig schön bunt, und, der war so nicht mein Ding, aber die Maus. Ach so, ja, mein Freund, den ich damals da hatte, der war ja Mediziner und der hatte in der Gerichtsmedizin einmal von einer angeblich vergifteten Ente eine Brühe kochen müssen um festzustellen, ob die Frau, die das behauptete, vergiftet werden sollte. Drei Mäuse mussten die Brühe trinken und wenn die gestorben wären, wäre das richtig gewesen und wenn nicht, dann war das also ein Hirngespinst. Und die drei Mäuse, so kleine süße, überlebten und da hab' ich zu ihm gesagt: „Bring mir die Mäuse, nicht dass sie die noch mal für die nächsten Versuche nehmen und die sterben dann, ich will die Mäuse haben!" Und die hat er mir tatsächlich aus der Gerichtsmedizin mitgebracht, und so gründete ich erneut einen Mäusestaat bei mir (lacht).

U.: ..wenn Männchen und Weibchen da waren ...

Frau P.: Ja, es wurden dann sehr viele, aber ich hab' die immer genommen und hab' die ausgesetzt, ich wohnte ja in R. draußen im Grünen, da konnte man sie gut aussetzen im Wald und in den Feldern da. Dann bin ich aber einmal auf dem Fischmarkt gewesen und sah da eine pechschwarze Maus mit einem weißen Fleck auf der Brust und die fand ich dermaßen sexy, ich glaube, ich war damals selber schon zur Maus geworden, dass ich so was überhaupt empfinden konnte, und die hab' ich sofort gekauft und mit nach Hause genommen, die hab' ich mit in mein Bett genommen, die war überall. Die Maus war so kugelrund. Die Maus musste es sein! Dann hab ich später mal graue Mäuse und rote, oder rotbraune gehabt. Ich hatte da immer viele Mäuse, da gibt's auch viele Fotos.

U.: Aber das war dann schon eine rechte Leidenschaft, so kleine Mäuse zu haben!

Frau P.: Ja, ja, die musste ich haben, und gleichzeitig hatte ich auch Meerschweinchen; und zwar war ich mal in einem Spanienurlaub gewesen und hab da bei Bauern gewohnt, so 'ne Rucksackreise gemacht, und die hatten Gehege mit Truthähnen und Meerschweinchen, die Meerschweinchen haben sie ja gegessen, die haben sie in die Paella getan, und da ich das immer so abgelehnt habe und dagegen war, haben sie mir zum Abschied zum Andenken Meerschweinchen geschenkt! Und das habe ich dann hier so in den Anorak, weil ich fuhr im Europabus, 44 Stunden, zurück, und an der Grenze durfte keiner merken, dass ich 'n Tier hatte, und die ganzen Spanier im Bus, die wussten alle, dass ich da 'n Meerschweinchen hatte; die haben alle zu mir gesagt: „Vor der Grenze ordentlich füttern, damit er nicht piept". Haben sie auch gemacht, der piepte auch nicht, aber der pinkelte wie ein Weltmeister und ich konnte nicht aufstehen!

U.: Ne Lage Watte drunter!

Frau P.: Ja, daran habe ich nicht gedacht, das lief dann alles sozusagen an mir runter.

U.: War ja auch verräterisch!

Frau P.: Konnte ja sitzen bleiben! So kam ich mit meinem Meerschwein, meinem geretteten Meerschweinchen in H. an und hab' dann noch einen Partner dazugekauft, ich weiß jetzt gar nicht mehr, ob 's ein Pärchen war, oder zwei gleichgeschlechtliche, aber die hatte ich sehr lange, das waren so glatte, also keine Wirbelmeerschweinchen, so glatte. Ja, die hab' ich so gerne angefasst, die waren so angenehm an der Hand und die waren natürlich auch überall. Das bedeutete für mich Wärme, Zuneigung, Zuverlässigkeit, Liebe, Geborgenheit, alles das, was ich gar nicht so aus meiner Kindheit mitgebracht hatte. Das war mir dann langsam bewusst. Und dann hatte ich mal ein Schlüsselerlebnis mit 'ner Katze. Bis dahin mochte ich Katzen gar nicht soo gerne, das war bei mir gar nicht erschlossen. Eine Freundin von mir ging in Urlaub, hatte 'ne Katze und sagte: „Sie ist glaub' ich, trächtig, kannst Du mal auf sie aufpassen?" Und ich wohnte und arbeitete in einer Stelle, wo 'ne ganze Etage in einem Haus frei war das war jetzt schon nach R. – also nach diesem Haus dann war ich ja beim Unileverkonzern, und da war ich, hab' ich dann auch gewechselt, da war ich in dem Trainingsinstitut die Leiterin geworden, und da musste ich wieder auf dem Gelände wohnen, in einer Wohnung, und da war die ganze Etage über mir frei, und da hab' ich die Katze dort einquartiert, und die hatte die ganze Wohnung und ich bin morgens und abends hingegangen und hab' sie versorgt. So. Und eines Tages war die Katze weg! Und ich, oh Schreck, lass nach, die Katze! Und dann hab' ich sie gefunden, weil sie miaute, sie saß auf der Dachschrägung, und zwar genau in der Rinne, in der Regenrinne. Unter sich den Abgrund und über sich die Schrägung und das Fenster! Und sie kann nicht mehr zurück. Oh, ich dachte, was machst du jetzt?, Nee, ich hatte überhaupt keine Idee, was ich machen könnte, ich kam nicht ran und ich merkte, da hab' ich zum ersten mal Tiere beobachten können, da hab' ich gewusst, wie die runterguckte und wusste, da unten lauert ihr Tod, das geht nicht, dass ich spring' und zurück, hilfesuchend mich anblickte: „Hilf mir!" Das habe ich auch richtig empfangen von der Katze, und ich wusste gar nicht, wie, ich wusste nicht, was ich machen sollte, konnte kein Seil schmeißen, und ich habe, glaub' ich, irgendein Möbelstück, was da oben lag, zerschlagen oder 'ne Leiter zerkloppt oder was, damit ich da durch das kleine Fenster konnte, sie war durch das Fenster rausgehüpft, sie wollte eigentlich in die Freiheit und dann hat sie, vorsichtig, aber immer noch sichernd, wieder in den Abgrund geguckt, wieder so, und auch erst mal gesichert, ob das Ding, was ich da raus schob, sicher ist, bis sie dann drauf zurück kam und mir über die Schulter ins Zimmer sprang. Und das war für mich ein Schlüsselerlebnis, das war richtig ein Schlüsselerlebnis, das Vertrauen von dem Tier zu mir, gleichzeitig immer unterschwellig die Angst, ob sie mir vertrauen kann und ob es auch gelingen könnte. Die war hochschwanger, die kriegte glaub' ich, die kriegte dann paar Tage darauf kriegte die 'n Haufen Babys.

U.: Das war wahrscheinlich auch ihr Antrieb, dass sie wieder in die Wohnung wollte.

Frau P.: Und ich hatte gar kein Gefühl so richtig, was die so braucht, jedenfalls, als ich einige Tage später wieder rauf kam, hatte sie in irgendeinem der Zimmer ganz in der Ecke ihre Jungen hingelegt und guckte mich so an, wieder angstvoll mit großen Augen. Das war so 'ne Pfeffer-Salz-Katze, und da ging es ja bei mir los, da bin ich erstmal gerannt und hab 'nen Karton gesucht und hab 'n Bett gesucht und was weiß ich nicht alles und hab ihr das alles hingestellt, und das hat sie auch ganz bereitwillig genommen, die Tiere da reingelegt, und aus diesem Gelege hab ich mir dann meine erste Katze ausgesucht. Eine ist meine! Das eine war pechschwarz, die hab ich dann genommen, das war meine Katze, das war meine erste Katze, also mein erstes Haustier, und die hab ich geliebt, die Katze! Das gab's überhaupt gar nicht!

U.: Das ist ja interessant! So sind Sie zu Ihrer ersten Katze gekommen! Das ist ja niedlich, ein richtiges Schlüsselerlebnis, tatsächlich!

Frau P.: Ja, dieses Gucken von der Katze! Ich konnte genau den Ausdruck in ihrem Gesicht beobachten, wie er wechselte, und der war angstvoll, natürlich, und auch wissend, dass sie nicht nach rechts springen konnte, da war ja alles aus, und die andere Sache, zurück, da hat sie wahrscheinlich schon ein paar mal versucht und war immer wieder abgerutscht und hatte gemerkt, dass das auch nicht geht, die war ja völlig... und ich hab auch damals nicht gewusst, dass man die Polizei anrufen kann oder die Feuerwehr, das hatte ich überhaupt nicht präsent, weil ich hatte überhaupt keine Erfahrung damit, und dann haben wir das beide versucht und es gelang, und das war toll.

U.: Die Freundin war dankbar nachher!

Frau P.: Das hab ich der später erzählt! Das hab ich der nicht gleich erzählt, weil, wenn die Katze tot gewesen wäre, die hätte mir den Kopf abgeschlagen!

U.: Aber, wie konnte sie denn ihre Katze zu Ihnen geben, wo Sie wenig Erfahrung hatten, obwohl sie trächtig war?

Frau P.: Das war damals in der Zeit, wo wir, das war auch eine politische Freundin, wo also unser Privatleben Hopplahopp ging. – Wir haben gearbeitet, und nach der Arbeit mussten wir sofort immer irgendwo hin, und nachts sind wir todmüde, nach irgendwelchen Veranstaltungen sind wir noch nachts Parolen malen gewesen, mitten in der Nacht ins Bett gefallen, frühmorgens wieder raus zur Arbeit. Das war 'ne Zeit, wo ich absolut unterbelichtet war, was Schlaf betraf, und nicht nur ich, die anderen auch, unser Privatleben schoss an uns vorbei.

Das war ne Scheinfamilie, aber ich hab's noch mal gebraucht. Aber, das hab ich dann erst hinterher gemerkt. Ich hab' dann eigentlich, als ich mich rausfädelte, gerade an dieser Freundin hauptsächlich gemerkt, weil, die wurde dann von ihrem Freund schwanger, und die Partei hat's nicht erlaubt, dass sie heirateten (die Kommunistische Partei, die KPD), weil er war Kader. Das Kind hatte plötzlich keinen Vater sozusagen, keinen richtigen, also, das waren Dinge, die konnte ich überhaupt nicht akzeptieren, die fand ich überhaupt nicht mehr menschenfreundlich, sondern menschenfeindlich. In mir zerbrach eine Welt, weil ich dachte, die KPD, das ist eine Familie und 'ne menschenfreundliche Partei und Vereinigung. Da kamen lauter Sachen raus, die ich alle unmöglich fand.

U.: Die Partei hat nicht erlaubt, dass diese Freundin mit dem Mann zusammen..

Frau P.: Nee, nee, am Morgen der Hochzeit, der standesamtlichen Trauung ist die Partei eingeschritten und hat's untersagt.

U.: Und die hat dann nicht geheiratet?

Frau P.: Nee, die hat einen anderen Mann geheiratet und hat dann auch noch ein anderes Kind bekommen, aber das erst später dann.

U.: Aber so war Ihr erster Kontakt zu einer Katze, da müssen Sie …

Frau P.: Ja, die nahm ich dann zu mir. Und das war ja so 'n kleines Püschelchen und mit der hab ich am Anfang, also ich weiß gar nicht mehr, wie die ersten Monate waren, aber nur gespielt, nur gespielt. Da, wo ich war, war die Katze und wir waren ständig zusammen.

U.: Hatten Sie damals denn mehr Zeit oder haben Sie sich mehr Zeit genommen?

Frau P.: Ja, da war ich ja noch nicht politisch tätig, das war noch kurz davor, und am H. Weg, ein altes Anwesen von Juden, die im Dritten Reich geflüchtet waren nach England, und dieses Anwesen hatte Unilever übernommen und hatte hier zwei Trainingsinstitute errichtet in denen ich Leiterin wurde. Das war ein riesengroßes Anwesen! Da hat der Botanische Garten noch 'ne ganze Ecke von abgekriegt, nachher. Und ich dachte, für eine Katze 'ne wundervolle Umgebung. Da hatte ich dann meine Katze, und die Meerschweinchen, die hatte ich da auch noch. Und da war ich einige Jahre, da war ich mit meinen Tieren sehr glücklich. Und dann wurde das Heim geschlossen, ich musste da weg, da hab ich mir 'ne Wohnung suchen müssen und auch 'nen neuen Job und bin dann bei Tchibo gelandet. Tchibo hatte in der City Nord mal gebaut und hatte da ihr Werk und eine riesengroße Küche mit allem Drum und Dran. Also ich hatte die Küchenleitung da übernommen und zog in eine Wohnung nach L.. Meine Meerschweinchen waren inzwischen nicht mehr am Leben, aber 'ne Katze, das war ein Kater, und den hab ich Koschka getauft. Koschka heißt „Katze", ist russisch, soviel ich weiß, und ich hab 'ne Tante in S., die auch immer Hunde und Katzen hatte, wenn ich da war, und ich hab da auch immer hauptsächlich mit den Katzen von ihr gespielt, die hatte zwei Katzen im Haus und Garten und so, und einer ihrer beiden Kater hieß „Koschka", und als der starb, war ich so traurig, das war 'n roter Kater, da hab ich dann gedacht, meine Katze heißt dann auch mal „Koschka", so war meine Tante ganz gerührt, dass ich meine Katze nun nach ihr nannte.

U.: Da war alles noch Partei?

Frau P.: Ja, aber nachher, also mit der Katze, das ging da schon so in die Parteizeit hinein, 'ne Katze lebt ja länger als so 'n Meerschwein, nicht?

U.: Ja, sicher!

Frau P.: Also, die hatte ich lange, die Katze.

U.: Koschka

Frau P.: Ja, also, wie war denn das, da hatte ich auch noch Mäuse am Anfang. Nee, das war jetzt schon vorher, ich bin ganz durcheinander, in L. hatte ich nur noch die Katze. Weil nämlich, wenn die Unilever-Mitarbeiter, wenn die manchmal mich besuchten, die hatten bei mir gesehen, dass ich Meerschweinchen hatte und Mäuse, und die hatten mal gesagt, untereinander: „Zieht euch warm an, besonders mehrere Hosen übereinander, sonst werden euch die Hosen, die Hoden angeknabbert, bei Fräulein P. " (lacht). „Bei Fräulein P, da rennen die Nagetiere in Zimmer rum." Aber nichtsdestotrotz hatte ich in der Zeit auch schon von Mitarbeitern, obwohl ich Mäuse hatte, Katzen in Pflege genommen und hab' die gepflegt bei mir. Ich hatte 'ne Einzimmerwohnung, die bestand dann wirklich nur aus Tieren, manchmal. Nein, das ist jetzt übertrieben, aber ich hatte immer, immer irgendwelche Tiere, von andern.

U.: Also die Beziehung zu diesem Koschka war schon sehr innig, er hat Ihnen viel bedeutet, dieses Katerchen!

Frau P.: Ja, diese Katze hab' ich, bevor ich nach Venezuela auswanderte dann, das war jetzt die nächste Etappe, die dann kam, noch operieren lassen müssen. Ich habe sie nach H. in eine Spezialklinik, tierärztliche, gebracht und die haben ihr künstliche Harnleiter eingesetzt, 'nen künstlichen Harnleiter aus Plastik.

U.: Was hatte der arme Kater?

Frau P.: Ja, offensichtlich 'nen Tumor, das haben sie mir nicht gesagt, ich weiß es nicht. So, und ich bin nämlich mit dem Tier ausgewandert und 'n Vierteljahr, nachdem ich da war, wurde das Tier plötzlich krank. Eines Tages lag es nur noch auf der Seite und aus seinem Popo kamen Eiter und Blut und, und er hechelte und er war also in einem fürchterlichen Zustand, und ich konnte noch gar kein Spanisch richtig, mein Mann war da in der C., da wo er seine Goldmine baute, und ich war alleine in Caracas und wusste nicht mal, wo ein Tierarzt war, und hatte also, war Holland in Not, und dann hab ich eine Frau im Haus angesprochen, mit der hab' ich schon mal so 'n bisschen gelächelt. Ich habe gefragt, in welcher Etage sie wohnt und wusste auch, dass sie Deutsch spricht, das war 'ne Ecuadorianerin und hab' die angesprochen, und die kam und die guckte und sagte: „Oh Gott, oh Gott" und hat mich mit dem Tier zum Tierarzt gebracht, und der machte gleich ein ganz bedenkliches Gesicht, das Tier war totkrank, und ich sollte das dalassen und er hätte das Tier geröntgt und hätte also 'nen dicken schwarzen Knuddel auf'm Röntgenbild irgendwas gesehen und ich sollte ihn am nächsten Morgen anrufen. Ich hab 'ne Nacht verbracht wie keine zuvor, sag' ich Ihnen, ich hatte mein Tier mitgenommen nach Venezuela, das war alles, was ich hatte!

U.: Und der Ehemann war weit weg!

Frau P.: Ja, mein Mann arbeitete in einer Goldmine, das war tausend Kilometer von Caracas entfernt, von Montag bis Freitag; der kam immer Samstags wieder, Montags fuhr er wieder los in der Frühe.

U.: Aber Sie sind ja mit ihm ausgewandert!

Frau P.: Ja, nee, also, er war zuerst dort, und ich bin ja nachgegangen.

U.: Sie haben aber in H. geheiratet.

Frau P.: Ja, er war schon ein Jahr dort, kam zurück, wir heirateten, weil wir hatten uns dies Jahr so zur Probe gestellt, ob das noch hält, wenn wir so weit auseinander sind, und es überhaupt was wird. Wir waren beide nicht so aufs Heiraten aus, ich war ja schon weit über dreißig, und er auch, und wir dachten also, heiraten muss man nicht, um verliebt zu sein.

U.: Nee, das war damals schon..

Frau P.: Ja, und dann saß ich da mit meiner Katze und mit einer riesengroßen Angst im Nacken. Und nächsten Morgen rief die denn beim Tierarzt an und dann kam sie zu mir, und schon an ihrem Gesicht hab' ich gesehen, dass die alles andere als 'ne gute Nachricht hatte, das Tier hatte einen bösartigen Tumor, das war nix anderes als das und hätte noch 'n paar Tage zum Leben, also, ich kann's gar nicht erzählen. Ich bin zusammen gebrochen damals, das war ganz schlimm, das war Heimat, das war Alles, und die haben mir dann auch gesagt, die hätte einen Plastikharnleiter, das haben sie gesehen, und die haben sie gar nicht mehr zugenäht, und sie war am Tisch angeschnallt, auf'm Wärmekissen und damit sie sich nicht mehr bewegt, und sie sagten mir auch, ich könnte sie mit nach Hause nehmen.

U.: Ach, sie haben sie gar nicht wach werden lassen!

Frau P.: Doch, doch, aber sie war festgeschnallt, aber sie war sediert. Sie war wach, aber sie war auch ganz schlapp, sie war ja krank, richtig krank, und ich habe noch meinen Mann an dem Abend versucht zu erreichen und sagte „Meine Katze, meine Katze", und der kam dann auch, der war dann nächsten Tag da, und diese Nachbarin da taugte dann nicht mehr, in Aktion zu treten, und dann hat das mein Mann gemacht, und äh, ... wissen sie, und denn, sie können doch nicht mal verstehen, was der Tierarzt sagt, weil sie die Sprache nicht verstehen, ja, das ist furchtbar! Und also, das, nee!

U.: Eine schlimme Situation!

Frau P.: Das war unüberwindbar für mich, damals (ist gerührt) Ist ja Wahnsinn, dreißig Jahre ist das her!

U.: Trotzdem, wenn man es sich wieder vergegenwärtigt, dann spürt man schon, dass ...

Frau P.: Ja, totale Ohnmacht, totale Ohnmacht, und ich wusste, das Tier würde jetzt sterben, und es lag an mir, zu sagen, wann, weil die sagten, primär ein paar Tage, und ich könnte sie auch mit nach Hause nehmen, aber sie würde nur 'rum liegen, und es würde nichts bringen; und denn konnte ich erstmal gar nichts machen und hab' mich verabschiedet und hab' gesagt, ich muss erst mal überlegen und bin nach Hause gefahren, aber, die Augen von dem Tier! Das war furchtbar, furchtbar!

U.: Hat er denn noch was essen können?

Frau P.: Nein, nein, er wurde auch künstlich ernährt und alles, aber er lag da ganz still und ganz ergeben.

U.: Aber wie haben Sie das zu Hause gemacht?

Frau P.: Nein, nein, das war beim Tierarzt auf'm Tisch da.

U.: Ach so, Sie konnten ihn also am nächsten Tag wieder besuchen, so meinten Sie!

Frau P.: Ich hab mich gar nicht getraut, diesen Kater anzufassen, ich hab mich überhaupt nicht getraut, der hatte einen offen klaffenden Bauch und, und, um Gottes Willen, ich kann ihn gar nicht medizinisch versorgen, ich muss erstmal 'nen klaren Gedanken fassen, und solange soll er da bleiben, weil, da war er ja in Obhut, ich, ich wusste nicht, was ich hätte machen sollen!

U.: Aber er brauchte Sie ja andererseits!

Frau P.: Ja, Ich hab ihn gebraucht. Die Welt war eng geworden an dem Tag, das war ganz furchtbar. Ich hab' mich von dem Tier aber verabschiedet, als ich ihn besucht habe, und da ich nicht wusste, in welchem Zustand ich ihn wiedersehen würde, und da hab' ich seine Augen in Erinnerung behalten, und das war, das war sichtbar für mich, die waren so still, und so, na ja, so ins Schicksal ergeben, sag ich mal, Gott ergeben oder Schicksal ergeben.

U.: Ach ja, Frau P., das kenn ich auch von meinem Kater.

Frau P.: So voller…, so liebevoll, so – ach – alles, der Schmerz, immer diese Krankheit, den bevorstehenden Tod im Grunde und.. ich bin krank geworden danach, ich bin nicht mehr aufgestanden.

U.: ..Das kenn' ich, glaub ich, kenn' ich auch.

Frau P.: Ganz schlimm, ganz schlimme Zeit war das für mich. Das war auch noch so…

U.: Sie hatten ja auch keinen Menschen, außer den Telefonaten mit Ihrem Mann und sonst die Nachbarin, die eine vielleicht, aber das war ja auch keine enge Vertraute, das Katerchen war das einzige Wesen, das Ihnen so viel bedeutet hat.

Frau P.: Na ja, ich hatte in H. ja schon vorher 'ne schlimme Operation mit ihm durchgemacht und 'ne schlimme Zeit, den hab ich ja also wochenlang mit der Schute am Kopf gehabt, damit der diese Bauchoperation nicht aufleckt und so was.

U.: Aber die Ärzte, die hatten Ihnen damals noch nicht erklärt, dass das ein bösartiger Tumor war?

Frau P.: Nein, nein, nein, haben sie nicht.

U.: Das hätten sie eigentlich tun müssen, dann hätten Sie noch was überlegen können oder mit der Auswanderung warten können, oder …

Frau P.: Genau, genau, das hätten sie tun müssen, das haben sie mir nicht gesagt. Die haben sich über mich gewundert, die haben sich über mich gewundert, wat ich so für det Tier kämpfe, dat weiß ich noch.

U.: Ja, da wundern sich überhaupt viele manchmal!

Frau P.: Weiß ich noch, das weiß ich noch, und ich musste damals 900 Mark bezahlen, das war 1977, da waren 900 Mark viel, viel Geld für diese ganzen Manipulationen da an dem Tier.

U.: In H. in einer Tierklinik.

Frau P.: In H. in einer Tierklinik, die damals weltberühmt war sozusagen, die mir auch mein Tierarzt, den ich hier hatte, empfohlen hatte, weil das war der einzige Ort, wo sie solche Operationen dieser Art machen, und keiner hat mir gesagt, dass .. Aber summa summarum: ich kann die, die Augen des Tieres nie vergessen, nie, nie, nie! Bis heute nicht.

U.: Glaub ich!

Frau P.: Ganz große, klare, das waren keine gebrochenen Augen, noch nicht, die waren noch ganz groß und klar und ausdrucksstark, und so was voller Liebe... Die Katze hat mir in dem Moment alles gegeben, was sie so mir geben konnte, alles. na ja, und dann hab ich noch zwei Tage gebraucht.

U.: Ja, das ist schlimm, so was ... auch für den Kater waren Sie die wichtigste Bezugsperson und auch die einzige in dem Fall, natürlich, Die starke Bindung an Sie, das war ja schon in H. so.

Frau P.: Ja, ich hätte ihn nicht mitnehmen sollen!

U.: Aber hätten Sie das fertig gebracht?

Frau P.: Nee, nee.

U.: Oder noch gewartet mit dem Rübergehen?

Frau P.: Ja, das ging nachher auch nicht mehr, weil ich musste ja Visa beantragen, oder mein Mann musste das Visum beantragen, und dann musste ich auch harren, dass es kam und denn kam 's auch, also, das war .. ach... Jetzt sitzen wir beide hier, traurig.

U.: Ach ja, Frau P., der Koschka. Wie alt ist Koschka denn ungefähr geworden?

Frau P.: Wie alt war die geworden, die Katze? 16 Jahre oder so.

U.: Ja, die können alt werden, aber ich weiß, damals wurden bei uns die auch nicht so alt.

Frau P.: Nee, weiß auch nicht, warum die 'n Tumor hatte . Na ja, und dann, nach zwei Tagen, hab' ich mich dann überwunden, weil mein Mann rief ab und zu denn an in der Tierklinik, und die sagten denn also, der Zustand ist schlecht oder schlechter oder wat und dass es keine Hoffnung gäbe, und das Merkwürdige war, ich habe meinen Mann ja sechs Jahre gekannt bis dahin oder sieben Jahre, und ich habe den nie weinen sehen.

U.: Ach so! Ja, doch schon so lang gekannt.

Frau P.: Ja, ich kannte ihn lange, und ich lag im Bett und weinte und schniefte vor mich hin und war völlig apathisch geworden, und mein Mann saß vor mir am Fensterbrett auf dem Hocker und weinte.

U.: Ach, um diesen kleinen Kater!

Frau P.: Jein! Teils, teils! Mein Mann hatte 'n halbes Jahr vorher seinen Vater verloren. Der war nach vielen, vielen Jahren Abwesenheit nach Indien geflogen, um seinen Vater noch mal zu sehen, weil ihm gesagt wurde, da scheint das Leben wohl zu Ende zu gehen, und er hat ihn auch noch gesehen, und da hat er ihm auch erzählt, dass er 'ne Nichtinderin heiraten wollte, nämlich mich, und das war ja auch 'n heißes Thema da, und da hat er aber zu ihm gesagt „Go ahead", also hat ihm das o. k gegeben, der hatte gar nichts dagegen. Und denn ist er zurückgegangen, und 'n Monat später starb sein Vater, sein Vater starb kurz vor unserer Hochzeit, kurz bevor wir heirateten, und ich hatte schon Angst, dass wir nicht heiraten können, weil er jetzt trauern müsste oder so, aber das hat er ja nicht so eng gesehen. Wir haben ja im Dezember geheiratet, im November starb der Vater.

U.: Ja, und das war jetzt ein halbes Jahr her.

Frau P.: Und ich glaube, der hat jetzt auch in dem Moment zugelassen, um seinen Vater zu trauern.

U.: Ja, da kam einiges zusammen!

Frau P.: Weil, der konnte gar nicht so traurig um die Katze sein, weil der hatte nicht so eine Beziehung zur Katze wie ich, längst nicht. Aber ich hab ihm unendlich leid getan, weil, er wusste ja auch, dass ich immer alleine war, weil er da ja dauernd weg musste, also es war schon 'ne ganz schwere Situation plötzlich. Und denn hab ich irgendwann gesagt, er soll anrufen und soll sagen, dass sie ihr die Spritze geben sollen. Und dann etwas, was ich bis heute eigentlich bereue, dass ich nicht hingegangen bin und die Katze auf meinen Schoß genommen habe und sie, aber ich, ich war nicht mehr bei mir, ich war überhaupt nicht richtig bei mir, ich war irgendwo, ich weiß nicht wo ich war, nur mit meinem Schmerz beschäftigt und versuchte, Abstand zu der Katze zu kriegen.

U.: So …

Frau P.: Als die Koschka dann nicht mehr lebte, hab' ich es nicht lange ausgehalten, ich brauchte wieder eine Katze….. Und es sind an dem Haus, wo ich da wohnte, das war so, was weiß ich, so 20-stöckig oder so ähnlich, war unten der Garten und Wachmänner und da hab ich dann mal gefragt, ob da Katzen wären. Ja, da liefen viele Katzen herum, junge sogar, und da hab ich mich dann mal auf die Lauer gelegt, bis mir eine junge Katze, bis ich die abzweigen konnte vom Wurf, von der Mutter, dann hab ich sie mir geschnappt und mit nach oben genommen.

U.: (lacht) War sie denn schon alt genug?

Frau P.: Das war kein Baby mehr, das war…

U.: Eine Jungkatze

Frau P.: Eine Jungkatze. Und die hab ich dann erst mal in die Waschschüssel gesteckt und dann habe ich sie mit Milch gefüttert und dann habe ich sie mir auf den Bauch gelegt und dann habe ich mit ihr erst mal eine Runde geschlafen.

U.: Um mit ihr vertraut zu werden

Frau P.: Genau. Und die war auch mir sehr zugeneigt. Und ich ihr natürlich auch…. Sie sah ähnlich aus wie meine vorige schwarze Katze, und das war diesmal ein Weibchen, das war das einzige Mal, dass ich ein Weibchen hatte, und sie wuchs heran; und mit der habe ich auch viel erlebt, sie wurde verletzt und gebissen und was weiß ich nicht alles.. wir zogen dann um, woanders hin, wo es immer Hunde gab und Schlangen und alles mögliche, aber irgendwie habe ich die Katze immer genommen und zum Tierarzt – wir haben es immer wieder gewuppt – sie lebte fröhlich weiter, manchmal eine Blutspur hinter sich herziehend, weil wieder einer zugebissen hatte.

U.: Oh je!

Frau P.: Das ist da etwas anders als hier. Aber das war man dann auch gewöhnt. Also an den raueren Ton mit Tieren halt wurde ich jetzt gewöhnt. Ich musste mich vor Tieren in acht nehmen, die für mich gefährlich waren und...

U.: Speziell Hunde?

Frau P.: Nein Schlangen

U.: (erstaunt) Schlangen?

Frau P.: Schlangen und so giftige große Frösche oder so oder Taranteln

U.: In der Stadt, in Caracas?

Frau P.: Ja, Taranteln und diese Riesenküchenschaben, diese Cucarachas.

U.: Die kenn ich auch.

Frau P.: Da gab es so manches, das man nicht wusste. Der Ton von mir zu den Tieren wurde etwas rauer.

U.: Notgedrungen?

Frau P.: Notgedrungen. Ich war nicht mehr so zutraulich wie vorher, nur zu meiner zweiten Katze, die ich auch wieder „Koschka" nannte, „Koschka

2", war ja auch so schwarz, aber zu den ganzen anderen, es gab ja alles da, Skorpione…

U.: Mitten in der Großstadt?

Frau P.: Jaaa, das sind die Tropen, und da ist es auch in der Großstadt grün. Wenn man einen Baum fällt, ein halbes Jahr später ist da wieder ein Baum, aber richtig ein Baum, und nicht nur so ein Pflänzlein, und, ja, da wurde ich auch handfester, und die Koschka hatte ich dann noch etliche Jahre. Irgendwann sind wir mal umgezogen, da ist sie abgehauen.. und dann hatte ich noch inzwischen… da hatten wir noch einen Hund und noch 'ne Katze. Ich hatte neben Koschka noch den Micki, das war ein Findelkind, eine Katze, und da ich als tierlieb bekannt war – ich arbeitete in Caracas in einem Hotel – und da hat man sofort das Tier mit mir in Verbindung gebracht, und da nahm ich das Tier mit nach Hause. Da hatte ich 2 Katzen.

U.: Der Micky, der ist Ihnen im Hotel gegeben worden?

Frau P.: Ja, als kleine Katze auch, die sollten alle ersäuft werden oder was, und einer hatte das überlebt, war ausgebüxt und landete bei mir, irgendwie, das war so ein richtig wilder Kater, ganz kurze Haare, drahtiges Tier, schwer an einen zu binden…

U.: Obwohl er damals noch klein war?

Frau P.: War schon geprägt.

U.: Vielleicht ein Wildkater?

Frau P.: Glaub' ich nicht. Das war schon eher ein Hauskatzenmodell, aber die waren auf Menschen nicht so geprägt. Und dann hatten wir auch wieder Wellensittiche, und dann hatten wir auch ein Häuschen im Käfig, und die Wellensittiche haben Eier gelegt und haben Junge gezogen. Dann hatten wir einen weißen Wellensittich, das war denn unsere Friedenstaube.

U.: Oooh! Und das ging gut mit den Katzen?

Frau P.: Ja – da gab es so einen Ständer, und hoch oben im Ständer hing der Käfig… das ging, ja, den haben wir ja zu gehabt, den haben wir ja nicht offen gehabt. Und dann hatten wir noch einen Hund, einen wunderschönen Hund hab ich uns angeschafft, einen Weimaraner, einen cremefarbenen, die gibt es ja in cremefarben und in braunfarben – ein cremefarbenes Weibchen mit hellblauen Augen, Jenny hieß die – das war ein wunderschönes Tier.

U.: Und das ging gut mit all diesen Tieren?

Frau P.: Ja, die Katzen waren überhaupt nicht begeistert von dem Hund, weil, die waren nicht gemeinsam aufgewachsen, wo der Hund war –.der Hund wollte mit den Katzen immer spielen, der hatte überhaupt keine Art… die Katzen sahen ihn als potentiellen Gegner, als Gefahr an, und hauten ab. Es war dann so, dass immer bei meinem Mann in seinem Zimmer der Katzenkack auf dem Teppich lag, das war ihr Protest…

U.: Na ja, ihr Häufchen gesetzt.

Frau P.: Weil der Hund da war. Und dann ist die eine Katze abgehauen, diese 2. Koschka, war weg und kam auch nicht wieder.

U.: Das Weibchen

Frau P.: Ja und mit dem grauen, mit dem Micky, blieben wir noch bis zum Schluss und auch mit der Jenny.

U.: Jenny war?

Frau P.: Der Hund

U.: Ja , ach ja

Frau P.: Der Hund und auch die Vögel… und dann bin ich dann auch ab und zu mal weg gegangen, und hab' dann die Tiere bei meinem Mann gelassen…

U.: Ja, der Bastian war da schon geboren.

Frau P.: Ja, ja, der war inzwischen zehn Jahre alt.

U.: Da hat er die Geschichten miterlebt.

Frau P.: Der war mit Katze aufgewachsen und halt mit Hund und die Vögel, das waren natürlich seine… er hat die Nachzucht, die er hatte, großzügig an seine Schulkameraden verschenkt.

U.: Und wie war das noch mit der kleinen Koschka, hat ihr Verlust Sie schwer getroffen?

Frau P.: Ja, aber ich war eigentlich mehr sauer und böse und wütend, als traurig. Da war ich sauer, dass sie mich verlassen hat. Und damit hab' ich nicht leben können, ich war ja noch hinterher gelaufen und hatte mir noch weh getan, ich war ja gestürzt und was weiß ich nicht alles und das war in so einem Lager, wohin sie flüchtete, wo Bretter und Gemälde standen.

U.: Das war in Folge eines Umzuges?

Frau P.: Ja, das war in Folge eines Umzuges.

U.: Da muss man mit Katzen sehr vorsichtig sein, sie sollten da vielleicht nicht raus in der Zeit.

Frau P.: Sie hat mir dann noch auf die Hand gehauen, und ich hatte Abdrücke, hatte Schmerzen und so was. Also zum Schluss war es gar nicht mehr schön. Ich glaube auch, die Koschka, die zweite, war sauer, weil Micky inzwischen eingetroffen war. Und ich mit dem vielen Platz und dem großen Herzen für Tiere hatte überhaupt nicht daran gedacht, dass es vielleicht nicht gut gehen könnte. Und der Hund dazu, das war für die Koschka einfach zu viel.

Vorher war sie alleinige Herrscherin, und jetzt musste sie jedes Sofa und jeden Sessel teilen, das wollte sie nicht. Sie haute also ab.

U.: Man lernt dazu.

Frau P.: Ja, wir hatten ein riesiges Haus, einen riesigen Patio, wir haben immer nur in Häusern gewohnt, nur am Anfang im Appartement.

U.: Auch Garten?

Frau P.: Ja, mit vielen Bäumen und Pflanzen

U.: Darf ich noch mal fragen, man soll ja bei einem Umzug die Katze 4 Wochen in der Wohnung behalten. Oder ging das gar nicht?

Frau P.: Das ging gar nicht. Das Haus, in dem wir vorher gewohnt haben, war unser eigenes, das haben wir verkauft. Ich war froh, als ich da raus gehen konnte. Da bin ich mit fliegenden Fahnen raus gezogen. Das lag am Fuße eines Berges. Das war eine Steigung, ich konnte, war ich oben, die Straße nicht sehen. Das ging an der einen Seite runter und an der anderen wieder hoch, da unten war das Haus. Es war schrecklich. Es besuchte mich kein Mensch mehr. Keiner traute sich, da wieder rauf zu fahren, das war ganz furchtbar. Ich hatte mich nachher daran gewöhnt, aber das war so weit ab in diesen Hügeln von Caracas Wenn mal Not war, und es war manchmal Not, so ein Kind, das wird manchmal krank, man kommt überhaupt nicht weg ins Krankenhaus. Da hab' ich was durchgelitten manchmal. Und ich hab' mir gesagt: Ich will hier weg, ich will hier weg, ich geh' weg, ich muss woanders wohnen, ich muss hier einfach weg, „lebendig begraben" und so was alles. – Und endlich, endlich hab' ich meinen Mann dann soweit, und endlich fand er einen Käufer, da wollte ja niemand hinziehen.

U.: Das lässt sich denken…

Frau P.: Und da bin ich dann von einer Wahrsagerin und einer Hexe und einem Schamanen zum anderen gezogen und von einer Kartenlegerin zur anderen gezogen, um zu wissen, was ich machen muss, um dieses Haus verkaufen zu können.

U.: Wirklich?

Frau P.: Ja. Irgendwie hab' ich auch gemacht, was die mir gesagt haben, und dann hat es auch geklappt.

U.: Interessant, erzählen Sie mal.

Frau P.: Es ging immer um Hausreinigungen, und zwar haben sie festgestellt aufgrund ihrer medialen Fähigkeiten, dass das Haus, dass so eine Art Fluch im Haus war oder gebaut war oder was, und dass das Haus deswegen keiner haben will. Dass wir so unten am Berg wohnten, das haben sie gar nicht so schlimm gefunden, aber sie kamen ins Haus, sahen all die schönen Sachen von mir, alles europäisch und so, hätten am liebsten alles gleich mitgenommen, aber das Haus wollten sie nicht haben; und ich musste das Haus reinigen, ein ums andere Mal, mit Kokosmilchwasser, mit Ananaswasser.

U.: Ach?

Frau P.: Und dann musste ich das Wasser so hinstellen, und dann musste ich mit einer Pflanze, die einen ganz starken Geruch ausströmt, mit der musste ich alles abpeitschen oder abwedeln.

U.: Das haben diese Schamanen .erzählt?

Frau P. Ja, und dann musste ich…, das ist da sehr lebendig.

U.: Da kriegt man schnell Kontakt.

Frau P.: Ja, am Anfang, als ich das mitkriegte und darüber lachte, da bin ich ziemlich angegriffen worden.

U.: Da muss man schon mitmachen, denke ich.

Frau P.: Das Merkwürdige war, ich kam zu einer Wahrsagerin, die hatte Karten als Medium und die hieß F. wie ich und war 'ne Deutsche, die war aber schon 60 Jahre in Caracas und konnte kaum noch Deutsch. Die hat mich angeguckt und gleich gesagt: „Du bist nicht gerne hier", die hat mir eigentlich alles gesagt, was ich im Kopf hatte, das war irre.

U.: Und die hat das gespürt.

Frau P.: Na ja, das habe ich dann auch gemacht.

U.: Um diesen Fluch zu besänftigen oder um die Koschka zu finden?

Frau P.: Nein, es hieß, das Haus muss gereinigt werden von bösen Geistern, von den bösen Dämonen oder so, und dann sei es auch verkäuflich. Und während ich diese Prozedur durchführte, hab' ich es im Haus gar nicht ausgehalten, ich habe es an meinem Körper gefühlt, dass da ein Kampf losging, ich habe mich ganz unwohl gefühlt und habe mein Kind geschnappt und bin vors Haus gegangen, und unser Putzmädchen, unsere Muchacha, die mit uns lebte, die das mitkriegte, die ist mitgekommen, weil sie musste mir ja helfen beim Reinigen mit dem vielen Ammoniak.

U.: Ein großes Haus?

Frau P.: Untere Etage, obere Etage; jedes Zimmer hat ein eigenes Bad, 2 Wohnzimmer in der Regel, ein offizielles, ein privates, 11 Zimmer, Bad und Toilette und Zimmer für das Mädchen.

U.: Und alle Zimmer gut eingerichtet?

Frau P.: Ja, ich habe alles schön eingerichtet, alles europäisch – Venezolaner lieben Metall und Plastik und das war überhaupt nicht mein Ding, ich bin auf die Suche nach Holz gegangen.

U.: Aber das hat geklappt mit diesem Fluch-Austreiben?

Frau P.: Ja, hinterher habe ich mich dann wohl gefühlt..... jedesmal, wenn ich die Reinigung machte, merkte ich, dass ich es besser im Haus aushielt, das war so, als ob mich was quälte, das hab' ich ganz deutlich gespürt.

Und dann habe ich noch etwas bemerkt, und das fand ich überhaupt umwerfend. Da hatte ich ja 'ne Katze, das war die Koschka noch, die zweite, und mit der war ich ja oft abends alleine, nicht ganz alleine – das Mädchen war unten in ihrem Zimmer – ich saß oben und guckte fern.

U.: Und der Sohn war da?

Frau P.: Der war oben, der schlief schon in seinem Bettchen, und ich guckte fern, und die Katze, die Koschka, saß immer unter mir, unter meinem Sessel, und kuschelte sich da auf dem Teppich und die ist – das ist mehr als einmal passiert – sprang sie hervor und guckte wie gebannt in eine Richtung, die Haare gingen in alle Windrichtungen, und sie war voller Spannung, das ganze Tier, auch das Fell war gesträubt, und sie ging mit den Augen irgendeiner Sache nach, die ich nicht sehen konnte, und ich hatte sofort das Gefühl: hier ist ein Geist.

U.: Ja

Frau P.: Sofort, soofort, dann habe ich sie ganz leise berührt, aber sie hat gar nicht reagiert, sondern sie ging in Richtung dieser Erscheinung. Ich bin dann aufgestanden und hinterher gegangen, und dieses Haus hatte eine große Treppe, die nach unten ging. Und dieses Wesen ist die Treppe hinunter geschwebt und die Katze hinterher, und die Katze machte Geräusche, diese Schnattergeräusche.

U.: Ja, wenn sie einen Vogel sehen.

Frau P.: Ja, ja, sie sind voller Spannung dann, ja, so was. Und dann muss das Ding das Haus verlassen haben, denn plötzlich wurde die Katze wieder wie vorher, wieder ruhig. Das habe ich mehr als einmal erlebt.

U.: Mit dieser einen Katze?

Frau P.: Das habe ich auch mit dem weißen Kater hier in dieser Wohnung erlebt. Und wissen Sie, wann ich das erlebt habe? Wenn ich ganz intensiv an meinen verstorbenen Mann dachte und ihn gerufen habe und versucht habe, ob es möglich ist ihn zu rufen, ihn gerufen habe und plötzlich war da was – huhuhu – irgendwas muss da sein – ich weiß nicht was (lacht).

U.: Ich habe auch mal eine Katze gehabt, da war die andere vorher verstorben, und sie kam in das Zimmer, wo die andere vorher immer auf einem bestimmten Stuhl gelegen hat. Da sträubte sich auch bei ihr das Fell. Sie wollte auch nicht auf diesen Stuhl springen.

Frau P.: Da war nichts, da war keine Mücke, keine Fliege, keine Wespe, da war gar nichts. Und es war schon nachts. Die Katze pennte vorher, war schläfrig, und plötzlich war sie so wie explodiert.

U.: War das öfter mit der Koschka?

Frau P.: Manchmal, nicht oft.

U.: In der Zeit, wo Sie in dem Haus wohnten?

Frau P.: Ja

U.: Nur in dem Haus?

Frau P.: Ja, in dem Haus. Dann habe ich es nach 4 Jahren hier in H. wieder erlebt, mit dem Weißen, mit Vito.

U.: Das ist ja bemerkenswert!

Frau P.: Aber erst 2-3 mal

U.: Die Katzen haben noch andere Wahrnehmungen als wir.

Frau P.: Da habe ich das Buch von diesem Sheldrake gelesen. Es ist mir nachher langweilig geworden, das Buch, weil es auch so endlos war und auch immer komplizierter wurde, aber er spricht ja von diesem Netz von Telekommunikation, in dem die Katzen mit allem Möglichen, also auch mit Herrchen und Frauchen, so verbunden sind.

U.: Ist das ein spezielles Buch über Katzen und telepathische Ereignisse?

Frau P.: Auch über Hunde glaube ich – ist ein ganz bekanntes Buch, hat mir eine Freundin gegeben, bisschen anstrengend zu lesen. Na ja.... das habe ich da erlebt.

U.: Haben Sie schon was erlebt mit Ihrem Tier, was auf eine Art Telepathie hindeuten könnte?

Frau P.: Ja, z. B. diese Sache, wenn man nach Hause kommt und die Katze wartet schon? Ich hatte ja lange Jahre ein rotes Auto, ich hab' jetzt ein blaues. Ich hab' dieses rote Auto, kam ich hier rein, und wenn ich hier vorne reinkam, kann man die Katze am Fenster sitzen sehen und dann, wupp, verschwand sie und kam und ich habe gedacht, sie sieht die Farbe rot, aber sie hat schon vorher hier gesessen, das habe ich gemerkt; und dann hatte ich plötzlich kein rotes Auto mehr, sondern ein blaues, also eine ganz andere Farbe, und sie saß wieder und hat mich wahrgenommen.

U.: Vito?

Frau P.: Vito, ja, der weiße Kater. Ich glaube, er hat schon lange hier gesessen und gewusst, dass ich gleich kommen würde. Ich hab' das auch mal gemerkt bei meiner Schwester. Meine Schwester hat ja auch eine Katze. Und wenn ich immer aus Südamerika kommend bei ihr zu Besuch war für ein paar Wochen...

U.: Ach, Sie sind auch öfter nach Deutschland gekommen?

Frau P.: Ja, ich bin 'ne Zeitlang jedes Jahr gekommen, 'ne Zeitlang auch nicht jedes Jahr, ganz unterschiedlich, und dann hab' ich bei ihr gelebt.

U.: in B.?

Frau P.: In B., ja, und da hatten wir die Jule, das war ein schwarzes Weibchen; und meine Schwester muss irgendwann bei ihrer Arbeit aus der Tür getreten sein, die Katze ging irgendwann an die Tür und blieb da sitzen, und das war nicht jeden Tag um die gleiche Zeit, war unterschiedlich.

U.: Ach so, und sie wusste schon vorher, wann sie kommt, das war ja nicht immer die gleiche Zeit.

Frau P.: Nee, aber das war eine Weile, bevor meine Schwester kam. Das muss zu einem Zeitpunkt gewesen sein, wo meine Schwester ins Auto stieg oder den Schreibtisch zuschloß oder die Tür zumachte oder irgendwas.

U.: Ja

Frau P.: Irgendwas, wo sie den Gedanken fasste: „Ich fahre jetzt nach Hause." Ich weiß nicht, was die Katze aufgefangen hat, aber irgend etwas hat die Katze aufgefangen, und es war nicht die Gewohnheit, weil es jeden Tag um die gleiche Zeit war, es war ganz unterschiedlich. Da saß die Katze vor der Tür und wartete auf das Frauchen.

U.: Ja. Phantastisch, nicht wahr? Hochinteressant.

Frau P.: Also da hab' ich's gemerkt, wie, es war ja nicht meine Katze, da habe ich es beobachten können, das habe ich gesehen, ja.

U.: Und ist das für Sie auch so ein Indiz für enge Verbundenheit?

Frau P.: Ja, unbedingt.

U.: Das ist vielleicht möglich, wenn man von Telepathie spricht…

Frau P.: Ich denke auch, dass Katzen und überhaupt Tiere noch viel mehr können, und zwar, ich glaube, dass Tiere ihre Herrchen, ihre Frauchen beschützen, ja, dass sie Unglück abwenden vom Haus regelrecht.

U.: Oh!

Frau P.: Also manchmal geht ein Tier dabei drauf.

U.: Manchmal stirbt ein Tier, damit wieder etwas Gutes wird, stimmt.

Frau P.: Ja, ich glaube das auch. Wenn man so rumhorcht und guckt bei anderen Leuten.

U.: Oh, ich mag da gar nicht daran denken.

Frau P.: Nee, ich glaube, dass Tiere wirklich einen Schutzschild für Menschen auch darstellen oder so einen Puffer dazwischen oder was.

U.: Ja. Das können Energiebündel, wenn man so sagen will, also in welcher Richtung, also ich denke auch...

Frau P.: Na ja, oder ich sitz auf dem Sofa und werde aus irgendeinem Grund, vielleicht einen Film gesehen habe, oder an was denke, sehr sehr traurig. Aber ich gebe keinen Laut von mir, und ich sage auch nichts, und ich tu auch nichts – ich bin einfach plötzlich nur wahnsinnig traurig, und dann kommt meine Katze und schützt mich – sie ist einfach da.

U.: Mhm, sie spürt das.

Frau P.: Sie hört ja nichts, sie spürt das.

U.: Gerade Vito, der taube Kater

Frau P.: Ja, ja, der hört nichts.

U.: Das wurde explizit ja noch nicht so gesagt, also… Das ist phänomenal.

Frau P.: Woher weiß der das. Er guckt mich an, als möchte er mich fragen: „Warum bist du so traurig?"

U.: Er hat kein Schluchzen gehört, er sieht höchstens feuchte Augen.

Frau P.: Gar nichts, auch nicht mal das.

U.: Das ist die Ausstrahlung!

Frau P.: Er pennt ja eigentlich immer so ein bisschen, er ruht und schnorchelt so vor sich hin, manchmal schnarcht er auch etwas.

U.: Bei anderen Katzen würde ich sagen, ist es die Art der Atmung, die verändert sich etwas. Sie hören es, aber sehen es auch, bei Vito ist es noch etwas anderes vielleicht.

Frau P.: Ja, Vito, der hört ja nichts, gar nichts, das ist erwiesen, und kriegt aber mehr mit als ein Tier, das hört, hab' ich das Gefühl. Der macht alles, ich weiß nicht, ob er das mit den Schwingungen in der Luft macht. – Der soll ja bei den Katzen nicht so doll sein, der Geruchssinn.

U.: Doch, vielleicht nicht so stark wie bei einem Hund, aber doch relativ stark, stärker als bei uns.

Frau P.: Vielleicht strömt man, wenn man traurig ist, einen anderen Geruch aus, keine Ahnung, Pheromene oder Pheromone?

U.: Ich hab' mir das auch nur immer so erklärt: Wenn man anders atmet, also ich, ganz kurz, wenn bei meiner Mucki, wenn die merkt, ich werde wach, ich atme anders, sofort springt sie auf mein Bett. „Und jetzt bist du endlich wach." Oder wenn ich ausschlafen kann, sonntags oder so, jagt sie mich schon morgens um 4 aus dem Bett, da will ich ja schlafen noch.

Frau P.: Ja.

Frau P.: Also der Vitolino merkt auch, wenn ich ihn suche, der ist nicht da, der ist nicht da und der ist immer noch nicht da, und dann werd' ich langsam unruhig, weil ich Angst habe, ihm ist etwas passiert, weil er eben ja nichts hört, oder jemand hat ihn weggefangen. Und dann geh ich raus auf den Balkon und sag so ganz leise: Vitolino, Vito, Vito, Vito, wo bist du? Und dann muss ich rein gehen, wieder vom Balkon runter, in 's Zimmer, – 5 Minuten später ist er da. Aber ich weiß nicht wo er herkommt. Aber er merkt, dass ich ihn gesucht habe oder was von ihm will.

U.: Ja, ja, phantastisch!

Frau P.: Ich habe ja manchmal panische Angst um ihn, weil ich denke, der wird überfahren, weil er nichts hört oder jemand nimmt ihn mit, weil er so zutraulich ist und sich anfassen lässt, es ist leicht, ihn wegzunehmen.

U.: Ja, er ist ein schmusiger… er ist aktiv, er geht ja auf einen zu, wenn man ihn ein bisschen kennt schon…

Frau P.: Ja, ich bin auch sicher, dass er weiß, dass er mich hören kann, weil er so stark kompensiert mit vielen Dingen. Und ich meine, das macht er doch bewusst, oder aus Instinkt? Ich weiß nicht, wie das geht.

U.: Er ist von Geburt an taub, nicht wahr? Erst dann weiß das Tier…

Frau P.: Ja, ja, er hat absolut kein Gehör, wir haben den stärksten Krach an seinen Ohren fabriziert, auch damals beim Tierarzt, als ich das merkte, keine Chance.

U.: Aber wie viele Vibrationen sind in der Welt, wenn er das alles verstärkt wahrnimmt, dann hat er doch mehr als Lärm …

Frau P.: Ja er hat es herausgekriegt, mit seinen Tatzen und die Barthaare, also, ich glaub', der macht sehr viel mit seinen Barthaaren, er spürt sehr viel mit diesen Dingern auf, weil, Nase und Augen, das ist gar nicht mal so das Wesentliche. Und wenn er schnuppert, weil er was nicht hört, fängt er an zu schnuppern. Wie so ein Hase macht er dann, so muck, muck – das kenn' ich von anderen Katzen auch nicht.

U. Ja, Frau P., wir sind ja stehengeblieben noch, wir sind ja noch in Caracas im Moment gewesen, wie war das eigentlich, also da hatten wir am Schluss einen Hund sogar, der hieß Jenny und wie war das Verhältnis zu der Jenny?

Frau P.: Ich habe die Jenny sehr gerne gemocht, aber ich habe sie nicht geliebt. Es war ein wunderschönes, ein klassisch schönes Tier und sie war auch sozusagen gut erzogen, soweit wir sie überhaupt erzogen haben, das Tier. Sie war uns sehr zugetan, also der Familie sehr zugetan, sie hat uns beschützt. Wir haben auch mal einen Hundezüchter geholt, um ihr Manieren beizubringen, so mit „Sitz" und „Steh" und „Lieg", aber das haben wir nicht hingekriegt, und dann haben wir das auch gelassen.

U.: Und wer ist mit ihr Gassi gegangen? – Ging das überhaupt?

Frau P.: Na, das hab' ich gemacht. Ich bin abends mit ihr rausgegangen, aber ich konnte sie nie ohne Leine laufen lassen, weil ich hatte immer Angst, man klaut sie mir. Weil Caracas – das ist ja ein heißes Pflaster. Dann läuft sie um drei Ecken, ich seh' sie nicht mehr, und sie ist weg, also da hab' ich immer Angst gehabt.

U.: Das hätte ich auch.

Frau P.: Ich bin immer mit der Leine... eigentlich ist sie mit mir.. ich bin mit ihr gelaufen, weil sie zog und zog.

U.: Das kommt mir doch bekannt vor.

Frau P.: Da ist sie ja dann auch nachher ein großes Tier gewesen. Das ist ja so ein hohes Tier. So ein, ist ja auch kräftig, mit den langen Schlappohren. Ganz treues Tier. Und sie hatte es genauso gemacht wie die Katze. Wenn sie Abschied nahm oder ganz lieb zu einem sein wollte, kugelte sie sich auf den Rücken und streckte alle Viere von sich.

U.: Ja, das machen Hunde auch.

Frau P.: Das machen Hunde auch? Ja, da hab' ich mich gewundert. Ja, ich mochte die Hündin sehr gerne. Sie war lustig, sie war wirklich lustig. Aber eine ähnliche Verbindung zum Hund habe ich nicht herstellen können.

U.: Eine ähnliche Verbindung so wie mit dem ersten Koschka?

Frau P.: Nein, nein

U.: Das war eine besondere Liebe, der erste Koschka.

Frau P.: Ja, ja.

U.: Die zweite war ja ein Mädchen, aber die verschwand dann leider.

Frau P.: Ja, die war auch ein bisschen „angewildert", so ein kleines bisschen, die war nicht so zahm. Die saß immer auf dem Fenstersims und ließ sich mal streicheln, aber beim dritten mal Streicheln war sie weg.

U.: Ja, die Katzen sind auch unterschiedlich, auch vom Charakter her.

Frau P.: Und nachher der Micky, der war also noch wilder. Dann hatten wir noch mal 'ne andere Katze geholt, so eine „Blitzkatze." Die haben sie uns vergiftet. Die hatten wir leider nur kurze Zeit.

U.: Ja, leider.

Frau P.: Und die Koschka, fällt mir gerade ein, die zweite Koschka, also das Weibchen, kriegte ja auch noch Junge! Die hat ja einmal Junge geworfen, ich glaub' 6 Stück. Und es war sehr schwer, die Jungen unterzubringen. Ganz schwer – ich habe, wann war denn das? Im Oktober habe ich von einer Freundin 'ne Telefonnummer gekriegt von einer Familie aus Caracas, die jetzt auch hier lebt in H.. Und die ich ganz gut kannte dort. Und dann hab' ich da angerufen, und da war die Tochter dran, die kannte ich, als sie so war, so klein. Und dann sagte ich, wer ich bin. Und dann sagt sie zu mir: „Ach sind Sie die, von der wir die Katze genommen haben?"

U.: Ach so, jetzt meinen Sie (lacht)

Frau P.: Nach 20 Jahren. Ich dachte: „Was? Was? Haben die noch eins von den Jungen genommen?" Ja, ich bin sie losgeworden, und so habe ich sie alle unterbringen können.

U.: Ja, jetzt leben sie wohl auch alle nicht mehr. Das ist schon so lange her.

Frau P.: Ich weiß noch, als ich ganz von Caracas wegging, ich bin ja weggegangen nach Deutschland, um zu gucken; ich bin dann noch mal zurückgegangen für 1, 2 Monate, um dann endgültig wegzugehen.

U.: Der Grund war die Trennung von Ihrem Mann?

Frau P.: Ich wollte von meinem Mann weg, ich wollte nach Deutschland zurück. Ja, ich wollte mein eigenes Leben wieder leben. Und als ich das 2. mal dann wirklich wegging und der Hund – Jenny – hatte das noch gar nicht mitgekriegt, dass meine Sachen, die waren noch gar nicht weggebracht oder so. Ich ging so raus um zu gucken, wie wir das alles ins Auto kriegen – da schmiss sich die Jenny vor mich hin und legte sich auf den Rücken und streckte alle Viere von sich – die Zunge so weit raus und die Ohren neben sich und blieb ganz still liegen. Da wusste dieses Tier, dass sie mich nie wiedersehen würde, sie nahm Abschied von mir.

U.: Ja

Frau P.: Nee, ich hatte ja nicht mal eine Bleibe, als ich kam, ich hatte ja auch meinen Sohn nicht mitgenommen, als ich kam, der kam ja auch ein halbes

Jahr später. Es war furchtbar, und Jenny war mir nicht so wichtig wie mein Sohn, und Bastian hat ja auch so gelitten.

U.: Und wer war bei Bastian?

Frau P.: Mein Mann war ja da.

U.: Ich dachte, der wäre weg immer.

Frau P.: Inzwischen hat mein Mann nach etlichen Jahren da nicht mehr gearbeitet im Urwald, sondern in Caracas selber, musste allerdings sehr viel reisen im südamerikanischen Raum, aber war doch öfter in Caracas immer und abends auch zu Hause, aber da hatten wir auch ein festes Hausmädchen, und Bastian blieb ein halbes Jahr mit Hausmädchen, meiner Freundin mit ihrem Sohn – eine deutsch-italienische Freundin, die einen gleichaltrigen Sohn hatte – und wir haben in der Woche ein paar mal telefoniert und Bastian noch häufiger – ich war immer unterrichtet, und er musste noch so lange bleiben, bis das Schuljahr zu Ende war, weil die haben hier Klamauk gemacht und die da auch in der Schule. Also musste ich ihn dalassen. Und das war auch gut, denn ich hatte ja gar keine Wohnung, als ich kam.

U.: Sie sind aber gleich nach H. gekommen?

Frau P.: Ja, ja, in S. war ich, vor H., bei A., und da war ich ein ¼ Jahr, und dann zog ich nach St. in eine kleine Dachwohnung, das war aber auch nur behelfsmäßig, weil das war nur ein Zimmer, weil das war sehr schwer, 'ne Wohnung zu bekommen. Ich hab' gesucht wie wild, hab' keine Wohnung gekriegt. Ich bin immer zu den Vermietern gegangen und hab' nie den Zuschlag gekriegt, bis ich dann in dieser Wohnung mal landete und sagte: „Die Wohnung will ich jetzt aber mal haben, weil mein Sohn kommt bald, und er muss eingeschult werden", und die Leute, die hier wohnten, die Eigentümer, die konnt' ich überzeugen, obwohl ich die letzte von vielen Leuten war, die sich die Wohnung hier angeguckt haben.

U.: Das freut mich!

Frau P.: Da hab' ich dann am nächsten Tag angerufen, und dann haben sie mir den Zuschlag gegeben. Das war ein Riesenproblem, was ich da gelöst hatte.

U.: Sie sind jetzt 12 Jahre hier?

Frau P.: Nee, ich wohne jetzt hier – erst mal habe ich 5 Jahre zur Miete gewohnt und dann habe ich die Wohnung gekauft – 16 Jahre wohne ich jetzt hier.

Frau P.: Ich hatte ja vorher eine andere Katze, so einen roten Kater, der hieß Hannibal.

U.: Aber in St. hatten Sie noch keine

Frau P.: Da noch nicht

U.: Na gut, jetzt können wir auch 'nen Sprung machen.

Frau P.: Sie müssen mich nur fragen, in meinem Kopf geht jetzt alles durcheinander.

U.: Ja, ich weiß….

Frau P.: Ich hatte den Hannibal, und Hannibal war ja auch etliche Jahre mit uns

U.: Hannibal war ein Kater?

Frau P.: Ja, das war schon ein erwachsenes Tier, und ich wollte unbedingt eine rote Katze haben in Erinnerung an den Koschka, den ich mal kennengelernt hatte bei meiner Tante, das war ein roter Kater.

U.: Ach!

Frau P.: Und dann hatte ich in so einem Tierheim-ähnlichen Verein in Lübeck angerufen und gefragt, ob sie so ein Tier hätten, und die hatten so ein Tier, und dann sagten sie, ich könne das abholen.... und dann kam dann so eine Frau an und brachte mir so ein dickes fettes hässliches Katzentier an – ich dachte: „O Gott, was hast du bloß gemacht, was für ein hässliches Tier!"

U.: Das haben Sie so empfunden?

Frau P.: Ja, dick war der, der hatte einen Bauch bis zum Boden, einen kleinen Kopf, einen kleinen dünnen Schwanz und guckte so was von totängstlich um sich her, also der sah furchtbar aus, das war eine richtige Schlummerrolle war das. Das war keine Katze, das war ja so was Komisches, wie so ein Schinken sah der aus ..dann habe ich nur gedacht: „Haste A gesagt, musst du auch B sagen, wolltest eigentlich was Hübscheres haben", und aus dem Kater wird noch was Hübsches (lacht). Dann hat diese Katze 4 Wochen lang von morgens bis abends geschrien, sie wollte zurück zu ihren Leuten, und das ging nicht, ihr Herrchen war katzenallergisch geworden oder was.

U.: Da wohnten Sie schon hier in dieser Wohnung.

Frau P.: Ja. Und dann habe ich es irgendwann nicht mehr ausgehalten und die Katzenklappe aufgemacht, die habe ich nämlich geschlossen gehalten die ganze Zeit.

U.: Ach so, weil er weinte!

Frau P.: Weil er weinte. Ich dachte, er läuft mir fort.

U.: Er war wohl Freilauf gewöhnt.

Frau P.: Und dann hab' ich die Katzenklappe aufgemacht, hab' ihn raus und hin und her, damit er weiß, wie es geht… hach, und von dem Tag an hörte das tägliche und nächtliche Geschrei auf und der Kater wurde langsam ein glücklicher Kater. Er hieß Willi.

U.: Ach, das war noch nicht der Hannibal?

Frau P.: Nee, den hab' ich nur umgenannt. Wir haben oft „Honey" gesagt – „Willi", ein furchtbarer Name für einen Kater – und den haben wir dann Hannibal getauft und Hannibal paßte wunderbar zu ihm.

Das war das Tier, was nachher so krank wurde, der hatte ganz schweren Leberschaden irgendwann, und den hatte ich wider jegliche Vernunft und Anraten von mehreren Tierärzten, die alle dasselbe rieten, ihn einzuschläfern, weil er sich so quält, hab' ich das nicht geschafft, und den hab' ich noch 1 Jahr im Grunde noch gequält, weil ich ihn nicht einschläfern lassen konnte, ich konnte nicht. Ich hatte sofort das Tier in Caracas im Sinn. Das ging überhaupt nicht. Und dann, es war so, er fraß nicht mehr, und wenn er was fraß, hat er sofort erbrochen, er hatte ein scheckiges Fell, er sah schrecklich aus und er miaute nur immer irgendwie rum. Und da hab' ich eines Tages gesagt: «Das geht nicht mehr. Ich werd' jetzt den Entschluss fassen und werd' jetzt was machen.» Hinzu kam, dass ich eine Freundin hatte, die zu mir sagte: «Wenn du das nicht kannst, ich mache es für dich." Also die nahm mir ein bisschen Last ab. Da wohnte Bastian schon nicht mehr hier. Bastian hatte ich gebeten zu kommen, um hinten im Garten ein Loch auszubuddeln, weil ich hatte das gemacht, aber ich kam da nicht sehr tief, weil das ist so bröckelig und hart.

U.: Das ist schwer.

Frau P.: Und dann hat der da auch noch drauf rumgehackt.... und dann bin ich mit der Freundin zu einem vereinbarten Termin zu einem Tierarzt denn gefahren, und der Kater hat gewusst, was ihm blüht. Der hat auch am Abend vorher von mir Abschied genommen, der wusste das, es war, ich hab' noch mal einen Spaziergang mit ihm gemacht durch den Garten und noch mal ganz lieb mit ihm geredet.... und plötzlich kam der zu mir und sonst war der immer auf Abstand....

U.: Ein Schmuser war er nicht.

Frau P.: Nein gar nicht. Ich glaub', der hat mir übel genommen, dass ich ihn aus seinem Müll geholt habe.

U.: Wo?

Frau P.: Von seiner Familie, von der er da kam.

U.: Aus L. wahrscheinlich. Wie alt ist Hannibal?

Frau P.: Der war auch so 8 Jahre alt. Als ich ihn bekommen habe, war er 2 Jahre, glaub' ich oder irgendwie so.

U.: Na ja, das geht ja noch.

Frau P.: Ja, er war gerade erwachsen. Na ja, und…

Ich hab' von der Frau, die mir die Katze gebracht hatte, gehört, dass dieser Kater und sein Herrchen ein Pott und ein Deckel waren und dass es ganz schlimm war, die Trennung. Ich glaube, der Kater hat da einiges mitgemacht, und deshalb hat der hier einen Monat geweint.

U.: Ja, das ist denkbar.

Frau P.: Und deshalb hab' ich so lange die Tür zugelassen, ich dachte, der läuft nach L. zurück.

U.: War ja einerseits auch richtig.

Frau P.: Ja

U.: Nun haben Sie sich schon geopfert und das Tier aufgenommen, und dann war das noch so schwierig, aber Sie haben ihn doch auch geliebt.

Frau P.: Ja natürlich, natürlich, es war ein sehr geliebtes Tier, von uns beiden.

U.: Jetzt haben Sie nur den Anfang und das Ende von Hannibal erzählt. Was haben Sie denn für schöne Erlebnisse mit ihm gehabt?

Frau P.: ... Fotografien und mit ihm natürlich zusammen gesessen mit dem Kater. Er kam nicht gern auf den Schoß, er kam und ging dann gleich wieder runter und blieb dann aber neben einem, aber so mit 1 m Abstand möglichst. Aber dann blieb er auch unendlich. Er ließ sich gerne fotografieren, wenn ich da, früher lag ich immer draußen auf dem Balkon, dann lag er unter der Liege, war er auch da, er suchte die Nähe, aber immer mit einem gewissen Abstand. Er hielt immer so eine gewisse Distanz, aber war ein liebes, ein richtig liebes Tier, und war ein schönes großes Tier.

U.: Aber der Bauch hing nicht mehr?

Frau P.: Nein, der Bauch hing nachher überhaupt nicht mehr runter, er war drahtiger geworden, der Kopf war auch nicht mehr so klein im Verhältnis zum Körper, das war nachher alles harmonischer, nur der Schwanz blieb klein. Aber er war ein hübsches Tier.

U.: Aber war er ein Langhaar-Kater?

Frau P.: Ja, er hatte längere Haare und hatte so schöne Umrandungen um die Augen. Na ja, und ich konnte den nicht töten lassen, das war, ich sollte irgendein Tier töten, ein Wesen, was mit mir Jahre gelebt hat, das konnte ich nicht, und so habe ich ihn lieber leiden lassen als ihn töten, ich konnte nicht... Ich war damals selber in einer Psychoanalyse und lag auf dem Sofa und weinte um meinen Kater und erzählte das meinem Analytiker, und der knurrte einmal auch so zwischen den Zähnen hervor, dass man Tiere nicht leiden lassen sollte – das war so ganz vorsichtig sein Rat aus der Ferne – aber das wusste ich auch schon (lacht) – Ich hab' das nicht geschafft, – er hatte natürlich 'nen Abstand dazu, den hatte ich nicht.

U.: Ja, das ist immer sehr, sehr schwierig, so was in die Tat umzusetzen, wenn der Verstand genau weiß, es müsste getan werden, und das Herz zerbricht.

Frau P.: Er hat sich furchtbar gewehrt vor der Spritze, er hat alles in Grund und Boden gekratzt, und den haben sie dann in einen Zwangskäfig getan, wo die Wände zugeschoben werden, damit sie die Betäubungsspritze in ihn reinkriegen. Und ich bin ja auch fast zusammengebrochen, als ich das mitgekriegt habe.

U.: Sie waren ja dabei...

Frau P.: Ich habe das nicht ausgehalten, ich bin rausgegangen.

U.: Ja

Frau P.: ...Und dieses Tier hatte auch telepathische Begabung, der wusste auch immer alles im Voraus... das war ein so treuer, sprachloser, so, wie soll ich mal sagen, so ein „Im-Hintergrund-Begleiter."

U.: Ja, ja.

Frau P.: Ein tolles Tier, stolzes Tier. Und der liegt hinten im Garten. Ich hab' ihm einen Ginsterbusch auf sein Grab gepflanzt, und heute habe ich den Ginster hoch gebunden, weil der umgekippt ist, der ist so ganz lang geworden.

U.: Da bin ich ja manchmal im Garten.

Frau P.: Ja, auf der linken Seite.

U.: Ja, auf der linken... das hatte ich mir auch so vorgestellt, ist das nicht komisch?

Frau P.: Ja. ja. Weil's da bisschen schattiger ist, unter Bäumen da. Ja und in Caracas, da können wir bald noch mal erzählen, was ich da an Tieren kennen gelernt habe, aber jetzt essen wir erst einmal.

Das zweite Gespräch mit Friederike P.

Frau P.: Dann sage ich das noch mal: dass ich auch einen Hund hatte und auch ja zu anderen Tieren, wir haben ja durch den Zoo in B. ja immer viel Zusammenhang mit Tieren gehabt und zu Hause auch mal Getier gehabt und so, und im Garten. Aber, an allen Tieren...

U.: Ach, einen Garten hatten Sie damals auch?

Frau P.: Ja, als Kind. Meine Eltern hatten...

U.: in Ost-B. noch?

Frau P.: Nein, das war dann schon in West-B. Das war im Norden, das war also gerade neben der Grenze, das war ein riesiges Grundstück und da war von der Kellerassel über was weiß ich, Mäuse, alles war da vorhanden, und mein Vater nahm also die Gelegenheit noch immer wahr und nahm die Tiere wie Insekten, die größeren, in die Hände und erklärte sie mir. Ich bin völlig ohne Scheu vor Insekten aufgewachsen, vor keinem Wurm, vor keiner Assel, vor keiner Spinne, was in Deutschland so, was es so gibt, habe ich nie Angst gehabt. Wenn andere immer Zustände kriegen oder bei Maus-Vorkommen auf den Tisch springen, das kenne ich überhaupt nicht. Ganz im Gegenteil, ich finde Mäuse unheimlich schön und süß und anrührend und hochintelligent.

U.: Ja, das finde ich auch. Ich war so ähnlich früher, ich konnte das immer nicht so nachvollziehen.

Frau P.: Aber von allen Tieren, die ich mir so vorstellen kann, mit denen ich auch Kontakt hatte, gefallen mir Katzen, sagen mir Katzen am meisten zu, und das, was ich eben schon meinte, ich denke, durch diese Selbständigkeit, die sie behalten, dass sie immer ihren, sind immer da, aber sie behalten immer so ihren Kreis, das ist wie eine Acht, wie eine liegende Acht, da ist sie und da ist mein Mittelpunkt, oder auch nicht, wenn ich da raus gehen will, aber sie bleibt bei ihrem, sie schiebt ihn hin und immer mit ihrem Kreis mit, bringt ihn immer mit, aber sie hat immer diese Selbstverständlichkeit von sich selber, und die, kann sich ja auch ohne, dass sie leidet, jedenfalls merkt man das nicht, auch zurückziehen auf sich selbst, sie ist ja nicht einsam unbedingt. Natürlich, wenn man eine Katze einsperrt und ihr tagelang keine Milch gibt, da ist das auch, das ist ja Quälerei, aber wenn man weggeht und wie ich die Tage weg war – ich wurde zwar etwas mit dem Hinterteil begrüßt, aber das hat nur eine Stunde angehalten, dann waren die Katzen voll da.

U.: Ach ja – jetzt – und wie sind die Katzen gefüttert worden?

Frau P.: Ja, ich war ja vier Tage nicht da.

U.: Und was haben die Katzen, sind die gefüttert worden?

Frau P.: Ja, von der Nachbarin über mir – ich stell immer alles hin. Das ist schon gar nicht mehr der Punkt. Der Punkt ist vorher. Sie merken, wenn ich wegfahren will. Da steht dann ein Köfferchen oder ein paar Taschen, da wird Zeug zusammengetragen, was sonst nicht zusammengetragen wird, da hat man 'ne andere Geschäftigkeit, man ist auch mit den Gedanken bei der Reise, das merken die alles.

U.: Das spüren die so schnell.

Frau P.: Und wenn der Koffer hier steht, dann wird er erst mal in Beschlag genommen, der wird beäugt, und dann wird sich drauf gesetzt oder .rein gesprungen. –

Ja, ich habe ja gerade erzählt, die Katze mit der liegenden Acht und den Kreisen…die Katze geht da nicht heraus, ich hab' darüber nach gedacht, was mir am meisten gefällt, ich glaub, das ist ihre Selbstverständlichkeit von sich selbst und ihre Eigenliebe, die sie haben, und ihre Selbständigkeit auch. Sie sind ja noch selbständig, wenn sie leiden, wenn sie dem Tode schon nahe sind, mit allem beschäftigen sie sich noch immer, sie putzen sich noch, sie versuchen noch ihr Geschäft zu machen wo es hingehört… auch ihr Leben so weiterzuführen… sie kämpfen …es gibt bestimmt noch viel mehr, was mir jetzt nicht einfällt.

Es ist natürlich noch 'ne andere Seite, und das ist die weiche Seite. Die Katze ist ja ein kuscheliges Tier, sie ist ja ein kuscheliges Etwas mit weichem Fell, das haben Hunde auch, aber vielleicht nicht in der Form – das Weiche, Liebevolle, Kuschelige, das haben ja Hunde nicht so. – Wenn der Hund sein Maul aufmacht und die Zunge raushängt und hechelt, dann ist nichts mehr niedlich (lacht).

U.: Kommt darauf an.

Frau P.: Er denkt an die Jagd, oder was weiß ich, was er zu fressen hat oder an was anderes Blödes, Attacke (lacht)… Also das Weiche, Liebe, Anschmiegsame, das auch noch. Ich glaube, ich habe manchmal gedacht, dass Menschen Katzen haben, die diese Seite in sich eigentlich nicht spüren oder verleugnen und sie dort leben, in ihrem Tier.

U.: Kann auch sein

Frau P.: Das Liebevolle, Weiche. Also einige Leute, die so einen gedrillten Hund haben, auch selber sehr gequälte Seelen sind, die voller Angst sind und gerne mal bissig werden oder aggressiv werden und das gar nicht fertig bringen oder auch so aggressiv werden, dass sie einen aggressiven Hund brauchen. Das passt alles gar nicht auf 'ne Katze.

U.: Mmmh, meistens, ja.

Frau P.: Die Katze lebt die anderen Seiten, die sehr individuelle Seite.

Ich glaube, das ist es auch, was mich daran so bezaubert. Also es ist ja, es gibt ja auch andere Tiere, z. B., wenn man im Fernsehen diese Sendungen sieht über Affen, Großaffen, Orang-Utans, Schimpansen und Gorillas.

U.: Ja

Frau P.: Da ist man immer ganz erstaunt, wie verständig die sind und wie die sich mitteilen können, Menschen mitteilen können, natürlich auch untereinander. Wie wunderbar, was für ein Sozialgefüge die haben und wie wunderbar das funktioniert, auch zwischen den Müttern und den jungen Tieren. Das sind auch wunderbare Geschichten, die man da erzählen kann und sehen kann. Aber trotzdem berührt mich das nicht so stark wie eine Katze. Auch eine Katze mit ihren Jungen oder so, das ist wieder etwas ganz anderes.

U.: Ja, jetzt überleg' ich gerade, in Ihrer Jugend hatten Sie ja eigentlich gar keinen direkten Kontakt zu einer Hauskatze.

Frau P.: Nein, gar nicht, das war ja bei uns zu Hause verpönt.

U.: Ja, Sie hatten einen Hamster, 'ne Blindschleiche, Eichhörnchen, Mäuse..

Frau P.: Alles, was im Käfig war und kontrolliert werden konnte, das war genehmigt. Aber, was frei 'rum lief, das war suspekt.

U.: Ah, ja.

Frau P.: Und: Mein Vater sagte natürlich, Tiere, die frei rumlaufen, gehören entweder in die freie Wildbahn oder in den Zoo, aber nicht in die Wohnung.

U.: Stimmt, das haben Sie auch mal gesagt.

Frau P.: Das hat ja auch eine Berechtigung (lacht).

Ja, wir haben übrigens auch bei meiner Schwester vorgestern die Doktorarbeit meines Vaters gefunden, das ging irgend was über… blah blah blah, über Lutrinae, ich weiß nicht was.

U.: Worüber?

Frau P.: Lutrinae, ich weiß nicht was das …

U.: Chemie, oder was?

Frau P.: Nein, irgendwelche Tiere

U.: Ach so

Frau P.: Ach, ich hab' das vergessen. Und dann haben wir nochmal darin geblättert und dann haben wir beide gesagt: „Die Zeit ist vorbei." Also ich hab's nie gesehen, ich hab' sie ganz früher mal gesehen, die Arbeit, ich hab' kein Wort verstanden, meine Schwester hat sie auch nie gelesen. Wir haben diese Arbeit feierlich versenkt. Die kam in den Müll. Das war jetzt vorbei. Es ist wirklich vorbei. Also..

U.: Vielleicht hätte ich Interesse gehabt, so ganz spontan.

Frau P.: Ach das glaub' ich nicht.

U.: Um welche Tiere ging es denn?

Frau P.: Ach vergessen Sie 's! ...Um Lutrinae, da muss ich mal gucken, was das ist. Der hat ja soviel geschrieben, ganze Bände über Tierkunde herausgegeben. Das ist ja viele, viele Jahre her, das ist ja alles überholt.

U.: Alles nicht, aber vieles

Frau P.: Wenn ich überlege, was mir mein Vater über Tiere erzählt hat, der hatte von Verhaltensforschung noch nicht viel Ahnung. Das war bei ihm alles noch viel mehr gebunden an: Wenn das Tier solche Zähne hat, dann ist es ein Pflanzenfresser und wenn es solche...

U.: Rein biologisch

Frau P.: Rein biologisch, ja. Mit Psychologie, da waren die alle ganz ängstlich früher, aber Sie wollten jetzt mal – Sie haben gar nichts mehr, was Sie nachfragen wollen?

U.: Ja, haben Sie Tiere auch schon mal als „Kommunikations-Erleichterer" erlebt oder empfunden, also als Katalysator im Umgang mit Menschen?

Frau P.: Ja, natürlich, viel, insbesondere wenn man mit Katzenbesitzern zusammentrifft, die hören gar nicht mehr auf zu reden, da kommt man gar nicht zu Wort (lacht).

U.: Ja? Ein ergiebiges Gebiet.

Frau P.: Das ist es wirklich. Da werden selbst Hartgesottene weich, wenn sie von ihren Tieren, wenn sie jemanden haben, der zuhört, wenn er von seinem Tier erzählt. Sicher, das ist ja auch klar, das sieht man auch auf der Straße: da sind Leute mit Hunden, die fangen an zu reden über ihre Hunde, also das geht mir auch so mit den Katzen. Ja, aber ich such' das nicht so, weil mich nervt das, wenn andere Leute sich dann sehr auslassen über ihre Katzen, weil das kenn' ich alles schon, und ich hab' das Gefühl, ich kenne das viel besser von meinen Katzen, viel genauer und viel länger, ich brauch' das gar nicht mehr, also da ist auch nichts Spezielles mehr bei, was ich nicht schon weiß. Natürlich, ich guck' mir auch im Fernsehen gerne diese ganzen Tiersendungen an, jedwede, ob das Krebse sind, die vorm Reiher flüchten oder was.

U.: Die was?

Frau P.: Die flüchten vor so einem Reiher, das war gerade in Japan, oder diese ganzen Affensachen oder wunderbare Vögel, die noch einmal vor dem endgültigen Ausrotten gerettet werden und, und, und.

U.: Ja, das schau ich mir auch gern an

Frau P.: Das ist ja auch eine Art der Kommunikation, der Zuschauer freut sich und erweitert sein Wissen.

U.: Ja, das ist richtig. – Ja, was ist es denn, was Sie persönlich besonders an Ihrem Tier schätzen? Aber darüber haben wir glaub ich eben schon viel gesprochen.

Frau P.: Ja. Aber das könnte man vielleicht noch mal auf den Punkt bringen, ich hatte so die Treue, die Verschmustheit, die Verspieltheit, die Anhänglichkeit, ja, man ist nie allein oder…

Frau P.: Das sind alles Sachen, die mir auch gefallen… so viel spielen tu' ich gar nicht, …wenn Streicheln unter Spielen geht, ja, …der weiße Kater kommt sehr gerne, wenn ich sitze und macht sich auf meinem Schoß breit und will gestreichelt werden, er kommt ja und legt mir die Pfötchen um den Hals, er hängt sie oben so, und dann muss ich gut aufpassen, denn die Krallen die pieken ja bisschen am Hals, aber ich schieb' dann immer mein T-Shirt hoch, und dann hängt der da, und dann merk' ich, dass dieses Tier – das hört ja nichts – aber das spürt meinen Herzschlag, und das ist das, was er sucht, auch mit den Pfoten an der Halsschlagader.

U.: Ja, die Wärme

Frau P.: Ich denke mal, das hat er auch bei seiner Mutter so empfunden, er hatte ja 6 Geschwister.

U.: Er war das siebte.

Frau P.: Ja, innerhalb der sieben, ich glaub, er war der Zweitgeborene… da nimmt er Kontakt auf und nicht nur Kontakt, auch Leben nimmt er da auf, der hört damit, mit seinen Pfoten, aber da liegt er so wie ein Baby, liegt im Arm wie ein Baby mit Pfoten nach oben, Gebiss nach oben und dann schnurrt er ohne Ende und irgendwann dreht er sich denn und hockt auf meinem Schoß, weil er mir auch zu schwer wird auf dem Arm und ist einfach nur da, ist einfach nur da und ich merke, wie nötig er das hat, weil – er kompensiert damit ja viel, und er ist natürlich auch verwöhnt. Er nimmt, was er braucht oder haben will, und er weiß, er kriegt es. Und er ist ein Tier, das sehr gerne das nimmt, was er einfach haben will, er lässt sich da nicht erschrecken, während z.B. bei dem Emil, da muss man sich schon drum kümmern, dass er kommt, den muss man schon richtig einfangen fast und dann – langes Streicheln gibt es nicht, der will dann wieder weg nach einer Weile.

Gerade im Sommer jetzt.

Frau P.: Jo, wenn er auf dem Schoß gesessen hat, dann hält er still, aber man merkt, der ganze Körper ist unter Spannung, die lässt dann zwar nach einer Weile nach, wenn er Vertrauen zu uns hat, aber bei dem geringsten Geräusch hüpft er weg.

U.: Ja, er hat ja seine Ohren.

Frau P.: Genau

U.: Das fasziniert ja jetzt im Sommer besonders, wenn draußen was ist.

Frau P.: Ja

U.: Tiere sind so unterschiedlich.

Frau P.: Es ist noch etwas ganz anderes, was mir die Tiere gegeben haben und was für mich wichtig ist: ich habe sehr viel von meinen Katzen gelernt. Ich habe auch von den Hunden gelernt, aber ich habe viel mehr von den Katzen gelernt. Die Katzen haben mir gezeigt, wo es lang geht im Leben – ich muss das so sagen… sie haben mich wirklich in meiner Rolle als Mensch – es klingt jetzt ein bisschen komisch –

U.: Ach, das klingt ja spannend!

Frau P.: Ja, weil, also: bis hierher und nicht weiter und nur liebevoll und mich achtend und mich pflegend und also mich beachtend und fragen… und herausfinden, ob die Katze möchte was ich jetzt auch möchte und mich nach der Katze richten … und das habe ich dann auch übertragen können natürlich auf Menschen, dass ich vorsichtiger wurde und rücksichtsvoll und überhaupt gemerkt habe, das ist ein anderes Wesen, das auch Wünsche hat, genau wie so ein Tier, und ich muss ganz genau hingucken, weil, es zeigt mir ganz genau – ich hatte fast immer nur männliche Katzen – ich muss es nur sehen wollen und mich darauf einstellen, und das ist es, was mir die Katzen auch beigebracht haben: die Achtung vor anderen lebendigen Wesen, also nicht nur Tieren, auch Menschen; und das ist ganz furchtbar viel für mich. Ich habe unentwegt von den Katzen gelernt, von meinen Katzen immer gelernt. Wann sie ihre Angst haben, wann sich die Haare sträuben, wann der Schwanz sich hebt, was alles dann passiert und in der Katze vor sich geht. ... das ist genau analog was im Menschen dann vor sich geht, das ist nur auf einer anderen Ebene wieder zu sehen. Und die Menschen sprechen dann oder weinen über was oder flüchten sich in sonst irgend etwas. Das machen die Tiere eben nicht, auch wenn sie oft Laute ausstoßen, aber... auch da ist es so, dass man, wenn man genau hinhört und guckt, die Laute von Katzen, ich weiß nicht, wieviel Laute die in der Lage sind abzugeben, es sind aber sehr viele, unterschiedliche...

U.: Ja

Frau P.: ...die alle auch was bedeuten und die lernt man, wenn man ein Tier achtet und zuguckt und hinhört und zuguckt, lernt man diese Töne auch zuzuordnen.

U.: Ja

Frau P.: Ich höre also ein Knurren oder Miauen, oder sie schreien draußen nachts, wenn sie balzen, wenn sie sich paaren wollen, und das war's dann eigentlich schon. Und das war dann auch lästig. Auch wenn heute, wenn ich hier sitze abends manchmal und höre dahinten ein wildes Geschrei, also dieses „Das ist mein Platz hier und du hast hier zu verschwinden" oder auch diese Annäherungsschreie, die die haben, dieses Katzengeheul, auch wenn Katzen läufig sind und das ganze Konzert zusammen, dann könnt' ich mich beölen, ich find' das toll. Ich würde am liebsten dabeistehen und alles genau angucken und anhören, weil, das ist vielschichtig interessant. Früher hatte ich das nicht. Ich dachte „na ja, das Katzengeschrei ist ja furchtbar, hoffentlich hört es bald auf."

U.: Na ja, wir haben immer gleich Sorge, das fällt mir dazu ein, wegen der Verletzungsgefahr für die Tiere.

Frau P.: Wodurch?

U.: Bei uns schreien sich auch zwei Mädchen an, Püppi und Mädi zum Beispiel, und dann weiß man schon, das kann auch mal, also, na ja, zur Klopperei werden. Nicht so häufig glaube ich, aber .. oder, wenn ein fremder Kater da ist. Da kommt immer ein unkastrierter roter Kater, wir wissen auch, wo der hingehört, und der mischt schon das Ganze auch gewaltig auf und dann ist viel Geschrei und ich hab' dann immer …das ist interessant für mich auch, aber gleichzeitig die große Sorge „hoffentlich verletzen sie sich nicht, wenn sie sich kloppen oder so…"

Frau P.: So ein bisschen verletzen sie sich schon. Also sie haben dann mal einen Riss am Ohr oder…

U.: Ja, ah ja, das kommt dann..

Frau P.: …oder an der Nase so einen Strich, aber das finde ich, das verwächst wieder oder, wenn sich das entzündet, selbst das kriegt man mal wieder auf die Reihe. Ich finde es viel schwieriger, wenn man kiebige Nachbarn hat.

U.: Das, oh ja, das war auch ein Punkt, den ich hier extra auch notiert hatte: „Haben Sie eventuell oder unter Umständen sogar Konflikte mit Nachbarn oder Hausbesitzern oder Wohnungsvermietern wegen Ihres Tieres durchlebt?"

Frau P.: Also Wohnungsvermietern nie, weil, das regelt man ja im Vorfeld. Das hab' ich auch im Vorfeld geregelt, als ich hier, – damals wohnte ich hier ja erst zur Miete und hab' denen gleich gesagt, ich werde mir eine Katze zulegen, weil, ich hab' noch einen halbwüchsigen Sohn, und außerdem lebte hier vorher ein Ehepaar mit Katzen, das war überhaupt kein Problem, aber ich…

U.: Gerade Parterre hier

Frau P.: Ja. Und sonst, also in Venezuela sowieso nicht, da guckt kein Mensch nach. Und da haben wir denn auch einen eigenen Garten und so was, das ist ja wirklich kein Problem. Und früher, wenn ich, bei meiner Arbeit, ich musste ja öfter bei meiner Arbeit leben, also eine Dienstwohnung beziehen, da hatte ich auch manchmal eine Katze. Da wohnte ich immer in der Regel ebenerdig.

U.: Wo war das jetzt?

Frau P.: Unterschiedlich, z.b. als ich bei der Unilever arbeitete, im Trainingsinstitut.

U.: Ach so, hier in H..

Frau P.: Da wohnte ich auf einem Trainingsgelände für Seminare und Nachwuchs usw., da hatte ich meine Katze, meinen Kater. Weil ich da auch auf dem Gelände wohnen musste.

U.: Welcher Kater war das jetzt, jetzt überleg' ich gerade...

Frau P.: Das war eine Koschka (lacht)

U.: Die erste Koschka! Ja, dann hab' ich wieder den Faden. Bevor es nach Venezuela ging, war das ja auch, stimmt. Das war ja nicht hinterher.

Frau P.: Ich weiß gar nicht, wo noch. Also das mit Nachbarn, mit Vermietern, da hatte ich eigentlich nie Probleme, das kann ich nicht sagen. Aber mit Nachbarn schon. Und zwar nicht Nachbarn, die im selben Haus wohnten, sondern angrenzend, hier so. Weil, es gab eine Zeit lang ziemliche Probleme mit so einer blöden Ziege, einer Arztfrau, die dahinten lebt, die hat so einen schrecklichen Höllenhund, so einen schwarzen, so einen großen. Und die hat immer, also wenn sie mit dem Hund ausgeht, da muss sie immer hier vorbei gehen und sie läßt ihren Hund immer ohne Leine laufen. Und was macht der Hund? Der sieht hier die Katze und die Katze, die sieht ihn aber nicht, weil sie gerade andersherum sitzt, und dann kommt der auf meine Katze zugewetzt und die läuft nicht weg, weil sie ihn ja nicht hört. Das hab' ich ein paar mal erlebt, da bin ich bald geplatzt. Im letzten Moment konnte ich immer noch dazwischen gehen, aber wirklich im letzten Moment. Und der Frau hab' ich das ein paar mal gesagt, sie soll mit ihrem Höllenhund da drüben lang gehen.

U.: Ja, zumindest das

Frau P.: Ich hab' ja eine nichts hörende Katze, und außerdem muss sie den Hund anleinen, wenn der so ist wie er eben ist.

U.: Selbstverständlich

Frau P.: Das geht nicht, aber die kapiert das nicht oder sie will das nicht kapieren. Wir liegen seit Jahren im Streit, sagen wir mal, wir haben uns aber nur zweimal gestritten (lacht). Einmal hat hier meine Freundin vom Balkon geschimpft, da kam er auch mal wieder angerast, meine Katze hat es gerade geschafft, hier auf den Balkon zu hüpfen, und da stand der Hund da drunter, Höllenhund deshalb, weil der so schwarz ist, so breitbeinig, blutunterlaufene Augen und die Zunge hing heraus und so 'n Maul – da wird einem dann immer ganz anders (lacht), und da hat meine Freundin sie aber angewettert.

U.: Hat das Eindruck gemacht?

Frau P.: Ja, ja, wir waren zu zweit, wir waren ja stärker.

U. Ist sie dann auf der anderen Seite gelaufen mit ihrem Hund?

Frau P.: Ja, sie ist dann meistens drüben gelaufen, aber ich habe sie auch schon wieder hier gesehen. Und dann guckt sie immer, ob ich das sehe.

U.: Ach ja

Frau P.: Sie sagt, sie hat sich mal bei mir beschwert: „Der Kater ist dauernd auf meiner Terrasse und liegt da auf den Kissen." Und dann habe ich gesagt: „Wenn Ihnen das nicht gefällt, dann schieben Sie ihn doch weg." Man kann ja 'ne Katze auch runter schieben.

U.: Das lernen die auch.

Frau P.: Oder den Stuhl kippen, dann fällt er ja runter und wenn 'ne Katze sich ungeliebt fühlt, dann kommt sie auch nicht wieder. Und als ich ihr das erklärte, sagte sie:"Ja, er frisst ja die ganzen Vögel hier auch!"

U.: Menschen haben auch oft Angst, fällt mir dazu ein, sich einer Katze zu nähern, das ist ja das Schlimme, Unverständnis und dass sie keine Kenntnis haben, das führt ja meistens zu diesen Vorhaltungen.

Frau P.: Es gibt ja auch Leute, die eine ausgesprochene Abneigung gegen Katzen haben, und die dann alles auffahren, was ihnen einfällt, ja und ich finde, dass sind wahrscheinlich Leute, die nicht zugeben wollen, dass es noch was anderes als Härte und Drill im Leben gibt, die klammern so etwas einfach aus. Eine Katze ist nicht hart und gedrillt und verkörpert das nicht, eine Katze verkörpert das Weiche, Anschmiegsame, Liebevolle, Kuschelige grundsätzlich.

U.: Hmm

Frau P.: Und das sind Leute, die können das nun mal nicht verkraften, davor haben sie Angst. Deshalb mögen sie auch keine Katzen. Also hier wohnte auch mal 'ne Nachbarin, die hatte dann ein Baby bekommen und noch ein Kind, die hatte dann zwei Kinder, die waren klein und die waren natürlich immer hell begeistert, wenn sie eine Katze gesehen haben, die war nur zu sehen, die war gar nicht draußen und dann sind sie hier reingelaufen auf den Rasen „Huhu, Katze, Katze" …und dann kam die Mutter wie so eine aufgescheuchte Glucke hinterher: „Ich hab 'ne Katzenallergie, und wenn du die Katze anfasst, kriegst du auch 'ne Katzenallergie." Dann habe ich mal zu ihr gesagt: „Sie können mir eigentlich leid tun, und ihre Kinder tun mir noch mehr leid." Ich wusste gar nicht mehr, wie… Die Kinder haben mir wirklich leid getan.

U.: Ja, natürlich

Frau P.: Aber die sind dann weggezogen, die Leute.

U.: Ja, so gibt es Konflikte

Frau P.: Und dann ist noch et was anderes: Katzen fressen Vögel, und dann kann ich immer nur sagen: „Dann beweisen Sie mir mal, dass es meine Katze war, hier laufen ja auch noch vier andere in der Gegend rum."

U.: Das ist die …, das ist der Punkt immer.

Frau P.: „…Und außerdem: meine Katzen sind schon so alt, die klettern auf keinen Baum mehr. Der Hintern ist so schwer, der rutscht ihnen wieder runter. Das können nicht meine Katzen sein."

U.: (lacht)

Frau P.: Ja der Vito, der will mir manchmal zeigen, dass er ganz sportlich ist.

U.: Jaa?

Frau P.: Als kleiner Kater ist er mit mir nach hinten gegangen, da, wo die Autos stehen im Garten, und dann ist der gepest wie vom Bullen gehetzt und rauf auf 'nen Baum.

U.: Ja, das machen sie gerne

Frau P.: Aber, ab einem bestimmten Lebensalter schaffte er nur noch einen Meter…

U.:. Genau

Frau P.: …und nicht mehr. Und jetzt die Tage, also kurz bevor ich weg fuhr, da hatte er es mal wieder drauf, da wollte er mir zeigen, was er doch für ein toller Hecht ist, nahm Anlauf (lacht), rast auf den Baum zu und kam 2

Meter hoch, aber dann fiel er rrums, wieder runter. Dann guckt er immer so ganz selbst überrascht über das, was ihm gerade passiert.

U.: Also nach meiner Erfahrung machen sie das immer, wenn sie sich glücklich fühlen. Wenn ich in den Garten komme, mein Buddy war da: „Ha, jetzt kommen meine Leute" und so, dann rast er zum Birnbaum, zack, zack, zack, ohhhh, einen Meter hoch…

Frau P.: ja, genau

U.: …und dann hat er zu viel Gewicht, nicht wahr, geht nicht mehr so wie ganz früher (beide lachen). Ja, das sind so Erfahrungen.

Frau P.: Aber sonst hab' ich mit Nachbarn keine, keine Schwierigkeiten, nee, da drüben die auch nicht.

U.: Also im Moment ist nichts Aktuelles, was Ihnen so im Magen liegen würde.

Frau P.: Nein, nee.

U.: Das ist so viel wert.

Frau P.: Aber ich bin auch ein bisschen frech dann, wenn die Leute ankommen, weil ich…, also mindestens zu 50 Prozent ist das alles erfunden. Es stimmte sowieso nicht.

U.: Ja, das ist auch meine Erfahrung.

Frau P.: Dann lass' ich mir das einfach auch nicht bieten, dann klatsch' ich denen irgendwas zurück. Weil, wie gesagt, dann sagte ich: „Dann bringen Sie mir mal den Vogel, den meine Katze gerissen haben soll, weil, hier sind viele Katzen."

U.: Und wie haben sich diese Konflikte oder die Schwierigkeiten auf die

Beziehung zu dem Tier ausgewirkt? Also ist es so, dass sie dann das Zusammensein mit Ihrem Tier nach diesen (lacht) Kämpfen gegen die Umwelt sozusagen noch dankbarer empfinden? Also jetzt: „wir gegen den Rest der Welt" so ungefähr, wenn Ihr Tier dann bei Ihnen ist und wenn der böse Nachbar wieder etwas gemeckert hat?

Frau P.: Nee, „wir gegen den Rest der Welt" nicht, sondern ich finde es selbstverständlich, dass das Tier seine Eigenarten weiter auslebt. Es tut ja nichts Schlimmes irgendwie, es folgt seinen eigenen Gesetzen, und die muss es auch behalten dürfen und selbst wenn der mal einen Vogel frisst oder reißt.

U.: Selten

Frau P.: Ganz selten, aber das ist bestimmt ein Vogel, der schon ein bisschen marode ist.

Eben.

Frau P.: Ein Vogel fliegt ja hoch!

U.: Genau

Frau P.: Der kann ja ganz hoch fliegen.

U.: Die kriegen normalerweise nur Jungtiere, die aus dem Nest geplumpst sind, oder kränkliche oder ältliche Tiere, das ist auch meine Erfahrung.

Frau P.: Ja, ja, das glaub' ich auch nicht, weil ich habe ...einmal brachte mir der Vito einen Vogel, einen einzigen in einem Jahr, der ist jetzt 10 Jahre fast, also, das kann's nicht sein und vorher auch nicht, alles mögliche andere Getier, hauptsächlich Mäuse und Ratten, aber...

U.: Mäuse und Ratten.

Frau P.: Und Eichhörnchen.

U.: Auch mal.

Frau P.: Manchmal.

U.: Ein Wiesel auch mal.

Frau P.: So was haben wir hier nicht.

Ich hab' 'ne Bekannte, eine ehemalige Mitarbeiterin, da haben die Nachbarn geschafft, dass die Katzen – die hat auch ein Haus mit Garten – dass sie ihre Katzen ein paar Monate im Haus hält im Sommer, weil, da irgendwie die Vögel brüten oder was weiß ich. Was ist das für ein Quatsch! Als ob die Katzen zum Nest hochklettern! Das ist doch wohl das letzte!

U.: Ja, schlimm

Frau P.: Und da musste sie die Katzen im Hause behalten.

U.: Da beschneidet man die Katzen zu stark, das ist Quälerei. Das ist fehlendes Verständnis und Wissen auch, was Tatsachen sind. Man hat ja auch Wildkatzen untersucht, den Inhalt ihrer Mägen, weil die Jäger auch so gegen die Wildkatzen...

Frau P.: Und da hat man auch keine Vögel gefunden?

U.: Überwiegend war das Kleingetier, aber keine Vögel, ein ganz geringer Anteil.

Frau P.: Es ist natürlich eine tolle Ausrede: die armen Vögel! – Ich hab' gestern noch bei den Fotos bei meiner Schwester gesehen: Auf dem Foto hatte er ein noch ausgeprägteres Kinderkatzen-Gesicht, die Augen waren viel größer noch, habe ich das Gefühl, obwohl ich kann das gar nicht sagen, die Konturen waren noch viel stärker gezeichnet, nun hat er schon einen Riss über der Nase und einen Riss im Ohr, wahrscheinlich schon ein paar Falten unterm Fell (schmunzelt)...

U.: Das sieht man den Tieren immer nicht so an. Ich hab' mal einen 14-jährigen Kater kennengelernt, und wir dachten erst, das wäre ein ganz junger, das war in einem Restaurant. Da lag immer ein wunderschöner Kater in einer Ecke, der gehörte irgendwelchen Leuten. Da haben wir einen Kellner gefragt und der sagte: Der ist schon 14. Das war für uns unglaublich, weil, er sah jung und süß aus.

Frau P.: .wenn Sie was arbeiten am Tisch, der Hund, der sitzt neben Ihnen, neben der Arbeit, aber eine Katze, die sitzt auf der Arbeit, das ist der Unterschied (lacht) zwischen Hund und Katze.

U.: Ja , genau!

Frau P.: Wenn ich im Bett liege und lese, und das dauert nicht lange, und dann liegt der auf meinem Buch.

U.: Ja, Vito?

Ja, vieles ergibt sich ja aus dem was Sie erzählt haben, ja, also noch mal, was ist für Sie das Wichtigste am Tier: ist es ein kleiner Kamerad für Sie, ein Freund, ein ewiges Kind für Sie, also als Beispiele von meiner Seite?

Frau P.: Also, meine Katzen sind keine „ewigen Kinder" für mich, das ist nicht der Fall, sondern sie sind gleichberechtigte erwachsene Wesen – auf Katzenbasis, also auf einem anderen Niveau – sie sind mir ein sehr angenehmer und sehr gewünschter Begleiter in meinen Stunden, die ich hier alleine bin, und sie beleben meinen Wohnbereich, also mein Leben, meinen Radius hier irgendwie, ich liebe sie sehr und ich könnt mir ohne die Katzen das hier gar nicht vorstellen. – Ich empfinde die Katzen nie als Last, auch wenn ich sie zum Tierarzt bringen muss oder wenn sie krank sind. – Sie merken meine Stimmung und verhalten sich auch entsprechend – also der weiße Kater rückt noch dichter an mich ran, wenn ich traurig bin oder gedrückter Stimmung oder deprimiert und das Gefühl, was man dann hat, ist etwas ganz Tolles – Erleichterung, und klar ist es dann so, dass man auch das Tier braucht.

U.: Oh ja, daran schließt sich auch 'ne andere Frage an: Wenn es Ihnen mal besonders schlecht ging im Leben, ob Sie seelisch oder körperlich down waren, wie erging es Ihnen dann mit Ihren Tieren? Waren sie Ihnen lästig, weil Sie sie ja weiter verpflegen mussten oder hat es Ihnen sogar geholfen, abgelenkt zu werden von Ihrem Kummer oder Leid? Wie haben Sie das empfunden?

Frau P.: Also, wenn es mir schlecht ging und ich krank war, richtig krank war, Infektionen hatte oder eine richtige körperliche Krankheit, dann habe ich immer gemerkt, dass die Katzen Abstand nehmen.

U.: Ah ja

Frau P.: Dann sind sie nicht so dicht dran, dann lassen sie mich in meinen Schmerzen, sie kommen zwar vorbei und melden sich und zeigen sich, aber sie gehen dann auch ziemlich schnell, während ich, wenn ich down bin und Kummer habe oder Trauer habe, da verhalten sie sich ganz anders, da bleiben sie. Das ist mir immer wieder aufgefallen. Und manchmal – das ist überhaupt ein Phänomen, finde ich, als ich noch so traurig war, als mein Mann gestorben war, und ich saß da manchmal so und dachte: „Na" und holte mir viele alte Erinnerungen zurück und hab' auch richtig visualisiert, als ob er hier wäre oder irgend so was, und dann war der plötzlich hier, als ob ich ihn gerufen hätte. Und das haben die Katzen mir so ganz deutlich gezeigt, dass sie das mitgekriegt haben. Als ob die Katze hier irgendwo ein Gespenst sieht, was ich nicht sehen kann und ein Wesen sehen kann oder fühlen kann, das ich nicht sehen kann. Und dann, wenn sich dieses Wesen, sag' ich jetzt mal, bewegt, die Katzen sind ihm mit den Augen immer nachgegangen. Das ist mir hier in H. und auch in Venezuela so passiert. Und dass die, also, plötzlich einer Sache nachgehen, die gar nicht für mich vorhanden war.

U.: Ja, rein körperlich, aber..

Frau P.: Solche gespreizten Barthaare bis zum Geht-nicht-mehr, voller Spannung das ganze Tier, auch mit leicht gesträubten Rückenhaaren und dickem

Schwanzfell, weil, das hatte wohl etwas Beängstigendes, und es war nichts zu sehen, es war keine Mücke, es war gar nichts da. Und dann sind die Katzen wohl diesem Wesen nachgegangen, weil – die Katzen liefen aus dem Zimmer und guckten, wo das Andere hinging und gingen nach, also die sind in der Kammer gewesen, durch die man vom Wohnzimmer in das Schlafzimmer geht, jemand, ich weiß nicht wer, entschwand ins Schlafzimmer, und die Katzen hinterher. Und in Venezuela waren wir, ist mir oft aufgefallen, in dem einen Haus, wo wir wohnten, da hatten wir auch im ersten Stock „Besuch", dann liefen die wie gebannt die Treppe runter und warteten offensichtlich, dass dieses Wesen das Haus verließ. Weil, wahrscheinlich gibt es auch Unterschiede zwischen guten und schlechten Wesen, gut gesinnten und schlecht gesinnten.

U.: Worauf ich noch mal ganz kurz hinaus wollte, ich wollte Sie jetzt nicht weiter ablenken, aber… Bedeutet Ihnen das Tier besonders viel Trost, in Momenten, wenn es Ihnen sehr schlecht geht, wenn das Tier anwesend ist?

Frau P.: Ja, natürlich, das ist ganz wichtig.

U.: Also das ist so…

Frau P.: Wenn ich die Katze streichle, dann streichle ich auch mich selbst. Ich hab' ja das Gefühl an den Händen oder in den Armen oder hier am Hals oder am Körper. Die Wärme, das ist ja wie ein – na ja, als Kleinkind wird man von der Mutter gestreichelt – dies taktile Trösten, und das macht man selber mit so einem Tier dann, indem man das Tier streichelt. Natürlich ist mir das ein Trost, ein großer und ganz wichtiger Trost.

U.: Und dass sie sich…

Frau P.: Auch die Wärme, die Katzen sind ja wärmer als wir. Die Katzen sind wärmer, sind alle wärmer, sie haben immer so 39 Grad Körperwärme.

U.: Ja, ja ja, achtunddreißig, schätze ich.

Frau P.: Das merkt man auch, wenn die auf einem Stuhl gesessen haben, und ich setz' mich drauf, ist der Stuhl ganz warm.

U.: Ja, das ist schon toll.

Frau P.: Na ja, und dadurch, dass die Katzen so eine Eigenständigkeit haben in allem, stempeln sie ja auch das gemeinschaftliche Leben, setzen allem so ihren Stempel auf.

U.: Ja

Frau P.: Und da nimmt man drauf Rücksicht, man richtet sich ein. Das macht ja auch Spaß.

U.: Wenn man mal besonders viel Kummer hat, ich weiß nicht, wie es Ihnen da geht, also, Sie müssen sich ja trotzdem um die Tiere kümmern. Wenn's ganz und gar nicht geht, ist klar, als Sie jetzt krank waren, da war ja Ihr Sohn dann auch mal da. Aber wenn es einem seelisch sehr mies geht zum Beispiel, gibt Ihnen das auch wieder ein bisschen Aufwind, wenn Sie dann wissen: „Ich muss jetzt aber meine Tiere füttern, jetzt muss ich das und das für sie tun, jetzt muss ich mal nach draußen gehen und sie rufen." Bedeutet das auch irgendwie eine Mobilisierung, wenn Sie so ein bisschen depressiv mal sind oder haben Sie das noch nicht so empfunden?

Frau P.: Also ich…, Mobilisierung schon, aber nicht in Richtung Depressionen, weil..

U.: Nein, ich meine: von der Depression weg.

Frau P.: Nee, ja, ich hab' 'ne höllische Angst vor der Depression. Ich hab' einmal in meinem Leben eine gehabt. Und als ich da wieder draußen war, hab' ich gesagt: „Nie wieder! Ich werde alles tun, um nicht noch mal in so ein Loch zu fallen." Das war ja ganz furchtbar. Ich war ja halb tot, das war ja schrecklich. Und ich hab' mich da wirklich so an meinen Haaren wieder rausgezogen, das war auch in Venezuela.

U.: Alleine?

Frau P.: Alleine, alleine. Das war, weil, ich musste für meinen Sohn da sein. Der war ja damals noch ganz klein.

U.: Ah ja, Ihr Kind. Das ist natürlich ein ganz wichtiger Punkt.

Frau P.: Es war entsetzlich. Ich weiß auch gar nicht, warum ich da rein gefallen bin – na ja gut, ich weiß es natürlich im Nachhinein, aber im Moment wusste ich es nicht. Es war so furchtbar, ich konnt' nicht mehr aufstehen. Ich konnte nicht mehr aufstehen. Und wenn ich den Versuch machte, aus dem Bett zu krabbbeln...

U.: Ah ja, Sie waren im Bett und hatten nicht die Kraft, hoch zu kommen.

Frau P.: Überhaupt nicht. Und wenn ich aufstand, ich bin erst mal gewankt und zurückgefallen aufs Bett, ich konnte überhaupt nicht mehr stehen, das war mir selber unbegreiflich, was da mit mir passierte.

U.: Also da hatten Sie es noch nicht so realisiert, dass das jetzt 'ne Depression war, sondern nur rein körperlich haben Sie es empfunden

Frau P.: Nee, erst mal nicht, erst mal überhaupt nicht

U.: Nur rein körperlich haben Sie es empfunden?

Frau P.: ja. Und ich hab' 'ne riesengroße Unzufriedenheit gespürt und eine Enttäuschung, in Bezug auf meinen Mann war das, und jetzt Deutschland verlassen und ein Kind jetzt haben und.. ich hab' das alles nicht mehr auf die Reihe gekriegt. Mein Mann war ja sehr lieblos geworden...

U.: Ah so

Frau P.: und sehr uninteressiert an mir und nie da und so was alles. Und so bin ich irgendwann aus dem Nichts zusammengebrochen. Das wusste ich aber gar nicht. Ich hab' gar nicht gewusst, was ich hatte. Ich wusste nicht, was mit mir los ist. Ich konnte das überhaupt nicht bestimmen, weil, ich hatte so was noch nie gehabt. Und ich bin ja ein Mensch, der sehr aktiv ist, immer sehr aktiv ist, auch die Kraft hat, Körperkraft und seelische Kraft. Und das war alles, alles war weg. Ich weiß nicht, was mit mir geschah, es war entsetzlich.

U.: Ah ja! Waren Sie sich selbst fremd in diesem Moment?

Frau P.: Aber wie!

U.: Das ist ja schon unheimlich an sich.

Frau P.: Ja. Das Merkwürdige war: ich merkte diese Schwäche und diese Laxheit und diese Gleichgültigkeit auch und diese absolute Schwäche. Aber da drunter, unter dieser Lähmung, da brannte ein Wahnsinns-Feuer. Ich glaub', da war ein Vulkan, da war irgendwas, was ausbrechen wollte oder was mit einer unbändigen Kraft zusammengehalten wurde. Und es war so beides, diese Kraft, die ich brauchte, damit der Vulkan nicht ausbricht und.. ah dann diese Schwäche da drauf. Das war wie Feuer und Wasser.

U.: Ja

Frau P.: Es war ganz schlimm, es war ganz schlimm. Damit habe ich ungefähr vier Wochen rumgemacht, bis ich da wieder raus kam. Ich konnte auch nachts nicht mehr schlafen. Ich bin dann in die Apotheke da gegangen und hab' gesagt: „Ich brauch' ein Schlafmittel, weil, ich muss erst mal wieder schlafen" denn ich dachte, wenn ich schlafe, dann kann ich auch wieder Kraft tanken. Also hier oben arbeitet es ja immer noch.

U.: Ja, klar

Frau P.: Ich hatte immer noch geheult, bei jeder Gelegenheit geheult, und ja, ich blieb eigentlich immer im Bett liegen so. Und dann fiel mir auf:

„Mensch, du hast ja ein kleines Kind – du musst etwas für ihn tun, dich um ihn kümmern" – wir hatten ja ein Hausmädchen immer.

U.: Und die hat dann das Nötigste schon gemacht.

Frau P.: Scheinbar, das weiß ich gar nicht mehr. Ich kriege es überhaupt nicht mehr zusammen. Und mit Sicherheit hat sie es gemacht.

U.: Hatten Sie damals auch 'ne Katze gerade oder war das…

Frau P.: Wir hatten da auch 'ne Katze, ja, ja.

U.: Koschka, nicht wahr?

Frau P.: Koschka, das war die Koschka ja, ja.

U.: Die zweite wahrscheinlich.

Frau P.: Aber an der war ich dann auch gar nicht interessiert. Ich war völlig weg.

U.: Ah ja…

Frau P.: Ich war mit niemandem zusammen, so richtig. Und mein Mann war die ganze Woche über ja weg, kam am Wochenende zurück und kümmerte sich nicht um mich, der kriegte das gar nicht mit. Und als ich das überstanden hatte, dann wieder bei Kräften war und meine Lebensgeister langsam zurückkehrten, da habe ich ihm das gesagt. Denn da sprach ich mit jemandem, der davon 'ne Ahnung hat und sagte: „Ja Mensch, Sie sind durch 'ne Depression geschliddert." Und da hab' ich meinem Mann gesagt: „Ich hab' 'ne Depression gehabt." Und da war seine Antwort: „Du kriegst auch alles, was es gibt."

U.: Oh!

Frau P.: Das war dann ganz freundlich, der Kommentar (lacht).

U.: Oh nein.

Frau P.: Ach, und ja, so war der.

U.: Sind Sie im Rahmen dieser Erkrankung zum Arzt gegangen?

Frau P.: Danach, danach.

U.: Danach?

Frau P.: Als ich laufen konnte, ich konnte ja nicht laufen.

U.: Ja, sicher

Frau P.: Ich hatte, ich konnte nicht mehr Auto fahren, es war so furchtbar.

U.: Das ist immer, man ist so gelähmt, das geht gar nicht.

Frau P.: Und als ich dann raus war, also, da habe ich gedacht: „Nie, nie wieder in deinem Leben lässt du das zu, dass dir so was passiert, passt du auf. Dass, wenn du so Schwächeanfälle kriegst oder so schwach wirst, dass du dann so fällst in irgend so ein Wachkoma, dann tust du irgendwas...

U.: Ja

Frau P.: ...Dann beschäftigst du dich mit irgendwas oder suchst Leute auf oder nimmst dir deine Katze zur Brust."

U.: Ah ja, die Idee hatten Sie dann doch. Weil ich grade fragen wollte. Sie sagten, in der Zeit interessierten Sie sich auch nicht für die Katze.

Frau P.: Nein, gar nicht

U.: Die hat Ihnen auch nichts gegeben in dem Moment.

Frau P.: Ich hab' sie gar nicht wahrgenommen. Also...

U.: Was meinen Sie im Nachhinein, was Ihnen hätte helfen können unter Umständen?

Frau P.: Jemand, der mit mir gesprochen hätte, der mich aufgefangen hätte, der mir gesagt hätte, dass ich noch ein liebenswerter Mensch bin, dass ich überhaupt ein Mensch bin oder was.

U.: Ah ja

Frau P.: Jemand, der sich um mich kümmert.

U.: Und die Haushälterin konnte in dem Fall auch nichts machen?

Frau P.: Nein, nein

U.: So ein Vertrauensverhältnis war damals nicht zwischen Ihnen.

Frau P.: Nein, die sind sehr schlicht, und man hat immer einen Abstand voneinander.

U.: Ah ja

Frau P.: Und dann gibt es auch Sprachbarrieren und solche Sachen, und sie verstehen mich auch gar nicht.

U.: Ich dachte, das war ja eine ganz besondere Konstellation damals, Sie als Ausländerin im Ausland, in Venezuela, aber Sie sprachen sicher die Sprache schon ganz gut, nicht wahr?

Frau P.: Ich glaube, dass ich sie da schon richtig konnte, ja, also, mich verständlich machen...

U.: Ihr Mann weit weg, und dann auch noch die Lieblosigkeit, wenn er da war, das ist ja auch ein bisschen sehr viel.

Frau P.: Ja, auch dieses, dieses „wie soll mein Leben jetzt lang gehen?". Ich hab' in Deutschland alles aufgegeben, bin weggegangen. Meine Eltern sind inzwischen gestorben, ich hab' ein kleines Kind…

U.: Ah, das auch noch!

Frau P.: Ja, die waren ja schon ziemlich alt und die sind dann auch gestorben irgendwann.

U.: Da waren Sie aber schon in Venezuela?

Frau P.: Ja, ja, die sind beide gestorben…

U.: Konnten Sie noch rechtzeitig zur Beerdigung oder…?

Frau P.: Bei meiner Mutter nicht, die war schon unter der Erde und mein Vater..

--------------- Hier ist eine Pause wegen Bandwechsel -------------.

U.: Was bedeutet Ihnen Ihr Tier? Kamerad…

Frau P.: Ob es mir geholfen hat, ob es Kamerad war, bei der Trauer usw..

U.: In diesem schlimmen Fall, bei der Depression, da waren Sie gar nicht in der Lage, sich um das Tier zu kümmern, das hat Ihnen da in der Hinsicht …

Frau P.: Nein, da konnte ich mich um gar nichts kümmern!

U.: Und es ist auch nicht zu Ihnen gekommen in dem Fall?

Frau P.: Das weiß ich alles gar nicht mehr, ich glaube, nee, ich glaube nicht, ich kann mich überhaupt nicht mehr daran erinnern. Bestimmt ist die Katze zu mir ins Bett gesprungen, bestimmt ist sie gekommen.

U.: Ja, ja

Frau P.: Ja, aber das war alles weit weg von mir. Selbst mein Sohn, der kleine, der gerade aus seinem Säuglingsleben ja gerade inzwischen raus gekommen war, selbst der war weit weg von mir, das war…

U.: Das bedeutet schon was!

Frau P.: Ja, das ist Wahnsinn gewesen. (weint leise)

U.: Das macht nichts – Und wie empfinden Sie die Verantwortung für Ihr Tier oder Ihre Tiere im Moment, oder belastet Sie das überhaupt nicht, tun Sie diese Arbeit gerne, oder bedeutet das manchmal auch eine kleine Belastung für Sie?

Frau P.: Ja, das sind viele Arbeiten, die man auch als belastend empfinden kann, wenn man in Zeitnot kommt, ja.

U.: Ja

Frau P.: Dann ist auch der Gang zum Tierarzt eine Belastung sowieso schon, weil man weiß, man stört das Tier unglaublich in seinem Rhythmus, weil das Tier ganz viele Ängste entwickelt, weil das ja damit anfängt, es einzufangen.

U.: Aber das Tier an sich ist in dem Moment keine Belastung für Sie, so meinte ich, dass die Arbeit für das Tier oder das Tier eine Belastung für Sie bedeutet, also…

Frau P.: Nee, nee, also weil es jetzt mir zu anstrengend ist, mit dem Tier etwas zu unternehmen, also für seine Gesundheit zu sorgen oder was; ich sage: „Nee, mach ich nicht", weil ich die Last nicht ertrage also, oder weil das mir zu anstrengend ist, nee – natürlich, das ist wie jede andere Arbeit, auch 'ne Arbeit, die man versucht, wann sie am besten so irgendwohin hinpasst, weil, das ist immer mit so vielem verbunden, nicht? Man nimmt nicht einfach 'ne Katze an die Leine und geht damit zum Tierarzt, weil – mit einer Katze ist es immer so schwierig, umständlich.

U.: Etwas schwierig, ja

Frau P.: Und beim Tierarzt selbst ist es grausam, grausam, weil, – also der Weiße gibt immer an wie 3 Kater, nicht, und der hat auch im Computer hinter seinem Namen 3 Kreuze, wie mir vom Tierarzt immer wieder bedeutet wird, d.h. „Vorsicht mit dem Kater, der kratzt". Die haben Angst vor ihm, weil, der gebärdet sich da wie ich weiß nicht was! Der hat furchtbare Angst, und das gibt 'ne totale Aggression bei ihm. Während bei dem schwarzen Kater, da geht es also, ein Sich-Zusammenziehen und ängstlich-sagen „huhuhu, Gar-nichts-machen", also der ist nur noch ängstlich, der würde am liebsten gar nicht dasein.

U.: Ja, die rollen sich dann so zusammen: „Ich bin gar nicht da!"

Frau P.: Genau, und der ist also leicht zu handhaben, der bekommt eine Spritze, und da wird mal in die Schnauze geguckt und ein Fieberthermometer hinten rein. Das ist bei dem Schwarzen alles gar kein Problem. Beim Weißen ist das ein Kampf, aber 'n richtiger Kampf, und einmal hat er einer Sprechstundenhilfe das ganze Hemd zerrissen und auch noch auf'm Bauch eine lange blutige Schramme...

U.: Ja, Vito, was hör ich da von dir!

Frau P.: Der hatte solche Ängste, den müssen sie einmal beim Tierarzt so gepiesackt haben, so schlecht behandelt haben, weil, – am Anfang fand der das immer ganz lustig und ganz aufregend da, und er kugelte sich auf dem Tisch, also so auf dem Rücken. Und irgendwann mal müssen sie ihm etwas angetan haben, was ich nicht mitgekriegt habe.

U.: Ja, da hab' ich auch Erfahrungen…

Frau P.: Nein, aber ich empfinde ihn nicht als Belastung, also die Pflege des Tieres.

U.: Für ihn und für den anderen und überhaupt. Sie hatten ja viele Heimtiere (Haustiere) in den letzten 20 – 30 Jahren.

Frau P.: Nee, nee, überhaupt nicht, kann ich wirklich nicht sagen!

U.: Und wenn Sie sich mal nicht fühlen, auch dann nicht, es ist natürlich dann…?

Frau P.: Na ja, das ist unterschiedlich, also wenn ich ziemlich krank bin, wie ich jetzt dieses Jahr zu Pfingsten war.

U.: Klar, wenn man sehr krank ist…

Frau P.: Da war ich wirklich, ach, da war ich schwach, schwach, schwach…

U.: Ach das war ja, nachdem wir das erste Gespräch gemacht haben

Frau P.: Genau, genau, das habe ich auch gehört vorhin bei den Kassetten, da hab' ich so eine ganz verschnupfte Stimme.

U.: Ah ja, das fällt mir jetzt vielleicht auch auf, der Unterschied.

Frau P.: Nee, also nee, ja dann kommen die auch und gucken, manchmal, wenn sie dann Lust haben, legen sie sich auf meine Füße, das finde ich dann auch sehr schön, weil, wenn es mir ein bisschen besser im Bett geht, es ist ja so langweilig, dann lese ich auch, aber ansonsten schlafe ich nur und stöhne vor mich hin (schmunzelt).

U.: Aber dann kommt doch jemand, der sie füttert?

Frau P.: Ja, klar, das wird immer geregelt. Wenn ich kein Futter habe, kauft Bastian es ein und bringt es her und dann hab' ich was, bis ich wieder selber raus kann. Aber so oft bin ich ja auch nicht krank. Ich bin ja eigentlich selten krank. Das mit dieser Krankheit, diesem Ausbruch sämtlicher Streptokokken und Staphylokokken, die ich seit 10 Jahren in meinem Inneren mit mir führe und gut ernährt habe, das war ja auch etwa Seltenes.

U.: Ja, jetzt merk' ich auch, die Stimme ist anders jetzt.

Frau P.: Ist klarer, die war damals sehr belegt. Ja, ich war damals krank, richtig krank.

Kleine Pause, man hört Papierblättern.

U.: Ja, wir haben auch schon so viel davon gesprochen. Das ergibt sich ja aus dem Erzählfluss von Ihrer Seite oder… ach, da ist die Frage : In den Zeiten, als es Ihnen nicht so gut ging, wie gestaltete sich da Ihre Beziehung zu dem Tier? Stellte die Pflege des Tiers damals eher eine Belastung für Sie dar oder war es gerade diese regelmäßige Verpflichtung, die Ihnen Kraft und Antrieb zum Durchhalten gab? – Also das war das dann etwa, was wir eben abgesprochen hatten.

Frau P.: Also ich habe gelernt, vor den Tieren, insbesondere vor den Katzen viel Achtung zu haben.

U.: Jaaa

Frau P.: Das habe ich von den Katzen gelernt, das hatte ich, als ich meine erste Katze bekam, nicht, das kannte ich nicht. – Ich war ja eigentlich auch aufgewachsen als Tochter in diesem Haushalt, vor der man nicht viel Achtung hatte. Wir wurden ja gedrillt, geprügelt, alles mögliche war da an der Tagesordnung. Man kann nicht gerade sagen, dass man uns mit liebevoller Achtung großgezogen hat, also mich auch nicht. So, dann trägt man das auch nicht in sich, also man kennt das ja gar nicht. Und wenn man dann ein Tier hat, dann ist das auch nur „nur" ein Tier. Das macht zwar Spaß, bis zu irgendeiner Grenze auch nur. Und wenn man dann eben etwas Besseres vorhat, dann muss die Katze eben warten, bis wir wieder zu Hause sind und man ihr Futter gibt so ungefähr. Also, so waren die Anfänge wohl schon.

U.: War das die erste Koschka, die Sie von einer Freundin damals…..

Frau P.: Ja, von einer Freundin, die ..

U.: ..ein Baby, von dem Wurf der schwangeren Katze.

Frau P.: Genau, das Baby. Da hab' ich mich wohl sehr drum gekümmert, ich fand sie auch sehr süß, aber da hatte ich noch nicht so einen richtigen Draht. Und vor allem habe ich Katzen wenig gekannt. Also, ich wusste nicht, was 'ne Katze ausmacht.

U.: Das ist der Punkt, was mich vorhin noch mal so bewegt hatte, wo ich gefragt habe, Sie hatten ja überhaupt keine Heimtiere in Ihrer Jugend, ein direktes Heimtier, so wie heute. Wie war da eigentlich dieser ganze Prozess des Kennenlernens einer Katze oder …

Frau P.: Das war langwierig.

U.: …dieses immer Intimer-Werden, ging über Jahrzehnte fast, oder?

Frau P.: Na, Jahrzehnte, weiß ich nicht.

U.: Nicht so sehr?

Frau P.: Nee, das ging schon bisschen schneller, aber…

U.: Haben Sie schon diesen intimeren Zugang zur Katze schon an der ersten Katze kennengelernt?

Frau P.: Nein. Nein, den hatte ich bei der ersten Katze gar nicht. Da war es mehr ein Spielzeug, oder einfach nur ein Hausgenosse, der auch da ist.

U.: Aber den haben Sie ja mit nach Caracas genommen.

Frau P.: Ja, ja, natürlich. Ich konnte die Katze ja nicht einfach zurück lassen.

U.: Und da bedeutete er Ihnen ja sehr viel.

Frau P.: Ja, die Katze hatte ja damals auch schwere Operationen durchgemacht, der hatte ja da alles Mögliche eingesetzt und was. Das war schon ein wichtiges, wichtiges…

U.: Aber Bezugsperson für Sie war er ja.

Frau P.: Ja, natürlich hatte ich eine Beziehung zu der Katze entwickelt.

U.: Und Sie liebten ihn ja sehr.

Frau P.: Aber ich hatte noch nicht gesehen, dass man von so einem Tier viel lernen kann. Und ich hab' auch nicht beachtet, dass ein Tier seinen eigenen Kreis um sich braucht, in den man nicht eindringen kann, nur, wenn es das Tier erlaubt, aber nicht von sich aus, das hab' ich alles nicht gewusst. Wie, das kannte ich von mir selber nicht; ich wurde auch benutzt, wie es irgend jemand passte, meinen Eltern, meinen Brüdern. So. Das habe ich erst später alles auf die Reihe gekriegt. Das haben mir die Katzen beigebracht:: „Bis hierher und nicht weiter!" – Und das ist noch heute manchmal so. Er hat so bestimmte Stellen am Körper hier hinten, so an den Hinterläufen. Da wird er, zeitweilig, nicht gerne gestreichelt.

U.: Genau! Ja, das mögen viele nicht.

Frau P.: Nee. So. Und früher hätte ich das also bis zur…

U.: Ignoriert

Frau P.: Ignoriert, genau, einfach weiter gestreichelt. Da wäre er weg gehüpft und hätt' mir eine gebatscht. – Und heute weiß ich, wenn er mich nach dreimal Streicheln anguckt, dass das nicht so die richtige Stelle ist, dann tu' ich das auch nicht mehr. Dann streichle ich ihn eben woanders.

U.: Ja. Es ist schon... in gewisser Weise erziehen sie uns ja auch. Zumindest, wenn man ein bisschen empfänglich ist für ihre..

Frau P.: Na ja, das sagt einfach: „Es gibt 'ne Stelle, die ich nicht mag, bitte beachte das!" So, und fertig. Das heißt, man muß den Wunsch eines Wesens, die Wünsche eines Wesens ja eigentlich einfach auch beachten. Weil, das ist dann zu dicht dran oder was weiß ich, was die Katze da spürt. Das ist das, was sie mich gelehrt haben, auch aus diesem, auch, also ohne Sprache, die können nicht sprechen. Also aus den Augen zu lesen, aus dem Gesichtsausdruck, aus der Mimik, aus dem Miauen, aus den Tönen, die sie von sich geben, was das bedeutet. Das ist ja wie auch bei einem Baby. Das schreit ja auch am Anfang nur, und man weiß gar nicht, am Anfang, „was ist jetzt los?" Hat es Hunger, ist es nass, ist es einsam, was will es, das ist ganz schwer.

U.: Das ist ja auch ein Lernprozess, wenn man ein Baby hat.

Frau P.: Ja. Wenn man die Unterschiede, die Töne, die Unterschiede mitkriegt und auch die Traurigkeit in der Stimme dann und so. Und ob es ein wütendes Kreischen ist oder ob's ...

U.: Beim Baby jetzt

Frau P.: ...ob es trauriger ist, oder was weiß ich. Nachher weiß man ganz genau: „Oh, der hat Hunger" oder da ist irgendwas anderes.

U.: Ja. Das entwickelte sich bei Ihnen erst...

Frau P.: Das hat sich erst entwickelt.

U.: ...später, vielleicht in Deutschland erst wieder oder?

Frau P.: Na, das hat sich schon angefangen zu entwickeln in Deutschland noch, bevor ich wegging, aber das ist intensiver geworden in Venezuela und ganz ausgereift auch erst, als ich wieder kam. So vor 15 oder 20 Jahren.

U.: Also bei Hannibal vielleicht sogar erst?

Frau P.: Ja. Da erst

U.: Das ist da erst so richtig zum Tragen gekommen, diese...

Frau P.: Das ist für mich... ja, so 'ne Person wurde.

U.: Ja

Frau P.: ...oder sagen wir mal so 'ne „Institution Katze", weiß ich nicht, ob man das so nennen kann.

U.: Ja, ein Wesen, ein lebendiges Wesen. „Wesen" beinhaltet ja schon ein bisschen Persönlichkeit und Charakter.

Frau P.: Ja , ja. – Und dieser weiße Kater hat mich sehr viel gelehrt, weil der eben nichts hört. Ich musste für ihn mithören und überlegen, wie ich den aus den Gefahren raus kriege oder nicht in die Gefahr rein kriege erst mal und eigentlich seine Instinkte übernehmen, um ihm das beizubringen. Weil, der rennt raus, war klein und weiß ja nicht, was ein Auto bedeutet, weil, das macht keinen Krach, er sieht es nur auf sich zukommen und guckt neugierig: „Was ist denn das wieder Lustiges?" und rennt hin vielleicht oder so. Das war ja alles ziemlich schwierig.

U.: Und viele Ängste wahrscheinlich, die Sie da durchlitten haben.

Frau P.: Ja, da hab' ich 'ne Menge Angst gehabt. – Aber ich hatte nach drei Tagen eine so enge Bindung, eine so starke Beziehung schon an das Tier geknüpft.

U.: Nach drei Tagen schon?

Frau P.: Das ging ganz schnell. Weil ich, – meine Schwester brachte mir den am Wochenende nach B..

U.: Da lebte Hannibal aber noch zu der Zeit. War Hannibal schon hier?

Frau P.: Ja ja. Der war schon bisschen älter, also paar Jahre hatte der schon auf dem Buckel.

U.: So war die Geschichte.

Frau P.: Und dann kam der Weiße dazu.

U.: Ja

Frau P.: Und meine Schwester brachte ihn mir. Und an dem Wochenende, wo sie hier war, merkte ich am Sonntag, weil ich hier was saugen wollte, dass der gar nichts hört. Da hatte ich ihn Samstag und Sonntag gesehen und dann kam Montag. Am Montag bin ich mit ihm gleich zum Tierarzt gegangen. Der hat ihn untersucht und gesagt: „Der hört nichts. Und am besten ist, Sie werden…, lassen ihn einschläfern, weil…" und so weiter.

U.: Hat der Arzt gesagt!

Frau P.: Ja, natürlich.

U.: Um Gottes Willen!

Frau P.: Der war voll dafür, ihn einschläfern zu lassen, weil solche Tiere, die wollen immer nur Tiere, die gute Gene haben oder was.

U.: Das ist ja merk würdig.

Frau P.: Ich völlig entsetzt: „Wieso denn?" – Also der Gedanke erst mal, das war ja unmöglich. So ein kleines Hutschelchen „Und ja, das hat keinen Sinn". Auf alle Fälle müßte der kastriert werden, damit er das nicht weitergibt.

U.: Das ist 'ne andere Sache, da kann man drüber diskutieren.

Frau P.: Das ist was anderes. Der war 10, 12 Wochen alt, da denkt man ja noch nicht an's Kastrieren und auch nicht ans Einschläfern.

U.: Nee, absolut nicht

Frau P.: Also, was soll denn das? Und dann habe ich gesagt: „Nee. Also dann muss er leben lernen, mit dem Leben klar zu kommen…..

U.: Ja

Frau P.: …Und dann muss ich seine Mama sein und ihm das beibringen."

U.: Und wieso, war er frühzeitig von seiner Mutter weggekommen, wie war die Geschichte seiner Geburt?

Frau P.: Nee, seine Mutter ist ja in B., also Richtung B..

U.: Vito stammt aus B., und ihn hatte Ihre Schwester mitgebracht, und war er schon aus einem Wurf von tauben Katzen?

Frau P.: Aus einem Wurf mit 7, nee, nee, er war der einzige. Da war noch 'ne weiße Katze, das war ein Weibchen, aber die war voll intakt.

U.: Also, die anderen waren sowieso bunt, oder?

Frau P.: Ja; da waren grau gescheckte, da war schwarz-weiß.

U.: War dann ein Elternteil wahrscheinlich irgendwie…

Frau P.: Der war weiß, ja, das war der Nachbarkater, ein weißer.

U: Also, der konnte hören dann, oder war der auch taub?

Frau P.: Das weiß ich nicht.

U.: Das wissen Sie nicht?

Frau P.: Wahrscheinlich konnte der hören, sonst hätte ich mal gehört, dass er nicht hört, wahrscheinlich. – Ja, ihn hat's nur getroffen.

U.: Also, Sie haben ja gar nichts geahnt, als er kam, wussten Sie nicht, dass er nichts hört.

Frau P.: Nein, als ich ihn das erste mal sah, war der so (zeigt), da war der 1 Tag alt, da war der gerade frisch geboren, da lag er blind auf dem Bauch und war niedlich, also alle 7 da und dann bin ich ja nach..

U.: Und dann haben Sie sich für ihn entschieden.

Frau P.: Ja, weil die weiße Katze, das Weibchen, war schon wegversprochen, und die anderen fand ich ja überhaupt nicht interessant, ich fand dieses weiße Tier ja bestechend.

U.: Das hab' ich auch mal gehabt, so eine Geschichte, ja.

Frau P.: Ja, und da sagte ich: „Na gut, dann nehm' ich den weißen Kater als Gesellschaft für meinen Hannibal." – Und dann blieb dieses Tier ja noch 10 – 12 Wochen dort, und kein Mensch hat mir gesagt, dass der nichts hört.

U.: Ja

Frau P.: Das haben wir hier erst festgestellt.

U.: Das merkt man ja auch am Anfang nicht unbedingt.

Frau P.: Nee, das hab' ich erst fest gestellt durch diesen Staubsauger.

U.: Dass er dann ganz ruhig liegen blieb.

Frau P.: Ja, ganz im Gegenteil, der guckte noch neugierig, wie der pustete – Alle Katzen rennen weg, wenn sie den hören.

U.: Staubsauger hassen alle Katzen!

Frau P.: Genau, und dann hab' ich das gemerkt. Und dann hab' ich den Staubsauger ausgemacht und hab' hier oben Geräusche ihm zwischen den beiden Ohren gemacht und alles Mögliche versucht. Der reagierte überhaupt nicht. Und dann war es mir klar: „Der hört nichts." Und dann hab' ich erst mal geheult, aber geheult nicht wegen des Katers, sondern meinetwegen, weil ich dachte: „Das ist wieder typisch für Mitglieder meiner Familie, dass die mir den ganzen Schund geben und Abschaum und alles, was nicht richtig funktioniert, so ungefähr, so in der Richtung."

U.: Ah, so haben Sie das empfunden.

Frau P.: Ja, so hab' ich das empfunden einerseits, aber andrerseits hatte ich schon Mitleid mit dem Tier auch und dachte: „Das darf nicht wahr sein, dass das Tier so krank ist", also das war für mich erst mal krank.

U.: Ach so

Frau P.: Und dann hab' ich mich hier irgendwohin verzogen und hab' Rotzblasen geheult und dann scharten sich meine Schwester und mein Sohn um mich, was denn los sei. „Huhuhu, ich hab' den Abfall da gekriegt", und meine Schwester war total erschrocken und sagte: „Um Gottes Willen, dann nehm' ich den wieder mit, dann behalt' ich ihn selber."

U.: Das war nicht ihre Absicht gewesen, dass sie Ihnen Schrott und sogar, wie Sie sagen, also…

Frau P.: Ich war das so gewohnt von meiner Familie, für mich war das letzte grade gut genug.

U.: Tatsächlich? So heftig?

Frau P.: Ja, natürlich! Das war mehr als heftig. Ich hatte irgendwie die schlimmste Stellung in der Familie. Da waren meine Brüder, die älteren, und die kleinere Schwester. Ich war so in der Schrippe das Sandwich…

U.: Ach, Sie waren in der Mitte so, die Schwester ist ja etwas jünger.

Frau P.: Ja. Und als meine Schwester geboren war, war jegliches Interesse meiner Mutter an mir erloschen.

U.: Tatsächlich

Frau P.: Ja, die hat mich nur noch als Belastung empfunden. – Auch weil mein Vater so ein bisschen vernarrt war in mich, weil mein Vater wünschte sich ja immer 'ne Tochter, und er musste 10 Jahre warten, bis endlich 'ne Tochter kam, und da war er vernarrt in mich. Und das hat meine Mutter in ihrer blöden Eifersucht und Depr… die war auch so eine depressive Frau, das hat die überhaupt nicht verkraftet. Die hat das mir geneidet, die war mir nicht wohlgesonnen, nicht „wohlst-gesonnen", nicht unbedingt.

U.: Das ist ja schade für Sie.

Frau P.: Ja, ja

U.: Das ist ja doch eine ein bisschen belastete Kindheit.

Frau P.: Bisschen sehr war das, ja, eine lieblose Kindheit hatt' ich.

U.: Das ist heftig.

Frau P.: Und meine beiden Brüder, die waren ein Jahr auseinander, die buhlten auch immer um die Liebe ihrer Eltern, mal war der gut, mal war der andere gut. Und dann war da meine Schwester, die war über.., also ich, die war nun völlig überflüssig, dass die noch auf die Welt kam! Die hat ja, die kam ja, ich hab' ja noch…

U.: die jüngere?

Frau P.: Nein, ich, ich hab' ja noch die Liebe meiner, also die Liebe, die meine Brüder haben wollten von ihren Eltern, die hab' ich ja auch noch abgezwackt. Also, das war eine schwierige Stellung. Und deshalb hab' ich, glaub' ich, auch früh kämpfen lernen müssen und gelernt, zu handeln. Und mich einrichten mit dem, was ich habe und abtauchen möglichst und... oder nach außen hin kämpfen, je nachdem, was angebracht ist.

U.: Ja, ja

Frau P.: Ich hab' auch eine sehr gute Intuition entwickelt dadurch,...

U.: Das...

Frau P.: ...weil, ich musste immer die Situationen erahnen, die jetzt wieder kommen, um überleben zu können, das hab' ich schon sehr früh entwickelt.

U.: Können Sie da mal ein Beispiel erzählen? Also, an was sich das festgemacht hat?

Frau P.: Auch später, als ich erwachsen war, also war ich immer, war ich oft erstaunt, wie ich Dinge im Voraus schon wusste, wie die gehen würden, ganz genau wusste.

U.: Ach so

Frau P.: Als Kind hab' ich das nicht so gemerkt. Das erinnere ich dann auch nicht so. Ich weiß nur, dass ich immer ziemlich aktiv war.

U.: Ich hab' auch nicht ganz so verstanden, was Sie meinten, glaub' ich. Also was für Dinge? Also Sie haben gesehen, dass Sie sich einrichten und selbst klar kamen und..

Frau P.: Ja, ich hab' mir eigentlich mein kleines Leben als Dreijährige angefangen, sehr früh, viel zu früh angefangen, einzurichten, um durchzukommen.

U.: Als Dreijährige schon?

Frau P.: Ja, als Dreijährige war meine Schwester da. Als ich drei Jahre war, wurde meine Schwester geboren, also im gleichen Monat sogar. Und damit war das bei meiner Mutter gelaufen. So, und nun musste ich sehen, wie ich zurecht komme ohne Liebe, oder ohne die gewohnte Liebe, oder…

U.: Bis dahin haben Sie aber noch Zuneigung bekommen, Aufmerksamkeit..

Frau P.: Ja, ich denke mal, also von meinem Vater sehr viel, weil der vernarrt war in das Mädchen, von meiner Mutter eigentlich weniger. Meine Mutter war eine richtige Zimtzicke. Also so, die war immer eifersüchtig auf alles, was andere hatten und, das hat sie zwar nie zugegeben, da war sie auch mit zwei Söhnen, die hintereinander geboren wurden, wohl erst mal ein bisschen überfordert. Sie war erzogen worden so was wie eine höhere Tochter, die also keinen Finger rührt und zwei linke Hände hat und eigentlich gar nichts kann, nur doof ist – die war nicht doof, die war sehr intelligent sogar, aber trotzdem war sie irgendwie doof – .

U.: Wir haben schon viel über Ihre Kindheit und Jugend gesprochen.

Frau P.: Also ich hab' keine gute Meinung von meiner Mutter. Die hab' ich heut' noch nicht…

U.: Das merk' ich schon gerade.

Frau P.: …und ich tu' mich furchtbar schwer, so die guten oder netten Seiten an ihr raus zu kitzeln. Weil die anderen Seiten einfach überwiegen. Und weil ich so sauer auf sie immer war, dass sie mich so wenig in's Leben gebracht hat, geführt hat. Sie hat überhaupt nichts vorgelebt! Die hat mir nur Dinge vorgelebt, die ich alle mühseligst hinterher wieder versuchen musste, abzulegen.

U.: Ah ja.

Frau P.: Das .. also gar nicht.

U.: Ja; das ist kein einfacher Start in's Leben.

Frau P.: Und dann kam noch meine Schwester hinterher, die nun mir auch mein Quentchen da wegnahm. Ich war dann auch sauer auf meine Schwester. Aber das hab' ich irgendwie hingekriegt, weil ich musste immer auf meine Schwester aufpassen, weil meine Mutter keine Lust hatte. Und mein Vater war eben nicht da, der schwebte ja immer in anderen Regionen.

U.: Ja (lacht)

Frau P.: Dann war ich immer zuständig, auf Maria aufzupassen. Das hat auch so 'ne Verbindung natürlich geschaffen zwischen meiner Schwester und mir. Aber wir sind nicht unbelastet aufgewachsen miteinander, es war total belastet, weil meine Mutter immer sagte: „Ach du Böse du, deine Schwester ist aber viel netter und viel artiger! Und die macht das richtig. Und du bist die Böse und die Schlechte!" Und schon war man weg vom Fenster. Und, einen Tag drauf war es wieder umgekehrt: man kriegte immer so diese Wechselduschen.

U.: Ah ja

Frau P.: Aber meistens war ich die Böse. Weil ich hab' auch versucht, mir mit meinen Ellenbogen Platz zu schaffen und… „ich bin da, ich hab' ein Anrecht, zu leben" und sowas alles, weiß ich nicht, was man da als Kind alles macht. Und da macht man wahrscheinlich viele Fehler in den Augen der Erwachsenen…

U.: Denk' ich auch

Frau P.: ..und dann kriegt man gleich wieder eine Tracht Prügel und dann fängt man an, zu lügen, dann kriegt man noch 'ne Tracht Prügel – das war bei uns ein stehendes Wort, die Tracht Prügel.

U.: Ja, das hab' ich in meinen Notizen so gemerkt, ist ja fürchterlich

Frau P.: Die hat uns ständig, ständig begleitet, ja, furchtbar, ja. Mein Vater hatte verschiedene Rohrstöcke, wahrscheinlich für die verschiedensten Wutausbrüche.

U.: Oh Gott, oh Gott… – Ja, wir waren jetzt stehen geblieben zuletzt bei Vito, wie der zu Ihnen kam, um nochmal den Faden anzuknüpfen. Ist zwar alles interessant, bloß schauen, Vito, wie kamst du denn hier in das Leben rein?

Frau P.: Ja, und dann hab' ich gedacht, wie der kam, Mensch, also ja, von wegen einschläfern lassen ist nicht …

U.: Ach ja, darum ging's ja am Schluss.

Frau P.: .. und raus lassen geht eigentlich auch nicht, weil ja draußen die Autos sind, was machst du denn nun? Und dann kriegte er nun schon mit, dass Hannibal rein und raus ging, und er stand natürlich auch immer vor dem Loch und schnupperte die frische Luft und wollte raus.

U.: Die Katzentür hatten Sie damals schon?

Frau P.: Ja, aber ich hab' die Katzenklappe erst mal, bis er größer war, bis er richtig bisschen stabiler war, so noch zwei Monate oder so, – das war 'ne fürchterliche Zeit, weil das Tier litt, das wollte raus – zugemacht.

U.: Ja, er, Vito, jetzt. Ja, ja

Frau P.: Hannibal wollte auch raus, der kam ja nun auch nicht mehr raus. Und dann hab' ich eines sonntags den Entschluss gefasst:: „Heute probier' ich' s" und hab' meinen Sohn gerufen „Bastian hilf' mir. Wir zeigen erst mal, wie die Klappe geht, damit er die Angst verliert, einer sitzt draußen, einer sitzt drinnen, wir schieben sie immer hin und her." – Und, er hatte auch Angst, aber das kriegte er dann ziemlich schnell mit. Und dann hab' ich gelassen und geguckt, ob er da runter geht vom Balkon, und es dauerte 'ne Weile, und dann sprang er runter. Na, und dann bin ich rausgegangen.

U.: Da hat er mal den Rasen kennengelernt und die Blümchen.

Frau P.: Ja, er ging auch nur bis an den Rand. Und ich blieb dann immer da vorne am Rand und Bastian auch. Also nicht weiter. Und dann blieb er noch 'ne ganze Weile und dann dachten wir: „Ach, ist ja alles gut, dann gucken wir uns das von oben an, vom Balkon aus oder so" und gingen rein und guckten raus, da war er nicht mehr zu sehen.

U.: Oh!

Frau P.: Da war er weg. Und da dachte ich: „Na ja, in den Büschen oder was weiß ich."

U.: Das war sein allererster Ausflug in's Grüne?

Frau P.: Sein erster Ausflug, ja. Dann sind wir wieder raus und haben ihn überall gesucht und nicht mehr gefunden. – Und da verging 'ne Stunde, er war nicht zu finden. Und da hab' ich gedacht: „So, nun ist er entlaufen und der findet bestimmt nicht zurück."

U.: Das war es dann mit meiner Katze. Solche Gedanken hatte ich.

Frau P.: Da hab' ich mir die bittersten Vorwürfe gemacht; da war ich total… „Jetzt hast du alles verkehrt gemacht." Und stieg auf den Balkon und heulte fast…

U.: War das im Sommer oder im Frühling?

Frau P.: Ja, im Sommer, das ist ja, ja das war so September, Oktober. Und plötzlich höre ich was miauen. Aber das kam nicht von unten, das kam von oben. Und da, wo das Auto steht, hier so am Anfang dieses Busches, das von jemand anders, da stand ein Baum. Da war der rauf geklettert und kam nicht wieder runter.

U.: Das machen ja junge Katzen.

Frau P.: Da war wohl ein Hund draußen vorbei gekommen, und da hatte der die erste natürliche Reaktion gezeigt, nämlich Flüchten, und war weg. Und kam da nicht wieder runter! – War ich glücklich, dass ich die Katze sah, die sah man ja oben so weiß durchschimmern. Aber jetzt war noch ein Problem, die wieder runter zu kriegen. Und dann haben wir da irgendwie einen Aufbau gemacht und auf den Aufbau 'ne Leiter gestellt. Dann hab' ich meinen Sohn da hoch gejagt und gesagt: „Du holst sie und ich halt' dich fest". Und da blieben die ganzen Passanten stehen und hatten auch lauter gute Ratschläge. Ja, und dann haben wir ihn wieder runtergeholt, da kam er auch ziemlich gerne wieder runter. Aber das war's denn erst mal.

U.: Das glaube ich.

Frau P.: Da hatte er auch genug. Er wollte dann erst mal nur drin sein. Aber das war der allererste Tag, und dann haben wir das immer wiederholt, immer auch nur eine Stunde mit raus und ihn immer begleitet, auch mal ein bisschen hin und her gelaufen, bis ich auch so merkte: „Der hat Sicherheit draußen".

U.: Vito, hat dein Frauchen doch Vertrauen gefunden, dass du das schaffst draußen.

Frau P.: Wenn ich das nicht gehabt hätte, hätte er das gar nicht gekriegt. Wenn ich ihn immer nur umzingelt hätte und… – Mich hat man als Kind im Geschirr geführt, kennen Sie das?

U.: Ja

Frau P.: Hier so rüber und hier so hinten…, da gibt's noch Fotos von. Das muss man sich mal vorstellen. – Das sollte man sich lieber nicht vorstellen.

U.: Ach ja, na ja, in der Großstadt, da haben die Eltern vielleicht doch Angst wegen des Verkehrs. Ich weiß es nicht.

Frau P.: Also die drei Autos, die 1941 oder 1945 über die Straße fuhren, die konnte man ja wohl zählen.

U.: Hatten Sie denn auch ein Kindermädchen, das Sie ausgeführt hat?

Frau P.: Meine Eltern, meine Mutter kriegte ein Pflichtjahr-Mädchen. Das war unter Adolf Hitler so…

U.: Ah ja.

Frau P.: …Usus, dass irgendwie die Mädchen in Haushalte für ein Pflichtjahr verpflichtet wurden. Und davon hatte sie so drei Stück hintereinander, und alle drei haben sie total beklaut, ihren Worten nach, haben ihr alles weggenommen. Die kamen vom Lande irgendwie, was sie da erzählt hat, und die klauen nur. Sie haben ja wohl auch einige Dinge gestohlen, das wird schon stimmen, weil sie … und dann hatte sie nachher kein Pflichtjahr-Mädchen mehr.

U.: Und wie haben Sie die Mädchen kennengelernt, gefielen Ihnen die?

Frau P.: Ich war sehr klein. Ich kenn' die von Angesicht nur von Fotos, und ansonsten hab' ich gar keine Erinnerung mehr. Gar nicht mehr daran. Die waren für mich sehr unbedeutend scheinbar, ich wollt' von denen nichts wissen.

U.: (zum Kater) Ja gut, dann hast du das Geschirr…, dann bist du da rum gekommen, weil Frauchen das nicht mehr haben wollte. Das kann man ja auch gut nachvollziehen.

Frau P.: Na ja, und dann begann eine schöne Zeit mit diesem Tier, 'ne sehr schöne Zeit.

U.: Mit Vito

Frau P.: Er ist ja auch sehr dekorativ.

U.: Er hat sich gut eingefügt und...

Frau P.: Und wo der sich hinlegt, sieht's einfach schön aus, man kommt aus dem Fotografieren nicht mehr raus, und wie der guckt und was der macht.

U.: Bloß im Winter, wenn Schnee liegt, dann kann man ihn ja nicht so schnell sehen.

Frau P.: Nicht so, nee, da sticht er nicht so ab, aber im Sommer sticht er überall total ab, das ist schön. Also wenn es draußen regnet, also kein Schnee ist.

U.: Er ist sehr zutraulich, so hab' ich ihn ja auch kennengelernt.

Frau P.: Na ja, er ist auf den Menschen fixiert. Weil ich hab' seine Mutter, seine Katzenmutter ersetzt und die braucht er, weil, er hat ja ein Manko, ihm fehlt ja ein Sinnesorgan. Und das macht er damit wett. Und ich denke mal, der merkt, der weiß, dass ihm was fehlt. Das holt er sich dann so rein. Also, um seinen Level zu halten, sein seelisches Gleichgewicht, sag' ich mal.

U.: Ja, klar, das äußert sich dann mit anderen Symptomen, kann man sagen.

Frau P.: Noch 'ne Frage? Oder sind Sie durch?

U.: Meine Fragen sind auch nicht so wichtig, die hab' ich ja immer mal so zwischendurch oder ergänzend – sie sind schon für mich vielleicht wichtig, aber da soll ja das, was Sie für wichtig halten, kommen, wenn's geht, da freu' ich mich.

Frau P.: Dann erzähl' ich jetzt noch mal etwas von der Tierwelt aus Südamerika?

U.: Ach so, wollten wir noch was über die Katzen hier erst zu Ende erzählen?

Frau P.: Ach so, ja

U.: Ich weiß nicht, wie Ihnen das…

Frau P.: Ja, Sie müssen sagen, was Sie noch wollen, mir fällt also so…

U.: Hannibal, Vito, Katerli, Emil kam ja auch noch.

Frau P.: Hannibal? Hab' ich darüber eigentlich schon gesprochen?

U.: Ja, über sein Kommen und sein Gehen vor allen Dingen. Und dazwischen nicht, wie er hier war, aber das ist auch nicht so schlimm.

Frau P.: Hannibal war ein Tier, was sehr, was sehr auf Abstand hielt, sehr liebevoll.

U.: Doch, Sie haben das erwähnt.

Frau P.: Sehr liebevoll. Auch sehr bewusst, dass hier sein Zuhause ist, aber der blieb immer in seinem Bereich. Auf dem Schoß war er nicht gerne und ließ sich auch nicht gerne hochheben. Er hielt es aus. Aber er kroch für sein Leben gerne in mein Bett und baute sich da 'ne Höhle, aus der er raus guckte, und das war für ihn ganz wichtig. Der war nachher ein kleines bisschen abgedrängt worden durch diesen weißen Kater.

U.: Tatsächlich? Ist er so ein… ich hätte fast „Alphatier" gesagt. Also das ist durch seinen …

Frau P.: Nee, Alphatier blieb Hannibal. Und das hat der weiße auch total akzeptiert.

Aber der weiße, der kam natürlich auf den Schoß und war viel mit mir zusammen und mit Menschen zusammen...

U.: Vito?

Frau P.: ...was Hannibal nicht hatte. Und da wurde Hannibal schon ein bisschen abgedrängt und ein bisschen sauer, und wenn man denn ihn holte und mit ihm sprach, dann war er doch ein bisschen beleidigt. Der wurde nachher so ein bisschen eigenbrötlerisch, er ging so immer seiner Wege. Aber ich hab den sehr, sehr geliebt, diesen Hannibal, ein wunderschönes Tier. – Ja, und denn da ist noch Emil, der Emil von Ihnen. Meine Nachbarin sagt immer „Emiline" oder „Emily".

U.: Emily?

Frau P.: Auch niedlich nicht?

U.: Ich sag immer noch Katerli, weil wir ihn so genannt haben damals.

Frau P.: Der hat auch etwas ganz Besonderes, der ist so ein kleiner Witzbold, der kommt mir manchmal vor wie so ein Witzbold. Er hat so niedliche witzige Anwandlungen: Kommt, springt, wälzt sich, läßt sich nur am Bauch kraulen und dreht sich dann, knabbert mir an den Fußzehen herum und findet das wundervoll, und wenn ich ihn dann streichle, haut er ab und wenn ich dann einen Bindfaden hole oder irgendein Spielzeug, dann ist der voll bei der Sache, der kann ja spielen bis zum Umfallen – immer noch.

U.: Die Schwestern auch

Frau P.: Ja, ja, er läßt sich nicht so gerne hochnehmen, hält aber auch aus, streckt sich dann unter Spannung, aber die läßt, wie gesagt, dann nach...

U.: Vermissen Sie das, wenn Sie ein Tier nicht so hochnehmen können auf den Arm?

Frau P.: Ja, ich hätt's gerne, dass der wie so ein „Schlumpsack" in meinem Arm liegt und sich drücken lässt.

U.: Ja, das glaub ich. Mit Vito sind Sie daran gewöhnt, der lässt sich ja gerne auch tragen wahrscheinlich.

Frau P.: Ja, ja. Aber der Schwarze entspannt auch. Aber er wartet, irgendwie hab' ich immer das Gefühl, auf den Moment, wo er dann wieder entwischen kann. Manchmal hat er schon ganz lange ausgehalten, und zwar hält er lange aus, wenn Vito nicht zu sehen ist, wenn der draußen ist, dann ist er voller Hingabe, der Schwarze, entzückend. Aber wenn der Weiße auftaucht, kommt er wieder unter Spannung.

U. Ja, das ist bei Katern immer eine gewisse Rivalität, die ist natürlich da.

Frau P.: Ja, ja, und ich sag dann immer: „Sei still". Und ich muss mich immer ein bisschen zur Ordnung rufen, weil – ich sprech' dann erst mal nicht mit Emil, weil ich das gar nicht gewöhnt bin, mit der Katze zu sprechen, und dann denk' ich: „Der Emil, der hört mich doch, mit dem muss ich jetzt reden", weil, erst mal geht das alles schweigend über die Bühne, das Hochnehmen und so, das Wiegen. Und dann fang' ich an, mit ihm zu reden. Und jedesmal „Mensch, du redest ja gar nicht, der hört dich doch!" – Er spitzt die Ohren..

U.: Ja, das haben Sie früher mal erwähnt.

Frau P.: Und, ja, der ist sehr geräuschempfindlich, der Kater, das hat er nicht so gerne, aber andererseits, wenn man ihm was Gutes tut, wenn man ihm einen Extra-Futternapf hinstellt oder Extra-Futterchen gibt oder eine Scheibe Wurst oder so, also vom Katzenfutter mal abgesehen – der ist so dankbar, der ist so etwas von dankbar, der trägt seine Dankbarkeit vor sich her und seine witzige Art. Der hat ja auch ein anderes Gesicht, der weiße hat ein platteres Gesicht.

U.: Ein Babygesicht

Frau P.: Ja, und der Schwarze hat so eine mehr nach vorne gezogene Schnute. Er hat wunderschöne Augen.

U.: Ja, auch seine Schwester, die auch hier war, als ganz kleine Katze schon, was hat die für Augen!

Frau P.: Aber der Emil, der schwarze Kater, der ist als ich so krank war, so um Pfingsten herum, da ist er gekommen und hat sich vor mein Bett gelegt und war einfach nur da.

U.: Das ist ja interessant – das ist schön, das werd' ich auch erwähnen. Der wollte bei Ihnen sein, bisschen Trost spenden und einfach…

Frau P.: Ja, der wollte bei mir sein – ja, vielleicht hat er auch Angst gehabt, dass ich ihn verlasse, weil ich krank bin…,

U.: Kann auch sein, man weiß ja nicht, was dahinter steckt.

Frau P.: …um sich Angst gehabt, „wo kriege ich mein Futter her, wenn die Alte hier krank ist" (lacht)..

U.: Oder einfach ein bisschen bei Ihnen sein. – Ist er denn auch aufs Bett gesprungen?

Frau P.: Nein, nicht; er hat die Vorderpfoten draufgehabt und hat geguckt, aber ist nicht nachgezogen.

U.: Hat er gemerkt, dass Ihnen das nicht so gut geht?

Frau P.: Dass es mir nicht gut geht, ich war ja ziemlich weg. Ich hatte ja auch Fieber. Ich war wirklich krank.

U.: Bei dieser Entgiftung?

Frau P.: Ja, die kam ja erst hinterher, die Entgiftung. Das war der Ausbruch des Giftes.

U.: Sie waren ja ziemlich lange da. – Sonst hätten wir das doch sicher auch schon eher gemacht, das dachte ich, das hatte ich ganz vergessen, dann fiel mir ein, nee, Frau P. ging's ja auch nicht gut.

Frau P.: Wochenlang, wochenlang. Ich hatte ja überhaupt keine Stimme mehr nachher, ich hatte 8 Wochen keine Stimme, immer so ein Krächzen und Brechen war da drin. Als es nachher wieder losging, davon kann ich überhaupt nicht reden.

U.: Da haben Katerli und Vito wohl auch gedacht: Was ist denn jetzt los? Das spüren die ja, der hört das ja, dass an Ihrer Stimme was nicht in Ordnung ist, das kriegen die alles mit, Vito weniger, aber der merkt ja auch, wenn Sie da flach liegen und schlapp sind, das kriegt er ja auch mit.

Frau P.: Das kriegen die ganz genau mit.

U.: Ist das Verhältnis zwischen den beiden dauerhaft gespannt, oder wechselt das immer?

Frau P.: Nee. Das wechselt. Also, da wird sich immer erst um den Platz gestritten: wer liegt höher, wer ist niedriger, wer liegt oben, wer liegt unten, so ungefähr.

U.: Also in dem Bett z.B.?

Frau P.: Nee, hier auf dem Sessel oder da hinten in dem Korb. Dahinten steht noch ein Korb. Der steht ja auf dem Boden.

U.: Ach so, das ist schon so ein Gucken, ja, dann beäugen sie sich.

Frau P.: Der Schwarze liegt für sein Leben gerne auf dem Sessel, und nachdem der Weiße gemerkt hat, dass es dem Schwarzen gefällt, wird er immer verscheucht, da springt er auf die Lehne und haut dem Schwarzen eins auf den Kopf mit seiner Pfote, dass der vor Schreck hoch springt und runterspringt, und dann macht er sich breit.

Er hat ja die älteren Ansprüche, er wohnte ja schon hier.

Frau P.: Ja. Und dann geht der Schwarze in den Korb. Und dann sieht er (der Weiße) das und denkt:: „Der Korb ist ja eigentlich auch ganz schön", und dann geht er zum Korb und haut ihm wieder eine vor den Latz.

U.: Ja, das ist Eifersüchtelei und dem anderen Nicht-Gönnen und Das-will-ich–auch. Solche Geschichten kenne ich.

Frau P.: Genau. Manchmal liegen sie dann beide auf dem Sessel, also, da kriegen sie gerade so Platz, sie liegen innig vereint dann oder in dem anderen Korb, der am Fensterbrett steht, da liegen sie auch öfter zusammen. Insbesondere nachher im Winter, wenn von unten die Heizungswärme hoch steigt.

U.: Ja, das hab' ich schon mal gesehen. Eben, das lieben sie.

Frau P.: Und dann liegt der Schwarze immer mit dem Kopf draußen, während der Weiße eigentlich mehr mit den Pfoten draußen liegt.

U.: Aber, wie ist das eigentlich, haben Sie das schon bereut, dass Sie jetzt 2 Kater zusammen haben? Oder ist Ihnen das mehr Freude?

Frau P.: Nee, nee, nie. Ich würde gern 3 haben, wenn 's ginge, aber dann ist das hier zu eng. Nee, überhaupt nicht bereut. Ich hab' alle Ängste der Welt, dass einer der beiden Kater mich verlassen könnte, das überlebe ich ja nicht.

U.: Das wäre sehr schlimm für Sie, wenn da was passieren würde. – Das war auch noch so eine Abschlussfrage: Könnten Sie sich ein Leben ganz ohne Tiere auch vorstellen?

Frau P.: Nein, da brauch' ich nicht lange überlegen, überhaupt nicht. Also, wenn ich nicht auf Katzen gekommen wäre, hätte ich vielleicht ein anderes Tier, ein Frettchen oder einen Papagei oder etwas, was nicht so ganz winzig ist, irgend was, aber Katzen bieten sich ja eigentlich an als Haustier, das ist mit die Lösung. Das Frettchen ist nach wie vor eigentlich auch ein Wildtier, das ist nicht so ein Haustier, und ein Papagei – weiß ich auch nicht – da habe ich wenig Erfahrung mit.

U.: In Caracas hatten Sie keine Vögel? Doch, die Wellensittiche!

Frau P.: Der Bastian hat ihnen ein Haus gebaut, und sie haben Eier gelegt.

U.: Stimmt, darüber haben wir schon gesprochen, das erinnere ich jetzt. Und die hat er dann verschenkt an die Klassenkameraden, großzügig.

Frau P.: Genau, genau. Ich hab' in Caracas eine Familie kennengelernt, wo der Hausherr gestorben war, die lebten auf dem Land, und der hatte ein Krokodil gezähmt als Haustier, das war so lang wie sein Bett. Das lag nämlich immer vor seinem Bett, wenn der schlief, und als der starb, der Alte, da hat das Krokodil getrauert, das lag dann unter seinem Bett. So ist mir die Geschichte erzählt worden von der Frau und den Kindern.

U.: Sie haben das Krokodil selbst…

Frau P.: Nein, ich hatte keinen Bedarf, die Leute auf dem Land hatten sowieso ein bisschen abnorme Gewohnheiten oft. Also, ein Krokodil zu zähmen, das wär' das Letzte, was mir einfallen würde, und was ich mir auch vorstellen kann: Dieses Krokodil trauerte um sein Herrchen, das hat gemerkt, dass er tot war, das kann man sich gar nicht vorstellen, oder?

U.: Na ja, wenn er eine gewisse Bezugsperson für ihn war, könnt' ich mir schon denken, dass es das auch gespürt hat.

Frau P.: Ein Reptil?

U.: Ja, denk' ich auch, ich kann mir das vorstellen.

Frau P.: Ein Reptil, das ist mir so weit weg, das kann ich mir nicht vorstellen!

U.: Das sagten Sie schon mal. – Ich kann mir das vorstellen. Es soll ja Ihre Empfindung sein, wenn Sie das nicht können…

Frau P.: Ich kann's mir nicht vorstellen, ein Reptil… na ja, vielleicht ist das ja auch nicht richtig von mir.

U.: Es ist vielleicht einfach nur das Spüren von einem anderen Wesen, das da war – sie trauern ja auch um einen Lebenskameraden, Weibchen, oder wenn das stirbt oder krank ist, das merkt man schon. Also in den Tiersendungen… – ich weiß es nicht, ich hab' da vielleicht auch nicht genug drauf geachtet.

Frau P.: Ich hab Krokodile und Alligatoren eigentlich nur als sehr menschenfeindlich und gefährlich kennengelernt, weil – es gab ja viele dort an bestimmten Stellen in diesem großen Land, und die Nähe musste man unbedingt meiden, weil, dann hätte man immer den Kürzeren gezogen.

U.: Aber Sie sagten mir, dass Sie in Caracas, welche anderen Tiere Sie noch kennengelernt haben?

Frau P.: In Venezuela, will ich mal sagen. Ja, ich habe die…

U.: Ist es was spezielles, also keine Heimtiere, sondern andere Tiere?

Frau P.: Andere Tiere, die sind nicht unbedingt Heimtiere, nein.

U.: Ach so, das ist ja noch was…

Frau P.: Was ich an Tieren in der freien Natur sehen konnte, was man sonst nicht so hat. Natürlich, in Caracas gab es jede Menge unterschiedlicher Art an Papageien, sehr schöne Papageien, diese großen, die diese Dreifarbigkeit haben, dieses Grün und Rot und Blau oder den blau-gelben, diese ganz großen mit den Riesenspannweiten, die auch ganz viel Platz brauchen. – Und auch andere, ganz verschiedene Arten.

U.: Und die lebten aber frei?

Frau P.: Nein, die leben.., also die kleineren lebten noch frei, so grüne oder grün-bunte, aber die ganz großen, die sind ja so (zeigt) vom Körper, nur der Körper, dann kam noch mal der Schwanz dazu, und die Schwingen sind ja so…, ich komm' jetzt nicht auf den Namen.

U.: Die haben Sie in Familien kennengelernt oder auch draußen?

Frau P.: Draußen, draußen in den Gärten. Die hatten sie in den Gärten, also in den Innenhöfen, in den Gärten, auch in der Landwirtschaft. Und die kleinen auch in den Innenhöfen von den Familien. Es wurden viele Vögel gehalten, alle möglichen Arten.

U.: Für die war das so 'ne Art Heimtier, Haustier dann.

Frau P.: Ja, ja, hübsche Vögel. Und dann auch Tukane, die sind da sehr beliebt und auch sehr empfindlich. Die kann man nicht einzeln halten, dann sterben sie meistens. Die muss man paarweise halten oder zu zweit, weil, die brauchen Gesellschaft scheinbar, aber die sind ja zauberhaft. – Ja, und dann das Wasserschwein, das berühmte Wasserschwein, das größte Säugetier, Nagetier der Welt, diese Chiguiles …

U.: Was sagten Sie?

Frau P.: Chiguiles , Chiguile heißen die.

U.: Ach so. Und wo haben Sie das kennengelernt?

Frau P.: In den Llanos, das sind die Weidegegenden, also die Marschgegend sozusagen, wo viele Wasserarme sind und viel Weideland, viel Grasland. Da leben sie so in den Ufern und in den Weiden und hängen zusammen mit Pferden, Wildpferden. Und die Chiguile haben so lange Haare, so Borsten, aber ich hab' mal, als ich auf so einer Finca da war, ein Junges in die Hand genommen, auf den Arm genommen, das war ja auch nur so groß, ein bisschen kleiner wie eine Katze. Da waren die Borsten noch nicht so stark. Hat so 'ne abgerundete Schnauze im Profil, sind sehr niedlich und total harmlos. Die gibt's aber sonst nirgendwo, glaub' ich.

U.: Wie war der Name noch?

Frau P.: Wasserschwein heißt es auf deutsch, Chiguile. Das ist wahrscheinlich…

U.: Und welche Funktion? Werden die auch gejagt da, oder gegessen, als Nahrungsmittel?

Frau P.: Die werden auch gegessen. Ich hab die nie gegessen. Sie leben da und vermehren sich, wie andere Tiere auch. Dann habe ich da Anacondas gesehen.

U. Haben die nicht…, Entschuldigung, haben die Ähnlichkeit mit Wildschweinen eventuell?

Frau P.: Sie sehen eher aus wie so ein Riesenhamster oder so ein Riesen-Meerschwein, so sehen die aus.

U.: Ah, ja, jetzt hab' ich, ja, ja..… Und Ana…

Frau P.: Die Anacondas sind ja ganz lang und ganz dick, und da hab ich einmal gesehen, auch in den Llanos, ein Anacondapärchen, was sich paarte, und dann sind… die waren wie so ein Zopf umeinander gewickelt, aber eine Woche oder noch länger sogar. Und die sehen so aus wie oller Schlamm, hübsch sind die nicht.

U.: Haben Sie das in der freien Natur beobachtet?

Frau P.: Ja, ja, direkt daneben gestanden.

U.: Aber außerhalb von Caracas?

Frau P.: Auf'm Land, auf'm Land. In Venezuela, das ist nicht so besiedelt wie Deutschland zum Beispiel. Da gibt es ja streckenweise gar niemand. Da ist nur Natur und Wasserfälle und wunderschöne Steinbrüche oder was, Regenwald und Hochplateau und wat weiß ich nicht alles. Da lebt kein Mensch, nur Urwald.

U.: Hatten Sie damals schon einen eigenen Wagen, mit dem Sie durch die Landschaft fahren konnten?

Frau P.: Ja, ja, ich habe mich in Caracas ziemlich schnell an den Verkehr gewöhnt, der war gewöhnungsbedürftig, weil, das war Wahnsinn, und so nach 3 Monaten habe ich es dann gewagt, und dann war es klar, und dann hatte ich auch immer ein Auto zur Verfügung, und wir haben auch immer Fahrten gemacht, also wir – nicht mein Mann und ich, weniger – sondern mit Freunden. Ab durch die Mitte. Venezuela ist viel größer als Deutschland, ich glaube, Deutschland geht fünfmal da rein.

U.: Wieviel Einwohner hat Caracas überhaupt?

Frau P.: Also heute, weiß ich nicht. Als ich da lebte, war mal 'ne Volkszählung, und da waren es 3 Millionen. Später waren es dann 6 Millionen, und ich nehme an, dass es heute vielleicht 10 sind.

U.: Ich denke auch, dass dort Katzen und Hunde auch verwildern, also frei leben, das ist ja in den südlichen Staaten bei uns schon so.

Frau P.: Ja, die werden auch nicht nett behandelt oft.

U.: Ja, da denke ich auch manchmal, dass unsere Haustiere es doch ganz gut haben, wenn sie ihr liebendes Herrchen oder Frauchen haben.

Frau P.: Dann war ich in der Guaracha-Höhle, die hat Alexander von Humboldt entdeckt. Humboldt war ja in Venezuela. Die gibt es nur einmal auf der Welt – und zwar leben da...

U.: Ist das das Wort für Fledermaus?

Frau P.: Nein, das ist die Art dieser Fledermaus, das ist 'ne kleine Fledermaus, und die gibt es nur dort, auf der ganzen Welt nur einmal da. Und zu Tausenden fliegen die in der Dämmerung, da kann man bleiben vor der Höhle, eine riesengroße Höhle, die ist sehr hoch, sehr offen, voller Kot, da geht man nicht lange rein, und da steht man bis zum Knie im Morast, da hingen die alle drin, aber wirklich eine an der anderen, und wenn es dämmrig wird, machen die sich alle auf, die fliegen alle raus. Aber die fliegen in solchen Scharen da raus und machen da so Geräusche dabei, und dann gehen sie auf Futtersuche, das sind Pflanzenfresser. Und irgendwann kommen sie wieder, und da schlafen sie bis zum nächsten Tag, und dann geht es wieder von vorne los. Und die sind total harmlos, die tun nichts. Da sind wir extra.., das ist ein richtiges Schauspiel, da sind wir extra mal hingefahren, da ist man sehr weit gefahren, und haben vor dieser Höhle gesessen, bis es dämmrig wurde, um dieses Schauspiel zu sehen.

U.: Toll! Und das sind Hunderte oder Tausende, die da rauskommen?

Frau P.: Tausende! Tausende, Abertausende!

U.: Und das ist eine besonders kleine Art?

Frau P.: Eine kleine Art. Ich habe auch manchmal in Caracas Fledermäuse gehabt, in den Palmen. In dem einen Haus, wo wir mal wohnten, da wohnten wir oben, und die Palme, die wächst ja so am Haus vorbei, war so ein Stück weg, und die Palme hat dann ja so Früchte, so gelbe Beeren, ganz viele, so richtige dicke Dolden. Das ist ja unterschiedlich. Ich glaube, da gibt es männliche und weibliche Palmen, und die einen haben das, und die anderen haben was anderes, und da saßen sie und haben sich diese gelben Früchte runter geholt. Und aufmerksam wird man eigentlich immer durch die Geräusche, die sie machen. Eigentlich gar nicht, wenn man sie sieht.

U.: So Flattergeräusche, wenn sie fliegen? – Das Kauen…

Frau P.: Ja, die schnalzen so.

U.: Schon faszinierend. So was erlebt man bei uns ja kaum noch. Es gibt zwar auch noch Fledermäuse, ab und zu kann man welche sehen. Das denk' ich auch, das ist faszinierend.

Frau P.: Ich hab in Deutschland noch nie eine Fledermaus gesehen, außer im Zoo.

U.: Ja, mein Vater sagte, früher gab's viele bei ihnen. Sein Bruder und er haben immer einen Spaß draus gemacht und ihre Mützen, Schülermützen, hochgeworfen zu dem Haus. Die hingen dann unter dem Dachgiebel des Nachbarhauses und das wussten sie. Sie wollten wohl, dass die mal fliegen, sie wollten sie fliegen sehen oder so. Und dann haben sie ihre Mützen hochgeworfen und haben sie aufgescheucht, wie die Jungs so sind. Das hat er immer mal erzählt, das erinnere ich. – Und da meinte er auch, es gab doch damals wesentlich mehr Fledermäuse noch als heutzutage. – Aber die sollen sogar in der Großstadt vertreten sein. Das ist ja auch unglaublich, was sich in H. alles so…. Das gehört jetzt alles gar nicht mehr zum Thema…Was man hier an Tieren sieht, das gibt's da bei uns da nicht in B.. Also ich sehe hier wesentlich mehr. Ich brauch' nur unten rauf auf den Rasen gucken, Kaninchen ohne Ende und …

Frau P.: Ah , ja?

U.: Gut, Igel sehe ich auch bei uns, es ist schon toll. – Wie Tiere doch in die Großstadt kommen, weil sie wissen, sie haben mehr Wärme, und unter Umständen finden sie Nahrung.

Frau P.: Wir haben noch diese roten Flamingos gesehen, die richtig dunkelroten, wunderschöne Tiere. Die gibt's an zwei Lagunen in Venezuela. Und da fährt man hin, also an die Lagune, um diese Tiere zu sehen. Die sind auch in Massen vorhanden, die rosanen sowieso, aber diese dunkelroten, die sind ja so schön, so was Besonderes. Die hab' ich mir auch angesehen, da bin ich auch hingefahren und hab' sie mir angeguckt. – Was hab ich denn noch für Tiere gesehen?

U.: Ist ja auch nicht so wichtig. Ist ja 'ne bunte Vielfalt, es kreucht und fleucht, und hier ist ein weißer Kater, aber im Arm.

Frau P.: Piranhas hab ich gefischt!

U.: Oh!

Frau P.: Ja, die schmecken lecker. Das ist nicht ganz ungefährlich. Weil, wenn man sie rausnimmt aus dem Wasser, dann leben die ja noch, dann darf man sie nicht in Körpernähe bringen, sonst beißen sie sich gleich fest, also das muss man können. Aber da guckt man einmal zu, dann macht man es. Die kriegen Sie ja leicht aus dem Wasser, da schmeißen sie 'ne Angel rein mit was dran, und wenn es ein Stück Pappe ist, schon hat sich einer verbissen.

U.: Ach, haben Sie die selbst geangelt da?

Frau P.: Klar, ich bin in den Llanos in so einem Boot gefahren und hab' geangelt.

U.: In den Llanos?...

Frau P.: Das sind Ebenen, wo ich auch die Anaconda gesehen habe und die Wasserschweine. Da gab's in diesen Gewässern, die da durchgehen, Krokodile und Piranhas. Da hab' ich Piranhas gefischt, also ich hab' das nicht alleine gemacht. Mein Bekannter, mit dem ich damals war, und noch irgend jemand, wir waren da in so einem kleinen Boot und haben uns das Abendbrot gefischt und haben davon sowas wie eine Paella gemacht, das war total lecker, diese Fische sind... schneeweißes Fleisch, total lecker, wirklich, war sehr schön. Das scheint ein sehr würziges Wasser zu sein, in dem die leben (lacht). – Na, Brüllaffen hab ich auch gesehen in den Wäldern, in den Urwäldern, die sind eigentlich ziemlich uninteressant finde ich, sie sehen auch nicht so schön aus, sind sehr scheu.

U.: Ja. Werden solche Tiere, von denen Sie eben erzählt haben, auch als Haustiere z.T. gehalten, wie das eine Krokodil, diese Geschichte haben Sie erzählt?

Frau P.: Ja, die Vögel querbeet

U.: Wasserschweine?

Frau P.: Nee, Wasserschweine hab ich nie irgendwo angetroffen, und auch Schlangen, ja, es werden Schlangen gehalten, es gibt noch ganz andere Schlangen, es gibt da die Klapperschlange, die „Jokanara", diese ganz hochgiftige Schlange gibt's da auch und noch andere, Korallenschlangen gibt es und grüne Schlangen gibt es, braune, also, alles mögliche. Die kommen auch nach Caracas, weil in Caracas ist ja viel Grün.

U.: Und welche Tiere haben Sie selbst am nettesten empfunden oder am interessantesten, was hat Sie am meisten angesprochen, außer ihrem Haustier, die Katze?

Frau P.: Ich mochte die Wasserschweine sehr gerne, die fand ich ganz süß, die fand ich schon schön, so eins hätt' mir schon gefallen… auch die Wildpferde.

U.: Ja, das glaube ich. – Das war das Kapitel Venezuela – bunt und vielfältig.

Frau P.: Genau – ja, dann sag ich jetzt ein Schlusswort oder haben Sie noch Fragen?

U.: Jaa, ach Fragen, ich hab ja eigentlich schon sehr viel erfahren.

Frau P.: Ich hab mir nämlich überlegt, was ein Tier wirklich so bedeutet, generell für den Menschen gesehen, nicht nur für mich. Und dann hab' ich gedacht: Der große Unterschied besteht doch wirklich da drin, dass man sagen kann: wir Menschen haben eine Seele, aber die Katzen sind Seele.

U.: Ah ja

Frau P.: Ist das nicht treffend? Sie sind die personifizierte Seele. Das sind wir Menschen nicht unbedingt.

U.: Und was ich vorhin schon mal gefragt hatte: Gibt es noch irgend etwas besonderes, was Sie noch hervorheben möchten, von all diesen Geschichten, was Sie besonders wesentlich finden oder gibt es noch Aspekte, die Sie noch nicht angesprochen haben?

Frau P.: Da fällt mir jetzt eigentlich gar nichts mehr ein. Gewiß gibt es noch welche, aber ich denke, das haben wir auch schon besprochen. Der wichtigste Aspekt ist, dass mir Tiere, meine Katzen, mir Lehrmeister waren, Begleiter waren.

U.: Das finde ich einen sehr wesentlichen Aspekt.

Frau P.: Begleiter, wichtige Begleiter waren, Kameraden. Auch für meinen Sohn waren das ganz wichtige Weggefährten, als der klein war. Obwohl mein Sohn ja eine Katzenallergie später entwickelt hat, leider.

U.: Darf er selbst keine Katzen.. ? Ich hab's auch, aber…

Frau P.: Na darf, das ist unterschiedlich. Also bei mir schafft er das, weil die Katzen wahrscheinlich viel raus gehen. Aber wenn bei ihm im Haus Katzen sind, dann fängt er an zu niesen und zu spucken, das ist furchtbar. Es wird alles rot.

U.: Aber er kommt ja auch her und verpflegt sie mal, wenn's mal nicht anders geht.

Frau P.: Ja, er ist ja oft hier und stundenlang mit mir zusammen.

U.: Aber er ist kein „fanatischer Allergiker" sozusagen, dass er es damit verbindet, „ich will mit Katzen nichts…"

Frau P.: Nee, schlimmer ist es im Frühjahr, diese Birkensamen oder was das ist, Pollen.

U.: Ich hab' 's jetzt auch, durch die Luft jetzt, bei mir geht es das ganze Jahr, auch im Winter.

Frau P.: Da hat er mehr mit zu tun, aber das ist, seitdem wir in Deutschland sind. In Venezuela hat der niemals sich von den Tieren was eingefangen.

U.: Das ist die Wassernähe da, das ist wesentlich angenehmer.

Frau P.: Weiß der Himmel, was alles da war. Man sagt ja, dass die Allergien so fehlgeleitete Abwehrreaktionen sind auf irgendwelche Keime, die man gar nicht hat. (man hört Schnurren) – Das war aber unruhig!

U.: (zu den Katzen) Da habt ihr ja ein schönes Schlusswort bekommen. – Ja, gut, Frau P., dann bedanke ich mich herzlich für das tolle, ausführliche und sehr spannende Gespräch.

Frau P.: Und immer, wenn Sie später schreiben und zusammenstellen, können Sie mich fragen.

U.: Wir können ja weiter uns darüber austauschen, wenn da noch Fragen sind. – Und wie haben Sie selbst dieses Gespräch empfunden? Wir haben es ja zweigeteilt gemacht, einmal.., wie haben Sie das selbst empfunden?

Frau P.: Ja, das ist 'ne gute Frage. Also neulich, das erste mal, da hat es ganz schön viel in mir aufgerührt. Weil so viele Erinnerungen wachgerufen, zurückgerufen wurden und natürlich auch, weil ich so meine, mein Verhältnis zu meinen Tieren auch noch mal so angucken konnte, im Zusammenhang mit meinem eigenen Werdegang auch sehen konnte. Und das war eigentlich ganz zwangsläufig, glaube ich, dass ich bei Katzen lande und nicht bei Hunden und nicht bei anderen Tieren. Dass ich überhaupt bei Tieren landetet, sowieso, das war irgendwie vorgezeichnet bei mir, ohne, dass ich das wusste. Aber es hat sich dann eingefügt. Darüber bin ich auch sehr froh. Da bin ich auch wirklich froh, dass ich da nicht Angst hatte so … hm, hm, hm, hm – „bloß nicht Katze", sondern, dass ich da offen war.

U.: Also das war für Sie das Panorama, das sich Ihnen selbst noch mal geöffnet hat.

Frau P.: Ja, mir ist auch vieles bewusster geworden. Meine Stellung zu Tieren, wie wichtig die sind für mich, wie lebenswichtig. Ohne Tiere geht's gar nicht. Es geht nicht ohne Pflanzen, aber es geht auch nicht ohne Tiere und nicht ohne Menschen. Das ist alles ganz wichtig, es gehört zusammen. Und wenn irgend etwas davon fehlt, dann ist das wirklich ganz bedenklich.

U.: Gut. Und heute, wie ist das heute für Sie?

Frau P.: Ja, auch schön. Bloß mit der Schwierigkeit, dass ich nicht mehr weiß, was ich Ihnen schon erzählt habe.

U.: Ah, das tut mir leid.

Frau P.: Nee, ich will Sie auch nicht langweilen, wenn ich alles doppelt erzähle.

U.: Nee, das war nur in Anklängen, das ist auch gut dann noch mal. Ich merke daran ja auch, was Ihnen wichtig ist, was Sie da noch mal ansprechen.

Frau P.: Ich habe auch gedacht, die Menschen, die haben ja früher viel Pelzmäntel angezogen. Dass es genau das ist, was ich hier, wenn ich meinen Kater streichele, fühle, dass die das brauchen, die Menschen, weil die…

U.: Das hab' ich bei meiner Mucki auch immer .., ja, das denke ich auch.

Frau P.: Dass die das taktile Vergnügen brauchen. Die sind als Kind zu wenig gestreichelt worden.

U.: Mag sein

Frau P.: Und dann kaufen Sie einen Pelzmantel und haben das Gefühl, dass sie jetzt alles nachgeholt haben. Oder sie glauben, dass sie das alles nachholen können – denn es ist völlig wurscht, ob man einen Pelzmantel anzieht oder einen dicken Wollmantel oder Lodenmantel. Also solche sibirische Kälte haben wir hier nicht.

U.: Ja eben. Früher war das ja mehr Prestige, wenn man da mit Pelzmantel.. und dann kam ja die Kehrtwendung mit Tierschutz und Verpönt-Sein von Fellen.

Frau P.: Also ich hab' jetzt auch gemerkt, aufgrund dieser Entgiftungsgschichte, die ich da gemacht habe, meine Ernährungsumstellung, dass ich Fleisch kaum noch, also selten esse, immer weniger. Darüber habe ich mir früher nie so Gedanken gemacht, weil, das Fleisch zum Essen war eine andere Kategorie Tier für mich. Eine Kuh oder ein Huhn war ein Teil unserer Ernährung. Eine Verbindung hatte ich dazu nicht. Mir hat sich zwar der Magen, mir mein Herz umgedreht, als ich diese Tiermisshandlungen sah, diese schlimmen Transporte und Aufzuchtanstalten, die es da gab, die man da sehen konnte, die hat man ja im Leben nicht wahrgenommen, aber, was habe ich gemacht? Zur Seite geschoben. Ich möchte ja gerne mein Steak haben, meine Lenden und weiß ich was, mein Fleisch. Genauso ist das mit den Fischen, das ist genauso bedenklich. Ich esse, also wenn es hoch kommt, einmal in der Woche Fisch oder Fleisch. Und Wurstwaren und den ganzen Scheiß esse ich gar nicht. Ich bin auf Soja umgestiegen.

U.: Schön. Sie spüren ja auch selbst, ob es Ihnen wohl tut.

Frau P.: Ja, stimmt. – Gut, und jetzt essen wir was.

U.: Damit haben wir ja ein schönes Kaleidoskop an Erlebnissen und Tiergeschichten gehört. Ich bedanke mich herzlich. Wenn dann noch Fragen sind, das können wir auch telefonisch besprechen. Alles klar.

DANKSAGUNG

Vielen Dank allen Gesprächsteilnehmerinnen und -teilnehmern, die mir durch ihre Gespräche den Grundstein für diese Arbeit legten. Ebenso herzlichen Dank, lieber Inghard, für Deine geduldige Zuwendung und Unterstützung!

Dank gebührt meinen Mitstreiterinnen, die mich auch seelisch unterstützt haben: Petra, Claudia, Heike, Lisa und noch einige andere.

Herzlichen Dank last, but not least an Klaus und Karin, Karla und Hans-Günter sowie Karin B., die mir alle sehr halfen!